愛知啓成高等学校

〈収録内容〉

2024年度 ……………… 一　般　(数・英・理・社・国)
※国語の大問二は、問題に使用された作品の著作権者が二次使用の許可を出していないため、問題を掲載しておりません。

2023年度 ……………… 一　般　(数・英・理・社・国)

2022年度 ……………… 一　般　(数・英・理・社・国)

2021年度 ……………… 一　般　(数・英・理・社・国)

2020年度 ……………… 一　般　(数・英・理・社・国)

DL 2019年度 ……………… 普通科一般 (数・英・理・社)

DL 平成30年度 ……………… 普通科一般 (数・英・理・社)

便利なDLコンテンツは右のQRコードから
解答用紙
過去年度
非対応
リスニング
⇒

※データのダウンロードは2025年3月末日まで。
※データへのアクセスには、右記のパスワードの入力が必要となります。 ⇒ 216983

〈合格最低点〉

※学校からの合格最低点の発表はありません。

本書の特長

実戦力がつく入試過去問題集

- ▶ 問題 …………… 実際の入試問題を見やすく再編集。
- ▶ 解答用紙 …… 実戦対応仕様で収録。
- ▶ 解答解説 …… 詳しくわかりやすい解説には、難易度の目安がわかる「基本・重要・やや難」の分類マークつき（下記参照）。各科末尾には合格へと導く「ワンポイントアドバイス」を配置。採点に便利な配点つき。

入試に役立つ分類マーク

基本 確実な得点源！
受験生の90%以上が正解できるような基礎的、かつ平易な問題。
何度もくり返して学習し、ケアレスミスも防げるようにしておこう。

重要 受験生なら何としても正解したい！
入試では典型的な問題で、長年にわたり、多くの学校でよく出題される問題。
各単元の内容理解を深めるのにも役立てよう。

やや難 これが解ければ合格に近づく！
受験生にとっては、かなり手ごたえのある問題。
合格者の正解率が低い場合もあるので、あきらめずにじっくりと取り組んでみよう。

合格への対策、実力錬成のための内容が充実

- ▶ 各科目の出題傾向の分析、合否を分けた問題の確認で、入試対策を強化！
- ▶ その他、学校紹介、過去問の効果的な使い方など、学習意欲を高める要素が満載！

解答用紙ダウンロード 解答用紙はプリントアウトしてご利用いただけます。弊社ＨＰの商品詳細ページよりダウンロードしてください。トビラのＱＲコードからアクセス可。

UD FONT 見やすく読みまちがえにくいユニバーサルデザインフォントを採用しています。

愛知啓成高等学校

▶ 交通　名鉄名古屋本線「国府宮」駅下車，徒歩 20 分，
　　　　自転車５分

〒 492-8529　稲沢市西町 1-1-41
☎ 0587-32-5141
https://www.keisei.ed.jp/

沿　革

1927年，稲沢高等女学校として創立した。1948年に稲沢高等学校と，1952年には稲沢女子高等学校と改称。そして2001年，共学化に伴い校名を愛知啓成高等学校に変更し，現在に至る。2004年に新校舎竣工。2006年には創立80周年記念式典が挙行された。

また，2006年度から2008年度までの間，文部科学省指定の SELHi（スーパー・イングリッシュ・ランゲージ・ハイスクール）であった。その成果は現在の英語学習にも反映されている。

2016年には，創立90周年を迎えた。2020年度入試より，商業科・生活文化科が募集停止となった。

教育課程

●普通科

・サミッティアコース（特進）

国公立大学への合格を目指すコース。英語・数学・国語に重点を置きながら，５教科をバランスよく学習する。１年次より長期休暇中には補習を実施し，３年後の進路実現に向けて，長期的な計画のもと，きめ細かな学習指導を展開している。特に難関国公立大学入試に特化した少人数特別補習では，早期より国公立大学二次試験対策を行い，応用力を身につける。また，大学受験にとどまらず，将来社会で必要とされる英語力を習得できるよう，実用英語技能検定など外部試験やカナダ・バンクーバー島への語学研修型の修学旅行を通して，総合的な英語力向上を目指す。

さらに，進路目標を明確にするために，１，２年次に関西または関東の国公立大学や有名私立大学見学，校内での大学模擬授業や卒業生による大学紹介などを実施し，大学進学のモチベーションを高めて，志望校を決定する一助としている。

・アカデミアコース（進学総合）

2020年度よりスタートしたアカデミアコースは基礎学力の習得と生徒自らが主体的・能動的な学習や課外活動を通して，社会で活躍できる力を身につけるコース。１年次には，主要３教科を中心に基礎学力の習得に重点をおいた学習指導を行う。２・３年次には様々な分野の授業の中から，自分の興味・関心に応じて科目選択できる柔軟なカリキュラムを採用している。選択科目の中には，「プログラミング」「看護」「生活と福祉」など，実際の現場で活躍する社会人講師が担当する授業もあり，実践的で最先端のスキルを身につけることができる。

主体的な学習では，ポスターセッションやプレゼンテーションなど，多くのグループワーク，探究学習の機会が準備されており，クラスメートでチームを組んでテーマと向き合い，社会問題や課題の解決を目指す。

また，部活動だけでなく多くの課外活動も用意されている。フィールドワーク（北陸方面・関西方面）や地域貢献活動などが用意されている。

多彩なプログラムを通じて，充実した３年間の学校生活で大きな成長を遂げながら，自分を見つけ，進学を中心とした進路目標を達成する。

・グローバルコース

高度な英語力と国際社会で活躍できるスキルを身につけるコース。全授業数の約1/3を英語関連の授業とし，そのうち半数をネイティブの教員によって行う。また，異文化理解についての授業では，グローバルな課題と向き合い，スピーチやプレゼンテーションの授業では，自らの意見を表現・発信する力を伸ばす。さらに希望者は行先（カナダ・ニュージーランド・香港・ハワイ・ロサンゼルス等）や期間（短期・中期・長期）が自由に選べる本校独自の多彩な海外研修や留学制度を利用することができ，１年間留学しても３年間での

卒業が可能。また，カナダと香港の姉妹港からの留学生との交流やイングリッシュキャンプ，２週間の語学研修型修学旅行（カナダ・トロント）など国内外研修も充実している。様々な経験を通して，英語力と国際感覚を磨き，国際社会の中で周りと協力して行動できる力を身につける。

・スポーツコース

指定強化部の硬式野球部（男子），新体操部（女子），硬式テニス部（女子），サッカー部（女子）に所属し，全国大会での活躍を目指している。

部活動

●**体育系**　硬式野球部（男子），新体操部（女子），硬式テニス部，サッカー部，卓球部，水泳部，陸上部，バスケットボール部，バドミントン部，チアリーダー部（女子），ダンス部（女子），バレーボール同好会

●**文化系**　ボランティア部，パソコン部，ブラスバンド部，演劇部，茶道部（女子），写真部，放送部，軽音楽部，科学部，美術部，インターアクトクラブ，ディベート部，着つけ部，お笑い同好会

●**主な実績**

新体操部／令和４年度愛知県高等学校新人体育大会　第３位，第76回愛知県高等学校総合体育大会　団体　２位（東海総体出場），令和４年度新体操選手権大会兼第77回国民体育大会愛知県選手選考会　団体総合　４位

硬式野球部／第104回全国高等学校野球選手権愛知県大会　ベスト４，第72回愛知県高等学校優勝野球大会　ベスト８，第34回全尾張高等学校野球選手権大会　優勝

男子卓球部／第76回愛知県高等学校総合体育大会卓球競技尾張支部予選会　シングルス優勝

陸上競技部／第76回愛知県高等学校総合体育大会尾張支部予選会　男子砲丸投げ　３位　男子ハンマー投げ　５位，令和４年度愛知県私学陸上競技大会　高校男子円盤投　７位　高校男子ハンマー投　７位

女子硬式テニス部／愛知県高等学校総合体育大会　団体　第２位　シングルス　第５位　ダブルス　第３位，東海総合体育大会出場，愛知新人体育大会　団体　優勝，全国選抜高校テニス大会東海地区大会　団体　第５位，第45回全国選抜高校テニス大会　団体　出場

女子サッカー部／第76回愛知県高等学校総合体育大会　ベスト８，全日本高校選手権大会　ベスト８

年間行事

４月／入学式，花まつり，中興祖忌，オリエンテーション合宿（１年）

５月／遠足

６月／校祖忌，芸術鑑賞会

７月／系統別進路説明会

８月／七夕まつり，新卒同窓会

９月／修学旅行（アカデミアコース・サミッティアコース），生徒会主催「敬老会」

10月／体育大会，文理説明会（１年）

11月／文化祭，修学旅行（グローバルコース）

12月／校祖忌

１月／報恩講

２月／卒業式

３月／球技大会，スプリングフェスティバル

進路状況

●**主な合格実績（2023年度入試）**

〈国公立大学・大学校〉

名古屋大，名古屋工業大，岐阜大，三重大，秋田大，鳥取大，三重県立看護大，滋賀県立大，都留文科大，防衛大学校　他

〈私立大学〉

駒澤大，関西大，同志社大，立命館大，南山大，愛知医科大，藤田医科大，名古屋外国語大，愛知大，中京大，名城大，愛知淑徳大，愛知学院大，愛知工業大，名古屋学芸大　他多数

◎2024年度入試状況◎

学　科	普　通			
	サミッティアコース	グローバルコース	アカデミアコース	スポーツ
募集数	60	30	150	36
応募者数	607	64	525	36
受験者数	601	63	521	36
合格者数	非公表			

※スポーツコース（36名）あり。推薦入試のみ。

過去問の効果的な使い方

① **はじめに**　入学試験対策に的を絞った学習をする場合に効果的に活用したいのが「過去問」です。なぜならば，志望校別の出題傾向や出題構成，出題数などを知ることによって学習計画が立てやすくなるからです。入学試験に合格するという目的を達成するためには，各教科ともに「何を」「いつまでに」やるかを決めて計画的に学習することが必要です。目標を定めて効率よく学習を進めるために過去問を大いに活用してください。また，塾に通われていたり，家庭教師のもとで学習されていたりする場合は，それぞれのカリキュラムによって，どの段階で，どのように過去問を活用するのかが異なるので，その先生方の指示にしたがって「過去問」を活用してください。

② **目的**　過去問学習の目的は，言うまでもなく，志望校に合格することです。どのような分野の問題が出題されているか，どのレベルか，出題の数は多めか，といった概要をまず把握し，それを基に学習計画を立ててください。また，近年の出題傾向を把握することによって，入学試験に対する自分なりの感触をつかむこともできます。

過去問に取り組むことで，実際の試験をイメージすることもできます。制限時間内にどの程度までできるか，今の段階でどのくらいの得点を得られるかということも確かめられます。それによって必要な学習量も見えてきますし，過去問に取り組む体験は試験当日の緊張を和らげることにも役立つでしょう。

③ **開始時期**　過去問への取り組みは，全分野の学習に目安のつく時期，つまり，9月以降に始めるのが一般的です。しかし，全体的な傾向をつかみたい場合や，学習進度が早くて，夏前におおよその学習を終えている場合には，7月，8月頃から始めてもかまいません。もちろん，受験間際に模擬テストのつもりでやってみるのもよいでしょう。ただ，どの時期に行うにせよ，取り組むときには，集中的に徹底して取り組むようにしましょう。

④ **活用法**　各年度の入試問題を全問マスターしようと思う必要はありません。できる限り多くの問題にあたって自信をつけることは必要ですが，重要なのは，志望校に合格するためには，どの問題が解けなければいけないのかを知ることです。問題を制限時間内にやってみる。解答で答え合わせをしてみる。間違えたりできなかったりしたところについては，解説をじっくり読んでみる。そうすることによって，本校の入試問題に取り組むことが今の自分にとって適当かどうかが，はっきりします。出題傾向を研究し，合否のポイントとなる重要な部分を見極めて，入学試験に必要な力を効率よく身につけてください。

数学

各都道府県の公立高校の入学試験問題は，中学数学のすべての分野から幅広く出題されます。内容的にも，基本的・典型的なものから思考力・応用力を必要とするものまでバランスよく構成されています。私立・国立高校では，中学数学のすべての分野から出題されることには変わりはありませんが，出題形式，難易度などに差があり，また，年度によっての出題分野の偏りもあります。公立高校を含め，ほとんどの学校で，前半は広い範囲からの基本的な小問群，後半はあるテーマに沿っての数問の小問を集めた大問という形での出題となっています。

まずは，単年度の問題を制限時間内にやってみてください。その後で，解答の答え合わせ，解説での研究に時間をかけて取り組んでください。前半の小問群，後半の大問の一部を合わせて50%以上の正解が得られそうなら多年度のものにも順次挑戦してみるとよいでしょう。

英語

英語の志望校対策としては，まず志望校の出題形式をしっかり把握しておくことが重要です。英語の問題は，大きく分けて，リスニング，発音・アクセント，文法，読解，英作文の5種類に分けられます。リスニング問題の有無(出題されるならば，どのような形式で出題されるか)，発音・アクセント問題の形式，文法問題の形式(語句補充，語句整序，正誤問題など)，英作文の有無(出題されるならば，和文英訳か，条件作文か，自由作文か）など，細かく具体的につかみましょう。読解問題では，物語文，エッセイ，論理的な文章，会話文などのジャンルのほかに，文章の長さも知っておきましょう。また，読解問題でも，文法を問う問題が多いか，内容を問う問題が多く出題されるか，といった傾向をおさえておくことも重要です。志望校で出題される問題の形式に慣れておけば，本番ですんなり問題に対応することができますし，読解問題で出題される文章の内容や量をつかんでおけば，読解問題対策の勉強として，どのような読解問題を多くこなせばよいかの指針になります。

最後に，英語の入試問題では，なんと言っても読解問題でどれだけ得点できるかが最大のポイントとなります。初めて見る長い文章をすらすらと読み解くのはたいへんなことですが，そのような力を身につけるには，リスニングも含めて，総合的に英語に慣れていくことが必要です。「急がば回れ」ということわざの通り，志望校対策を進める一方で，英語という言語の基本的な学習を地道に続けることも忘れないでください。

国語

国語は，出題文の種類，解答形式をまず確認しましょう。論理的な文章と文学的な文章のどちらが中心となっているか，あるいは，どちらも同じ比重で出題されているか，韻文(和歌・短歌・俳句・詩・漢詩)は出題されているか，独立問題として古文の出題はあるか，といった，文章の種類を確認し，学習の方向性を決めましょう。また，解答形式は，記号選択のみか，記述解答はどの程度あるか，記述は書き抜き程度か，要約や説明はあるか，といった点を確認し，記述力重視の傾向にある場合は，文章力に磨きをかけることを意識するとよいでしょう。さらに，知識問題はどの程度出題されているか，語句(ことわざ・慣用句など)，文法，文学史など，特に出題頻度の高い分野はないか，といったことを確認しましょう。出題頻度の高い分野については，集中的に学習することが必要です。読解問題の出題傾向については，脱語補充問題が多い，書き抜きで解答する言い換えの問題が多い，自分の言葉で説明する問題が多い，選択肢がよく練られている，といった傾向を把握したうえで，これらを意識して取り組むと解答力を高めることができます。「漢字」「語句・文法」「文学史」「現代文の読解問題」「古文」「韻文」と，出題ジャンルを分類して取り組むとよいでしょう。毎年出題されているジャンルがあるとわかった場合は，必ず正解できる力をつけられるよう意識して取り組み，得点力を高めましょう。

数学

出題傾向の分析と

合格への対策

●出題傾向と内容

本年度の出題数は，大問5題，小問数20題と例年通りであった。

出題内容は，①が8題の小問群で，数・式の計算，平方根の計算，連立方程式，二次方程式，比例，おうぎ形の中心角などから基礎的な数学能力を問う問題であった。②以降は大問で，方程式の応用問題，確率，平面図形の計量問題，図形と関数・グラフの融合問題であった。

基本的な知識や考え方が重要視され，難問というようなものはないが，どの問題もよく工夫されていて，応用力，思考力を必要とするものもある。また，今年度から解答形式が全問マーク方式となったため，解答ミスのないように練習をしておこう。

学習のポイント

まずは教科書内容の徹底的な理解を心がけよう。その後で，標準レベルの問題集で思考力，応用力を磨くとよい。

●2025年度の予想と対策

来年度も，出題数や出題形式に大きな変化はないと思われる。①として，数量分野を中心に10題前後の小問が予想される。どの問題も多少の工夫を混ぜながら確実に解く力があるかどうかを試させる形での出題となるだろう。②以降の大問はやや難しい内容のものが含まれるかもしれないが，例年通りに問題文に沿って条件を整理していける誘導形式が取り入れられるはずなので，取り組みやすいと思われる。

図やグラフがない問題が出題されることもあるので，問題文を読みながら正確に作図する練習もしておくとよいだろう。

▼年度別出題内容分類表 ……

出題内容			2020年	2021年	2022年	2023年	2024年
数と式		数の性質					
		数・式の計算	○	○	○	○	○
		因数分解	○	○	○	○	○
		平方根	○	○	○	○	○
方程式・不等式		一次方程式	○		○	○	○
		二次方程式	○	○	○	○	○
		不等式					
		方程式・不等式の応用	○	○	○	○	○
関数		一次関数	○	○	○	○	
		二乗に比例する関数	○	○	○	○	○
		比例関数		○		○	○
		関数とグラフ	○	○	○	○	○
		グラフの作成					
図形	平面図形	角度		○	○	○	○
		合同・相似	○		○		
		三平方の定理					○
		円の性質			○	○	○
	空間図形	合同・相似				○	
		三平方の定理					
		切断					
	計量	長さ	○			○	○
		面積	○	○	○	○	○
		体積		○		○	
		証明					
		作図					
		動点					
統計		場合の数	○				
		確率	○	○	○		○
		統計・標本調査	○				
融合問題		図形と関数・グラフ	○	○	○	○	○
		図形と確率					
		関数・グラフと確率					○
		その他					
その他							

愛知啓成高等学校

英語 出題傾向の分析と合格への対策

●出題傾向と内容

本年度は，リスニング問題，会話文，短文・長文読解問題，語句補充問題，語句整序問題が出題された。

語彙・文法問題では中学で学習する基本的な文法事項が出題されているが，一部，難易度の高い語彙が含まれているので，注意が必要である。

読解問題は図・グラフ・表などを含む試料読解文など様々な英文が出題され，標準レベルだが正確な内容の理解が求められている。

難易度の高い問題が出題されるわけではないが，問題量が多く読解力，語彙力，文法力という総合的な英語力が問われる。

学習のポイント

読解力をつけるために，長文，会話文，資料読解，メール文など様々な形式の英文を数多く読んで慣れよう。

●2025年度の予想と対策

設問形式は年により変更することがあるが，難易度は同程度となることが推測される。

文法問題に関しては，基礎的な文法知識を幅広く身につけておく必要がある。単語や熟語も含め学習しておきたい。

読解問題が出題の半分以上を占めるので，読解力をつけておきたい。難解で読みづらい文章ではないが，日ごろから長文読解問題をたくさん解いて，英文を素早く正確に読み取る練習をしておくとよい。

▼年度別出題内容分類表 ……

	出題内容	2020年	2021年	2022年	2023年	2024年
話し方・聞き方	単語の発音	○	○	○	○	
	アクセント	○	○	○	○	
	くぎり・強勢・抑揚					
	聞き取り・書き取り	○	○	○	○	○
語い	単語・熟語・慣用句	○	○	○	○	○
	同意語・反意語					
	同音異義語					
読解	英文和訳(記述・選択)					
	内容吟味	○	○	○	○	○
	要旨把握	○	○	○	○	○
	語句解釈		○		○	
	語句補充・選択	○	○	○	○	○
	段落・文整序					
	指示語	○	○	○	○	
	会話文	○	○	○	○	
文法・作文	和文英訳					
	語句補充・選択	○	○		○	○
	語句整序	○	○	○	○	○
	正誤問題					
	言い換え・書き換え					
	英問英答	○	○	○		○
	自由・条件英作文					
文法事項	間接疑問文				○	
	進行形	○	○		○	○
	助動詞	○	○	○	○	○
	付加疑問文					
	感嘆文					
	不定詞	○	○	○	○	○
	分詞・動名詞		○	○	○	○
	比較	○	○		○	○
	受動態			○	○	○
	現在完了	○		○	○	○
	前置詞		○	○	○	○
	接続詞		○		○	○
	関係代名詞	○			○	○

愛知啓成高等学校

理科

出題傾向の分析と 合格への対策

●出題傾向と内容

問題は大問が4題，小問が25題程度である。試験時間は30分であり，多くは基本的な問題で，4分野から幅広く出題されている。

理科全般の基礎的な知識の定着を試す良問であり，教科書内容の理解が試される。図表も明確で，解釈や判断に迷う問題はない。

物理分野の力・圧力や地学の天気の分野がよく出題されるが，大きな偏りはなく理科全般からの出題である。

解答形式は，マークシート方式である。

教科書を中心に基礎を確実におさえる学習に徹していけば，十分対応できる。標準的な問題を十分演習しておこう。

✔学習のポイント

苦手分野をつくらないよう，理科の4分野の知識を広く身につけるようにしよう。

●2024年度の予想と対策

教科書を中心とした学習を行うこと。学習の過程で，理解不足な分野はしっかりと理解するようにしておこう。各分野から偏りなく出題されるので，苦手分野を作らないことが大切である。

問題のレベルは標準的であり，出題も典型的なパターンのものが多いので，学校で使用する問題集などをしっかりと演習するとよいだろう。普段からの学習をおろそかにしてはいけない。

マークシート方式の解答なので，マークミスなどの無いように注意することも，大切な点である。

▼年度別出題内容分類表 ……

	出題内容	2020年	2021年	2022年	2023年	2024年
第一分野	物質とその変化			○	○	○
	気体の発生とその性質		○			○
	光と音の性質		○	○		
	熱と温度					
	力・圧力		○			○
	化学変化と質量		○	○		
	原子と分子	○			○	
	電流と電圧		○	○		○
	電力と熱	○				
	溶液とその性質	○				
	電気分解とイオン		○			
	酸とアルカリ・中和					○
	仕事					
	磁界とその変化				○	
	運動とエネルギー	○			○	
	その他					
第二分野	植物の種類とその生活			○		
	動物の種類とその生活		○			
	植物の体のしくみ			○	○	○
	動物の体のしくみ		○			○
	ヒトの体のしくみ	○		○		
	生殖と遺伝		○	○		
	生物の類縁関係と進化					○
	生物どうしのつながり					○
	地球と太陽系					
	天気の変化	○	○	○	○	○
	地層と岩石				○	
	大地の動き・地震	○	○	○		○
	その他	○			○	

社会 出題傾向の分析と合格への対策

●出題傾向と内容

本年度は，昨年度より大問は1題減って4題，小問は5題減って25問で，全問マークシート方式であった。昨年度まであった数題の語句記述形式はなくなった。

地理は，日本と世界の諸地域の特色，産業，緯度・経度，水域などの国際規約が，資料をもとに出題された。

歴史は，各時代の図表，画像などの歴史資料を活用した問題が出題された。

公民は，経済生活を中心に時事問題などが出題された。

学習のポイント

地理：諸地域の特色を整理しよう。
歴史：各時代の特色を考察しよう。
公民：経済生活や時事問題に関心をもとう。

●2025年度の予想と対策

地理は，教科書の基本的な重要事項を正確に理解しておきたい。特に，世界と日本の諸地域の特色を，白地図に整理したり，緯度・経度，主権の範囲，水域などの国際間のきまりなどをまとめておこう。

歴史は，日本史と世界史の各時代の政治・外交・社会・経済の特色について，重要人物と関連させて正確に理解しておきたい。また，主要な世界史と日本史との関連を年表でおさえ，互いの因果関係を考察しておこう。

公民は，政治経済のしくみを中心に正確な知識を身につけておきたい。内外の主な出来事や時事問題についてもインターネットで検索・分析するなどして関心を高め，主要なものについては，三分野の重要事項と関連させて考察し，自分の意見をもつようにしよう。

▼年度別出題内容分類表 ……

出題内容			2020年	2021年	2022年	2023年	2024年
地理的分野	(日本)	地形図				○	
		地形・気候・人口	○	○	○		
		諸地域の特色	○	○	○	○	○
		産業		○	○	○	○
		交通・貿易		○	○	○	
	(世界)	人々の生活と環境				○	
		地形・気候・人口	○	○	○	○	
		諸地域の特色	○	○	○	○	○
		産業	○	○	○		
		交通・貿易					
	地理総合						
歴史的分野	(日本史)	各時代の特色	○	○	○	○	
		政治・外交史	○	○	○	○	○
		社会・経済史	○	○	○	○	○
		文化史		○		○	
		日本史総合					
	(世界史)	政治・社会・経済史	○			○	○
		文化史					○
		世界史総合					
	日本史と世界史の関連		○	○	○	○	○
	歴史総合						
公民的分野	家族と社会生活						
	経済生活		○	○	○	○	○
	日本経済					○	
	憲法(日本)			○	○		
	政治のしくみ		○	○	○		
	国際経済					○	
	国際政治		○				
	その他		○	○	○	○	○
	公民総合						
各分野総合問題							

愛知啓成高等学校

国語

出題傾向の分析と 合格への対策

●出題傾向と内容

本年度も論説文と小説の読解問題が2題，古文の読解問題が1題，知識問題が2題という計5題の大問構成となっている。

論説文では，接続語や脱文・脱語補充，同じ内容を述べている部分を探すといった文脈把握の設問が中心となっている。

小説は，情景や心情を問う設問や表現の特徴を問う設問を中心に，漢字の読み書き，語句の意味も合わせて問われている。

古文は，基本的事項から内容に関するものまで幅広く出題されている。

知識問題は，ことわざと文学史が出題された。

解答方式は，今年度からすべて記号選択式となり記述力は要求されなくなった。

学習のポイント

読解問題では理由や言い換えなど文脈把握の力をつけることを意識しよう。知識問題はどの分野も基本的な事項を一通り確認しておこう。

●2025年度の予想と対策

現代文の読解問題と古文の読解問題，知識問題の出題が予想される。

現代文では，論理的文章と文学的文章の両方が出題されている。論説文では指示語や言い換えに注意して文脈をとらえる練習をしておこう。

小説では，ある程度の想像力も必要なので，文章の深い読みを心がけよう。普段から幅広い読書の習慣をつけておきたい。

古文では，仮名遣いや文法，口語訳や内容吟味などの対策をとっておきたい。

文学史や四字熟語，文法など知識問題は，練習問題を使って知識を確実なものにしておこう。

▼年度別出題内容分類表 ……

出題内容			2020年	2021年	2022年	2023年	2024年
内容の分類	読解	主題・表題		○			
		大意・要旨	○	○	○	○	○
		情景・心情	○	○	○	○	○
		内容吟味	○	○	○	○	○
		文脈把握	○	○	○	○	○
		段落・文章構成					
		指示語の問題		○	○		○
		接続語の問題	○	○	○	○	○
		脱文・脱語補充	○		○	○	○
	漢字・語句	漢字の読み書き	○		○	○	○
		筆順・画数・部首					
		語句の意味	○	○	○	○	○
		同義語・対義語	○		○		
		熟語		○			
		ことわざ・慣用句	○	○		○	○
	表現	短文作成					
		作文(自由・課題)					
		その他					
	文法	文と文節	○		○	○	
		品詞・用法		○		○	
		仮名遣い	○	○	○	○	
		敬語・その他					
	古文の口語訳		○			○	○
	表現技法			○	○	○	
	文学史		○	○	○	○	○
問題文の種類	散文	論説文・説明文	○	○	○	○	○
		記録文・報告文					
		小説・物語・伝記	○	○	○	○	○
		随筆・紀行・日記					
	韻文	詩					
		和歌(短歌)					
		俳句・川柳					
	古文		○	○	○	○	○
	漢文・漢詩						

愛知啓成高等学校

2024年度　合否の鍵はこの問題だ!!

数　学　5

誘導形式となってはいるが，未知の値を文字でおいて解く必要があるため，難しく感じることがあるかもしれない。

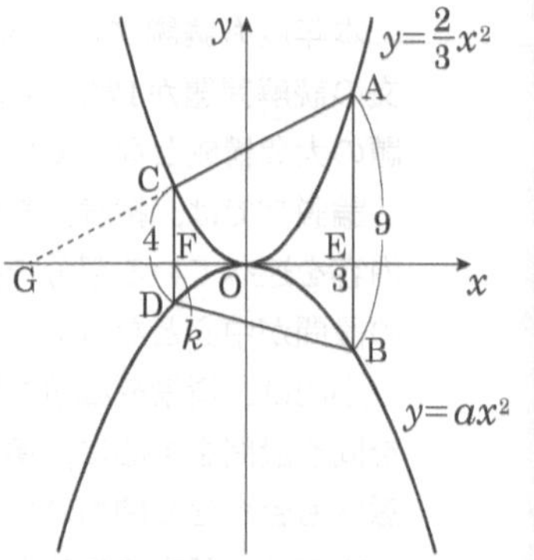

(1)　$y=\frac{2}{3}x^2$に$x=3$を代入すると，$y=\frac{2}{3}\times3^2=6$　　よって，A(3, 6)である。AB=9であるから，点Bのy座標は$6-9=-3$なので，B(3, −3)　　$y=ax^2$にB(3, −3)を代入すると，$-3=a\times3^2$より，$a=-\frac{1}{3}$となる。

(2)　$y=\frac{2}{3}x^2$，$y=-\frac{1}{3}x^2$に$x=k$をそれぞれ代入すると，$y=\frac{2}{3}k^2$，$y=-\frac{1}{3}k^2$であるから，$C\left(k,\ \frac{2}{3}k^2\right)$，$D\left(k,\ -\frac{1}{3}k^2\right)$と表せる。

CD=4であるから，$\frac{2}{3}k^2-\left(-\frac{1}{3}k^2\right)=4$より，$k=\pm2$　　$k<0$より，$k=-2$　　よって，辺AB，CDとx軸との交点をそれぞれE，Fとすると，$EF=3-(-2)=5$であり，四角形ACDBは台形であるから，四角形ACDB$=\frac{1}{2}\times(4+9)\times5=\frac{65}{2}$である。

(3)　直線ACとx軸との交点をGとする。四角形FDBEをx軸について1回転させてできる立体は四角形ACFEをx軸について1回転させてできる立体に含まれるので，四角形ACDBをx軸について1回転させてできる立体は△AGEをx軸について1回転させてできる円錐から△CGFをx軸について1回転させてできる円錐を引いた錐台になる。$\frac{2}{3}k^2$に$k=-2$を代入すると，$\frac{2}{3}k^2=\frac{2}{3}\times(-2)^2=\frac{8}{3}$なので，(2)より，$C\left(-2,\ \frac{8}{3}\right)$である。よって，AE=6，$CF=\frac{8}{3}$である。ここで，AE//CFであるから，△AGE∽△CGFである。GF=lとすると，GE：GF=AE：CFより，$(l+5):l=6:\frac{8}{3}$　　$l=4$　　よって，GF=4，GE=4+5=9であるから，求める体積は$\frac{1}{3}\times6\times6\times\pi\times9-\frac{1}{3}\times\frac{8}{3}\times\frac{8}{3}\times\pi\times4=\frac{2660}{27}\pi$である。

英　語　3(4)，4(3)，5(オ)

3(4)，4(3)，5(オ)等，読解問題において出題される率が高い要旨把握問題(本文の内容に一致する選択肢を選ぶ問題)を取り上げる。

形式は，4択と6つの選択肢から本文の内容に合致するものを2つ選択する問題の2パターンで出題された。

キーワード等を手掛かりに，本文中の関連個所を素早く参照して，当否を判断することが大切である。正答を見つける試みと並行して，不一致の選択肢を排除する作業を同時進行で行っていくとよいだろう。

正否の判断に迷うような問題は多くはないが，日頃より，標準レベルの多くの英文に接して，読解力を身につけるようにしよう。

理 科　4 問1

大問が4題で，各分野から1題ずつの出題であった。問題レベルは全般的には標準的である。それぞれの分野の問題は，一つのテーマに絞った問題ではなく小問集合の形式であり，理科全般の広い知識を求められている。

今回合否を分ける鍵となった問題として，4の問1を取り上げる。地震波に関する問題である。

(2)　図1より，S波の速度は15秒間で60km移動するので，60÷15＝4.0(km/s)となる。

(3)　P波の速度は6km/sなので，10秒間で60km進む。P波とS波は地震の発生時に同時に発するので，これらを考慮すると正しいグラフは③とわかる。

(4)　P波が到達してからS波が到達するまでの時間を「初期微動継続時間」という。テレビのある家にP波が到達するのにかかる時間は144÷6＝24(秒)でありS波は144÷4＝36(秒)なので，初期微動継続時間は36－24＝12(秒)である。

(5)　緊急地震速報を受信してから主要動(S波)が到達するまでの時間は，地震計がP波を感知するまでに30÷6＝5(秒)かかり，それから10秒後にテレビのある家で緊急地震速報を受信するので，地震が発生してから15秒後である。S波は36秒後に伝わるので，36－15＝21(秒)の時間がある。

例年，それぞれの分野で2つから3つのテーマの問題が出題されている。そのため，理科全般に関する幅広い基本知識をしっかりと理解しているかどうかが問われている。計算問題も出題されているので標準的なレベルの問題集を十分に演習し，苦手分野をつくらないことと典型的な例題は必ず解けるように練習することが大切である。解答方式がマーク式なので，マークミスなどの無いように注意することも大切である。

社 会　4 問2，問5

4 問2　公民としての出題であるが時事問題といえる内容である。日頃から，主要なインターネットの報道などに関心を高め，検索・分析する習慣がついている者でないと，解けないであろう。ケニアの環境副大臣(当時)ワンガリ・マータイが，2004年ノーベル平和賞を受賞した。グリーンベルト運動(植林活動)を通じて環境保護と民主化へ取り組んだ功績が評価され，環境分野として初，またアフリカの女性としても史上初の受賞であった。彼女は2005年，国連本部での演説で「MOTTAINAIを世界に広めましょう」と提案し，毎日新聞社が社内に事務局を設置し，キャンペーンがスタートした。さらに同年7月に世界のミュージシャンがアフリカ支援を目的に開催したLIVE8でも『MOTTAINAI』を全世界に発信した。

4 問5　公民の設問であるが，3分野の要素が互いに関連する時事問題である。消費者庁設立，18歳以上選挙権成立，地方分権一括法制定，安全保障関連法成立，東日本大震災，いずれも近年の重要事項であり，時事問題としての出題率は高い。以上のような主要な出来事は日頃からインターネットで検索しておく習慣をつけたい。特に，安倍内閣が最重要課題としてきた安全保障関連法案により，日本の防衛安全保障政策は大きな転換点を迎え「集団的自衛権の限定的な行使」が法制化され，戦後70年の歴史の中で重要な変化となった。この法案で，東アジア情勢を考えた上で，日本の抑止力を強化するために，自衛隊の活動範囲や武器使用基準を緩和したのである。

国 語 ― 問七

★　合否を分けるポイント

本文は長文で，選択肢の正誤は本文全体から判断しなくてはならない。本文を何度も読む時間は期待できないので，全体の内容を大きくとらえすばやく該当箇所を見つけ出すことができるかどうかが，合否を分けることになる。ふだんからいろんな文章に触れ，一度で内容を読み取る練習を重ねておくことを心がけたい。

★　こう答えると「合格」できない！

いずれの選択肢も本文で述べている内容なので，本文に書かれていたはずと考えて選んでしまっては，「合格」できない。「仕事のやりがい」とはどのようにして得られるのか，「すばらしく良い仕事」とはどのような仕事か，「こちらから話を聞きたくなる人」とはどのような人か，「自分の『楽しさ』や『やりがい』を見つけるためにはどうしたらよいか，という視点で本文にあたろう。

★これで「合格」！

それぞれの選択肢に書かれている言葉に着目し，その言葉が含まれている本文の部分を探そう。①は「面接」に着目し，冒頭の「面接に臨む若者」について述べている部分から正誤を判断する。本文の「『やりがい』がどこかに既に存在している」とするのは「勘違い」だと筆者は述べているので，①の「『仕事のやりがい』が見つけづらい場所にある」は合わない。次に②の「すばらしく良い仕事」について書かれている部分を探すと，「本当に素晴らしい仕事というのは」で始まる段落の内容に同様の内容が書かれていることに気づく。ここで，②を正答の候補とする。③の「こちらから話を聞きたくなる人」については，「こういう人は」で始まる段落に書かれているが，「仕事や旅行の話といった楽しい話」をしてくれる人ではない。「繰り返していうが」で始まる段落で，筆者は「人生のやりがい，楽しみというものは，人から与えられるものではない」と言っているので，④の「楽しそうにしている人から話を聞くことで，自分の『楽しさ』や『やりがい』を見つけることができる」は合わないことを確認すれば，正答の②を選べ，「合格」だ！

2024年度

入　試　問　題

2024年度

愛知啓成高等学校入試問題

【数　学】（45分）　　＜満点：100点＞

【注意】 (1)　ア，イ，ウ，‥‥の一つ一つには，それぞれ０～９までの数字，または－，±のいずれか一つが対応します。それらをア，イ，ウ，‥‥で示された解答欄にマークしなさい。

例，解答欄$\boxed{\text{ア}}\boxed{\text{イ}}$に対し－２と答えたいとき，

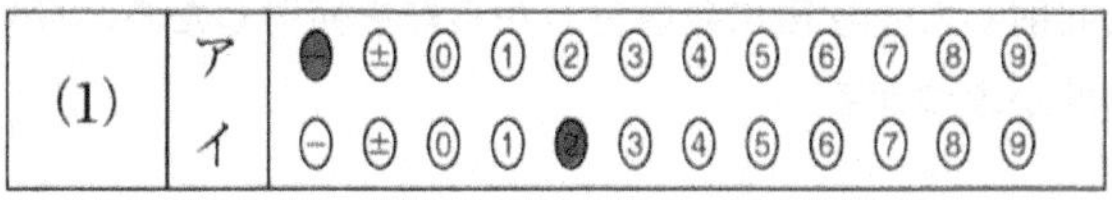

(2)　分数形で解答が求められているときは，それ以上，約分ができない分数で答えます。符号は分子につけ，分母につけてはいけません。

例，解答欄$\dfrac{\boxed{\text{ウ}}\boxed{\text{エ}}}{\boxed{\text{オ}}}$に対し$-\dfrac{1}{8}$と答えたいとき，$\dfrac{-1}{8}$と答える。

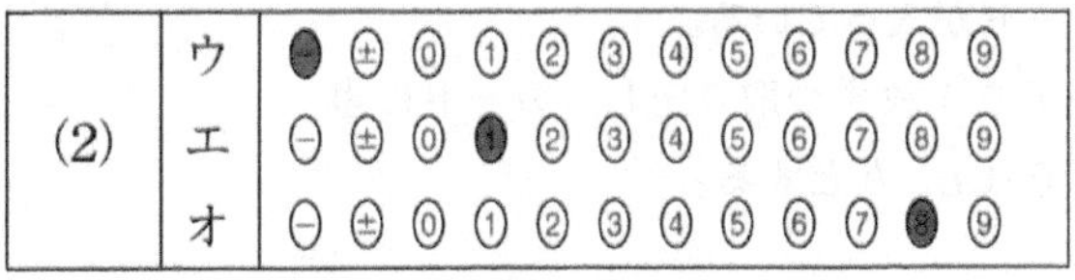

(3)　根号を含む形で解答する場合は，根号の中に現れる自然数が最小となる形で答えます。

例，$\boxed{\text{カ}}\sqrt{\boxed{\text{キ}}}$，$\dfrac{\sqrt{\boxed{\text{ク}}\boxed{\text{ケ}}}}{\boxed{\text{コ}}}$に$6\sqrt{2}$，$\dfrac{\sqrt{13}}{3}$と答えるところを，$3\sqrt{8}$，$\dfrac{\sqrt{52}}{6}$のように答えてはいけません。

$\boxed{1}$　空欄$\boxed{\text{ア}}$～$\boxed{\text{ハ}}$にあてはまる数や符号を解答用紙にマークしなさい。

(1)　$5-16\div(3-7)\times2$を計算すると，$\boxed{\text{ア}}\boxed{\text{イ}}$となる。

(2)　$(-3a^3b)^3\times(ab^2)^3\div(-6a^4b^2)^2$を計算すると，$\dfrac{\boxed{\text{ウ}}\boxed{\text{エ}}}{\boxed{\text{オ}}}a^{\boxed{\text{カ}}}b^{\boxed{\text{キ}}}$となる。

(3)　$\sqrt{24}+\dfrac{\sqrt{2}}{\sqrt{3}}+\dfrac{1}{\sqrt{6}}$を計算すると，$\dfrac{\boxed{\text{ク}}\sqrt{\boxed{\text{ケ}}}}{\boxed{\text{コ}}}$となる。

(4)　$(x+1)(2x-3)-(x+2)(3-2x)$ を因数分解すると，$(\boxed{\text{サ}}x-\boxed{\text{シ}})(\boxed{\text{ス}}x+\boxed{\text{セ}})$ となる。

(5)　連立方程式$\begin{cases}0.3x+0.2y=1\\ \dfrac{2x-3y}{6}=4\end{cases}$ を解くと，$x=\boxed{\text{ソ}}$，$y=\boxed{\text{タ}}\boxed{\text{チ}}$となる。

(6)　方程式$3x^2-6x+2=0$を解くと，$x=\dfrac{\boxed{\text{ツ}}\pm\sqrt{\boxed{\text{テ}}}}{\boxed{\text{ト}}}$となる。

(7)　yはxに比例しており，$x=3$のとき$y=2$である。$y=5$のとき$x=\dfrac{\boxed{\text{ナ}}\boxed{\text{ニ}}}{\boxed{\text{ヌ}}}$となる。

(8)　半径９，中心角$\boxed{\text{ネ}}\boxed{\text{ノ}}\boxed{\text{ハ}}$°の扇形の面積は$27\pi$である。ただし，円周率を$\pi$とする。

2　空欄[ア]～[キ]にあてはまる数や符号を解答用紙にマークしなさい。

平面上に球を発射することのできる発射台A，Bがあり，発射台Aと発射台Bは6ｍ離れている。発射台Aは発射台Bに，発射台Bは発射台Aに向かって球を発射する。球はこの平面上をまっすぐ進むものとし，発射台Aから発射された球は秒速30㎝，発射台Bから発射された球は秒速50㎝の速さで進む。ただし，発射台と球の大きさは考えないものとする。

⑴　Aから発射された球が7秒後にいる位置は，Bから[ア][イ][ウ]㎝離れた位置である。

⑵　AとBから球を同時に発射したとき，二つの球がぶつかるのは，Aから[エ][オ][カ]㎝離れた位置である。

⑶　発射台Aから球を発射した[キ]秒後に発射台Bから球を発射したら，発射台Aと発射台Bのちょうど真ん中で二つの球がぶつかる。

3　空欄[ア]～[コ]にあてはまる数や符号を解答用紙にマークしなさい。

右図のように，A，Bの2つの袋がある。

袋Aには−3，−2，−1，1，2，3が1つずつ書かれた6枚のカードが，袋Bには−2，−1，0，1，2，3の数字が1つずつ書かれた6枚のカードが入っている。

袋A，Bの中からカードを1枚ずつ取り出し，カードに書かれている数字をそれぞれa，bとする。

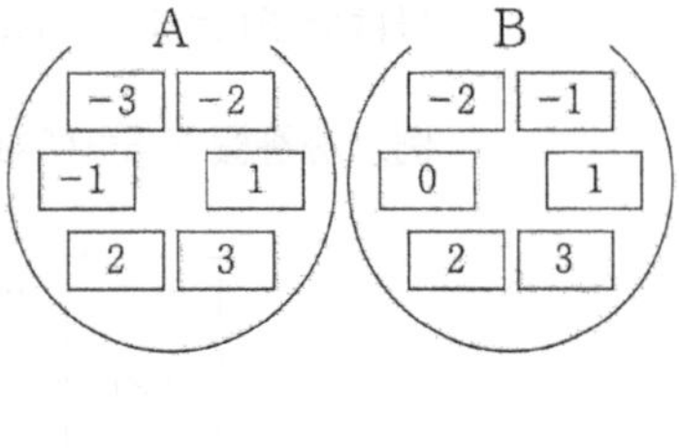

⑴　方程式$ax-2=0$の解が整数となる確率を求めると$\dfrac{\boxed{ア}}{\boxed{イ}}$となる。

⑵　方程式$ax-b=0$の解が整数となる確率を求めると$\dfrac{\boxed{ウ}\boxed{エ}}{\boxed{オ}\boxed{カ}}$となる。

⑶　2直線$y=ax$，$y=bx+6$の交点のx座標が整数となる確率を求めると$\dfrac{\boxed{キ}\boxed{ク}}{\boxed{ケ}\boxed{コ}}$となる。

4　空欄[ア]～[ケ]にあてはまる数や符号を解答用紙にマークしなさい。

1辺の長さが2の正方形ABCDがある。

この正方形の対角線ACの長さは$2\sqrt{2}$である。右図のように，正方形ABCDを点Aを中心に回転した正方形AEFGについて，対角線AF上に点Dがあり，辺CDとEFの交点をHとする。

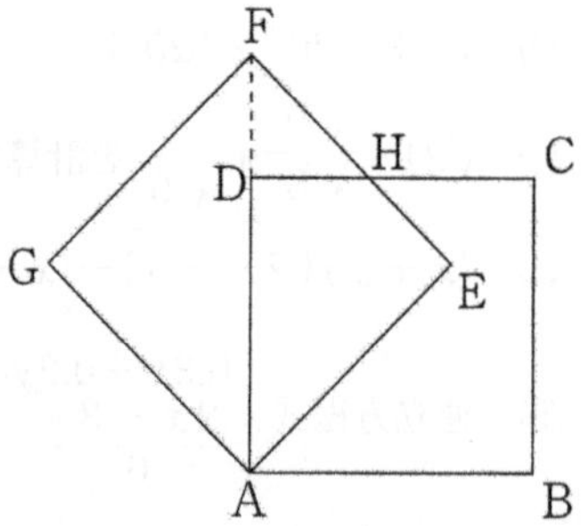

⑴　線分DFの長さは$\boxed{ア}\sqrt{\boxed{イ}}-\boxed{ウ}$である。

⑵　四角形AEHDの面積は$\boxed{エ}\sqrt{\boxed{オ}}-\boxed{カ}$である。

⑶　△DEHの面積は$\boxed{キ}\sqrt{\boxed{ク}}-\boxed{ケ}$である。

5　空欄[ア]～[シ]にあてはまる数や符号を解答用紙にマークしなさい。

関数$y=\dfrac{2}{3}x^2$…①，$y=ax^2\ (a<0)$…②のグラフについて考える。

x座標が3である①，②のグラフ上の点をそれぞれA，Bとするとき，AB＝9となった。

⑴　$a=\dfrac{\boxed{ア}\boxed{イ}}{\boxed{ウ}}$である。

⑵　x座標がk（$k < 0$）である①，②のグラフ上の点をそれぞれC，Dとする。CD＝4であるとき，四角形ACDBの面積は$\dfrac{\boxed{\text{エ}}\boxed{\text{オ}}}{\boxed{\text{カ}}}$である。

⑶　⑵のとき，四角形ACDBをx軸について1回転させてできる立体の体積は$\dfrac{\boxed{\text{キ}}\boxed{\text{ク}}\boxed{\text{ケ}}\boxed{\text{コ}}}{\boxed{\text{サ}}\boxed{\text{シ}}}\pi$である。ただし，円周率を$\pi$とする。

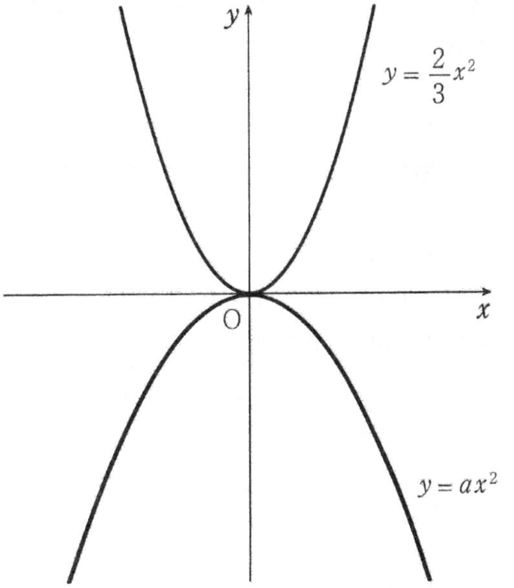

【英　語】（45分）　＜満点：サミッティアコース・アカデミックコース100点　グローバルコース180点＞

【注意】 [1]と[2]は選択問題です。[1]のリスニングはサミッティアコースとグローバルコースの受験者が解答すること。アカデミアコースの受験者は[2]の会話文を解答すること。

＜リスニングスクリプト＞

[1]　サミッティアコース・グローバルコース　選択問題

放送を聞いて，次の[Part1]から[Part3]の問いに答えなさい，なお，全ての問題でメモをとってもかまいません。

[Part1] 対話を聞き，その最後の発言に対する応答として最も適切なものを，放送される①～③の中から１つ選び，マークしなさい。対話文は１度だけ読まれます。

NO. 1

M：I'm hungry, Dad.

R：Me, too.　Let's make something.

M：How about pancakes?

R：① On the weekend.　② For my friends.　③ That's a good idea.

NO. 2

R：Oh, no!

M：What's wrong?

R：My watch has stopped working again.

M：① I think it's on your desk.　② Maybe you need a new one. ③ We can finish tomorrow.

NO. 3

M：Jeff, you look sad.

R：I didn't do well on my math test.

M：Really?　But you're good at math.

R：① I finished my homework.　② I didn't go there. ③ I didn't study enough.

[Part2] 対話と質問を聞き，その答えとして適切なものを１つ選び，マークしなさい。対話文は１度だけ読まれます。

NO. 1

M：Let's go hiking on Saturday, Tom?

R：I'd love to, but I can't.　I'm going to the airport to pick up my aunt.

M：I see.　Well, have a nice weekend.

R：Thanks.　You, too.

M：Question:　What will Tom do this Saturday?

NO. 2

R：Have you taken the dog for a walk yet, Bob?

M：No, I just came home from *judo* practice.

R：Alright.　Do it before doing your homework.

M：OK.

R：Question:　What does Bob have to do first?

NO. 3

M：Where does your grandfather live, George?

R：In Australia, Tom.

M：I went there two weeks ago.　It's so beautiful.

R：I know.　I've been there many times.

M：Question:　When did Tom visit Australia?

Part3 英文を聞き，資料の空欄に当てはまる答えとして適切なものを①～④の中からそれぞれ１つずつ選び，マークしなさい。英文は２度読まれます。

You have reached the Flamingo Zoo Information Center.　The zoo is open between 10:00 a.m. and 4:00 p.m. on weekdays, and 9:00 a.m. to 4:30 p.m. on weekends.　It is closed on Mondays.　Ticket prices are $4 for adults, $3 for seniors over sixty and $1 for children under twelve.　Children under six don't have to buy tickets.　Also, for students, we take 20% off the adult ticket price.　During this season, a special night tour is held on weekends, from 8:00 p.m. to 9:00 a.m. You can enjoy the activities of animals through the night.　The price of this tour is $1 less than the normal price.　Thank you for calling.

1　サミッティアコース・グローバルコース　選択問題　リスニング

放送を聞いて，Part1からPart3の問いに答えなさい。なお，すべての問題でメモをとってもかまいません。

Part1　対話を聞き，その最後の発言に対する応答として適切なものを，放送される①～③の中から１つ選び，マークしなさい。対話文は１度だけ読まれます。

No. 1　解答用紙にマークしなさい。

No. 2　解答用紙にマークしなさい。

No. 3　解答用紙にマークしなさい。

Part2　対話と質問を聞き，その答えとして適切なものを１つ選び，マークしなさい。対話と質問は１度だけ読まれます。

No. 1 ① Stay at his aunt's house. ② Study abroad.
③ Go hiking. ④ Go to the airport.

No. 2 ① Take the dog for a walk. ② Do his homework.
③ Go to judo practice. ④ Eat his dinner.

No. 3 ① His brother. ② Two weeks ago.
③ It's beautiful. ④ In his childhood.

Part3 英文を聞き，資料の(1)～(4)に当てはまる答えとして適切なものを①～④の中からそれぞれ１つ選び，マークしなさい。英文は２度読まれます。

HOURS

(1) 10:00 a.m. - 4:00 p.m.

(2) 9:00 a.m. - 4:30 p.m.

TICKETS

*Adults	$4.00
*Seniors over 60	$3.00
Children under 12	$1.00
Students	$ (3)

Special Night Tour

Weekends only 8:00 p.m. - 9:00 a.m.

Adults $ (4)

（注） adult 大人 senior 高齢者

(1) ① Monday - Saturday ② Monday - Friday
③ Tuesday - Friday ④ Tuesday - Sunday

(2) ① Friday ② Saturday ③ Sunday ④ Saturday and Sunday

(3) ① Free ② 2.00 ③ 2.80 ④ 3.20

(4) ① 1.00 ② 2.00 ③ 3.00 ④ 4.00

2 アカデミアコース 選択問題 会話文

(1) 以下の４つの会話文中の，ア～オの（ ）に入る適切なものをそれぞれ１つ選び，マークしなさい。

Mike : Jane, are you going to Bob's party?

Jane : (ア) I can't wait for it.

① Of course I am. ② I don't think so.

③ The party was good.　④ He's not sure.

Woman　: I am going to travel around Europe this summer, but I'm worried about my dog.
Man　: Don't worry.　I'll take care of it (　イ　)
　① because I am busy.　② if you need one more.
　③ when you get home.　④ during your trip.

Mother　: Why don't you clean your room, David?
Son:　: (　ウ　)
Mother　: Good.　I'll help you after washing these dishes.
　① I have no idea.　② No, I'm full.
　③ I'll do it right away.　④ You look tired.

Customer : Excuse me.　I'm looking for dog food.
Clerk　: This way, please.　We have several types.
Customer : Actually, I don't know much about it.　(　エ　)
Clerk　: You should choose one *based on your dog's age.　How old is your dog?
Customer : He is just one year old.
Clerk　: Then, I think this one or that one is good for your dog.　(　オ　)
Customer : Umm...　I don't know which one to get, so I'll take both of them.
Clerk　: Thank you, and this is a gift for a *purchase of over 50 dollars.

(注) based on ~　~に基づいて　purchase　購入

(エ)　① How can I choose?　② Which is the cheapest?
　③ Where can I find it?　④ Which is the most popular?
(オ)　① It will be 20 dollars.　② That's 35 dollars for two.
　③ That will be 25 dollars.　④ They are 32 dollars each.

⑵ 次の会話文を読み，あとの問いに答えなさい。

Taro and his friend, Bill are talking on the phone.　Bill lives in London.

Taro : Bill, Happy Birthday!　I know you are having your birthday party now.　(　a　)
Bill : Yes, I am, Taro.　Some of my friends came to my house.　They are talking with my family.　They look happy.
Taro : Oh, (　b　) I'm not there in London now!　I want to enjoy the party with you.
Bill : Me, too.　But it's great to be able to talk with you like this.
Taro : Yes, you are right.　How long will the party be?
Bill : Well, it started one hour ago, at one in the afternoon, and it'll finish at seven in the evening. So it'll be for (　c　) hours.
Taro : Oh, you have a lot of time.
Bill : Yes.　Well, what time is it in japan?　There is a 9-hour time difference between

Japan and London. So,...oh, it's about five in the morning in Japan now!

Taro : No, no, London is 9 hours behind Japan, so it's (d) in the evening here now.

Bill : Oh, I see. You should go to bed soon!

Taro : Yes, have a great time, Bill. Send me some pictures of your party later.

Bill : Sure! Thank you for calling, Taro.

(ア) 会話の流れに合うように，(a) に入る適切なものを１つ選び，マークしなさい。

① How was it? ② Do you like party?

③ Are you having fun? ④ Can you call me back?

(イ) 会話の流れに合うように，(b) に入る適切なものを１つ選び，マークしなさい。

① thank you ② you are welcome ③ here you are ④ I'm sorry

(ウ) 会話の流れに合うように，(c) (d) に入る適切な語をそれぞれ１つ選び，マークしなさい。

① five ② six ③ seven ④ nine ⑤ eleven

(エ) 会話文の内容についての，次の問いに対する答えとして適切なものを１つ選び，マークしなさい。

What does Taro want Bill to do later?

① To send Taro some pictures of the party. ② To send some presents to Bill.

③ To talk with Bill's family. ④ To go to bed soon.

これより全コース　必答問題

3 以下のメールのやりとりを読み，あとの問いに答えなさい。

From : Tom Garcia
To : Ann Taylor
Date : May 6, 2023　10:11
Subject: Thank you!
Hi Ann, It was nice to see you last Friday night at your birthday party. I had a great time. Thanks for inviting me. I didn't tell you about a fun event next weekend. My father is a professor of science at *Exton university. There is a special event on Saturday and Sunday night from 8:30 to 10:00. Are you free then? We'll look at and learn about stars and planets. You said you love science and looking at stars, so I wanted to invite you. I'm planning to go, and I'm free both nights. I hope we can go together. See you, Tom

(注) Exton エックストン（イギリスの地名）

From : Ann Taylor
To : Tom Garcia
Date : May 6, 2023 10:15
Subject: Re: Thank you!
Hi Tom, Thanks for your e-mail. It was good to see you, too. I'm sorry we couldn't talk enough at my party last Friday. I think there were too many people. Thanks for telling me about the event at Exton university. I'd love to go. I have a test on Monday morning, so Sunday isn't good for me. I have to study then. Saturday night is fine. My grandfather is going to come for dinner, but my mother said I can go after dinner. Are we going to take a bus or go by bike? Where should we meet? See you soon, Ann

From : Tom Garcia
To : Ann Taylor
Date : May 6, 2023 10:30
Subject: Great!
Hi Ann, I'm glad you can come! My father is going to take us, so we can pick you up at your house at eight o'clock. You'll be home at about 10:30. This event is held every May, but it was cloudy last year. We couldn't see anything, but I learned a lot. I hope the weather will be better for seeing stars this time. See you soon, Tom

(1) What did Tom forget?
① To ask Ann about the science test.
② To tell Ann about a university event.
③ To give a present to Ann.
④ To send a birthday card to Ann.

(2) Why can't Ann meet Tom on Sunday?
① Because she needs to study for a test.
② Because she wants to eat dinner with her grandfather.
③ Because she will have a birthday party at home.
④ Because she must go to her grandfather's house.

(3) How will Ann come to Exton university?
① She will come by bus.

② She will ride a bike.

③ She will come with Tom and his father.

④ She will take a train with Tom.

⑷ Which of the following is true?

① Tom's father works for Exton university and teaches science.

② Tom and Ann go to the science event together every year.

③ Tom didn't know that Ann likes science.

④ Tom joined the science event last year, and he could see a lot of stars.

4 次のチラシを読み，あとの問いに答えなさい。

FOOTBALL TEAM
CAR WASH

The Hudson high school football team will wash cars for money.

We want new uniforms for the next game.

Our team has 20 players.

Place	Parking lot at Rainbow Mall
Date	Sunday, July 1
Time	9:00 to 17:00
Cost	$15 for each car

➢ Enjoy cold drinks during the car wash.　Drinks will be $2 each.

➢ All customers will receive two *free tickets to our October 20 football game against George high school.

➢ We will take a lunch break. (12:00-12:45)

For more information, call Mr. Miller at Hudson high school at 123-456-789

（注） free　無料の

⑴ Why will the Hudson high school football team wash cars?

① To make people happy.　　② To support their parents.

③ To buy their new uniforms.　　④ To join the next game.

⑵ What can people do if they come to this car wash event?

① They can enjoy free cold drinks.

② They can buy anything cheaper at Rainbow Mall.

③ They can take pictures of the Hudson high school football team members.

④ They can get free football tickets.

⑶ Which of the following is true?

① George high school students will help Hudson high school students wash cars.

② The Hudson high school football team will get forty-five dollars if they wash three cars.

③ People are asked to check the Internet to get more information.
④ The George high school football team will have lunch at Rainbow Mall.

5 高校生のリサ（Lisa），ジョン（John），哲也（Tetsuya）が，加藤先生（Ms. Kato）の授業で発表をしています。これを読み，あとの問いに答えなさい。

Ms. Kato : Good morning, everyone. In the last class, we learned about food. There are many kinds of food which are not good for our *health. Many people become sick because they are not careful about food. The important thing is to know more about food. Today, we are going to think about *eating habits. I told (a)(① as / ② study / ③ about / ④ to / ⑤ you / ⑥ them) your homework last week.
Please show it to the class. Any volunteers?

Lisa : Yes. Did you have breakfast this morning everyone? Please look at this *graph. This shows the *percentage of people who don't have breakfast. I am surprised that many people don't have breakfast. The percentage of men (b) who don't have breakfast is the highest. (c) of women who are from 15 to 19 don't have breakfast. Some of them are *on a diet because they want to look nice. People should know that having breakfast is very important for their health.

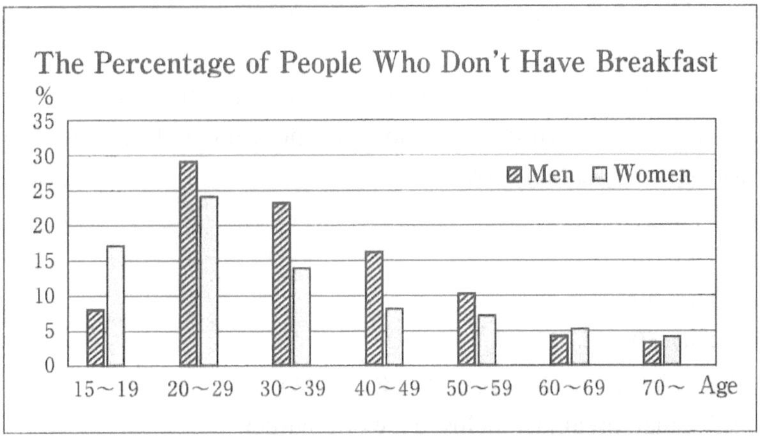

Ms. Kato : Thank you, Lisa. Who's next?

John : I am. I used the Internet to learn about eating habits. Our bodies begin to work well after we have breakfast. Breakfast gives us energy to work *all day. If we feel sleepy or tired during a class, we should improve our breakfast habit. An American scientist says that students who have breakfast do better in math than students who don't.

Ms. Kato : Very interesting. Next please.

Tetsuya : Yes, Ms. Kato. Let me talk about my breakfast. I think it is also important for us (d)____________________________ to keep our health.

So, I eat meat, fish, and vegetables every morning. Actually, I *grow vegetables at home. I have learned I can get a lot of vegetables if I grow them with love. That has changed me. Before I grew vegetables, I didn't like to eat them. But now they are the food I like the most. I hope everyone will eat more vegetables.

Ms. Kato : Very nice. We learned important things for our health.

（注） health 健康 eating habits 食習慣 graph グラフ percentage 割合
on a diet ダイエット中で all day 一日中 grow ～を育てる

(ア) （a）を並べ替えたとき，（ ）内の3番目と5番目にくる語をそれぞれマークしなさい。

(イ) （b）（c）に入る適切なものを，グラフを参考にしてそれぞれ1つ選び，マークしなさい。

（b） ① from 15 to 19 ② from 20 to 29
③ from 30 to 39 ④ from 40 to 49

（c） ① About 29% ② About 23%
③ About 17% ④ About 14%

(ウ) 下線部（d）に入る適切なものを1つ選び，マークしなさい。

① to eat breakfast at the same hour every day
② to only eat good food for our body
③ to eat many kinds of food
④ to eat food slowly

(エ) 次の英文はグラフを見た加藤先生の反応である。加藤先生の年齢層に当てはまるものを1つ選び，マークしなさい。

Ms. Kato said, "I was surprised to learn that the percentage of men from 15 to 19 who don't eat breakfast is as *low as the women from my *generation."

（注） low 低い generation 世代

① from 20 to 29
② from 30 to 39
③ from 40 to 49
④ from 50 to 59

(オ) 本文の内容に合うものを2つ選び，マークしなさい。

① John says that breakfast helps us work harder.
② The homework Ms. Kato gave students was to study about some vegetables.
③ If people don't have breakfast every morning, they will become sick soon.
④ Lisa thinks that young women are on a diet because they are careful about their health.
⑤ Vegetables have been Tetsuya's favorite food since he began to grow them.
⑥ Tetsuya learned about how to grow vegetables on the Internet.

6 次の地図を見て，あとの問いに答えなさい。

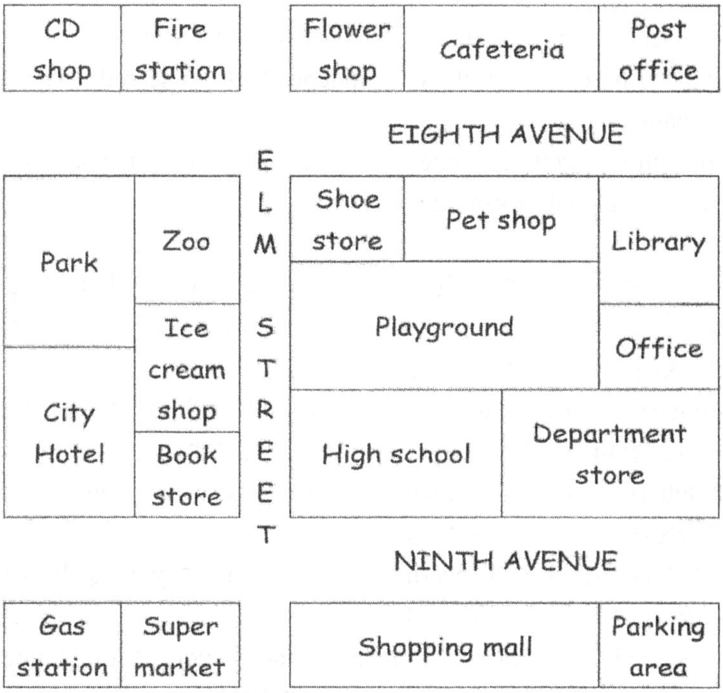

⑴ 次の対話文中の（a）～（d）に入る適切なものを①～⑦からそれぞれ1つ選び，マークしなさい。ただし，同じものを2回以上用いてはならない。

Kenta and his friends are talking at the cafeteria. They want to visit several places, but they don't know the city very well. They need help.

《At the cafeteria》

Kenta : Excuse me, can you tell us the way to the City Hotel from here?

Waiter : Sure. Walk along Eighth Avenue to Elm Street and (a). Walk down Elm Street to (b) and (c). You'll see the hotel (d), across from the gas station.

① on your right　② Ninth Avenue　③ next to　④ turn right
⑤ Eighth Avenue　⑥ on your left　⑦ turn left

⑵ 次の問いに対する答えとして適切なものを1つ選び，マークしなさい。

Yuji is at the parking area on Ninth Avenue. He is going to pick up Tomoko. Yuji goes straight along Ninth Avenue to Elm Street and turns right. He walks up Elm Street to Eighth Avenue and turns left. He goes to a building on his right, the second building from the corner. At the building, he meets Tomoko. Where is Tomoko now?

① At the flower shop.　② At the CD shop.
③ At the pet shop.　④ At the ice cream shop.

7 以下の英文の（ ）に入る適切な語（句）を１つ選び，マークしなさい。

⑴ I feel like（ ① talk ② to talk ③ talking ④ talked ）about my favorite movies.

⑵ She apologized（ ① to ② for ③ at ④ with ）the trouble.

⑶ It is very（ ① bored ② careless ③ independent ④ scared ）to make the same mistakes again.

⑷ The temperature is getting higher（ ① according to ② thanks to ③ as for ④ because of ）global warming.

8 日本文に合うように，（ ）内の語（句）を並べ替えるとき，（ ）内の3番目と6番目にくる語（句）をそれぞれマークしなさい。ただし，文頭の語（句）も小文字で示されています。

⑴ ケイコを彼に紹介させていただいてもよろしいでしょうか。

（ ① to introduce ② like ③ to ④ you ⑤ would ⑥ him ⑦ me ⑧ Keiko ）?

⑵ 私はこれらの２通の手紙を見ると楽しい日々を思い出します。

（ ① me ② letters ③ the ④ remind ⑤ two ⑥ these ⑦ happy days ⑧ of ）.

⑶ あなたからの便りを楽しみに待っています。

（ ① from ② forward ③ I ④ hearing ⑤ to ⑥ am ⑦ you ⑧ looking ）.

⑷ 図書館には食べ物を持ってきてはいけません。

（ ① into ② something ③ bring ④ must ⑤ eat ⑥ you ⑦ to ⑧ not ）the library.

⑸ 私は大変疲れていたので，まっすぐ立つことすらできなかった。

I was（ ① that ② up ③ I ④ tired ⑤ even ⑥ stand ⑦ couldn't ⑧ so ）straight.

【理　科】（30分）　＜満点：60点＞

1　問１・問２に答えなさい。

問１．化学変化と熱の関係性を調べるために，次の**【実験１】**・**【実験２】**をおこなった。下の各問いに答えなさい。

【実験１】　**図１**のように，鉄粉と活性炭をよく混ぜながら温度をはかった。また，**図２**のように，鉄粉と活性炭を混ぜたものに食塩水を数滴たらし，よく混ぜながら温度をはかった。

【実験２】　**【実験１】**で，温度変化が最も大きくなった直後，火のついたろうそくを入れた。

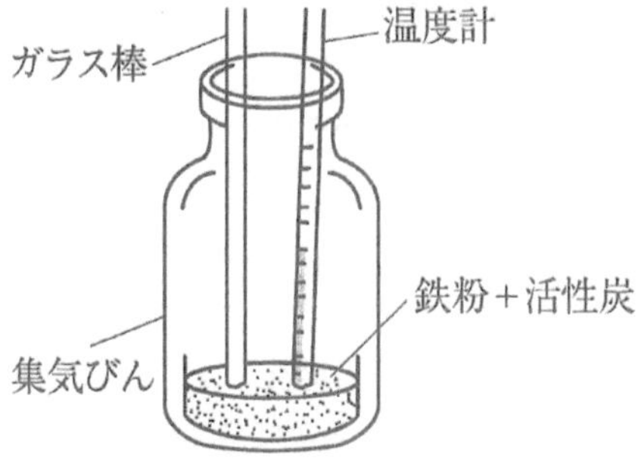

図１

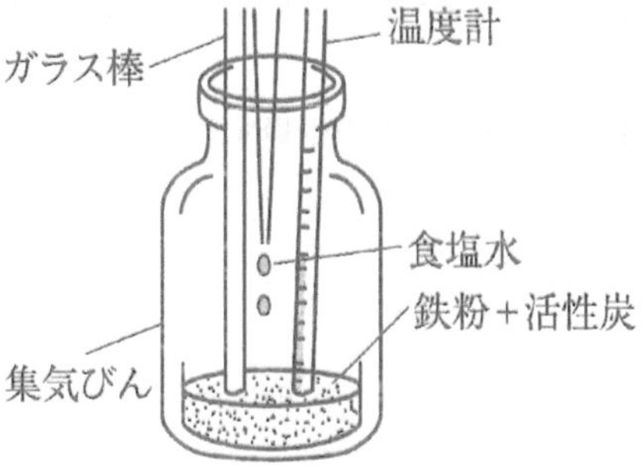

図２

⑴　**【実験１】**について，この反応を利用している最も適当なものを，次の①～④の中から１つ選び，マークしなさい。［1］

①　マッチ　　②　使い捨てカイロ　　③　ドライアイス　　④　冷却パック

⑵　**図１**と**図２**では，どちらの温度変化が大きいか。また，鉄粉に起こった化学変化は何か。組み合わせとして最も適当なものを，次の①～⑥のうちから１つ選び，マークしなさい。［2］

	温度変化	化学変化
①	**図１が大きい**	分解
②	**図１が大きい**	酸化
③	**図１が大きい**	燃焼
④	**図２が大きい**	分解
⑤	**図２が大きい**	酸化
⑥	**図２が大きい**	燃焼

⑶　**【実験２】**では，すぐにろうそくの火が消えた。その理由として最も適当なものを，次の①～④の中から１つ選び，マークしなさい。［3］

①　**【実験１】**で，集気びん内に二酸化炭素が発生していたため。

②　**【実験１】**で，集気びん内に水素が発生していたため。

③　**【実験１】**で，集気びん内の酸素がなくなっていたため。

④　**【実験１】**で，集気びん内の窒素がなくなっていたため。

⑷　**【実験１】**・**【実験２】**について述べた記述のうち**誤っているもの**を，次のページの①～③のうち

から１つ選び，マークしなさい。 4

① 粉末状の鉄を用いるのは，触れ合う表面積を増すためである。

② 食塩水を加えるのは，反応をはやく進ませるためである。

③ 活性炭は，空気中の水分を集めるはたらきをしている。

問２．次の水溶液Ａ～Ｃについて，性質をもとに水溶液を判別するために，**【実験３】**・**【実験４】**をおこなった。**【表１】**はその結果をまとめたものである。下の各問いに答えなさい。なお，水溶液Ａ～Ｃはそれぞれ，うすい塩酸，食塩水，うすい水酸化ナトリウム水溶液のいずれかである。

【実験３】 水溶液Ａ～Ｃを少量ずつとり，マグネシウムリボンを加え，気体が発生するかどうか調べた。

【実験４】 水溶液Ａ～Ｃを少量ずつとり，フェノールフタレイン溶液を加え，水溶液の色を観察した。

【表１】

	A	B	C
【実験３】気体の発生	発生しなかった	発生しなかった	発生した
【実験４】水溶液の色	無色	赤色	無色

⑴ **【実験３】**で発生した気体とその収集方法について，最も適当な組み合わせを，次の①～⑥のうちから１つ選び，マークしなさい。 5

	発生した気体	収集方法
①	水素	水上置換
②	水素	下方置換
③	酸素	水上置換
④	酸素	上方置換
⑤	二酸化炭素	上方置換
⑥	二酸化炭素	下方置換

⑵ 水溶液Ｂ，およびＣは何であるか。次の①～③のうちからそれぞれ１つずつ選び，マークしなさい。 水溶液Ｂ 6 ・水溶液Ｃ 7

① うすい塩酸　② 食塩水　③ うすい水酸化ナトリウム水溶液

次に，酸性・塩基性を示す粒子を確認する実験をおこなった。

【実験５】 図３（次のページ）のように，もめん糸にうすい塩酸，またはうすい水酸化ナトリウム水溶液をしみ込ませ，電気を通す水溶液で湿らせたろ紙の上にリトマス紙を置いた装置で，それぞれ電圧を加えたときのリトマス紙の色の変化を観察した。

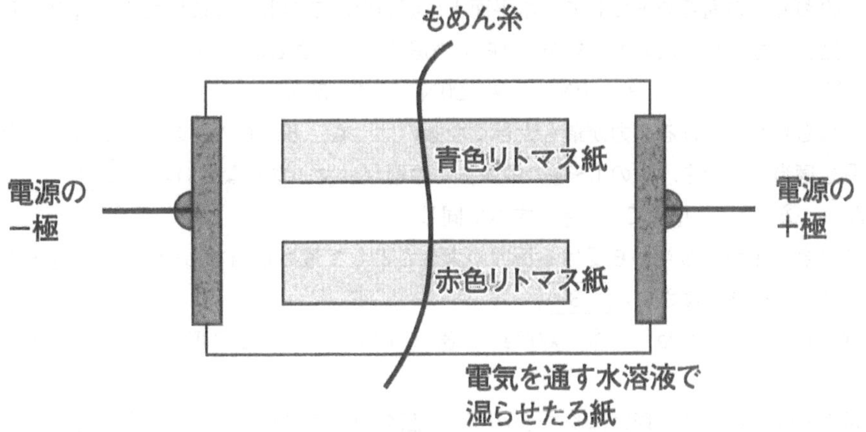

図３

実験結果
・うすい塩酸を用いた場合，もめん糸より－極側にむかって青色リトマス紙が赤く変化した。
・うすい水酸化ナトリウム水溶液を用いた場合，もめん糸より＋極側にむかって赤色リトマス紙が青く変化した。

⑶　実験結果から考えられる，酸性を示す粒子と塩基性を示す粒子について正しく説明した文章は次のうちどれか。最も適当なものを，次の①～④のうちから１つ選び，マークしなさい。 8

①　＋極にむかって移動した水素イオンが，酸性を示す粒子である。
②　＋極にむかって移動した水酸化物イオンが，塩基性を示す粒子である。
③　－極にむかって移動した水素イオンが，塩基性を示す粒子である。
④　－極にむかって移動した水酸化物イオンが，酸性を示す粒子である。

2　問１・問２に答えなさい。

問１．水平な床の上に，図１のような，質量500 g の直方体のおもりを水平な床の上に置いた。あとの各問いに答えなさい。ただし，質量100 g の物体にはたらく重力を１Ｎとし，大気圧による影響は考えないものとする。

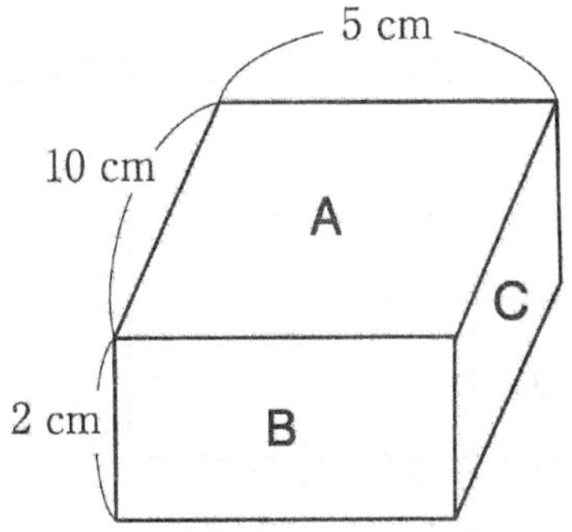

図１

⑴　**図1**のおもりの面**C**を下にして，水平面上に置いた。このおもりにはたらく重力の大きさとして最も適当なものを，次の①～⑤の中から1つ選び，マークしなさい。［1］

①　1N　　②　5N　　③　10N　　④　20N　　⑤　50N

⑵　床がおもりから受ける圧力が最も大きくなるのは，**A**，**B**，**C**のどの面を下にして置いたときか。最も適当なものを，次の①～④の中から1つ選び，マークしなさい。［2］

①　A　　②　B　　③　C　　④　すべて同じ

⑶　⑵のとき，床がおもりから受ける圧力の大きさとして最も適当なものを，次の①～⑥の中から1つ選び，マークしなさい。［3］

①　100Pa　　②　250Pa　　③　500Pa　　④　1000Pa　　⑤　2500Pa　　⑥　5000Pa

次に，**図1**と同じおもりに軽いばねをとりつけ，**図2**のように手で引っ張り上げた。

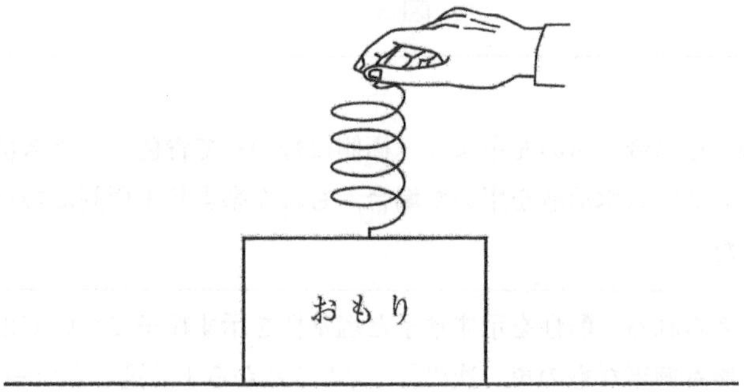

図2

⑷　おもりが地面から離れた際に，手に加えられた力の大きさとして最も適当なものを，次の①～⑤の中から1つ選び，マークしなさい。［4］

①　1N　　②　5N　　③　10N　　④　20N　　⑤　50N

⑸　⑷のときのばねの伸びとして最も適当なものを，次の①～⑤の中から1つ選び，マークしなさい。ただし，1Nの力を加えたときのばねの伸びは2㎝，3Nの力を加えたときのばねの伸びは6㎝とする。［5］

①　1㎝　　②　4㎝　　③　8㎝　　④　10㎝　　⑤　12㎝

問2．**図3**は，抵抗線**P**と**Q**について，加わる電圧と電流の関係を表したグラフである。あとの各問いに答えなさい。

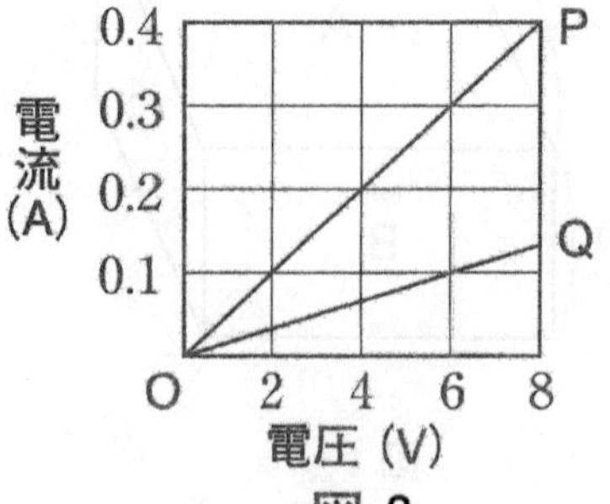

図3

(1) 抵抗線Pの抵抗の値として最も適当なものを，次の①～④の中から１つ選び，マークしなさい。
6

① 20Ω　② 40Ω　③ 60Ω　④ 80Ω

(2) 抵抗線PとQを直列でつないだときの合成抵抗値として最も適当なものを，次の①～⑥の中から１つ選び，マークしなさい。 7

① 15Ω　② 30Ω　③ 45Ω　④ 60Ω　⑤ 80Ω　⑥ 120Ω

3 問１・問２に答えなさい。

問１．細胞について，次の各問いに答えなさい。

(1) 動物の細胞と植物の細胞を観察した時，共通して観察できるものを，次の①～④の中から**すべて選び**，マークしなさい。 1

① 核　② 葉緑体　③ 細胞膜　④ 細胞壁

(2) 細胞にはさまざまな大きさのものが存在する。以下の生物や細胞を大きい方から順に並べたときに，２番目と５番目になるものを，次の①～⑥のうちからそれぞれ１つずつ選び，マークしなさい。　２番目 2 ・５番目 3

① ヒトの卵　② ゾウリムシ　③ ニワトリの卵

④ オオカナダモの葉の細胞　⑤ ヒトの赤血球　⑥ 大腸菌

(3) 生物には，からだが１つの細胞だけで構成されている単細胞生物もいれば，ヒトのように多くの細胞が集まって構成される多細胞生物もいる。多細胞生物であるものを，次の①～⑥のうちから**２つ選び**，マークしなさい。 4

① ミジンコ　② ゾウリムシ　③ ブタ

④ ミドリムシ　⑤ アメーバ　⑥ ミカヅキモ

(4) 生物の組織・器官は，細胞が集まって形成されている。これについて述べた次の記述のうち**誤っているもの**を，次の①～⑤のうちから**すべて選び**，マークしなさい。 5

① 多くの植物において，気孔は葉の表側に多い。

② 茎の維管束は，葉と根の間で水や養分を通す働きを持つ。

③ 根にある維管束は，土から吸い上げた水を茎の維管束へと供給している。

④ アスパラガスを輪切りにして切り口を着色した水にしばらくつけておくと，切り口の維管束が染まるのが観察できる。

⑤ 気孔細胞とよばれる２つの細胞によってはさまれた穴を気孔という。

問２．次のページの図は，脊つい動物A～Eをその特徴により分類したものである。図中のAはホニュウ類で，B～Eはハチュウ類，両生類，鳥類，魚類のいずれかの動物を示している。また，A～Eが持つ特徴をその共通性でまとめたものが**グループⅠ～Ⅲ**である。**グループⅠ**はAとBの，**グループⅡ**はB～Eの，**グループⅢ**はCとEの共通した特徴を示している。あとの各問いに答えなさい。ただし，動物Eは幼生と成体で呼吸方法が変化する動物である。

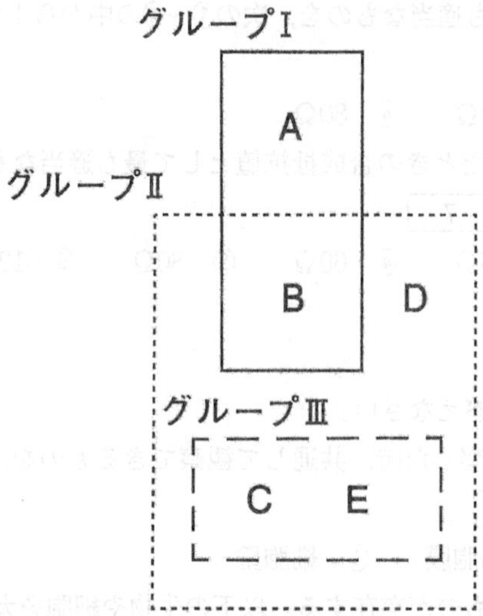

⑴　グループⅠは恒温動物を示している。Bにあてはまる動物として適当なものを，次の①～⑦の中から**すべて選び**，マークしなさい。[6]

①　イモリ　②　コウモリ　③　コイ　④ネコ

⑤　カメ　⑥　ペンギン　⑦　ハト

⑵　グループⅡ・Ⅲの特徴として最も適当なものを，次の①～⑥の中からそれぞれ１つ選び，マークしなさい。　グループⅡ [7] ・グループⅢ [8]

①　卵生である。　②　胎生である。

③　からのない卵を水中に産む。　④　からのない卵を陸上に産む。

⑤　からのある卵を水中に産む。　⑥　からのある卵を陸上に産む。

⑶　Cにあてはまる動物として適当なものを，次の①～⑦の中から**すべて選び**，マークしなさい。
[9]

①　ヤモリ　②　ワニ　③　キンギョ　④　ツバメ

⑤　ヘビ　⑥　カエル　⑦　イワシ

⑷　Dの体表のようすについて最も適当なものを，次の①～④の中から１つ選び，マークしなさい。
[10]

①　つねにぬれている。　②　うろこやこうらでおおわれている。

③　体毛でおおわれている。　④　羽毛でおおわれている。

⑸　進化の過程で，イヌの前あしと同じ起源をもっている器官として最も適当なものを，次の①～⑥の中から**すべて選び**，マークしなさい。[11]

①　カモのあし　②　モンシロチョウのはね　③　コウモリのつばさ

④　ヒトの腕と手　⑤　カマキリの前あし　⑥　シャチの胸びれ

4　問１・問２に答えなさい。

問１．図１（次のページ）は，複数の地震観測地点に届いたＳ波について，震源からの距離と到達時刻をまとめてグラフに表したものである。Ｐ波の速さを6.0㎞/sとして，あとの各問いに答えなさい。

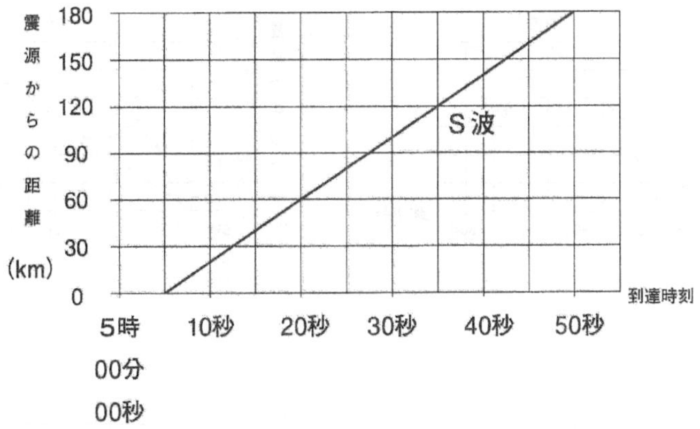

図１

⑴　次の文章は，緊急地震速報について述べたものである。

空欄（a）～（c）に当てはまる語句の組み合わせとして最も適当なものを，下の①～④のうちから１つ選び，マークしなさい。［1］

緊急地震速報は，震源に近いところに設置した地震計で（　a　）波を感知して（　b　）波の到達時刻や震度を予測して知らせる気象庁のシステムである。震源からの距離が遠い地域では，（　a　）波が到達してから，（　b　）波が到達するまでの時間は，（　c　）なるため，わずかな時間でも地震に対する心構えができる。大きな主要動に備えることができれば，被害を減らすことも期待できる。

	（ a ）	（ b ）	（ c ）
①	P	S	短く
②	P	S	長く
③	S	P	短く
④	S	P	長く

⑵　S波の伝わる速さは何km/sか。最も適当なものを，次の①～⑤の中から１つ選び，マークしなさい。［2］

①　3.0km/s　　②　3.6km/s　　③　4.0km/s　　④　4.8km/s　　⑤　5.0km/s

⑶　この地震のP波について，震源からの距離と到達時刻の関係を表すグラフとして最も適当なものを，次の①～⑥の中から１つ選び，マークしなさい。［3］

①
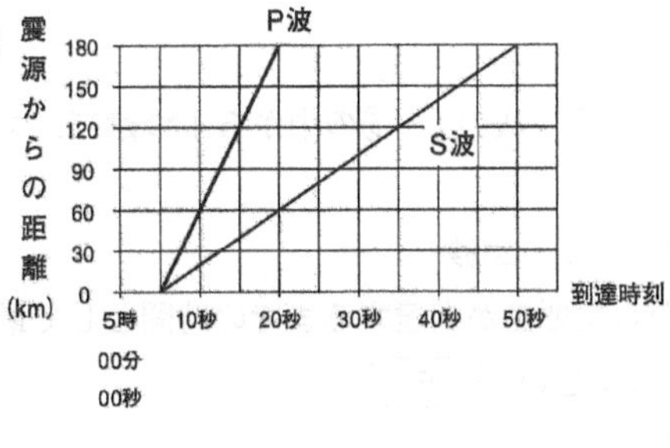

②
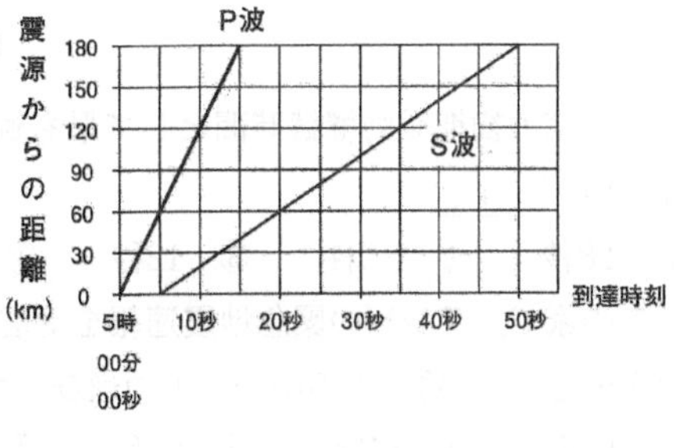

③
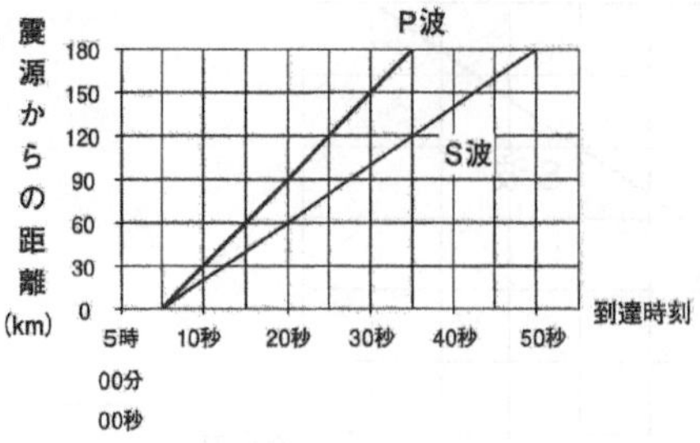

④
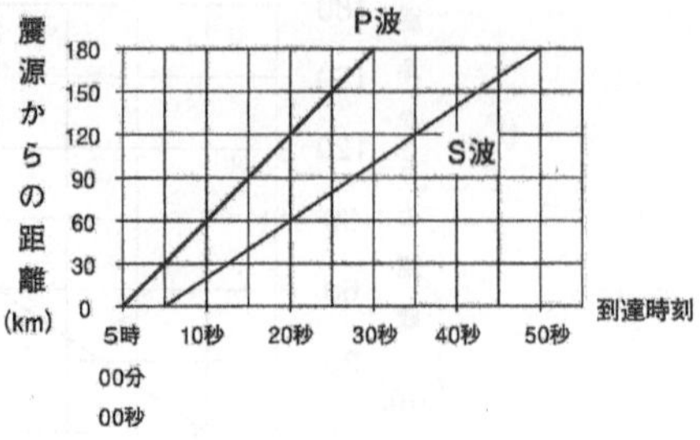

⑤
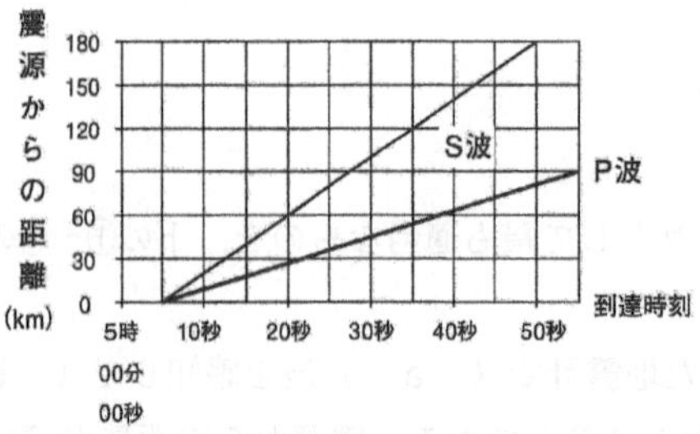

⑥
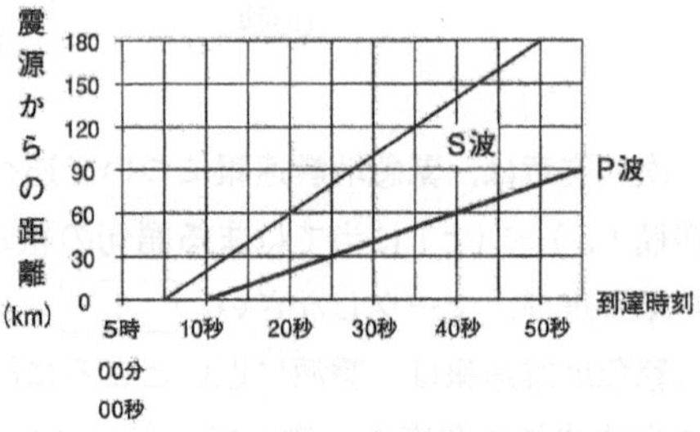

この地震で，震源から30㎞離れた地震計ではじめに観測された小さな波をもとに緊急地震速報のシステムがはたらく仕組みを図２に表す。地震計がこの小さな波を観測してから10秒後に，震源から144㎞離れたテレビのある家で緊急地震速報を受信した。Ｐ波とＳ波の進む速さは一定である。

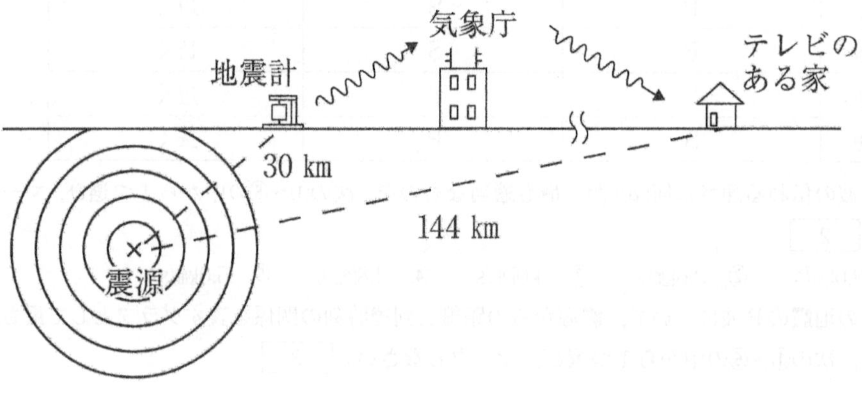

図２

⑷　この家の初期微動継続時間として最も適当なものを，次の①～⑤の中から１つ選び，マークしなさい。 4

①　4.8秒　　②　6.0秒　　③　12秒　　④　16秒　　⑤　24秒

⑸　この家で，テレビの緊急地震速報を受信してから主要動が到達するまでの時間として最も適当なものを，次の①～⑤の中から１つ選び，マークしなさい。 5

①　０秒　　②　15秒　　③　21秒　　④　25秒　　⑤　33秒

問2．日本付近では，温かい空気と冷たい空気が風を生み，前線を形成することがある。下の各問いに答えなさい。

(1) **図3**は上昇気流の空気の流れを表したものである。**図3**は高気圧か，低気圧か。また，**図3**中の風向きは**ア**，または**イ**のどちらか。組み合わせとして最も適当なものを，下の①～④のうちから1つ選び，マークしなさい。［ 6 ］

ア：外側へ
イ：内側へ

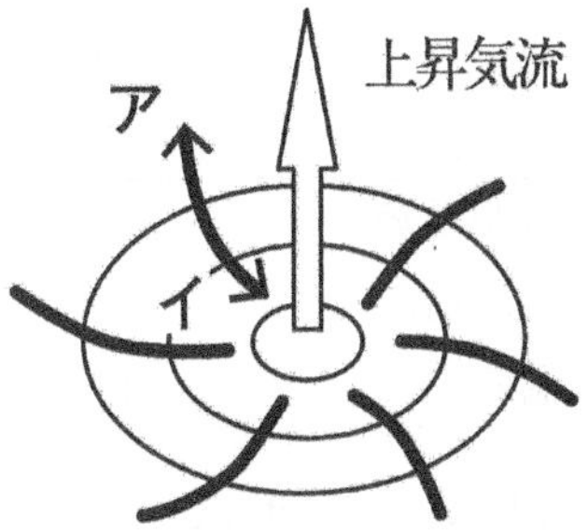

図3

	気圧	風向き
①	高気圧	**ア**
②	高気圧	**イ**
③	低気圧	**ア**
④	低気圧	**イ**

(2) **図4**は，日本付近の温帯低気圧のようすを表したものである。また，下の記述**A**～**D**に天気の特徴を示している。**図4**の**ウ**，**エ**の前線名と，それによってもたらされる天気の特徴**A**～**D**の組み合わせとして最も適当なものを，次のページの①～⑧のうちから1つ選び，マークしなさい。ただし，図は上が北向きとして示してある。［ 7 ］

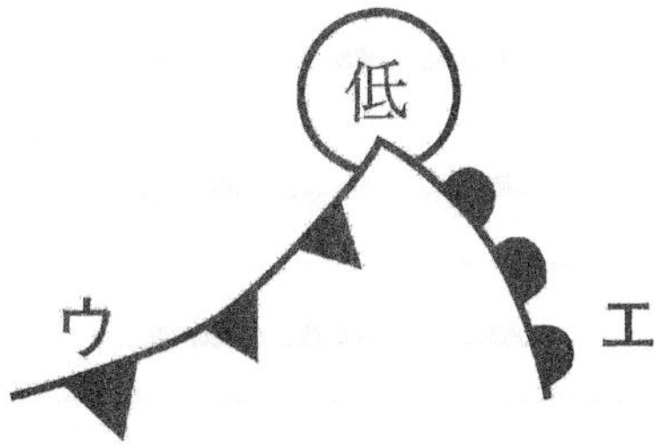

図4

【天気の特徴】

A　狭い範囲で，はげしい雨が短時間にわたり降る。

B　狭い範囲で，おだやかな雨が長時間にわたり降る。

C　広い範囲で，おだやかな雨が長時間にわたり降る。

D　広い範囲で，はげしい雨が短時間にわたり降る。

	前線名		天気の特徴	
	前線ウ	前線エ	前線ウ	前線エ
①	温暖前線	寒冷前線	A	C
②	温暖前線	寒冷前線	B	D
③	温暖前線	寒冷前線	C	A
④	温暖前線	寒冷前線	D	B
⑤	寒冷前線	温暖前線	A	C
⑥	寒冷前線	温暖前線	B	D
⑦	寒冷前線	温暖前線	C	A
⑧	寒冷前線	温暖前線	D	B

⑶　次の文章は，図４の温帯低気圧について説明したものである。空欄（a）・（c）に当てはまる語句，空欄（b）に当てはまる天気図の組み合わせとして最も適当なものを，下の①～⑧のうちから１つ選び，マークしなさい。 8

ウの前線と**エ**の前線の進む向きは（　a　）であり，それぞれの前線の進む速度が異なるため，しだいに，（　b　）のような天気図で表す（　c　）前線に変わっていく。

	（ a ）	（ b ）	（ c ）
①	同じ		停滞
②	同じ		閉塞
③	同じ		閉塞
④	同じ		停滞
⑤	反対		停滞
⑥	反対		閉塞
⑦	反対		閉塞
⑧	反対		停滞

【社　会】（30分）　＜満点：60点＞

1　設問A・Bの問いに答えなさい。

設問A　次の資料1～3は，「女神」像や「女神」を描いたものである。また，メモ1・2はその「女神」についてまとめたものである。問1～問2の問いに答えなさい。

資料1

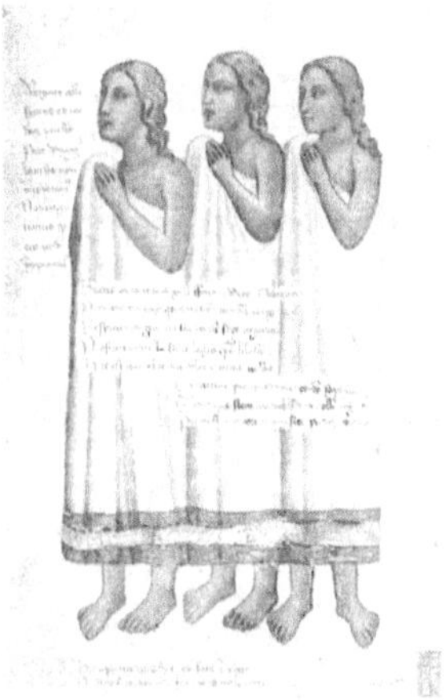

資料2

資料3

メモ1

資料1の「女神」像は，①ギリシャの文化が東方に広まってできたヘレニズムの文化の彫刻である。

メモ2

資料3で描かれた「女神」を見ると，忘れられていた古代ギリシャ・ローマの文化が復活したことが見てとれる。なぜなら資料2と比べると，［　A　］からである。

問1　下線部①に関して，このような文化がおこったのはある人物が，紀元前4世紀頃にペルシャを征服し，インダス川にまで進出したためである。この人物として正しいものを，次の①～④の中から1つ選び，マークしなさい。［　1　］

① アレクサンドロス大王

② ハンムラビ王

③ ラファエロ

④ セシル・ローズ

問2　メモ2の［　A　］に入る文章として適当なものを，次の①～④の中から1つ選び，マークしなさい。［　2　］

① 女神の描き方などに，イスラム教の神々の影響を見てとれる

② 当時の流行や世の中のありさまを反映した版画となっている

③ 人間そのものに価値を認め，神々も人間のようないきいきとした姿で描かれている

④ キリスト教の神々を題材にして描かれており，キリスト教との関係の深さがうかがえる

設問B　次の資料は戦いや革命，戦争に関するものである。資料1～4についての問3～問5の問いに答えなさい。

資料1

資料2

資料3

資料4

問3　資料1・2について説明したⅠ・Ⅱの文の正誤の組み合わせとして正しいものを，次の①～④の中から1つ選び，マークしなさい。［3］

Ⅰ：資料1の兵士は，古代ギリシャの奴隷であり，アテネでは奴隷を含むすべての成年男性が参加する民会を中心に，民主政が行われていた。

Ⅱ：資料2は，集団で戦い，火薬を使った武器で戦うモンゴル軍に対し，御家人たちが苦しめられた文永の役の様子が描かれている。

①　Ⅰ：正　Ⅱ：正　　②　Ⅰ：正　Ⅱ：誤

③　Ⅰ：誤　Ⅱ：正　　④　Ⅰ：誤　Ⅱ：誤

問4　資料3はフランス革命前のフランスを風刺した版画である。これに関連し，フランス革命に関係したできごとについて説明した文①～⑤を古い順に並べたときに**3番目**にくるものをマークしなさい。［4］

①　国王を退位（のち処刑）させ，共和政となる。

②　人権宣言が発表される。

③　特権をもつ階級への課税のため，三部会が開かれる。

④　国民議会が設立される。

⑤　国民に兵役の義務を課す徴兵制を導入した。

問5　次のページの年表は，資料4に関するできごとをまとめたものである。この年表を見て，次の文章の空らん（A）・（B）にあてはまるものの組み合わせとして正しいものを，次の①～④の中から１つ選び，マークしなさい。 5

年号	できごと
1894年	日清戦争がおこる
1895年	三国干渉がおこる

年表

> 日清戦争の講和条約により，（　A　）が決められた。この直後に（　B　）による三国干渉がおこり，対抗する力のなかった日本はこれを受け入れた。

	（　A　）	（　B　）
①	韓国における日本の優越権を認めること	アメリカ・ドイツ・イギリス
②	韓国における日本の優越権を認めること	ロシア・ドイツ・フランス
③	遼東半島を日本にゆずりわたすこと	アメリカ・ドイツ・イギリス
④	遼東半島を日本にゆずりわたすこと	ロシア・ドイツ・フランス

2　次の略年表を見て，問１～問４の問いに答えなさい。

年号	できごと
1543年	（ア）鉄砲伝来
1549年	（イ）キリスト教伝来
1582年	（ウ）天正遣欧使節の派遣

略年表

問１　下線部（ア）に関して，⑴・⑵の問いに答えなさい。

⑴　鉄砲を日本にもたらした国として正しいものを，右の地図中の①～⑤の中から１つ選び，マークしなさい。なお，この地図は現代のものを使用している。 6

⑵　鉄砲が使われた戦いではないものを，次の①～④の中から１つ選び，マークしなさい。

7

①　長篠の戦い　　②　応仁の乱

③　文禄の役　　④　関ヶ原の戦い

問２　下線部（イ）に関して，この時日本に伝わったキリスト教の宗派と伝えた人物の組み合わせ

として正しいものを，次の①～④の中から１つ選び，マークしなさい。 8

	伝わった宗派	伝えた人物
①	カトリック	フランシスコ・ザビエル
②	カトリック	マルティン・ルター
③	プロテスタント	フランシスコ・ザビエル
④	プロテスタント	マルティン・ルター

問３　下線部（ウ）に関連して，次の資料は，天正遣欧使節団が持ち帰った西欧の技術を用いて作られた出版物である。このことに関連して，この時代に，キリスト教宣教師やヨーロッパ商人らによって持ち込まれた知識や技術，文物の説明として正しいものを，次の①～④の中から１つ選び，マークしなさい。 9

資料

①　啓蒙思想に基づく普遍的な人権意識が伝わった。
②　ヨーロッパの学問や文化をオランダ語で学んでいた。
③　活版印刷術が伝わり，その技術で刷られた印刷物もあった。
④　牛肉を食べる習慣が広がるなど，日本の食生活が変化した。

問４　下線部（ウ）以降のできごとＸ～Ｚとそれを行った人物の組み合わせとして正しいものを，次の①～④の中から１つ選び，マークしなさい。 10

Ｘ：幕領でキリスト教を禁止した。

Ｙ：日本人の海外渡航や帰国をすべて禁止した。

Ｚ：日本は「神国」として，宣教師の国外追放を命じた。

	Ｘ	Ｙ	Ｚ
①	徳川家康	豊臣秀吉	徳川家光
②	徳川家光	徳川家康	豊臣秀吉
③	徳川家康	徳川家光	豊臣秀吉
④	徳川家光	豊臣秀吉	徳川家康

3　次の文章を読んで，問１～問８までの問いに答えなさい。

世界の各国では，時間の基準となる（ ア ）標準時子午線を決め，その真上を太陽が通る時間を正午として標準時を決めている。特に（ イ ）インドでは，（ ウ ）アメリカとの時差を活用したビジネスも存在する。

日本では（　Ａ　）を通る（　Ｂ　）を標準時子午線としており，日本の国内はどこでも同じ時間を採用しているが，（エ）日本の東西の最端では経度は約30度の差がある。また，日本の最北端と（オ）最南端の島でも，さまざまな課題を抱えている。特に日本は，このような離島を領土として多く持っていることで，広大な（カ）排他的経済水域を獲得しており，漁業などを盛んに行っている。その一方で（キ）限られた水産資源を守るための取り組みも日本各地で行われている。

問１　空らん（A）と（B）にあてはまるものの組み合わせとして正しいものを，次の①～④の中から１つ選び，マークしなさい。 11

① A：兵庫県明石市　B：東経135度　② A：東京都新宿区　B：西経135度
③ A：兵庫県明石市　B：西経135度　④ A：東京都新宿区　B：東経135度

問２　下線部（ア）について説明したⅠとⅡの正誤の組み合わせとして正しいものを，次の①～④の中から１つ選び，マークしなさい。 12

Ⅰ：イギリスの標準時子午線は，ロンドンにある旧グリニッジ天文台を通る経度０度の経線であり，特にこの経度０度の経線のことを「日付変更線」と呼んでいる。

Ⅱ：アメリカやロシアのように，国の領域が東西に広い国では，標準時子午線を複数選択し，地域によって同じ国の中でも時間が異なるという場合がある。

① Ⅰ：正　Ⅱ：正　② Ⅰ：正　Ⅱ：誤
③ Ⅰ：誤　Ⅱ：正　④ Ⅰ：誤　Ⅱ：誤

問３　下線部（イ）について説明した文章として**誤っているもの**を，次の①～④の中から１つ選び，マークしなさい。 13

① インドでは，仏教やイスラム教など，さまざまな宗教を信仰する人がおり，最も多いのはヒンドゥー教徒である。

② インドでは，地域によって異なる多くの言語が使われているが，共通言語となっている英語を話す人も多くいる。

③ かつてのインドには，イギリスの統治から独立をめざして，ガンディーという人物が非暴力・不服従の抵抗運動を指導した。

④ インドは10億人を越える人口を持ち，1970年代末から人口抑制のために「一人っ子政策」と呼ばれる制度を行ってきた。

問４　下線部（ウ）について説明したⅠとⅡの正誤の組み合わせとして正しいものを，次の①～④の中から１つ選び，マークしなさい。 14

Ⅰ：アメリカの西部には環太平洋造山帯の一部である，ロッキー山脈が連なる。

Ⅱ：アメリカの首都ワシントンD.C.には，国際連合の本部が置かれている。

① Ⅰ：正　Ⅱ：正　② Ⅰ：正　Ⅱ：誤
③ Ⅰ：誤　Ⅱ：正　④ Ⅰ：誤　Ⅱ：誤

問５　下線部（エ）について，下の問いに答えなさい。

⑴ 日本の最東端の島として正しいものを，下の語群の①～⑥の中から１つ選び，マークしなさい。 15

⑵ 日本の最西端の島として正しいものを，下の語群の①～⑥の中から１つ選び，マークしなさい。 16

語群　① 竹島　② 与那国島　② 南鳥島　④ 択捉島　⑤ 江の島　⑥ 佐渡島

問6　下線部（オ）について説明した文章として正しいものを，次の①～④の中から1つ選び，マークしなさい。 17

①　日本の最南端の島は，日本が実効支配している一方で，中国や台湾が領有権を主張している。

②　日本の最南端の島は，その近海で，1995年に最大震度7を観測する地震が発生し，大規模な火災や高速道跡の倒壊など，大きな被害をもたらした。

③　日本の最南端の島は，在日アメリカ軍の基地がおかれており，この基地の移設に関して，さまざまな課題を抱えている。

④　日本の最南端の島は，この島を波の浸食から守るために約300億円をかけて護岸工事が行われた。

問7　下線部（カ）に関連して，下の問いに答えなさい。

⑴　排他的経済水域の範囲として正しいものを，次の①～④の中から1つ選び，マークしなさい。 18

①　沿岸から200海里　　②　領土内の最も標高が高い場所から200海里

③　沿岸から12海里　　④　領土内の最も標高が高い場所から12海里

⑵　排他的経済水域について述べた文章ⅠとⅡについて，その正誤の組み合わせとして正しいものを，次の①～④の中から1つ選び，マークしなさい。 19

Ⅰ：排他的経済水域とは，水産資源や鉱産資源について，沿岸の国が独占的に調査・開発ができる範囲のことである。

Ⅱ：日本の排他的経済水域の面積は，日本の領土の面積の3～5倍程度となっている。

①　Ⅰ：正　Ⅱ：正　　②　Ⅰ：正　Ⅱ：誤

③　Ⅰ：誤　Ⅱ：正　　④　Ⅰ：誤　Ⅱ：誤

問8　下線部（キ）について説明した文章として正しいものを，次の①～④の中から1つ選び，マークしなさい。 20

①　水産資源を守るために，魚や貝などを卵からふ化させて，稚魚・稚貝をある程度まで育てたあと，自然の海や川に放す「養殖漁業」が行われている。

②　水産資源を守るために，魚や貝などを，あみを張った海や人工的な池で，大きくなるまで育てる「栽培漁業」が行われている。

③　日本の中でも，瀬戸内海のおだやかで複雑な海岸線に囲まれた海域は，魚介類の養殖に適しており，広島県のかきや愛媛県のまだいが全国的に有名である。

④　日本の中でも，複雑に入り組んだフィヨルドが見られる三重県の志摩半島では，波が静かな入り江で真珠の養殖が行われている。

4　次のAくんとBさんの会話を読んで，あとの問1～問5までの問いに答えなさい。

Aくん　社会の授業で調べ学習をするらしいけれど，何について調べるか決めている？

Bさん　私は多文化共生の視点から2004年にノーベル平和賞を受賞したワンガリ・マータイさんについて調べてみようかと思っているわ。

Aくん　それって，(ア)多文化共生社会を訴えた人だったかな…？

Bさん　違うわよ。ワンガリ・マータイさんはケニア出身でアフリカ人女性として史上初めてノーベル平和賞を受賞した環境活動家の方だよ。そして，日本人の価値観を表す言葉である「(　a　)」を世界に紹介して，その言葉に込められている価値観から環境保護を訴えた人らしいから本当に凄いよね！

Aくん　日本語が世界で評価されているなんて知らなかったから，何だか誇らしいね。

Bさん　Aくんはまだ決まっていないようだから，消費者問題とかどうかしら？

Aくん　僕の祖母も身に覚えがない健康食品を送りつけられたことがあったよ！

Bさん　それって「(　b　)」じゃない？でも，たとえ代金を支払ってしまっていても（イ)購入後８日以内であれば消費者が無条件で契約を解除できる制度を利用できたんじゃないの？

Aくん　それが実は（b）の場合では，その制度を使うことができないみたいで，僕もBさんと同じでそれが使えるものだと勘違いしていたんだよ。

Bさん　私たちもトラブルに巻き込まれないように，きちんと契約を結んでおくことが求められるね。2009年に消費者政策をまとめて行う(ウ)消費者庁が設立されるなど行政も変わってきているようにも思えるわね。

問１　文章中の下線部（ア）に関連して，「多文化共生社会」には，多様性（Ⅰ）や障がいがあっても不自由なく生活ができるような考え方（Ⅱ）がある。（Ⅰ）と同じ意味を持つ言葉と，（Ⅱ）の考え方を表す言葉として正しいものの組み合わせを，次の①～⑥の中から１つ選び，マークしなさい。 21

	（Ⅰ）	（Ⅱ）の考え方
①	バリアフリー	インクルージョン
②	ダイバーシティ	バリアフリー
③	インクルージョン	ダイバーシティ
④	バリアフリー	ダイバーシティ
⑤	ダイバーシティ	インクルージョン
⑥	インクルージョン	バリアフリー

問２　文章中の（a）にあてはまる言葉として正しいものを，次の①～⑤の中から１つ選び，マークしなさい。 22

①　ARIGATO（ありがとう）

②　YOROSHIKU（よろしく）

③　MOTTAINAI（もったいない）

④　OMOTENASHI（おもてなし）

⑤　NANNTOKANARU（なんとかなる）

問３　文章中の（b）にあてはまる言葉として正しいものを，次の①～④の中から１つ選び，マークしなさい。 23

①　無料商法　　②　マルチ商法　　③　アポイントセールス　　④　ネガティブ・オプション

問４　文章中の下線部（イ）の制度名として正しいものを，次の①～④の中から１つ選び，マークしなさい。24

①　リコール　②　インフレーション

③　クーリング・オフ　④　ユニバーサルデザイン

問５　文章中の下線部（ウ）に関連して，2009年の消費者庁設立の年よりも前に起こったできごとを，次の①～④の中から１つ選び，マークしなさい。25

①　選挙権が18歳以上のすべての国民に認められた。

②　地方分権一括法が制定され，地方の仕事が増加した。

③　東北地方太平洋沖地震（東日本大震災）が発生した。

④　必要最低限の集団的自衛権の行使が可能となる法改正があった。

③ 勝負事では、自らすすんで敗北を選ぶと、他人を喜ばせるだけでなく、自らの心も充実を得られる。

④ 最初は楽しい宴会での遊びから始まったことなのに、ずっと長く恨みを抱くことになるような例は多い。

問八　次に示すのは、問題文を読んだ後に、内容について生徒が話し合っている場面である。生徒A～生徒Dの中で本文の内容を誤って解釈している生徒が一人いるが、それは誰か。その番号をマークしなさい。

（生徒A）今も昔も、人に勝ちたいとか、人の上に立ちたいという気持ちは変わらないんだね。

（生徒B）でも、勝負事では、勝っても負けても、誰かが嫌な思いをするんだよね。

（生徒C）学問に真剣に取り組んで知識を身につけよっていってるけど、昔から学問が大切なんだね。

（生徒D）勉強を頑張って偏差値の高い大学に行くと、地位も利益も手に入るっていう考え方は、昔から変わらないんだね。

① 生徒A　② 生徒B　③ 生徒C　④ 生徒D

四

次のことわざの空欄に当てはまる言葉を後から一つずつ選び、それぞれマークしなさい。

(1) 紺屋《こうや》の□袴　(2) 待てば□路の日和《ひより》あり

(3) □多くして船山に登る　(4) □に釣鐘《つりがね》

(5) 火中の□を拾う

① 陸　② 海　③ 空　④ 芋　⑤ 提灯《ちょうちん》　⑥ 船頭　⑦ 青　⑧ 白　⑨ 栗

五

次の近代・現代文学について述べた文が指すものとして最も適当なものを後から一つずつ選び、それぞれマークしなさい。

(1) ユーモアと風刺に富んだ内容が、猫の視点で描かれている明治期の小説。

(2) 詩集『若菜集』や小説『破戒』などを著した自然主義文学作家。

(3) 小説『たけくらべ』を著し、現在の五千円札に印刷されている作家。

(4) 自身の人生を色濃く反映し、実体験をもとに描いた太宰治の自伝的小説。

(5) 小説『雪国』を著し、日本人として初めてノーベル文学賞を受賞した作家。

① 島崎藤村　② 高瀬舟　③ 樋口一葉

④ 田山花袋　⑤ 吾輩は猫である　⑥ 人間失格

⑦ 芥川龍之介　⑧ 蜘蛛の糸　⑨ 川端康成

※はかり…計略をめぐらす　※興宴…宴会　※結ぶ…心に残す
※失…欠点・弊害　※善…善行　※伐らず…誇るようなことはない
※輩…仲間

問一　本文の出典『徒然草』について次の問いに答えなさい。

1　作者名を次の中から一つ選び、マークしなさい。
① 清少納言　② 紫式部　③ 兼好法師　④ 松尾芭蕉

2　成立したとされている時代を次の中から一つ選び、マークしなさい。
① 奈良時代末期から平安時代初期
② 平安時代中期
③ 平安時代末期から鎌倉時代初期
④ 鎌倉時代末期から室町（南北朝）時代初期

3　『徒然草』は随筆であるが、随筆を次の中から一つ選び、マークしなさい。
① 『方丈記』　② 『今昔物語』
③ 『奥の細道』　④ 『土佐日記』

問二　――線1「万」と同じ読みを含む語を、次の中から一つ選び、マークしなさい。
① 八百万の神　② 人口二十万人
③ 千差万別　④ 準備万端

問三　（A）（B）に入る組み合わせとして最も適当なものを次の中から一つ選び、マークしなさい。
① A　勝ちて　B　勝ちて　② A　勝ちて　B　負けて
③ A　負けて　B　勝ちて　④ A　負けて　B　負けて

問四　――線2「本意なく」の意味として最も適当なものを次の中から一つ選び、マークしなさい。
① いいかげんに　② 残念に　③ 真剣に　④ 無関係に

問五　（C）に入る語句として最も適当なものを次の中から一つ選び、マークしなさい。
① 礼にありけり　② 礼にあらず
③ 徳を積みけり　④ 徳を欲す

問六　――線3「大きなる職をも辞し、利をも捨つるは、ただ、学問の力なり」とあるが、どういうことか。最も適当なものを、次の中から一つ選び、マークしなさい。
① 学問をして物事の道理を学べば、競争の愚かさを知り、地位や利益も捨てることができる。
② 学問をして物事の道理を学べば、競争しなくても自然と地位や利益を得られる。
③ 学習すると、勝負する機会が増え、他人に負けて地位や利益を捨てることになる。
④ 学習すると、結果よりも競争することそのものに心ひかれるため、地位や利益への興味を失う。

問七　本文の内容に**合わない**ものを次の中から一つ選び、マークしなさい。
① 人間関係を穏やかに保つには、自分を抑えて他人を立てる姿勢を保つのがよい。
② 他人に勝つには、勉強をして知識において他の人に勝るのがよい。

④ こちらから話を聞いてもらえる機会が少ないため、とにかく話を聞いてもらえるようにしたいと思っている人。

問六 ――線5「話をしない」とあるが、なぜか。その説明として最も適当なものを次の中から一つ選び、マークしなさい。

① 自分にとって本当に楽しいものは、人知れずこっそり始めるものであり、人に話すことでその楽しさを知られてしまうことは自分のためにはならないことだから。

② 自分にとって本当に楽しいものは、自慢や認められるために話すべきではないことであり、人から楽しさを認められることは幸せにはつながらないことだから。

③ 自分にとって本当に楽しいものは、人に話す必要はなく、自分にとって夢中になってそれが「生きがい」や「やりがい」だという自覚を持ち、その楽しさを理解していればよいものだから。

④ 自分にとって本当に楽しいものは、わざわざ人に話して認めてもらう必要はなく、自分で夢中になってその楽しさにはまり、幸せを感じていればよいものだから。

問七 本文の内容に合うものを次の中から一つ選び、マークしなさい。

① 「仕事のやりがい」が見つけづらい場所にあるため、面接で見せた若者のやる気は長続きしないものとなる。

② 最初から継続的に作業が進み、苦労を強いられない余裕ある手順で完成される仕事が、すばらしく良い仕事になる。

③ こちらから話を聞きたくなる人は、いつも仕事や旅行の話といった楽しい話を自分から進んで話してくれる。

④ 楽しそうにしている人から話を聞くことで、自分の「楽しさ」や「やりがい」を見つけることができる。

二 ※問題に使用された作品の著作権者が二次使用の許可を出していないため、問題を掲載しておりません。

（出典：加納朋子『空をこえて七星のかなた』による）

三 次の文章を読んで、後の問に答えなさい。設問の都合上、一部原文と変えてあります。

物に争はず、おのれを※枉《ま》げて人に従ひ、我が身を後にして、人を先にするにはしかず。

[1]万の遊びにも、勝負を好む人は、（ A ）※興あらんためなり。おのれが※芸の勝りたる事をよろこぶ。されば負けて興なく※覚ゆべき事、又知られたり。我（ B ）、人をよろこばしめんと思はば、更に遊びの興なかるべし。人に[2]本意なく思はせて、わが心を慰まん事、※徳に背けり。※睦《むつま》しき中に戯るるも、人を※はかりあざむきて、おのれが智のまさりたる事を興とす。

これ又、（ C ）。されば、始め※興宴よりおこりて、長き恨みを※結ぶ類多し。これみな、争ひを好む※失なり。

人に勝らん事を思はば、ただ学問して、その智を人にまさらんと思ふべし。道を学ぶとならば、※善に※伐《ほこ》らず、※輩《ともがら》に争ふべからずといふ事を知るべき故なり。[3]大きなる職をも辞し、利をも捨つるは、ただ、学問の力なり。

（『徒然草』による）

（注） ※枉げて…おさえて　※興…満足　※芸…技・腕前
※覚ゆ…感じられる　※徳…人の道・道徳　※睦しき…親しい関係

② 若者が「やりがい」の概念を知らないために、自分にとっての「仕事のやりがい」は、やる気があるところを見せ、気に入ってもらおうと振る舞ううちに見つかるものであると考えていること。

③ ゲームやアニメなどのほとんどの「楽しみ」は親や学校から与えられたものであるが、「仕事のやりがい」は、既に用意されているものであるため、誰も与えてくれないものであると若者が考えていること。

④ 自分にとっての「仕事のやりがい」は既にどこかに存在するものなので、会社で仕事をする中で見つけられたり、誰かが与えてくれたりするものであると若者が考えていること。

問二　空欄 A ・ B に入ることばとして最も適当なものを、後の語群の中から一つずつ選び、それぞれマークしなさい。

【語群】

① だから　② しかし　③ つまり　④ たとえば
⑤ さて

問三　――線2「勘違い」とは何か。その説明として最も適当なものを次の中から一つ選び、マークしなさい。

① 自己の問題が原因で強いられる苦労は「やりがいのある仕事」にはつながらないが、他者の問題が原因で強いられる苦労は「やりがいのある仕事」につながるという勘違い。

② 自己の問題が原因で強いられる苦労であるにもかかわらず、それを乗り越えて達成感や満足感を味わえる仕事を「やりがいのある仕事」であるとする勘違い。

③ 自己の問題から生じる苦労を「やりがいのある仕事」と認めてもらうために最初はわざと仕事を怠け、後で一気に勤勉に働いて仕事を終えればよいとする勘違い。

④ 自己の問題から生じる苦労をなくすために他者からの助言を得ることで、達成感や満足感を味わい、「やりがいのある仕事」ができるようになるという勘違い。

問四　――線3「『抵抗感』」とあるが、それはどのようなものか。その説明として最も適当なものを次の中から一つ選び、マークしなさい。

① 人から与えられない自分の「育て方」を、自分で作り、育てていくことに対する「やりがい」を見つけた時に感じるもの。

② 他者からの批判や妨害を受けて、自分で苦労してやっと見つけた「育てるもの」を失くしてしまった時に感じるもの。

③ 他者からの反発や妨害を受けても、自分にとってやりたくてしかたがないものがある時に、他者に対して感じるもの。

④ 自分はやりたくてしかたがないものでも、他者の反発や妨害を受けて、「やりがい」が見い出せない時に感じるもの。

問五　――線4「そうでない人」とあるが、本文の文脈上どのような人のことを表しているか。その説明として最も適当なものを次の中から一つ選び、マークしなさい。

① バイクに乗る趣味がないため、自分の趣味の話以外の話で場を盛り上げようと思っている人。

② 毎日の中に楽しいことが全然ないため、とにかく多くの話をすることに意味があると思っている人。

③ 人に自慢できたり、周りから褒められたりするものがあることを価値のあることだと思っている人。

ことらしい。少し無理をして、今の会社に就職したけれど、周囲は才能のある奴ばかりで、とてもついていけない、といった話も何度か聞いた。

　これとはまったく反対に、僕の教え子で優秀な学生だったけれど、会社に就職をしなかった奴がいる。彼は今、北海道で一人で牧場を経営している。結婚もしていないし、子供もいない。一人暮らしだそうだ。学生のときからバイクが大好きで、今でもバイクを何台も持っている。毎日それを乗り回しているという。「どうして、牧場なんだ?」と尋ねると、「いや、たまたまですよ」と答える。べつにその仕事が面白いとか、やりがいがあるという話はしない。ただ、会ったときに「毎日、どんなことをしているの?」と無理に聞き出せば、とにかくバイクの話になる。それを語る彼を見ていると、「ああ、この人は人生の楽しさを知っているな」とわかるのだ。男も四十代になると、だいたい顔を見てそれがわかる。話をしたら、たちまち判明する。

　こういう人は、そもそも、自分からはそんなに話をしたがらない。ただ、楽しそうにしているし、機嫌が良さそうだから、「なにか、面白いことでもあったの?」とこちらからききたくなる。

4そうでない人というのは、子供の写真を見せたり、仕事の話をしたり、買おうとしているマンションとか、旅行にいったときの話とか、そういうことを自分から言いたがる。僕は、いつも聞き役だ。

　僕は、毎日もの凄く楽しいことをしていて、僕のことをよく知っている人は、少しだけその内容も知っていると思うけれど、友達と会ったときには、まったくそんな話はしない。近所の人にはもちろん話したことはないし、家族にも、自分の趣味の話はしない。見せることだってほとんどない。5話をしないから、これが「生きがい」とか「やりがい」だという認識もない。そんな言葉を使う必要もないし、使う機会もない。

　本当に楽しいものは、人に話す必要なんてないのだ。

　人から「いいねぇ」と言ってもらう必要がないからだ。楽しさが、自分でよくわかるし、ちょっと思い浮かべるだけで、もう顔が笑ってしまうほど幸せなのだ。これが「楽しさ」というもの、「やりがい」というものだろう。もう、夢中になっていて、いつもそのことを考えている。なにもかもが、そのためにあるとさえ思えてくる。それくらい「はまっている」もののことだ。

　べつに一つのものに、ずっと打ち込む必要もない。どんどん新しいものにチャレンジしても良い。なんでも、やり始めたら楽しくなる。覚えること、勉強することが楽しい。もちろん、仕事だって楽しいかもしれない。

　最も大事なことは、人知れず、こっそりと自分で始めることである。人に自慢できたり、周りから褒《ほ》められたりするものではない。自分のためにするものなのだから。

（森博嗣『「やりがいのある仕事」という幻想』による）

問一　——線1「幻想」とあるが、どのようなことを「幻想」というのか。その説明として最も適当なものを次の中から一つ選び、マークしなさい。

①　若者が面接に臨むにあたり、自分が仕事に対してやる気があるところを見せることによって、会社の中に既に存在する「やりがい」を、自分のことを気に入ってくれた誰かが与えてくれるものであると考えていること。

新しいものを取り入れ、これはなにかに活かせないか、ここはもう少し改善できないか、と常に自分の仕事を洗練させようとしていなければならない。この自己鍛錬にこそ、手応えがあり、やりがいがあるのだ。（中略）

繰り返していうが、人生のやりがい、人生の楽しみというものは、人から与えられるものではない。どこかに既にあるものでもない。自分で作るもの、育てるものだ。

子供の頃にその育て方を見つけた人は運が良い。なかには、せっかく見つけたのに、大人や友人たちから、「そんなオタクな趣味はやめろ」と言われて、失くしてしまった人もいるだろう。そう、やりがいとか楽しみというものは、えてしてこのように他者から妨害される。周囲が許してくれない、みんなが嫌な顔をする、もっと酷《ひど》い場合は、迷惑だと言われてしまう。でも、自分はそれがやりたくてしかたがない。このときに受ける「[3]抵抗感」こそが、「やりがい」である。その困難さを乗り越えることこそ、「楽しみ」の本質だと僕は思う。

もちろん、いくらやりたくても犯罪は困る。これは、この社会に生きるためには問題外だ。この場合は、周囲が反対するのも当然だろう。しかし、犯罪でもないし、実質的な迷惑を工夫によって回避できるのならば、自由になにをしても良いはずだ。現代では、個人の権利として、その自由が保障されている。

子供のときには、経済力がないし、場所も自由に使えないし、時間だって制約があるだろう。だから、やりたくてもできないことは多かった。でも、大人になったら、なんでもできるようになる。この言葉のとおりだ。それなのに、大多数の大人は、「そう思っていたけれど、大人になってみたら、やっぱり制約が多くてできない」とこぼす。そういう人が「仕事にやりがいが見つからない」と言う。結局、子供のときの制約を背負って、そのまま大人になってしまったといえるが、その背負っている制約というのは、ほぼ「本人の思い込み」である。

人気のある会社に就職し、人も羨《うらや》む美形と結婚し、絵に描いたような家庭を築き、マイホームを購入して、という生活を送っている人でも、人生のやりがいを見つけられない人が沢山いる。偏差値が高いから、この大学に入った、この学科を選んだ、というのと同じで、たまたま能力的に勝っていたため、あっさりとなにもかもが手に入ってしまったけれど、しかし、自分で望んだ道ではない。その「人も羨む人生」に縛られて、自分がやりたいことを遠ざけてしまった結果といえる。（中略）

僕は国立大学の教官だったから、指導していた学生はみんな超エリートだった。子供のときにはクラスで一番だった人ばかり、田舎では神童《しんどう》と呼ばれた人たちだ。就職もそんなに苦労をしない。企業の方から「弊《へい》社へ是非《ぜひ》」と誘いが来て、ご馳走《ちそう》をされたりする。そうやって一流企業に就職し、やがて結婚もするし、子供もできる。郊外に家を建てたというような手紙も来る。それでも、ある年齢になったときに、相談に来る人がいる。（中略）ただただ、働いて、毎日が過ぎて、酒を飲んで、疲れて眠るだけ、その連続に堪えられなくなるらしい。これは、どこで間違えたのだろうか？

そこまでいかなくても、大学も就職も結婚も、少し背伸びをしてしまった、と後悔する人もいた。つまり、みんながすすめるから、みんなが凄《すご》いと言うから、みんなが羨ましがるから、という理由で選んだものだから、自分に合っているかどうかが二の次になってしまった、という

【国　語】（四五分）〈満点：一〇〇点〉

一　次の文章を読んで、後の問いに答えなさい。なお、設問の都合上、一部原文と変えてあります。

面接に臨む若者は、仕事に対してやる気があるところを見せる。「やりがいのある仕事がしたい」と言葉では語るだろう。［A］、そもそも、「やりがい」というものがどんな概念なのか、若者たちはまだ知らない。知らないのに、言葉だけでそう言って、気に入ってもらおうと振る舞っているだけなのだ。そして、振る舞っているうちに、自分でも、言葉だけで「そういうものがあるはずだ」と信じ込んでしまう。

これが、「仕事のやりがい」という1幻想に関して生じる問題の根源だ。その言葉を使っているうちに、個人個人がそれぞれ、勝手に夢を見ているだけなのである。

「やりがい」というのは、他者から「はい、これがあなたのやりがいですよ。楽しいですよ、やってごらんなさい」と与えられるものではない。そんなやりがいはない、というくらいはわかるだろう。ところが、今の子供たちは、すべて親や学校から与えられて育っている。ゲームもアニメも、他者から与えられたものだ。ほとんどの「楽しみ」がそうなのだから、「やりがい」もきっとそういうふうに誰かからもらえるものだと信じている。どこかに既に用意されていて、探せば見つかるものだと考えている。

そんな若者が、会社に入って、やりがいがもらえないか、と人を見て、やりがいはどこにあるのか、と周囲を探す。でも、誰もくれないし、どこにあるのか見つけられない。

何故、見つからないのだろう？

それは、「やりがい」がどこかに既に存在している、と勘違いしているからだ。

「やりがい」というのは、変な言葉である。［B］、食べがいがある、といえば、それは簡単には食べられないもの、ボリュームのあるものを示す。「やりがい」に似た言葉で、「手応え《てごた》」というのもある。これも同じで、簡単にはできない、少し抵抗を感じるときに使う。

手応えのある仕事というのは、簡単に終わらない、ちょっとした苦労がある仕事のことである。同様に、やりがいのある仕事も、本来の意味は、やはり少々苦労が伴う仕事のことだ。

しかし、たとえば、自分が能力不足だったり、準備不足だったり、失敗をしてしまったり、計画が甘くて予定どおり進まなかったり、そんなことで苦労を強いられるからといって、それで「やりがいのある仕事」になった、とは言わないだろう。

そう2勘違いをしている人もいる。最初は怠けておいて、〆切間際で徹夜をして、なんとかぎりぎり間に合わせる。そういうもので仕事の手応えを感じ、達成感や満足感を味わう、という人が実際にいるのだ。TV番組のヤラセのようなものである。

本当に素晴らしい仕事というのは、最初からコンスタントに作業を進め、余裕を持って終わる。そういう「手応えのない」手順で完成されるものである。この方が仕上がりが良い、綺麗《きれい》な仕事になる。

ただ、こういう仕事ができるようになるためには、沢山《たくさん》の失敗をして、自分の知識なり技なりを蓄積し、誠実に精確に物事を進める姿勢を維持しなければならない。さらに、時間に余裕があるときには、勉強をして、

MEMO

大切なことはメモしておこうネ！

2024年度

解　答　と　解　説

《2024年度の配点は解答欄に掲載してあります。》

＜数学解答＞

1　(1)　ア　1　イ　3　(2)　ウ　－　エ　3　オ　4　カ　4　キ　5
(3)　ク　5　ケ　6　コ　2　(4)　サ　2　シ　3　ス　2　セ　3
(5)　ソ　6　タ　－　チ　4　(6)　ツ　3　テ　3　ト　3　(7)　ナ　1
ニ　5　ヌ　2　(8)　ネ　1　ノ　2　ハ　0

2　(1)　ア　3　イ　9　ウ　0　(2)　エ　2　オ　2　カ　5　(3)　キ　4

3　(1)　ア　2　イ　3　(2)　ウ　1　エ　1　オ　1　カ　8　(3)　キ　2
ク　3　ケ　3　コ　6

4　(1)　ア　2　イ　2　ウ　2　(2)　エ　4　オ　2　カ　4　(3)　キ　3
ク　2　ケ　4

5　(1)　ア　－　イ　1　ウ　3　(2)　エ　6　オ　5　カ　2　(3)　キ　2
ク　6　ケ　6　コ　0　サ　2　シ　7

○配点○

各5点×20　　計100点

＜数学解説＞

1　(数・式の計算，平方根，因数分解，連立次方程式，2次方程式，比例，おうぎ形の中心角)

(1)　$5-16\div(3-7)\times2=5-16\div(-4)\times2=5+\frac{16\times2}{4}=5+8=13$

(2)　$(-3a^3b)^3\times(ab^2)^3\div(-6a^4b^2)^2=(-27a^9b^3)\times(a^3b^6)\div(36a^8b^4)=-\frac{27a^9b^3\times a^3b^6}{36a^8b^4}=-\frac{3}{4}a^4b^5$

(3)　$\sqrt{24}$を簡単にして，$\sqrt{24}=2\sqrt{6}$，$\frac{\sqrt{2}}{\sqrt{3}}$を有理化して，$\frac{\sqrt{2}}{\sqrt{3}}=\frac{\sqrt{6}}{3}$，$\frac{1}{\sqrt{6}}$を有理化して，$\frac{1}{\sqrt{6}}=\frac{\sqrt{6}}{6}$であるから，$\sqrt{24}+\frac{\sqrt{2}}{\sqrt{3}}+\frac{1}{\sqrt{6}}=2\sqrt{6}+\frac{\sqrt{6}}{3}+\frac{\sqrt{6}}{6}=\frac{12\sqrt{6}+2\sqrt{6}+\sqrt{6}}{6}=\frac{15\sqrt{6}}{6}=\frac{5\sqrt{6}}{2}$となる。

(4)　$(x+1)(2x-3)-(x+2)(3-2x)=(x+1)(2x-3)-(x+2)\{-(2x-3)\}=(x+1)(2x-3)+(x+2)(2x-3)$であるから，$2x-3=\mathrm{A}$とおくと，$(x+1)(2x-3)+(x+2)(2x-3)=(x+1)\mathrm{A}+(x+2)\mathrm{A}$　共通因数Aでくくって，$(x+1)\mathrm{A}+(x+2)\mathrm{A}=\mathrm{A}\{(x+1)+(x+2)\}=\mathrm{A}(x+1+x+2)=\mathrm{A}(2x+3)$となるから，$\mathrm{A}=2x-3$を戻して，$\mathrm{A}(2x+3)=(2x-3)(2x+3)$

(5)　$0.3x+0.2y=1$より，$3x+2y=10$…①　$\frac{2x-3y}{6}=4$より，$2x-3y=24$…②　①×3＋②×2より，$13x=78$　$x=6$　①に$x=6$を代入して，$18+2y=10$　$2y=-8$　$y=-4$

(6)　解の公式より，$x=\frac{-(-6)\pm\sqrt{(-6)^2-4\times3\times2}}{2\times3}=\frac{6\pm\sqrt{36-24}}{6}=\frac{6\pm\sqrt{12}}{6}=\frac{6\pm2\sqrt{3}}{6}=\frac{3\pm\sqrt{3}}{3}$となる。

(7)　yはxに比例しているので，関数の式を$y=ax$とおいて，$x=3$，$y=2$を代入すると，$2=3a$

$-3a=-2$　$a=\dfrac{2}{3}$　よって，関数の式は$y=\dfrac{2}{3}x$となるので，$y=5$を代入すると，$5=\dfrac{2}{3}x$
$15=2x$　$-2x=-15$　$x=\dfrac{15}{2}$となる。

基本　(8)　求める中心角の大きさを$x°$とする。扇形の面積は半径×半径×π×$\dfrac{\text{中心角}}{360}$で求められるから，
$9\times9\times\pi\times\dfrac{x}{360}=27\pi$　$\dfrac{9}{40}\pi x=27\pi$　$x=27\pi\times\dfrac{40}{9}\pi=120$

2　(方程式の利用)

(1)　発射台Aから発射された球は秒速30cmで進むので，7秒後には発射台Aから$30\times7=210$(cm)の位置にいる。よって，球は発射台Bから$600-210=390$(cm)の位置にいる。

基本　(2)　発射台A，Bから同時に発射された球がx秒後にぶつかるとする。発射台A，Bから発射された球はx秒後にそれぞれ$30\times x=30x$(cm)，$50\times x=50x$(cm)進んでいる。二つの球が進んだ距離の和は発射台A，Bの間の距離と等しくなるので，$30x+50x=600$より，$80x=600$　$x=\dfrac{15}{2}$
よって，発射台A，Bから同時に発射された球は$\dfrac{15}{2}$秒後にぶつかるので，発射台Aから発射された球は$30\times\dfrac{15}{2}=225$(cm)進んでいる。したがって，二つの球がぶつかるのは発射台Aから225cmの位置である。

重要　(3)　発射台Aから発射された球が発射台A，Bのちょうど真ん中の位置にいるのは$300\div30=10$(秒後)である。また，発射台Bから発射された球が発射台A，Bのちょうど真ん中の位置にいるのは$300\div50=6$(秒後)であるから，発射台Aから球を発射した$10-6=4$(秒後)に発射台Bから球を発射すれば，発射台A，Bのちょうど真ん中で二つの球がぶつかる。

3　(確率)

基本　(1)　A，Bの袋からカードを1枚ずつ取り出すときの場合の数は$6\times6=36$(通り)である。方程式$ax-2=0$を解くと，$ax=2$　$x=\dfrac{2}{a}$であるから，解が整数となるaの値は$a=-2$，-2，2，2の4通りである。それぞれのaの値に対してbの値が6通りあるから，方程式の解が整数となる$(a,\ b)$の組み合わせは$4\times6=24$(通り)である。よって，求める確率は$\dfrac{24}{36}=\dfrac{2}{3}$である。

重要　(2)　方程式$ax-b=0$を解くと，$ax=b$　$x=\dfrac{b}{a}$であるから，方程式の解が整数となる$(a,\ b)$の組み合わせは$(a,\ b)=(-3,\ 0)$，$(-3,\ 3)$，$(-2,\ -2)$，$(-2,\ 0)$，$(-2,\ 2)$，$(-1,\ -2)$，$(-1,\ -1)$，$(-1,\ 0)$，$(-1,\ 1)$，$(-1,\ 2)$，$(-1,\ 3)$，$(1,\ -2)$，$(1,\ -1)$，$(1,\ 0)$，$(1,\ 1)$，$(1,\ 2)$，$(1,\ 3)$，$(2,\ -2)$，$(2,\ 0)$，$(2,\ 2)$，$(3,\ 0)$，$(3,\ 3)$の22通りなので，求める確率は$\dfrac{22}{36}=\dfrac{11}{18}$である。

重要　(3)　$a=b$であるとき，2直線$y=ax$と$y=bx+6$は傾きが等しくなるので，平行である。よって，交点を持たないので不適。以下，$a\neq b$として考える。$y=ax$と$y=bx+6$を連立方程式として解くと，$ax=bx+6$　$ax-bx=6$　$(a-b)x=6$　$x=\dfrac{6}{a-b}$　方程式の解が整数となる$(a,\ b)$の組み合わせは$(a,\ b)=(-3,\ -2)$，$(-3,\ -1)$，$(-3,\ 0)$，$(-3,\ 3)$，$(-2,\ -1)$，$(-2,\ 0)$，$(-2,\ 1)$，$(-1,\ -2)$，$(-1,\ 0)$，$(-1,\ 1)$，$(-1,\ 2)$，$(1,\ -2)$，$(1,\ -1)$，$(1,\ 0)$，$(1,\ 2)$，$(1,\ 3)$，$(2,\ -1)$，$(2,\ 0)$，$(2,\ 1)$，$(2,\ 3)$，$(3,\ 0)$，$(3,\ 1)$，$(3,\ 2)$の23通りなので，求める確率は$\dfrac{23}{36}$である。

4　(平面図形の長さ・面積の計量)

基本　(1)　正方形ABCDの1辺の長さは2なので，$\mathrm{AD}=2$　正方形の対角線の長さは等しいので，$\mathrm{AF}=\mathrm{AC}=2\sqrt{2}$　よって，$\mathrm{DF}=2\sqrt{2}-2$である。

重要　(2)　線分AFは正方形AEFGの対角線であるから，$\angle\mathrm{AFE}=45°$　正方形の1つの内角は$90°$なの

で，∠ADH＝90°より，∠FDH＝90°　よって，△FDHは直角二等辺三角形であるから，△FDH$=\frac{1}{2}\times(2\sqrt{2}-2)^2=\frac{1}{2}\times(8-8\sqrt{2}+4)=\frac{1}{2}\times(12-8\sqrt{2})=6-4\sqrt{2}$　また，△AEFは正方形AEFGの$\frac{1}{2}$なので，△AEF$=\frac{1}{2}\times2^2=\frac{1}{2}\times4=2$　したがって，四角形AEHD＝△AEF－△FDH$=2-(6-4\sqrt{2})=2-6+4\sqrt{2}=4\sqrt{2}-4$である。

重要　(3)　点Eから線分ADに下した垂線の足をIとする。線分AFは正方形AEFGの対角線であるから，∠EAI＝45°　よって，△AEIは直角二等辺三角形である。三平方の定理より，AI：EI：AE＝1：1：$\sqrt{2}$であり．正方形AEFGの1辺の長さは2であるから，AE＝2なので，EI：AE＝1：$\sqrt{2}$より，EI：2＝1：$\sqrt{2}$　$\sqrt{2}$EI＝2　EI$=\frac{2}{\sqrt{2}}=\frac{2\sqrt{2}}{2}=\sqrt{2}$　よって，△AED$=\frac{1}{2}\times2\times\sqrt{2}=\sqrt{2}$であるから，△DEH＝四角形AEHD－△AED$=(4\sqrt{2}-4)-\sqrt{2}=4\sqrt{2}-4-\sqrt{2}=3\sqrt{2}-4$となる。

5　**(2次関数，図形と関数・グラフの融合問題)**

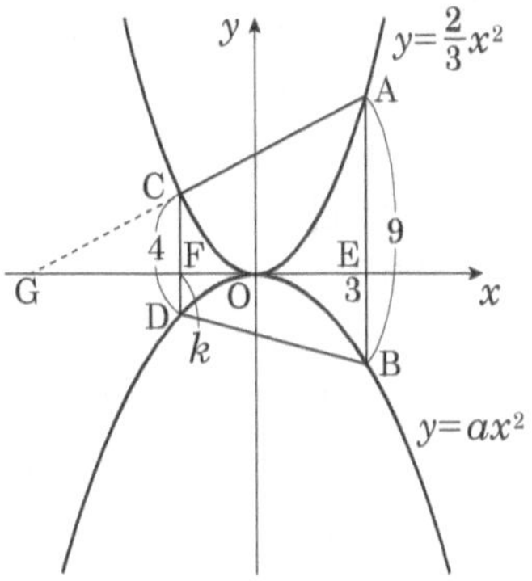

基本　(1)　$y=\frac{2}{3}x^2$に$x=3$を代入すると，$y=\frac{2}{3}\times3^2=\frac{2}{3}\times9=6$　よって，A(3，6)である。AB＝9であるから，点Bのy座標は6－9＝－3なので，B(3，－3)　$y=ax^2$にB(3，－3)を代入すると，$-3=a\times3^2$　$-3=9a$　$-9a=3$　$a=-\frac{1}{3}$となる。

重要　(2)　$y=\frac{2}{3}x^2$，$y=-\frac{1}{3}x^2$に$x=k$をそれぞれ代入すると，$y=\frac{2}{3}k^2$，$y=-\frac{1}{3}k^2$であるから，C$\left(k,\ \frac{2}{3}k^2\right)$，D$\left(k,\ -\frac{1}{3}k^2\right)$と表せる。CD＝4であるから，$\frac{2}{3}k^2-\left(-\frac{1}{3}k^2\right)=4$　$\frac{2}{3}k^2+\frac{1}{3}k^2=4$　$k^2=4$　$k=\pm2$　$k<0$より，$k=-2$　よって，辺AB，CDとx軸との交点をそれぞれE，Fとすると，EF$=3-(-2)=3+2=5$であり，四角形ACDBは台形であるから，四角形ACDB$=\frac{1}{2}\times(4+9)\times5=\frac{1}{2}\times13\times5=\frac{65}{2}$である。

やや難　(3)　直線ACとx軸との交点をGとする。四角形ACDBをx軸について1回転させてできる立体は△AGEをx軸について1回転させてできる円錐から△CGFをx軸について1回転させてできる円錐を引いた錐台になる。$\frac{2}{3}k^2$に$k=-2$を代入すると，$\frac{2}{3}k^2=\frac{2}{3}\times(-2)^2=\frac{2}{3}\times4=\frac{8}{3}$なので，(2)より，C$\left(-2,\ \frac{8}{3}\right)$である。よって，AE＝6，CF$=\frac{8}{3}$である。ここで，AE//CFであるから，△AGE∽△CGFである。GF$=l$とすると，GE：GF＝AE：CFより，$(l+5):l=6:\frac{8}{3}$　$\frac{8}{3}l+\frac{40}{3}=6l$　$8l+40=18l$　$-10l=-40$　$l=4$　よって，GF＝4，GE＝4＋5＝9であるから，求める体積は$\frac{1}{3}\times6\times6\times\pi\times9-\frac{1}{3}\times\frac{8}{3}\times\frac{8}{3}\times\pi\times4=108\pi-\frac{256}{27}\pi=\frac{2916}{27}\pi-\frac{256}{27}\pi=\frac{2660}{27}\pi$である。

★ワンポイントアドバイス★

標準レベルの問題が多く，誘導形式で解きやすい。様々な分野の演習を怠らないようにしておきたい。

<英語解答>

1 ［選択問題］ サミッティアコースとグローバルコース

Part 1 No. 1 ③ No. 2 ② No. 3 ③ Part 2 No. 1 ④ No. 2 ①

No. 3 ② Part 3 (1) ③ (2) ④ (3) ④ (4) ③

2 ［選択問題］ アカデミアコース

(1) (ア) ① (イ) ④ (ウ) ③ (エ) ① (オ) ④

(2) (ア) ③ (イ) ④ (ウ) (c) ② (d) ⑤ (エ) ①

3 (1) ② (2) ① (3) ③ (4) ①

4 (1) ③ (2) ④ (3) ②

5 (ア) 3番目 ② 5番目 ⑥ (イ) (b) ② (c) ③ (ウ) ③ (エ) ③

(オ) ①・⑤

6 (1) (a) ⑦ (b) ② (c) ④ (d) ① (2) ②

7 (1) ③ (2) ② (3) ② (4) ④

8 (1) 3番目 ② 6番目 ⑧ (2) 3番目 ② 6番目 ⑧ (3) 3番目 ⑧

6番目 ④ (4) 3番目 ⑧ 6番目 ⑦ (5) 3番目 ① 6番目 ⑤

○配点○

サミッティアコース

1 各2点×10 3 各4点×4 4 各4点×3

5 (オ) 4点 他 各3点×5((ア)完答)

6 各2点×5 7 各2点×4 8 各3点×5 計100点

グローバルコース

1 各2点×10 3 各4点×4 4 各4点×3

5 (オ) 4点 他 各3点×5((ア)完答)

6 各2点×5 7 各2点×4 8 各3点×5 計100点

アカデミアコース

2 各2点×10 3 各4点×4 4 各4点×3

5 (オ) 4点 他 各3点×5((ア)完答)

6 各2点×5 7 各2点×4 8 各3点×5 計100点

<英語解説>

1 リスニング問題解説省略。

2 **(会話文問題：文・語句補充・選択，不定詞，助動詞，前置詞，接続詞，比較，動名詞，進行形)**

重要 (1) (ア)マイク：ジェーン，あなたはボブのパーティーへ行くのですか。／ジェーン：ア①もちろん行きます。待ちきれません。<be動詞＋ going ＋不定詞[to ＋原形]>「～するつもりだ，しようとしている」can't ＝ cannot「～できない」 ②「そうは思いません」 ③「パーティーは良かったです」 ④「彼は確かではありません」 (イ)女性：今度の夏に，ヨーロッパを旅行するつもりですが，自分の犬のことが心配です。／男性：心配しないでください。イ④あなたの旅行中に私が面倒をみます。 during「～の間に」 <be動詞＋ worried about>「～のことを心配している」 Don't worry. ← <Don't ＋原形>「～するな」命令文の否定(禁止) take care of「～の世話をする，面倒を見る」 ①「私は忙しいので」because「～なので」 ②「もしもう1匹必要なら」if「もし～なら」 one ＝ <a[an]＋単数名詞> ここでは a dog の代用。 more「もっと(多くの)」many／much の比較級 ③「あなたが帰宅したら」接続詞 when「～するとき，すると」 (ウ)母：ディヴィッド，自分の部屋を掃除したらどうかしら。／息子：ウ③すぐにします。／母：良いわね。これらの皿を洗ったら，手伝うわ。<Why don't you ＋原形 ～ ?>「～してはどうですか，しませんか」 right away「ためらうことなく，直ちに，すぐに」 after washing ～ ← <前置詞＋動名詞[原形＋ -ing]> ① I have no idea.「わかりません」 ②「いいえ，お腹が一杯です」 ④「疲れているみたいですね」<look ＋ 形容詞>「～のように見える」 (エ)・(オ) 客：すみません。ドッグフードを探しています。／店員：こちらにどうぞ。いくつかの種類がございます。／客：実は，良くわからないのです。エ①どうやって選ぶことができますか。／店員：犬の年齢に基づいて，選ぶべきです。お客様の犬は何歳ですか。／客：ほんの1歳にすぎません。／店員：それでは，こちらか，あちらかが，お客様の犬に適しています。オ④各32ドルです。／客：そうですね……，どちらを買ったらよいかわからないので，両方買うことにします。／店員：ありがとうございます，50ドル以上購入された際のプレゼントをどうぞ。 Excuse me.「すみませんが，失礼ですが」 I'm looking for ～ ← <be動詞＋ -ing>進行形／look for「～を探す」 This way,please.「こちらにどうぞ」 should「～すべきである」 this one or that one ← 単数名詞の代わりのone。ここでは，a dog food の代用。 which one to get ← <which ＋不定詞[to ＋原形]>「どちらを～したらよいか」 ～, so ……「～である，だから……」 both of「～の両方」 (エ) ②「最も安いのはどれですか」the cheapest ← cheap「安い」の最上級 ③「どこでそれを見つけられますか」 ④「最も人気があるのはどれですか」the most popular ← popular「人気がある」の最上級 (オ) ①「20ドルになります」 ②「2つで35ドルです」 ③「25ドルになります」

(2) (大意) タロウ(以下T)：今，君が誕生日パーティーをしていることはわかっているよ。a③楽しんでいるかい？／ビル(以下B)：うん。／T：ああ，今，僕はロンドンにいられなくて，b④残念だね。君とパーティーを楽しみたいなあ。／B：僕もだよ。／T：パーティーはどのくらい続くのかな？／B：そうだね，1時間前の午後1時に始まって，夜の7時には終わる予定だよ。だから，c②6時間かな。／T：時間はたっぷりあるんだね。／B：うん，ところで，今，日本は何時かな？日本とロンドンでは9時間の時差があるよね。だから，今，日本は朝の5時頃なんだね。／T：違うよ。ロンドンは日本よりも9時間遅いので，今，日本は夜のd⑤11時だよ。／B：あっ，なるほど。君はすぐに寝るべきだね。／T：うん，楽しく過ごしてね。後で，パーティーの写真を何枚か僕に送ってよ。／B：もちろんさ。

基本 (ア) 空所(a)のせりふに対して，Yes, I am. で答えているので，正解は，③ Are you having fun?「楽しんでいるかい？」。 ①「それはどう？」 ②「君はパーティーが好きかな？」 ④「電話をかけ直してくれる？」call back「折り返し電話する」

重要 (イ) 後続文から，ロンドンで一緒に誕生日を祝えなくて残念である，とタロウが考えているのは明らかである。正解は， ④ I'm sorry(I'm not there in London now!)。I'm sorry (that)～「～ということを残念に思う」 <want ＋ 不定詞[to ＋原形]>「～したい」 ①「ありがとう」 ②「どういたしまして」 ③「はい，ここにあります。／さあ，どうぞ」

や難 (ウ) (c) 前文で，午後1時に始まって，夜7時に終わると述べられているので，正解は，6時間である(So it'll be for six hours.)。 (d) 日本は今何時か答える。There is a 9-hour time difference between Japan and London.(ビルの第4番目のせりふ)とあり，時差が9時間であること，ビル第3番目の発言で，it started one hour ago, at one in the afternoon と述べているので，ロンドンは今2時であるということ，空所(d)の直前に，ロンドンは日本より9時間遅いとあることから，考えること。 正解は，so it's eleven in the evening here now. となる。behind「～の後ろに」

基本 (エ) 問い：後にタロウはビルに何をしてもらいたちのか。 最後に，タロウは Send me some pictures of your party later. と述べているので，正解は，①「パーティーの写真をタロウに送る」。 ②「プレゼントをビルに送る」 ③「ビルの家族と話す」 ④「すぐに就寝する」go to bed「寝る」

3 **(長文読解問題：英問英答・選択，要旨把握，内容吟味，助動詞，接続詞，前置詞，動名詞，進行形，受動態)**

(大意)

> こんにちは，アン，／誕生日のパーティーに招待してくれてありがとう。楽しかったです。来週末の楽しいイベントについて話すのを忘れました。僕の父はエックストン大学の科学の教授で，土曜と日曜日の午後8:30から10:00に，星や惑星を見て，学ぶイベントが開催されます。君は科学や星を見ることが好きだと言っていたので，一緒に行けないかと思っています。僕は両日共に空いています。／トム

> こんにちはトム，／パーティーではあまり話せなくて，ごめんなさい。イベントのことを知らせてくれて，ありがとう。参加したいです。月曜日には試験があるので，日曜日は都合がつきません。土曜日の晩は，夕食に祖父が来ますが，その後，行っても良い，と母が言っています。バス，あるいは，自転車で行くのですか。どこで会うのがよいでしょうか。／アン

> こんにちは，アン，／来ることができて，良かったです。父が8時にあなたの家に車で迎えに行きます。帰宅は10:30頃になります。イベントは毎年5月に実施されますが，昨年は曇りで何も見えませんでした。今回は，星を見るのに適した天候になることを願っています。／トム

基本 (1) 「トムは何を忘れたか」トムの最初のメールの第4・5文に I didn't tell you about a fun event next weekend. My father is a professor of science at Exton university. とあるので，正解は，②「大学のイベントに関してアンに伝えること」。 ①「科学のテストに関してアンに質問すること」 ③「プレゼントをアンにあげること」 ④「バースデーカードをアンに送ること」

重要 (2) 「なぜアンは日曜日にトムに会えないのか」アンのメールの第7文に I have a test on Monday morning, so Sunday isn't good for me. とあるので，正解は，①「彼女はテストのために勉強する必要があるから」。 ②「彼女は彼女の祖父と夕食を食べたいから」 ③「彼女は自宅で誕生パーティーを開くことになっているから」 ④「彼女は彼女の祖父の家へ行かなければならないから」must「<u>～しなければならない</u>，にちがいない」

やや難 (3) 「どうやってアンはエックストン大学へ行くか」トムによる2通目のメールの第2文に My father is going to pick you up at your house at eight o'clock. とあるので，正解は，③「彼女はトムと彼の父親と一緒に行く」。 pick up「～を拾い上げる，(人)を(車で)迎えに行く」 ①「彼女はバスで行く」<by ＋乗り物>「～で」(交通手段) ②「彼女は自転車に乗る」 ④「トムと一緒に電車に乗る」

重要 (4) 「次に述べるもののどれが真実か」 ①「トムの父親はエックストン大学に勤めていて，科学を教えている」(○)トムによる1通目のメールの第5文に一致。 ②「トムとアンは科学のイベ

ントへ毎年一緒に出かけている」(×)　アンがイベントを紹介されて感謝している点，イベントへの行き方を尋ねている点，あるいは，トムによる2通目のメールの第4・5文で，昨年のイベントの様子をアンに説明している点から，不一致であると判断できる。<Thanks for ＋動名詞[-ing]>「～してくれてありがとう」 Are we going to take a bus ～？進行形[be動詞＋-ing]で，すでに決定された計画・予定，取り決め(近い未来)を表す用法。 is held ← <be動詞＋過去分詞>受動態「～される，されている」 couldn't ← can't「～できない」の過去形　a lot「よく，大いに」　③「アンが科学を好きである，ということをトムは知らなかった」(×)トムによる1通目のメールの第9文に，You said you love science ～ と書かれているので，不適。　④「トムは去年科学のイベントに参加して，多くの星を見ることができた」(×)トムによる2通目のメールの第4・5文から，不一致と判断できる。選択肢②の解説参照。　a lot of「多くの～」

4 **(短文読解・資料読解：英問英答・選択，要旨把握，内容吟味，不定詞，比較級，受動態)**

(大意)

フットボールチーム　洗車
ハドソン高校のフットボールチームが有料で洗車
試合のために，20名の部員のユニフォームが必要
場　所：レインボーモールの駐車場
日にち：7月1日
時　間：9時～17時
費　用：各車15ドル
▷洗車の間に冷たい飲み物をお楽しみください。飲み物は各2ドル。
▷利用者にジョージ高校との試合の無料入場券を2枚進呈。
▷12:00～12:45昼食休憩
詳細は，ハドソン高校のミラー教諭まで(電話；123-456-789)。

基本 (1) 「なぜハドソン高校のフットボールチームは車を洗うのか」We want new uniforms for the next game. と書かれているので，正解は，③「彼らの新しいユニフォームを買うため」。不定詞[to ＋原形]不定詞の副詞的方法(目的)「～するために」　①「人々を幸せにするため」make people happy ← make O C「OをCの状態にする」　②「彼らの親を支えるため」④「次の試合に参加するため」

重要 (2) 「この洗車イベントへ来ると，人々は何をすることができるか」All customers will receive two free tickets to our October 20 football game against ～ とあるので，正解は，④「彼らは無料のフットボール入場券がもらえる」。　①「無料の冷たい飲み物が飲める」　②「レインボーモールで，より安いものが買える」cheaper ← cheap「安い」の比較級　③「ハドソン校のフットボール部員の写真が撮れる」

重要 (3) 「次に述べるもののどれが真実か」　①「ジョージ高校の生徒は，ハドソン高校の生徒が車を洗うのを手伝うことになる」(×)　記述なし。<help ＋人＋原形>「人が～するのを助ける」②「3台洗車すると，ハドソン高校のフットボールチームは45ドル得ることになる」(○)　＄15 for each car と表記されており，＄15×3＝＄45なので，事実。　③「もっと多くの情報を得るには，インターネットを確認するように人々は求められている」(×)　For more information, call Mr. Miller at Hudson High school ～ とあり，電話連絡するように指示されている

ので，不一致。are asked ← <be動詞＋過去分詞>受動態「～される，されている」 ④「ジョージ高校のフットボールチームはレインボーモールで昼食を食べることになる」(×)昼食に関しては，ハドソン高校のフットボール部員が12:00から12:45まで昼食の休憩を取ることが記されているのみである。

[5] (長文読解問題・発表・資料読解：語句整序，語句補充・選択，内容吟味，要旨把握，不定詞，前置詞，関係代名詞，比較，接続詞，動名詞，現在完了)

(大意) 加藤先生：健康に良くない食べ物が多く存在します。食べ物に注意しないで，多くの人々が病気になっています。食品に関する知識を増やすことは大切です。宿題として食べ物について調べてくるように言ってありますよね。／リサ：朝食を食べていない人の割合を示すグラフを見てください。朝食を食べない(b)20歳から29歳まで男性の割合が最も高いです。15歳から19歳までの女性の(c)約17%が朝食を食べていません。多くの人が朝食を食べていないことに，私は驚きました。朝食を食べることが健康にとって非常に大切であるということを人々は認識するべきです。／ジョン：私は食習慣に関して学ぶために，インターネットを活用しました。朝食を食べた後に，体は良く機能し始めます。朝食は一日の活力を与えてくれます。授業中に眠かったり，疲れていたりする時には，朝食の習慣を改善すべきです。／哲也：健康の維持のためには，(d)多くの種類の食品を食べることが健康には重要である，と考えています。実は，私は野菜を育てていて，今では，野菜が最も好きです。皆にもっと野菜を食べて欲しいと思います。／加藤先生：健康にとって重要なことを学びました。

重要 (ア) (I told)you to study about them as(your homework last week.)<tell ＋人 ＋ 不定詞[to ＋原形]>「人に～しなさいと言う[命じる]」 as 前置詞「～として」／接続詞「～と同じくらい，のように，のとき」

やや難 (イ) 「朝食を食べない(b)男性の割合が最も高い。15歳から19歳までの女性の(c)が朝食を食べない」グラフによると，朝食を食べない男性の割合で最も高いのは，20～29歳である。15歳から19歳の女性のおよそ17%が朝食を食べない。men from 20 to 29 who don't have ～／women who are ～ ← <先行詞(人)＋主格の関係代名詞 who ＋動詞>「動詞する先行詞」 the highest ← high「高い」の最上級

やや難 (ウ) 空所(d)を含む文の意味は，「私達の健康を維持するためには，私達は(d)が重要だと考える」。空所の次に，So, I eat meat, fish, and vegetables every morning. とあるので，正解は，③「多くの種類の食品を食べること」。it is important for us to eat ～ ← <It is ＋形容詞＋ for ＋ S ＋不定詞[to ＋原形]> [Sにとって～することは…である] to keep our health ← 不定詞[to ＋原形]の副詞的用法(目的)「～するために」 ①「毎日同じ時間に朝食を食べること」 ②「私達の身体にとって良い食品のみを食べること」 ④「食べ物をゆっくりと食べること」

やや難 (エ) 加藤先生は述べた。「朝食を食べない15歳から19歳の男性の割合は，私の世代の女性と同じくらい低いということを知り，驚きました」朝食を食べない15歳から19歳の男性の割合は7～8%で，同程度の割合の女性の世代は40～49歳であることがグラフからわかる。I was surprised to learn that ～ ← <感情を表す語＋不定詞[to ＋原形]>感情の原因・理由を表す不定詞の副詞的用法 men ～ who don't eat ～ ← <先行詞(人)＋主格の関係代名詞＋動詞>「～する先行詞」 as low as the woman from ～ ← <as ＋原級＋ as ＋ A>「Aと同じくらい～」

重要 (オ) ①「朝食により，私達はより熱心に働くようになる，とジョンは述べている」(○)ジョンは Our bodies begin to work well after we have breakfast. Breakfast gives us energy to work all day. と述べているので，一致。breakfast helps us work harder. ← <help ＋ O ＋原形>「Oが～するのを手助けする」／harder ← hard「熱心に，一生懸命に」の比較級　②「加藤先生が生徒に与えた宿題は，野菜について勉強することだった」(×)　加藤先生は，Today, we are going to think about eating habits. I told you to study about them as your homework last week. と述べているので，不適。the homework Ms. Kato gave students ←<先行詞(＋目的格の関係代名詞)＋主語＋動詞> 目的格の関係代名詞の省略　are going to think ～ ←<be動詞＋ going to ＋原形>「～するつもりだ，しようとしている」about eating ～ <前置詞＋動名詞>　(ア)の解説参照。　③「毎日朝食を食べないと，すぐに病気になる」(×)　記述なし。　④「健康に気をつけているので，若い女性はダイエットをしている，とリサは考えている」(×)　ダイエットに関して，リサは Some of them[women from 15 to 19 who don't have breakfast] are on a diet because they want to look nice. と述べているので，不適。　⑤「哲也が野菜を栽培し始めて以来，彼の好きな食べ物になっている」(○)　哲也は Before I grew vegetables, I didn't like to eat them. But now they are the food I like the most. と述べているので，一致。have been Tetsuya's favorite food ← <have[has]＋過去分詞>現在完了(完了・継続・経験・結果)　the food▼I like the most ← <先行詞(＋目的格の関係代名詞)＋主語＋動詞> 目的格の関係代名詞の省略　the most ←「もっとも(多くの)」many／much の最上級　⑥「哲也はインターネットで野菜の育て方を学んだ」(×)　記述なし。how to grow vegetables ← <how ＋不定詞[to ＋原形]>「～の仕方，いかに～するか」

6 **(短文読解問題・資料読解：語句補充・選択，内容吟味，要旨把握，英問英答・選択)**

重要 (1)　(大意)　《喫茶店にて》ケンタ：City Hotel への行き方を教えてください。／ウェーター：Eighth AvenueをElm Street までまっすぐ進み，a⑦左折してください。Elm Street を b②Ninth Avenue まで進み，c④右折してください。ガソリンスタンドの向かい，d①右側にホテルが見えます。　walk along「～に沿って歩く」 walk down ～「～を歩く，進む」 turn left[right]「左折[右折]する」 on one's right[left]「右側[左側]に」 across from「～の向かいに，向こうが側に」 next to「～の隣に」

や難 (2)　(大意)　ユウジはNinth Avenue の駐車場にいる。彼は Ninth Avenue に沿って，Elm Street まで歩き，右折する。Elm Street を Eighth Avenue まで歩いて行き，左折する。角から2つ目の右側の建物まで行く。その建物で，トモコと会う。トモコはどこにいるか。　正解は，At the CD shop.「CD店」。is going to pick up Tomoko ← <be動詞 ＋ going to ＋原形>「～するつもりである，しそうである」 walk straight along「～に沿って直進する」 walk up「～を歩いて行く」

や難 7 **(語句補充・選択：動名詞，語い・熟語，進行形，進行形)**

(1)　「私の好きな映画について話したい気分である」<feel like ＋動名詞[-ing]>「～したい気がする」正解は，feel like talking about ～。<feel like ＋文[主語＋動詞 ～]>「～のような気がする」<feel like ＋名詞>「(飲食物)を欲しい気がする，～の手ざわり[感じ]がする，～の気分だ，のようだ」

(2)　「彼女は面倒をかけたことを謝罪した」<apologize(to ＋人)＋ for ＋ものごと>「(～に)……を詫びる」

(3)　「同じ間違いをするなんて非常に不注意である」文脈からして，正解は，careless「不注意な」。careless to make the same mistakes ～ ← <形容詞＋不定詞[to ＋原形]>不定詞の副詞的用法の一種　bored「うんざりした，退屈した」 independent「独立した」 scared「こわがった，おびえた」

(4)　「地球温暖化が理由で，気温がより高くなっている」<because of ＋ 名詞(相当語句)>「～の理由で，が原因で」is getting higher ← <be動詞 ＋ -ing>進行形「～しているところだ」 according to「～によると」 thanks to「～のおかげで，せいで」 as for「～に関しては，はどうかというと」

重要 [8]　(語句整序：助動詞，不定詞，進行形，動名詞，前置詞)

(1)　Would you like me to introduce Keiko to him(?)　Would you ～？「～してくれますか，」してはいかがですか」 <like ＋人＋不定詞[to ＋原形]>「人に～して欲しい」

(2)　These two letters remind me of happy days(.)　remind A of B「AにBを思い起こさせる」

(3)　I am looking forward to hearing from you(.)　am looking ← <be動詞＋-ing>進行形　<look forward to(＋動名詞[-ing])>「(～すること)を楽しみに待つ，期待する」 hear from「～手紙[電話，メール]をもらう」

(4)　You must not bring something to eat into(the library.)must「～しなければならない，に違いない」→ must not「～してはいけない」 bring A into B「AをBに持ち込む」 something to eat「食べ物」← <名詞＋不定詞[to ＋原形]>不定詞の名詞的用法「～する(ための)名詞」

(5)　(I was)so tired that I couldn't even stand up(straight.)　even「～でさえ，すら，だって，(比較級を強調して)さらに」強調する語句の直前に置かれる。　stand up「立ち上がる」

★ワンポイントアドバイス★

[7] の語句補充・選択問題を取り上げる。当設問は，文法問題というよりはむしろ，語い問題という方がふさわしいだろう。この種の問題に対応するためには，日頃より，熟語も含めた語い力全般の強化に努める必要がある。

＜理科解答＞

[1]　問1　(1)　[1]　②　　(2)　[2]　⑤　　(3)　[3]　③　　(4)　[4]　③　　問2　(1)　[5]　①
　(2)　[6]　③　　[7]　①　　(3)　[8]　②

[2]　問1　(1)　[1]　②　　(2)　[2]　②　(3)　[3]　⑥　　(4)　[4]　②　　(5)　[5]　④
　問2　(1)　[6]　①　　(2)　[7]　⑤

[3]　問1　(1)　[1]　①，③　　(2)　[2]　②　　[3]　⑤　　(3)　[4]　①，③
　(4)　[5]　①，⑤　　問2　(1)　[6]　⑥，⑦　　(2)　[7]　①　　[8]　③　　(3)　[9]　③，⑦
　(4)　[10]　②　　(5)　[11]　③，④，⑥

[4]　問1　(1)　[1]　②　　(2)　[2]　③　　(3)　[3]　③　　(4)　[4]　③　　(5)　[5]　③
　問2　(1)　[6]　④　　(2)　[7]　⑤　　(3)　[8]　③

○推定配点○

[1]　[8]　3点　　他　各2点×7

[2]　[5]　3点　　他　各2点×6
[3]　[6]～[10]　各2点×5　　他　各1点×6
[4]　[2]～[5]　各2点×4　　他　各1点×4　　　計60点

＜理科解説＞

[1]　(物質とその変化―酸化・気体発生)

問1　(1)　使い捨てカイロは鉄粉と活性炭を混ぜたものに，保水材と水を加えている。鉄がさびるときの発熱を利用している。　(2)　食塩水を加えると鉄の酸化が進み，短い時間で多くの熱が放出される。　(3)　鉄が酸化するとき酸素が反応して減少するため，ろうそくが消える。実験2では酸化反応が速く進むので，ビンの中の酸素量が少なくなっている。　(4)　活性炭には微小な穴がたくさんあり，空気を吸着する。鉄の酸化の際に取り込んだ酸素を供給することで酸化を進める役割がある。

重要　問2　(1)　マグネシウムリボンと反応して気体を発生するのはうすい塩酸である。このとき水素が発生する。水素は水に溶けないので水上置換法で集める。　(2)　Aはフェノールフタレイン溶液で無色であったが，Bは赤色に変色したのでアルカリ性である。よってAは食塩水，Bは水酸化ナトリウム水溶液，Cはうすい塩酸である。　(3)　青色を赤くするのは酸から生じる水素イオンであり，赤色リトマス紙を青くするのはアルカリから生じる水酸化物イオンである。水素イオンは＋イオンであり，水酸化物イオンは－イオンである。よって＋極に向かって移動したのは水酸化物イオンである。

[2]　(圧力・力・電流と電圧―圧力と力のつり合い・電流と電圧)

基本　重要　問1　(1)　質量が500gなので，おもりにはたらく重力は5Nである。　(2)　圧力は力の大きさをその力がかかる面積で割ると求まる。重力が同じなので，底面積の一番小さいものがもっとも圧力が大きい。Bの面を下にしたときがもっとも圧力が大きくなる。　(3)　$1m^2$に1Nの力がかかるときの圧力が1Paである。Bの断面積は$10cm^2$なので圧力は$5\times\frac{10000}{10}=5000$(Pa)である。

(4)　手がおもりを引く力とおもりの重力がつり合うので，手に加えられた力は5Nである。

(5)　1Nで2cm伸びるので，5Nでは10cm伸びる。

問2　(1)　抵抗＝電圧÷電流より，2Vのとき0.1Aの電流が流れるので，抵抗は20Ωである。

(2)　電熱線Bの抵抗の大きさは60Ωである。PとQを直列でつなぐと合成抵抗は20＋60＝80(Ω)になる。

[3]　(動物の種類とその生活―細胞・動物の分類)

重要　問1　(1)　動物細胞と植物細胞に共通して存在するのは核と細胞膜である。葉緑体と細胞壁は植物細胞だけにある。　(2)　細胞の大きい順に，③＞②＞①＞④＞⑤＞⑥である。よって2番目に大きいものはゾウリムシで大きさは0.2～0.3mm程度であり，5番目に大きいものはヒトの赤血球で0.007～0.008mm程度である。　(3)　例の中の多細胞生物は，ミジンコとブタである。

(4)　①　気孔は葉の裏側に多く存在する。⑤　孔辺細胞に囲まれた穴を気孔という。

基本　問2　(1)　恒温動物は鳥類とホ乳類である。Aがホ乳類なのでBは鳥類である。鳥類に属するのはペンギンとハトである。　(2)　グループⅡの特長は卵生であること。グループⅢはその中でも殻のない卵を水中に産むものである。　(3)　CとEは殻のない卵を水中に産むものである。Eは幼生と成体で呼吸方法が変化するので両生類である。よってCは魚類である。その例はキンギョとイワシである。　(4)　Dは硬い殻の卵を産むものでハ虫類である。ハ虫類の体はうろこやこうらでおおわれている。　(5)　もとは同じ器官であったが，進化の結果形や働きが変わってしまったものを相同器官という。イヌの前あし，コウモリの翼，ヒトの手と腕，シャチの胸びれはこれに当たる。

④ (大地の動き・地震・天気の変化一地震波・天気図)

重要 問1 (1) 緊急地震速報は震源に近い観測点でP波を感知して，S波の到達予想時刻や震度を知らせるシステムである。震源から遠い地域では，P波が到達してからS波が到達するまでに時間がかかるので揺れに備えることができる。 (2) S波は15秒間で60km伝わるので，速度は60÷15＝4.0(km/s)である。 (3) P波とS波は同時に発生するが，P波の方が速いのでグラフの傾きが大きい。P波の速度は6.0km/sなのでグラフは③になる。 (4) この家にP波が到達するまでの時間は144÷6＝24(秒)であり，S波は144÷4＝36(秒)である。よって初期微動継続時間は36−24＝12(秒)である。 (5) 地震計がP波を感知するまでの時間は30÷6＝5(秒)である。その10秒後にテレビのある家で緊急地震速報を受信したので，地震発生から15秒後である。主要動(S波)の到達までに36秒かかるので，36−15＝21(秒)の時間がある。

問2 (1) 上昇気流が生じるのは低気圧の中心部である。風の流れは低気圧の中心に向かって反時計回りで吹き込む。 (2) ウが寒冷前線，エが温暖前線を表す。寒冷前線は狭い範囲に短い時間激しい雨を降らせ，前線の通過後に気温が急激に下がり，風向きは南寄りから北寄りに変化する。温暖前線が通過するときは広い範囲に長時間おだやかな雨が降る。風は南向きに変わり気温が上昇する。 (3) どちらの前線も東へ進み，寒冷前線が温暖前線と重なると閉塞前線となる。

★ワンポイントアドバイス★

ほとんどが基礎的な内容であり，理科全般の幅広い知識が求められる問題である。マークシート方式の解答に慣れることも大切である。

<社会解答>

1 問1 ① 問2 ③ 問3 ③ 問4 ② 問5 ④

2 問1 (1) ② (2) ② 問2 ① 問3 ③ 問4 ③

3 問1 ① 問2 ③ 問3 ④ 問4 ② 問5 (1) ③ (2) ② 問6 ④
問7 (1) ① (2) ② 問8 ③

4 問1 ⑤ 問2 ③ 問3 ④ 問4 ③ 問5 ②

○配点○

1 問1・問3 各2点×2 他 各3点×3

2 問1(1)・問4 各3点×2 他 各2点×3

3 問3・問6・問8 各3点×3 他 各2点×7

4 問1・問5 各3点×2 他 各2点×3 計60点

＜社会解説＞

1 (世界の歴史―政治・外交・経済史，文化史，日本史と世界史の関連)

問1　アレクサンドロス大王は前334年から前323年まで，ギリシアの東方，ペルシアの支配する広大な地域への大遠征を行った。

重要　問2　資料2はルネサンスの時代のものであり，この語は，文芸復興のことである。つまり，ギリシア，ローマの古典文化を再生することである。その意義は，教皇の思想が支配している中世を「暗黒の時代」と見て，その暗黒から人間を解放しようと言うことであり，人間性の自由・解放を求め，ヒューマニズムと個性を尊重という近代社会の原理を生み出した。

問3　資料1は重装歩兵の密集隊戦術をあらわしており，また，アテネでは奴隷は民主政から排除されていたので，Ⅰは誤りとなる。

やや難　問4　③三部会招集(1789年5月)→④国民議会設立(1789年6月)→②人権宣言採択(1789年8月)→①国王退位，共和政になる(1792年9月)→⑤徴兵制実施(1793年2月)。

問5　三国干渉は下関条約の調印から，わずか6日後に行われた。これは，ロシアが，フランスとドイツを誘い，「国際的には日本の遼東半島領有が極東における緊張を高め，平和の妨げとなる」としたものである。

2 (日本と世界の歴史―政治・外交・経済史，文化史，日本史と世界史の関連)

問1　(1)　1543年の鉄砲伝来は，ポルトガル人によって種子島に伝えられた。したがって，②が正解となる。①はイギリス，③はスペイン，④はオランダ，⑤はイタリアである。　(2)　応仁の乱は1467年であり，鉄砲伝来の以前の出来事であるため，鉄砲は使用されていない。

問2　当時，ヨーロッパでは，ルター，カルビンによる宗教改革が行われており，キリスト教が，ルター・カルビン派の新教(プロテスタント)と旧教(カトリック)に分裂していた，来日したザビエルはカトリックのイエズス会の宣教師である。

問3　この時代の南蛮貿易では，生糸や絹織物などの中国産の品物のほか，毛織物，時計，ガラス，そして，活版印刷術などがあった。この資料はこの技術でつくられたものである。

問4　年代順に並べると，Z：1587年秀吉によるバテレン追放令→X：1612年家康による幕領にキリスト教禁止令→Y：家光による日本人の海外渡航・帰国の禁止令となる。

3 (地理―日本と世界の諸地域の特色，産業，その他)

問1　日本標準時の基準となる東経135度子午線は，兵庫県明石市を通っている。

基本　問2　イギリスのロンドンにある旧グリニッジ天文台を通る経度0度は本初子午線であり，日付変更線ではないので，Ⅰは誤りである。

問3　一人っ子政策を行ってきたのは中国であるので，④は誤りである。

問4　国際連合の本部はニューヨークにあるので，Ⅱは誤りである。

基本　問5　日本の最北端は択捉島，最東端は南鳥島，最西端は与那国島，最南端は沖ノ鳥島である。この4島の中で一般人が行けるのは与那国島だけである。

問6　日本最南端にある沖ノ鳥島は，満潮時にはわずかな岩を残して波間に沈む孤立島で，東京都小笠原村に属する。政府は，この島の周りの排他的経済水域を守るために，約300億円をかけて護岸工事を行っている。

重要　問7　(1)　排他的経済水域の範囲は，沿岸から200海里(約370km)を越えない範囲内で設定することができる。このことは，国連海洋法条約によって規定されている。　(2)　排他的経済水域とは，沿岸国が，その範囲内において，天然資源の探査・開発などを含めた経済的活動についての権利と，海洋の調査，環境の保護・保全等についての管轄権を有する水域である。日本の陸地面積は約38万km^2，一方，領海と排他的経済水域を合わせた面積は約447万km^2に及び，これは国土の約12倍，世界で6番目の広さとなる。

問8　限られた水産資源を守るために養殖は重要である。日本国内ではウナギ，マダイ，クロマグロ，ノリ類，ブリ類，かき類，ワカメ類などさまざまな養殖がおこなわれている。広島県のかき，愛媛県のまだいなどが特に有名である。

4　(公民―経済生活，その他)

やや難　問1　ダイバーシティは「多様性」を意味し，組織においてさまざまな属性の人材を積極的に採用することを指す。インクルージョンとは，人々の個性と違いを積極的に認め，受け入れ，尊重する考え方で，障がいがあっても不自由なく暮らせることも含まれる。

問2　環境分野で初のノーベル平和賞を受賞したケニア人女性ワンガリ・マータイは，2005年に毎日新聞社の招きで初来日した際，編集局長のインタビューで「もったいない」という言葉に出会い，感銘を受けた。彼女はこの美しい日本語を環境を守る世界共通語「MOTTAINAI」として広めることを提唱した。

問3　ネガティブオプションとは，消費者が注文していない商品を送り付けて，代金を請求する商法である。別名「送り付け商法」や「押し付け商法」とも呼ばれてる。

問4　契約は，いったん成立すると一方の都合で止めることはできない。しかし，訪問販売や電話勧誘販売，連鎖販売取引に該当する場合などには，「クーリング・オフ」という制度により無条件で解約できることがある。クーリング・オフの方法は，契約書を受け取ってから8日以内にハガキなどに書いて通知するだけである。

問5　地方分権一括法は，1999年7月に公布された法律であり，2009年以前のことである。選挙権が18歳以上に認められたのは2015年6月，東日本大震災があったのは2011年3月，集団的自衛権の行使が可能となる安全保障関連法が成立したのは2015年9月である。

★ワンポイントアドバイス★

2問1(2)　織田信長は，長篠の戦い(1575年)で鉄砲を使用して，天下無敵といわれた武田氏の騎馬隊を全滅させた。　3問8　水産資源を守るために養殖のほか，栽培漁業も行われている。

<国語解答>

一　問一　④　問二　A　②　B　④　問三　②　問四　③　問五　③　問六　④
問七　②

二　問一　a ④　b ①　c ③　d ①　e ②　問二　A　②　B　③
問三　③　問四　②　問五　①　問六　④　問七　③

三　問一　1 ③　2 ④　3 ①　問二　①　問三　②　問四　②　問五　②
問六　①　問七　③　問八　④

四　(1)　⑧　(2)　②　(3)　⑥　(4)　⑤　(5)　⑨

五　(1)　⑤　(2)　①　(3)　③　(4)　⑥　(5)　⑨

○配点○

一　問二　各3点×2　他　各4点×6

二　問一　各1点×5　問二・問七　各3点×3　他　各4点×4

三　問一・問二　各2点×4　　問三・問四　各3点×2　　他　各4点×4
四・五　各1点×10　　計100点

＜国語解説＞

一　（論説文―大意・要旨，内容吟味，文脈把握，指示語の問題，接続語の問題）

やや難　問一　――線1「幻想」は，現実にはないことをあるかのように思い描くことを意味する。直前の段落の若者たちが「やりがい」について「『そういうものがあるはずだ』と信じ込んでしまう」が，直後の段落「『やりがい』というのは，他者から……与えられるものではない」という内容に，④の説明が最も適当。①の「自分のことを気に入ってくれた誰かが」とは書かれていない。②の「気に入ってもらおうと振る舞う」は面接の際の若者の言動なので，適当ではない。③の「誰も与えてくれない」は，「幻想」にあたらない。

問二　A 「『やりがいのある仕事がしたい』と言葉では語る」という前に対して，後で「『やりがい』というものがどんな概念なのか，若者たちはまだ知らない」と予想に反する内容を述べているので，逆接の意味を表すことばが入る。　B　前の「『やりがい』というのは，変な言葉」とする例を，後で「食べがいがある」「手応え」と挙げて説明しているので，例示の意味を表すことばが入る。

問三　直前に「そう」とあるので，前の「自分が能力不足だったり……そんなことで苦労を強いられるからといって，それで『やりがいのある仕事』になった，とは言わないだろう」に着目する。この内容を述べている②が最も適当。他の選択肢は，この前の内容に合わない。

問四　同じ段落の「やりがいとか楽しみというもの」を育てようとしているときに「他者から妨害される。周囲が許してくれない，みんなが嫌な顔をする……迷惑だと言われてしまう」ことを，「抵抗感」と表現している。「やりがい」があるときに他者に対して感じるとある③が適当。①は「他者」に対する「抵抗感」ではない。「やりがい」がない状態の②・④は適当ではない。

やや難　問五　――線部4「そうでない人」は，直前の段落の「こういう人」と対照的に述べられている。「こういう人」は一つ前の段落「人生の楽しみを知っている人」で，「自分からはそんなに話をしたがらない」のに対して，「そうでない人」は人生の楽しみを知らず，「子供の写真を見せたり，仕事の話をしたり……自分から言いたがる」とある。人に自慢し，褒められることを期待しているので，③が適当。①「盛り上げようと」したり，②「多くの話」をしようとしたりしているわけではない。④「話を聞いてもらえる機会が少ない」とは書かれていない。

重要　問六　同じ段落の「本当に楽しいものは，人に話す必要なんてない」に着目する。①の「楽しさを知られてしまうことは自分のためにはならない」，②の「人から楽しさを認められることは幸せにはつながらない」とは書かれていない。直後の「『生きがい』とか『やりがい』だという認識もない」に，「『生きがい』とか『やりがい』だという自覚を持ち」とある③は適当ではない。

問七　「本当に素晴らしい仕事というのは」で始まる段落の内容に②が合う。

二　（小説―情景・心情，内容吟味，文脈把握，漢字の読み書き，ことわざ・慣用句）

問一　a 「訓練」は能力や技能を体得させるための練習のこと。　b 「断言」は確信をもって言い切ること。　c 「対象」は行為の目標となるもの。　d 「素直」は性質が穏やかでひねくれていない様子。　e 「歓声」は喜びの声のこと。

問二　A　恥ずかしい気持ちやどうしようもないという心情を表す。直前の「実はそうなの」という言葉に合うものを選ぶ。　B 「かんきわ(まった)」と読む。感動が極まると考える。

問三　直前の段落の「パパのお母さんは……離婚して出て行ってしまったのだと聞いていた。パパの実家関係の人たちは，パパも含めて誰もそのことに触れない」から，③の「聞きづらい話題だと思ったから」という理由が読み取れる。他の選択肢は，直前の段落の事情に合わない。

問四　——線2に「そう」とあるので，直前の会話に着目する。「俺は妻を……この子の母親を応援している」と同時に「オヤジの気持ちもわかってしまう」とある。「オヤジの気持ち」が読み取れる部分を探すと，「お祖父ちゃんにしてみれば」で始まる段落に「お祖母ちゃんさえ我慢していれば，ずっと家族一緒にいられたのに」とあり，この両方の気持ちを説明している②が最も適当。「パパ」は①「何が何でも叶えてやりたい」とまでは言っていない。「遠くで見守る」と言っているので，「連れて行ってほしい」とある③と④は適当ではない。

問五　「わたし」が「みんながここに集まるようにしたのって，わざとでしょ？」と言ったのに対し「お祖母ちゃん」は肯定し，「だってね，会えなかった時間が長すぎて……どうしたらいいか，わからなかったのよ」と理由を答えている。後で「気まずいのはパパも同じ……だからきっと，すごくほっとしてる」と続けていることから，「首を振った」のは，①にあるように「お祖母ちゃん」がみんなを呼んでにぎやかにしたのは悪いことではないと思ったからだとわかる。

やや難 問六　「旅行のことを言いだした時から，パパは変にはしゃいだり，逆にユウウツそうにしたりしていた」からは，「パパ」の緊張が読み取れる。「パパ」は「お祖母ちゃん」に「俺は妻を……この子の母親を応援しているよ……でも，だけどさ，やっぱりオヤジの気持ちもわかってしまうんだよ，俺は」「ママに見ろって言われたんだよ……そんな，小惑星のことなんて知らんかったし，俺の名前勝手につけたって，なにそれって感じだし……」と思っていたことを伝え，その後で「来る前はあれだけユウウツそうだったパパが，心からリラックスしたように皆と笑いあって」とある。この「パパ」の様子に④が適当。①の「責めるつもりでいた」，②の「敬意を払うようになった」，③の「子どもの頃に戻ったみたいにはしゃぐ」様子は描かれていない。

問七　「お祖母ちゃん」がテレビでインタビューをされていたことについて皆が見たと話している場面で，「わたし」は「パパも見たの，そのテレビ」と聞いているので，③の「見ていないのは主人公だけ」とある③が最も適当。「ママ」と「お祖母ちゃん」が会ったのは石垣島なので，①は適当ではない。「お祖母ちゃん」が名前を付けたのは「小惑星」で，②「植物」ではない。「星空バスツアーが中止になって，七星ががっかりしてたって言ったら，オフクロが，じゃあ今から行きましょうって」という様子に，「頼みこんだ」とある④も適当ではない。

三　(古文—大意・要旨，脱文・脱語補充，漢字の読み書き，語句の意味，口語訳，文学史)

〈口語訳〉　物事について(他人と)争わず，自分をおさえて他人に従い，自分のことは後まわしにして，他人のことを先にするのにこしたことはない。

どんな遊びでも，勝負事を好む人は，勝って満足するためである。自分の技がすぐれていることを喜ぶのだ。だから負けて不愉快に感じられることは，またわかりきったことである。自分が負けて，人を喜ばせようと思うならば，全く遊びの満足はないであろう。人に残念に思わせて，自分の心を慰めようとする事は，道徳に背いている。親しい関係で冗談を言うにも，人を計略をめぐらしだまして，自分の知恵がまさっていることに満足する。これはまた，礼儀ではない。だから，始めは宴会(の冗談)から起こって，長い間恨みを心に残す例が多い。これはみな，争いを好む弊害である。

人に勝とうという事を思うならば，ただ学問をして，その知識で人に勝とうと思うのがよい。道を学ぶとなったら，善行を誇るようなことはせず，仲間と争ってはならないということを知ることができるためである。立派な職をも辞退し，大きな利益を捨てるのは，ただ，学問の力によるのである。

基本 問一　1　①は『枕草子』，②は『源氏物語』　④は『おくの細道』の作者。　2　『徒然草』の成立は1331年ごろ。　3　②は物語，③は俳諧紀行文，④は日記。

問二　――線1「万」は「よろづ」と読む。①「やおよろづ(の)かみ」が同じ読みを含む。

問三　A 「勝負を好む人」は，どうすると「興」があるのか。　B 「人をよろこば」せるためには，自分がどうすればよいのか。

問四　「ほい(なく)」と読む。思い通りでない，つまらないという気持ちを意味する。

問五　直前の「睦しき中に戯るるも，人をはかりあざむきて，おのれが智のまさりたる事を興とす」ることに対して，筆者はどのように考えているか。礼を失するという意味の語句が入る。

やや難　問六　「学問の力」で「大きなる職をも辞退し，利をも捨つる」ことができると言い換えられる。この内容を述べている①が最も適当。「地位や利益を得られる」とある②は適当ではない。③の「学習すると，勝負する機会が増え」とは書かれていない。最終段落で，筆者は学問をして人に勝るべきだと述べているので，「競争することそのものに心ひかれ」とある④も適当ではない。

重要　問七　「我(　B　)，人をよろこばしめんと思はば，更に遊びの興なかるべし」に③は合わない。

重要　問八　最終文「大きなる職をも辞し，利をも捨つるは，ただ，学問の力なり」を誤って解釈しているのは生徒D。

四　(ことわざ・慣用句)

(1)　人のことで忙しく自分のことをしている暇がない。　(2)　あせらずに待てばそのうちにいいことがある。　(3)　指図する人が多いと目的を外れた方向に進んでしまう。　(4)　つりあいがとれない。　(5)　自分の利益にならないのに，他人のために危険を冒す。

五　(文学史)

(1)　作者は夏目漱石。　(2)　他に『夜明け前』などの作品がある。　(3)　他に『にごりえ』などの作品がある。　(4)　他に『津軽』などの作品がある。　(5)　他に『伊豆の踊子』などの作品がある。

★ワンポイントアドバイス★

読解問題では，指示語の指し示す内容を意識することで文脈をとらえよう。

MEMO

大切なことはメモしておこうネ！

2023年度

★★★★★★★★★★★★★★★★★★★★★★★★

入　試　問　題

2023年度

愛知啓成高等学校入試問題

【数　学】（45分）　＜満点：100点＞

【注意】 (1)　ア，イ，ウ，……の一つ一つには，それぞれ０～９までの数字，または－，±のいずれか一つが対応します。それらをア，イ，ウ，……で示された解答欄にマークしなさい。

例，解答欄 $\boxed{ア}\boxed{イ}$ に対し－２と答えたいとき，

(1)													
	ア	●	±	0	1	2	3	4	5	6	7	8	9
	イ	−	±	0	1	●	3	4	5	6	7	8	9

(2)　分数形で解答が求められているときは，それ以上，約分ができない分数で答えます。符号は分子につけ，分母につけてはいけません。

例，解答欄 $\dfrac{\boxed{ウ}\boxed{エ}}{\boxed{オ}}$ に対し $-\dfrac{1}{8}$ と答えたいとき，$\dfrac{-1}{8}$ と答える。

(2)													
	ウ	●	±	0	1	2	3	4	5	6	7	8	9
	エ	−	±	0	●	2	3	4	5	6	7	8	9
	オ	−	±	0	1	2	3	4	5	6	7	●	9

(3)　根号を含む形で解答する場合は，根号の中に現れる自然数が最小となる形で答えます。

例，$\boxed{カ}\sqrt{\boxed{キ}}$，$\dfrac{\sqrt{\boxed{ク}\boxed{ケ}}}{\boxed{コ}}$ に $6\sqrt{2}$，$\dfrac{\sqrt{13}}{3}$ と答えるところを，$3\sqrt{8}$，$\dfrac{\sqrt{52}}{6}$ のように答えてはいけません。

$\boxed{1}$　次の問いに答え，空欄 $\boxed{ア}$～$\boxed{ヒ}$ にあてはまる数や符号を解答用紙にマークしなさい。

(1)　$\dfrac{3}{2}\div(-6)\div\left(-\dfrac{5}{2}\right)^2-\dfrac{5}{4}\div\left(-\dfrac{25}{2}\right)$ を計算すると，$\dfrac{\boxed{ア}}{\boxed{イ}\boxed{ウ}}$ である。

(2)　$(\sqrt{2}-\sqrt{6})^2-(\sqrt{3}+2)(\sqrt{3}-2)$ を計算すると，$\boxed{エ}-\boxed{オ}\sqrt{\boxed{カ}}$ である。

(3)　$\dfrac{1}{3}x+\dfrac{3}{4}y-\left(-\dfrac{1}{2}x+\dfrac{2}{3}y\right)$ を整理すると，$\dfrac{\boxed{キ}}{\boxed{ク}}x+\dfrac{\boxed{ケ}}{\boxed{コ}\boxed{サ}}y$ である。

(4)　連立方程式 $\begin{cases}2(x-1)-3(y-1)=5\\4(x-1)+5(y-1)=21\end{cases}$ を解くと，$x=\boxed{シ}$，$y=\boxed{ス}$ となる。

(5)　２次方程式 $\dfrac{1}{2}x^2-\dfrac{1}{4}x-1=0$ を解くと，$x=\dfrac{\boxed{セ}\pm\sqrt{\boxed{ソ}\boxed{タ}}}{\boxed{チ}}$ となる。

(6)　$(-2x+3y)^2-(x+2y)(x+4y)$ を計算すると，$\boxed{ツ}x^2-\boxed{テ}\boxed{ト}xy+y^2$ である。

(7)　$x=4+\sqrt{12}$，$y=2-\sqrt{3}$ のとき，x^2-2xy の値は $\boxed{ナ}\boxed{ニ}+\boxed{ヌ}\boxed{ネ}\sqrt{\boxed{ノ}}$ である。

⑻　下の図において，点Oは円の中心とする。このとき，$x=$ ハヒ °である。

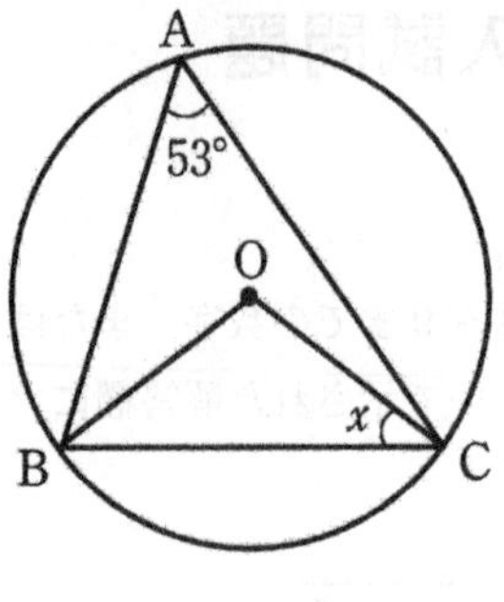

2　A店とB店ではセールを行っており，セールの内容は以下のとおりである。

A店　全品が定価より70%値引きされ，さらにレジにて30%値引きされる。
B店　全品が定価より80%値引きされる。

実際に購入するときにかかる金額を購入金額というとき，次の問いに答えなさい。

⑴　A店での定価を x 円，購入金額を y 円とするとき，y を x の式で表しなさい。

⑵　同じ定価の商品をA店，B店で購入すると，どちらの方が安いか答えなさい。

⑶　A店とB店では同じ商品が同じ定価で売られている。A店で購入したときの購入金額が2520円であるとき，この商品をB店で購入すると，購入金額はいくらになるか答えなさい。

3　1辺の長さが2の正方形ABCDの辺AB，BC，CD，DAの中点をそれぞれE，F，G，Hとする。A，B，C，D，E，F，G，Hの8つの点から3点を結んでできる三角形の面積 S について考える。ただし，三角形が作れない場合の面積は0とする。

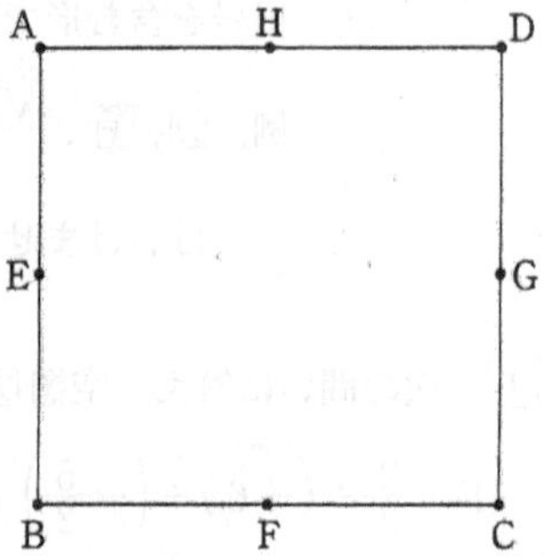

⑴　$S=\frac{1}{2}$ となる三角形は何個作れるか。

⑵　$S=1$ となる三角形は何個作れるか。

⑶　$S=\frac{3}{2}$ となる三角形は何個作れるか。

4　次のページの図1のように密閉された三角柱の容器があり，AB＝BC＝AD＝5㎝，AC＝DF＝$5\sqrt{2}$㎝，∠ABC＝∠DEF＝90°である。ただし，容器の厚さは考えないものとする。

⑴　図1の三角柱の容器の容積を求めなさい。

図1の容器に 25cm^3 の水を入れて，水面が底面ABCに対して水平になるように固定して，再び密閉した。

⑵　このときの水の深さを求めなさい。

⑶　次のページの図2のように向きを変え，水面が底面BCFEに対して水平になるように容器を固定した。このとき，水の深さを求めなさい。

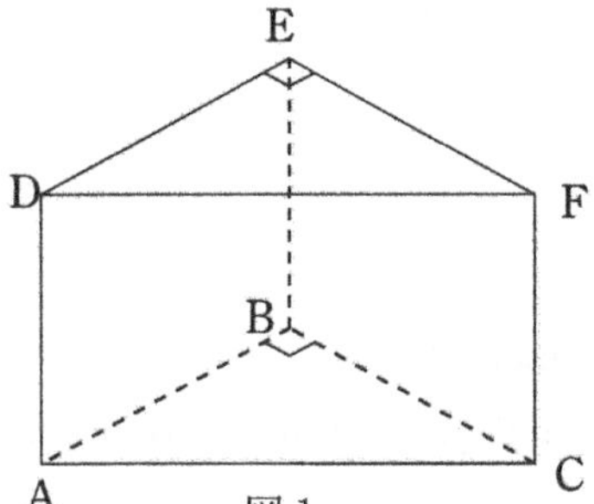

図1

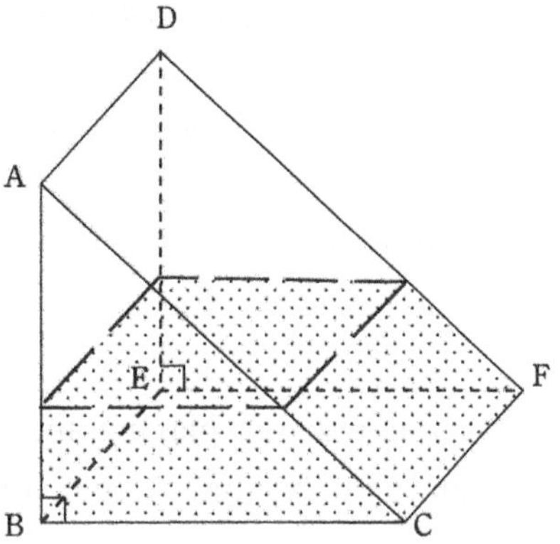

図2

5　原点をOとする座標平面上に3点A (0, 4)，P (2, 2)，Qと放物線 $y = ax^2$…①があり，点P，Qはともに放物線①上にある。四角形OPAQが正方形であり，放物線①と直線APの交点のうち，点Pと異なる点をRとする。次の問いに答えなさい。

(1)　定数 a の値を求めなさい。

(2)　点Rの座標を求めなさい。

(3)　直線ORとAQの交点をSとする。

三角形QRSの面積は正方形OPAQの面積の何倍か求めなさい。

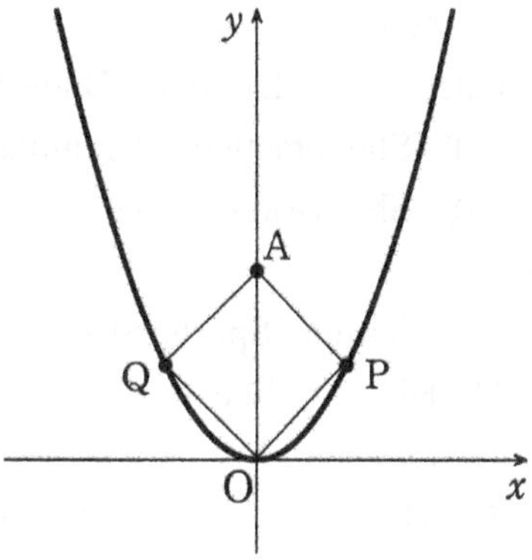

【英　語】（45分）　＜満点：サミッティアコース・アカデミアコース100点　グローバルコース180点＞

【注意】 [1]と[2]は選択問題です。[1]のリスニング問題はサミッティアコースとグローバルコースの受験者が解答すること。アカデミアコースの受験者は[2]を解答すること。

＜リスニングスクリプト＞

Part 1

NO.1

M：Why do you practice playing the guitar so much, Bianca?

F：My dream is to become a rock musician someday, so I have to practice every day.

M：Do you write your own songs, too?

F：Not yet. Now, I just play famous songs, but I want to start writing songs soon.

Question: What does Bianca do every day?

① She practices the guitar.　　② She reads rock magazines.

③ She writes songs.　　④ She teaches music.

NO.2

F：Winning Sports Store.

M：Hi. I'd like to buy many baseballs for my team. Can you tell me how much they cost?

F：They cost $3 each. But, I'm sorry, sir, we only have two baseballs left. May I make an order for you?

M：No, I'll just call another store. I need them right away.

Question: What will the man do next?

① Order baseballs from the man.　　② Go to Winning Sports Store.

③ Make a call to a different store.　　④ Check a sports catalog.

NO.3

F：Honey, did you burn this frying pan?

M：Yeah, sorry. I was going to tell you. I didn't turn off the gas when I finished cooking lunch.

F：The pan is all black. You're lucky the house didn't burn down.

M：I know. I'll be more careful next time.

Question: What mistake did the man make?

① He didn't cook dinner.　　② He didn't clean the kitchen floor.

③ He didn't turn off the gas.　　④ He didn't buy a frying pan.

NO.4

F：Excuse me. I can't find my notebook. I think maybe I left it somewhere in this library.

M：Oh, someone found one 10 minutes ago. What does yours look like?

F : It's small and brown, and it has my name written on it – Emilly Watson
M : Yes, that's the one we have. Here it is.
Question: What problem did the girl have?
① She borrowed the wrong book. ② She went to the wrong library.
③ She couldn't find a restroom. ④ She lost her notebook.

NO.5
F : Michael, it's summer. Why do you only wear black clothes every day?
M : I don't like to wear other colors, Mom.
F : But you look so nice in bright colors. You should wear those clothes I got you last month.
M : Sorry, Mom. They are not my style.
Question: What do we learn about the boy?
① He likes buying summer clothes.
② He likes wearing black clothes.
③ He likes travelling in summer.
④ He likes going shopping with his mother.

Part 2

Our city has started a campaign to save the environment of the city. All of us must think about how to solve the problems of the environment. Last week we talked in our class about how to make our school cleaner as part of the campaign. We talked and talked and found some ways to do so. For example, we should have a cleaning day. Finally we chose the easy way. "When we find trash at school, let's pick it up." It is a small thing, but a useful one. We have done so for a week, and our school has become very clean. When I think about how we chose to keep our school clean, I think it's very important for all of us to do something to save the environment of the city. The things we can do are small, but we should do them.
Question NO.1: What kind of campaign has this city started?
① One to make schools cleaner.
② One to save the environment of the city.
③ One to talk with people.
④ One to solve problems at schools.
Question NO.2: What did the students talk about as part of the campaign?
① How to learn more about the city. ② How to make their school cleaner.
③ How to find trash at school. ④ How to visit the city every week.
Question NO.3: What did the boy's class decide to do?
① Pick up trash when they find it.
② Think about the campaign.

③ Get money for saving the environment.
④ Talk about environmental problems.

Question NO.4: How long have they continued this activity?
① Last week. ② For a day.
③ For a week. ④ For two months.

Question NO.5: What is the message of this speech?
① It is very important for us to make our school cleaner.
② We should have a cleaning day to save the environment of the city.
③ We should do small things to save the environment of the city.
④ It is very important for all of us to talk about the problems of the environment.

［選択問題］ サミッティアコース・グローバルコース

1 放送を聞いて，次の Part 1 と Part 2 の問いに答えなさい。なお，すべての問題でメモをとってもかまいません。

Part 1 対話と質問を聞き，その答えとして適切なものを１つ選び，マークしなさい。対話と質問は１度だけ流れます。

No.1 ① She practices the guitar. ② She reads rock magazines.
③ She writes songs. ④ She teaches music.

No..2 ① Order baseballs from the man. ② Go to Winning Sports Store.
③ Make a call to a different store. ④ Check a sports catalog.

No..3 ① He didn't cook dinner.
② He didn't clean the kitchen floor.
③ He didn't turn off the gas.
④ He didn't buy a frying pan.

No..4 ① She borrowed the wrong book. ② She went to the wrong library.
③ She couldn't find a restroom. ④ She lost her notebook.

No..5 ① He likes buying summer clothes.
② He likes wearing black clothes.
③ He likes traveling in summer.
④ He likes going shopping with his mother.

Part 2 英文と質問を聞き，その答えとして適切なものを１つ選び，マークしなさい。質問はNo.1～No.5まで５題あります。英文と質問は２度流れます。

No.1 ① One to make schools cleaner.
② One to save the environment of the city.
③ One to talk with people.
④ One to solve problems at schools.

No.2 ① How to learn more about the city.
② How to make their school cleaner.

③ How to find trash at school.
④ How to visit the city every week.

No. 3 ① Pick up trash when they find it.
② Think about the campaign.
③ Get money for saving the environment.
④ Talk about environmental problems.

No. 4 ① Last week. ② For a day.
③ For a week. ④ For two months.

No. 5 ① It is very important for us to make our school cleaner.
② We should have a cleaning day to save the environment of the city.
③ We should do small things to save the environment of the city.
④ It is very important for all of us to talk about the problems of the environment.

［選択問題］ アカデミアコース

2 次の(1)～(3)の問いに答えなさい。

(1) 左の語の下線部と同じ発音を含む語を1つ選び，マークしなさい。

ア food ① soon ② book ③ foot ④ look
イ family ① famous ② language ③ around ④ change
ウ wanted ① opened ② talked ③ needed ④ watched

(2) 次の①～④の語のうち，アクセントの位置が他と異なるものを1つ選び，マークしなさい。

ア ① re − mem − ber ② eve − ry − one
③ yes − ter − day ④ an − i − mal
イ ① wom − an ② be − tween ③ ad − vice ④ gui − tar

(3) 次の対話文を読み，あとの問いに答えなさい。

Jane : Hello. This is Jane. May I speak to Kaito?
Kaito : It’s me. How are you Jane?
Jane : Just fine, thanks. The reason I called is to invite you to my brother’s birthday party tomorrow. Can you come?
Kaito : That sounds great! I’d love to. I want to give him a present. Do you have any good ideas?
Jane : Hm... He has wanted a new pair of *sneakers.
Kaito : Good! I’ll get him nice sneakers.
Jane : O.K. I’m going to make a birthday cake for him and put eighteen candles on it.
Kaito : I hope that the party will be *successful.
Jane : I hope so. *By the way, Kaito, how are your classes going?
Kaito : Almost all subjects are O.K., but English is really difficult for me. I’m worrying about the next tests.

Jane : Don't worry. I'll help you if you want.

Kaito : Thank you. I'll try to study hard to understand my English class. Will your brother Mike go to university next year?

Jane : Yes. He is planning to study law. He wants to be a lawyer. Do many students go to university in Japan?

Kaito : Yes, they do. More and more students go to university these days.

Jane : Is it easy to *enter any university you want?

Kaito : No, it isn't. We have to pass a difficult test to enter university. We call it "*examination hell."

Jane : In America, you can't *graduate if you don't study very hard, and many students leave university before they graduate.

Kaito : Oh, really? Students always have to study hard in any country. Anyway, I'm looking forward to seeing you tomorrow. Thank you for calling.

Jane : See you tomorrow. Say hello to your host family.

Kaito : Sure, I will. Bye-bye.

（注） sneakers スニーカー successful 成功した by the way ところで enter 入学する examination hell 受験地獄 graduate 卒業する

(ア) 対話文に合うように，（ ）に入る適切なものを１つ選び，マークしなさい。

1．Kaito is going to ( ).

① make a birthday cake ② join the party
③ invite his host family ④ buy some candles

2．Mike will ( ) at the party.

① get a pair of sneakers ② say, "Happy birthday!"
③ put eighteen candles on the cake ④ help Jane with her homework

3．Jane didn't know ( ) to enter universities in Japan.

① why it is necessary ② why they want
③ how ④ how hard it is

4．Jane and Kaito are talking about ( ).

① their host family and examination ② school life and host family
③ a birthday party and other things ④ shopping and cooking

(イ) 本文の内容に合うものを2つ選び，マークしなさい。

① Jane is asking Kaito to come to her own birthday party.
② Kaito would like to accept the *invitation. （注） 招待
③ Kaito and Jane will buy a pair of sneakers for Mike.
④ Mike will go on to a Japanese university to be a lawyer.
⑤ In Japan, the number of the students going to university is getting larger.
⑥ In America, many students leave university if they study very hard.

[必答問題]　全コース

3　次の英文とメールを読み，あとの問いに答えなさい。

From : Ben Smith
To : ABC Pet Shop
Date : November 20, 2022 17:49
Subject : Dog training
Dear ABC Pet Shop, My sister Lilly moved to Paris to learn art three years ago. She couldn't take her dog Max, so she asked me to take care of him. I love Max, but sometimes he's a bad dog. At dinner time, he tries to eat our food. He sleeps on my favorite chair. Sometimes, he even sleeps on my parents' bed. They get angry when they see that. Maybe Max doesn't know that he's doing bad things. How can I teach him to be a better dog? *Sincerely, Ben Smith

（注）Sincerely　敬具

From : ABC Pet Shop
To : Ben Smith
Date : November 21, 2022 10:08
Subject : Your question
Dear Ben, Thank you for your e-mail. Some dogs learn new things slowly. It'll take time for Max to stop doing bad things. If Max does something good, be kind to him. Before you start eating dinner, take Max to a different room. Tell him to stay there and say, "Good dog." If he comes back, take him back and tell him to stay there. You have to do this many times. Then he will stay in the room. After you finish eating, go to Max and say, "Good dog." Then give him a *treat. When Max sits on the chair or the bed, tell him to *get off right away. Then tell him to *lie down on the floor. When he lies down, tell him, "Good dog." It will probably take some time, but Max will learn. I hope this helps. Sincerely, ABC Pet Shop Ella Kim

（注）treat　ごほうび　　get off　降りる　　lie down　横になる

(1) Who gave Max to Ben?

① Ben's parents.　② Ben's brother.　③ Ben's sister.　④ A friend in Paris.

(2) Why do Ben's parents sometimes get angry?

① Because Max sometime doesn't eat his food.
② Because Max eats his food with them.
③ Because Max sleeps on their chair.
④ Because Max sleeps on their bed.

(3) At dinner time, what should Ben do?

① Tell Max to stay on the bed.　② Keep saying, "Good dog."
③ Put Max in another room.　④ Sit on the chair with Max.

(4) Which of the following is true?

① Ella Kim is a member of ABC Pet Shop staff.
② Max is always a bad dog, so Ben doesn't like him.
③ Max is old, so he learns slowly.
④ Lilly has known Ella Kim for three years.

4　高校生のBobbyとAkioがwater basketballのチラシ(leaflet)を見ながら話をしています。チラシと対話文を読み，あとの問いに答えなさい。

Let's Play Water Basketball in the Red North Swimming Pool!

Why should you play Water Basketball?

Water basketball is a lot of fun. Make history by playing now.

Is it difficult to play Water Basketball?

No. You swim with a ball, pass it or throw it into a *hoop. It's simple! And the rules are simple, too. So you can learn them through games.

Who plays Water Basketball?

Young and old, men and women − anyone can play this sport!

What do you need to bring?

You don't have to worry at all. Just bring *swimwear! Balls and hoops are ready to use.

How many players are needed to play a game?

Each team needs three or more players. The cost is $3 for each team.

Practice Time

Monday	Tuesday	Wednesday	Thursday	Friday	Saturday
×	5:00 p.m. ~7:00 p.m.	×	6:00 p.m. ~8:00 p.m.	5:00 p.m. ~7:00 p.m.	9:00 a.m. ~11:00 a.m.

GAMES on SUNDAYS!!

(注) hoop　輪　　swimwear　水着

Bobby: I saw you at the gym yesterday. You were playing basketball very well.
Akio : Thank you. I played basketball when I was in junior high school.
Bobby: Akio, have you heard of 'water basketball'?
Akio : Water basketball? What's that?
Bobby: It's like basketball but played in a swimming pool. It's easy. You swim and try to throw the ball into a hoop. You should try it.
Akio : Sure, is there anything I should bring?
Bobby: Yes, (a)
Akio : Alright, that sounds good. Do you play?
Bobby: Yes, my brother and I have been practicing and playing since last month. It's a lot of fun. I especially like practicing with old people. They're quite good.
Akio : Oh, you play in games?
Bobby: Yes! But the team is just my brother and me. So, we need (b) to play games. So, would you like to join our water basketball team?
Akio : Actually, I take piano lessons on Mondays and Tuesday evenings.
Bobby: That's O.K. Here's the practice schedule.
Akio : Oh! I also go to English school on Saturday mornings.
Bobby: In that case, you can join the practice on (c).

(1) Choose the best answer to (a).
① You only need swimwear. You can get it cheap on the Internet.
② We don't have to pay money for swimwear, so we take only some balls to the pool.
③ We take some balls and swimwear to the swimming pool.
④ You don't have to bring a ball because it is not necessary for water basketball.

(2) Choose the best answer to (b).
① four more players ② three more players
③ two more players ④ one more player

(3) Choose the best answer to (c).
① Thursday, Friday and Saturday
② Tuesday, Thursday and Saturday
③ Tuesday and Friday
④ Thursday and Friday

(4) According to the leaflet and their talking, which of the following is true?
① Water basketball is too hard for old people to play.
② Water basketball games are held every Sunday.
③ People don't need to pay money for the swimming basketball game.
④ People can learn the history of water basketball through the games.

5 次の英文を読み，あとの問いに答えなさい。

Wearing a *mask has been a natural thing over the past two and a half years as a "new *lifestyle." But should you keep wearing masks even after the *COVID-19 has finished?

According to (a) a survey in 2022, only 14% of Japanese want to stop wearing masks. For even such a small group of people, it may be difficult to (b) do so because in Japan, there is (c) a big society *pressure to (f　　) the things many others do. (d), more and more people in foreign countries can decide *on their own to wear a mask or not, because COVID-19 is not as dangerous as it was. 22% of Japanese people think that they should always wear a mask in everyday life. Some of them like this easy way of life; they do not have to (e). Some people even think that they look better with masks. They think that a part of their faces is more beautiful if (f) it is not seen. However, others have *depended on (g)(they / much / of / masks / are / that / afraid / so) showing their faces to others. One such student had a job interview over the Internet, but she did not take off her mask. (h) This is going too far.

We should know that nothing bad happens if we remove our masks. Also, it is important not only to try to be the same but also to listen to the opinions of the few people. If we don't, we may not say good-bye to masks forever.

（注） mask マスク　lifestyle 生活様式　COVID-19 新型コロナウイルス感染症
pressure 圧力　on their own 自分で　depend on ～に依存する

(1) 下線部(a)の調査によるグラフとして適切なものを1つ選び，マークしなさい。

新型コロナ収束後のマスク着用の意向（日本インフォメーションの2022年2月の調査から）

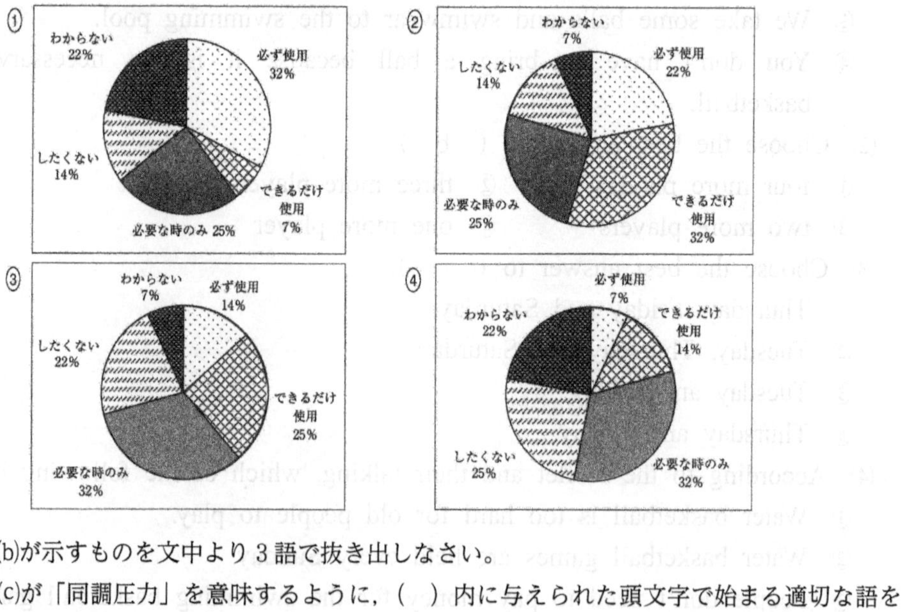

(2) 下線部(b)が示すものを文中より3語で抜き出しなさい。

(3) 下線部(c)が「同調圧力」を意味するように，（　）内に与えられた頭文字で始まる適切な語を入れなさい。

(4)（d）に入る適切なものを1つ選び，マークしなさい。

① For example　② So　③ On the other hand　④ Moreover

(5) 本文の流れに合うように，（e）に入る適切なものを1つ選び，マークしなさい。

① take care of their faces in the morning
② set their hair
③ take trains with many people to their working places
④ keep quiet during lunch time

(6) 下線部(f)が示すものを文中より5語で抜き出しなさい。

(7) 下線部(g)内の語を並べかえ，適切な英文を完成させなさい。

(8) 下線部(h)の内容に合うように，（　）内に適切な語を日本語で答えなさい。

（　1　）の（　2　）をオンラインで受けた時，マスクを（　3　）こと

(9) 本文の内容に合うものを2つ選び，マークしなさい。

① We have been on a new lifestyle for 250 days.
② More people abroad make their own decisions about wearing masks.
③ All of us should understand that COVID-19 is not so dangerous.
④ Some Japanese people who still need masks think their faces are not good enough for others.
⑤ It is important that we should ask others around us and choose safer lifestyles.

(10) 各国のマスク着用率に関する以下のグラフと合うものに○，合わないものには×と答えなさい。

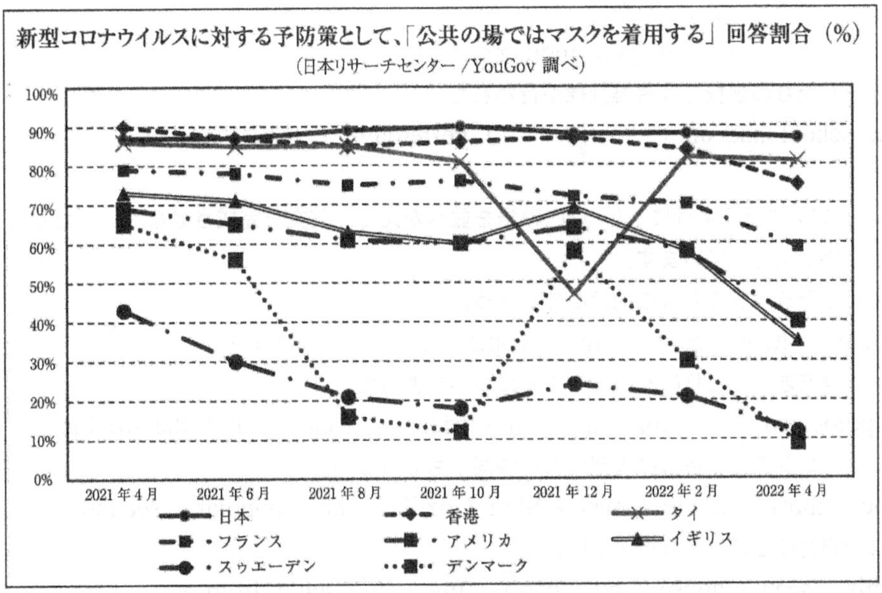

ア Japanese *percentage was higher than that of any other country at the beginning.

イ About one out of three people in the U.K. chose to wear masks on April 2022.

ウ The percentages sometimes went up and down, but many people in *Asian countries still kept wearing masks.

エ More than fifty percent of the people in *Europe never wore masks.

オ The percentage of *Thailand changed the most during the year of all the countries above.

（注） percentage 割合　Asian アジアの　Europe ヨーロッパ　Thailand タイ

6 次の英文が表すものを日本語で答えなさい。

(1) It is a wooden tablet with a picture on it. It is used when you pray or give thanks for something at a shrine or a temple.

(2) It is a Japanese leg warmer. It is a low table with a heater under it, and is covered with a *futon*.

(3) It is held in summer. People write their wishes on pieces of paper and hang them on bamboo.

7 次の日本文に合うように，（ ）内に適切な語を１語ずつ入れなさい。

(1) メアリーはこの料理を故郷にちなんで名付けた。

Mary (　　) this dish (　　) her hometown.

(2) 私は大好きな歌手について話したい気分だった。

I (　　)(　　) talking about my favorite singer.

(3) 別のものを見せましょうか。

(　　)(　　) show you another?

(4) 昨日私たちの学校では避難訓練が行われた。

Our school had an (　　)(　　) yesterday.

8 次の日本文に合うように，（ ）内の語を並べかえて，英文を完成させなさい。ただし，文頭の語も小文字で示されています。

(1) きっとそれは多くの人を助けるでしょう。

(many / help / sure / I'm / people / that / it / will).

(2) ケンは友達のひとりにそのトラブルについて謝った。

(apologized / to / for / his / of / friends / Ken / one) the trouble.

(3) シン・ゴジラは２番目に人気がある映画かもしれない。

(be / most / movie / may / Shin Gozilla / the / popular / second).

(4) この建物は私の家から見えない。

(this / seen / house / be / can't / my / building / from).

【理　科】（30分）　＜満点：60点＞

1　問1～問4に答えなさい。

問1．次の図のように銅線をガスバーナーの炎の中に入れて熱すると，銅の色は変化した。次に熱した銅線を水素の入っている試験管に入れたり出したりしたところ，銅の色がもとにもどり，試験管の中はくもって水滴ができた。これについて，下の問いに答えなさい。

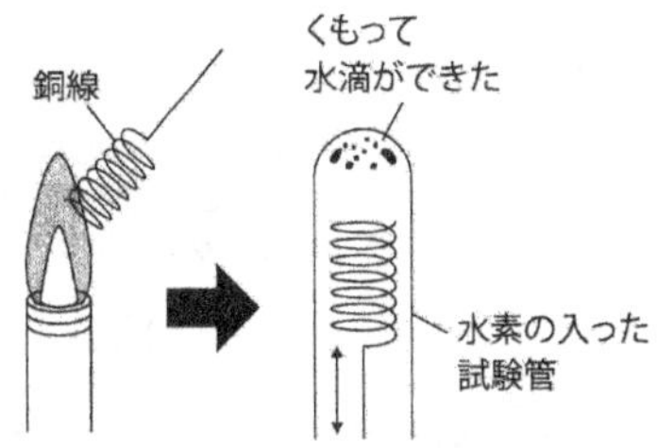

(1)　この実験において，試験管の中で起きた化学変化をモデルで正しく表しているものはどれか。最も適当なものを，次の①～④のうちから1つ選び，マークしなさい。ただし，銅原子を●，酸素を○，水素原子を◎とする。 1

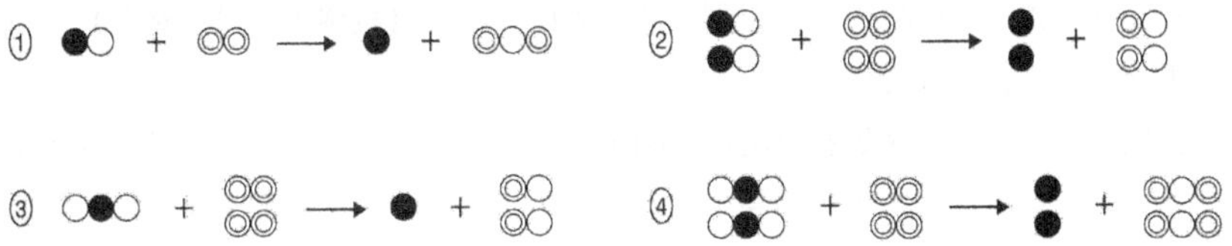

(2)　試験管の中で起きた化学変化において，酸化された物質は何か。化学式で答えなさい。 2

問2．次の①～③のうちから正しいものを**すべて選び**，マークしなさい。 3

①　ガスバーナーの炎が黄色の場合は，空気の量が不足しているため，空気調節ねじを少しずつ開く。

②　食用油は水に比べて密度が大きいため，水に浮く。

③　上皿てんびんがつり合ったかどうか判断するとき，針が完全に止まるまで待つ必要はない。

問3．水の温度が20℃のとき，水100gに溶かすことができる食塩の質量の限度は36gである。20℃の水50gに，食塩25gを入れてよくかき混ぜ，食塩の飽和水溶液をつくった。この飽和食塩水の質量パーセント濃度は何%か。小数第1位を四捨五入し，整数値で答えなさい。

4　5［%］

注意：解答欄 4　5 の答えが20なら， 4 は②， 5 は⓪にマークしなさい。

問4．大きさや形の異なる6つの純粋な物質の固体P～Uの中に，同じ物質が含まれているかどうかを調べるため，それぞれの質量と体積を測定したところ，結果が右のグラフのようになった。これについて，あとの問いに答えなさい。

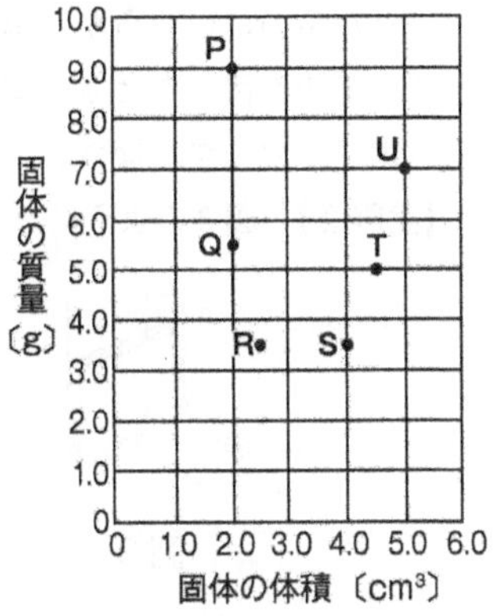

(1)　6つの固体P～Uの中に，同じ物質の固体が2つ含まれていることがわかった。このとき，同じ物質と考えられるものを，次の①～⑥のうちから**2つ選び**，マークしなさい。 6

①　P　　②　Q　　③　R　　④　S　　⑤　T　　⑥　U

(2) 次の図１のようにして，水65cm^{3}に固体Ｒの小片を入れて体積を測定した。図２は，図１の一部を拡大したものである。このとき，この固体Ｒの小片の質量は何ｇか。小数第２位を四捨五入し，小数第１位まで答えなさい。

[7][8].[9][g]

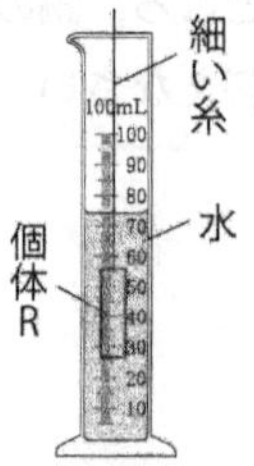

図１

図２

注意：解答欄 [7][8].[9] の答えが52.0なら，[7] は⑤，[8] は②，[9] は⓪にマークしなさい。

[2] 問１・問２に答えなさい。

問１．コイルを流れる電流と磁界の関係を調べるために，次の【実験１】，【実験２】を行った。これについて，下の問いに答えなさい。

【実験１】 Ｎ極を上にしたＵ字磁石を用いて図１のような装置をつくった。スイッチははじめ開いたままであったが，実験の開始と同時に閉じて，回路に電流を流した。図２は，図１のＵ字磁石とエナメル線でつくったコイルの一部分を拡大したものである。

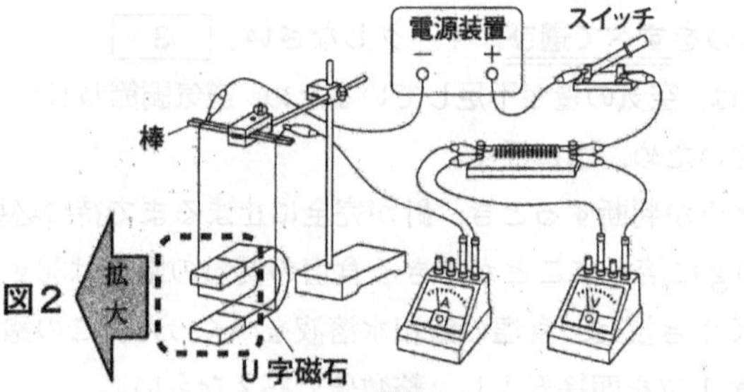

図１

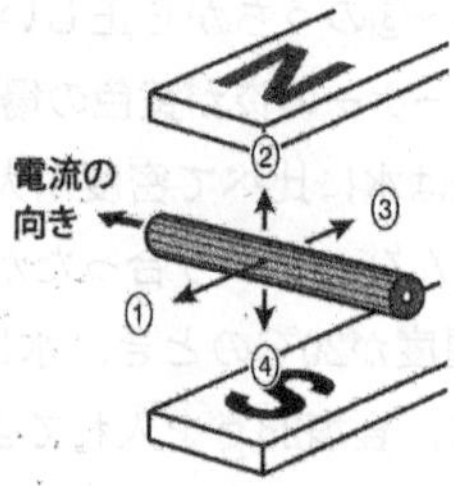

図２

(1) 回路に電流を流したとき，図１の電源電圧は12Ｖ，電流計は400mAを示した。このとき消費された電力はいくらか。単位も（　）に答えなさい。[1]

(2) 電流を流したとき，コイルの動く方向として最も適当なものを，図２の①～④のうちから１つ選び，マークしなさい。[2]

【実験２】 図３のように，束ねたコイルに棒磁石のＮ極を近づけた。すると，コイルに電流が流れた。

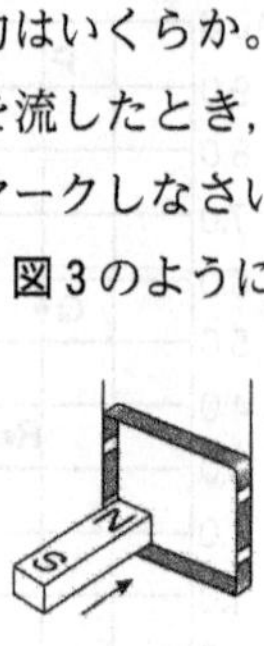

図３

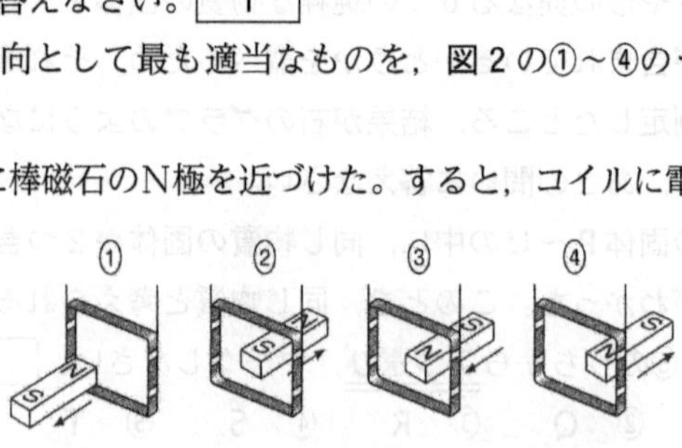

図４

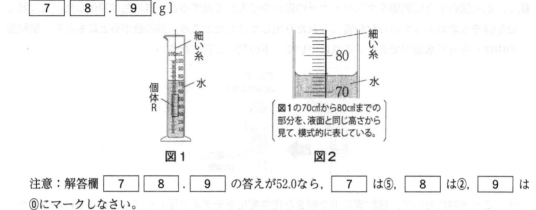

(3) 前のページの**図 3** と同じ向きに電流が流れるものとして最も適当なものを，前のページの**図 4** の①～④のうちから 1 つ選び，マークしなさい。［ 3 ］

問 2．力と運動に関する次の問いに答えなさい。

(1) 次の文章中の（ア）～（ウ）にあてはまる語句の組み合わせとして最も適当なものを，下の①～⑧のうちから 1 つ選び，マークしなさい。［ 4 ］

人ははやく走りたいと思うとき，地面をける力を大きくする。これは他の物体に力を加えたときには，同じ（　ア　）で，（　イ　）の力を受けることになるからであり，これを（　ウ　）という。

	（ア）	（イ）	（ウ）
①	向き	最大	運動の法則
②	向き	最大	作用反作用の法則
③	向き	逆向き	運動の法則
④	向き	逆向き	作用反作用の法則
⑤	大きさ	最大	運動の法則
⑥	大きさ	最大	作用反作用の法則
⑦	大きさ	逆向き	運動の法則
⑧	大きさ	逆向き	作用反作用の法則

(2) 水平に置かれた軽いばねにおもりを下げ，**図 1** は他方を壁に固定し，**図 2** はおもりを使ってつるした。これについて述べた下の①～④のうちから正しいものを 1 つ選び，マークしなさい。ただし，おもりの重さはすべて等しいとする。［ 5 ］

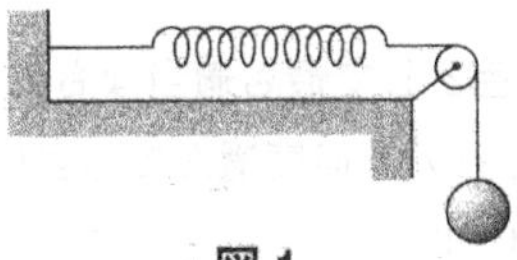

図 1

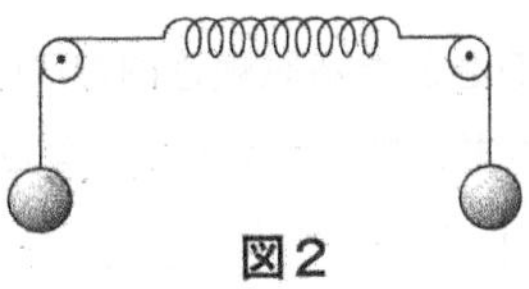

図 2

① **図 1** のばねは動かない壁で一方を固定されているため，**図 2** のばねよりばねの伸びが大きい。

② **図 2** は，2 つのおもりが 1 つのばねを引き合っているため，ばねの伸びは**図 1** のばねの伸びの 2 倍である。

③ **図 1** は，**図 2** に比べておもりの数が半分なので，ばねの伸びは**図 2** より小さくなる。

④ **図 1**，**図 2** ともに，ばねの両端を引く力の大きさが等しいので，伸びは等しい。

(3) 天井につるされた同じ強さのばねを 2 つ用いて，**図 3** は 2 つのばねを横に，**図 4** と**図 5** は 2 つのばねを縦に連結して，それぞれ 1 つか，または 2 つのおもりを支えた。これについて述べたあとの①～④のうちから正しいものを 1 つ選び，マークしなさい。ただし，おもりの重さはすべて等しく，ばねは軽いものとする。［ 6 ］

（**図 3**，**図 4**，**図 5** は次のページにあります。）

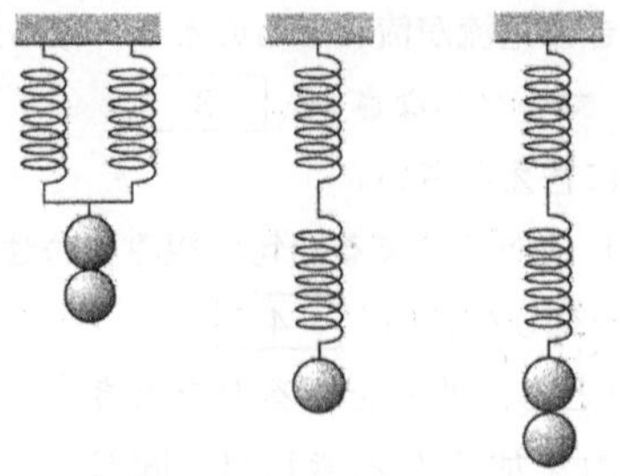

図3　　図4　　図5

① おもりをつるした状態で，連結したばねは図3～5のすべてにおいて，互いに同じ伸びをしている。

② 図4，図5では，互いに下側のばねが上側のばねより伸びが大きい。

③ 1つ当たりのばねの伸びが最も小さいのは，図3や図5ではなく図4である。

④ 1つ当たりのばねの伸びが最も大きいのは，図3や図4ではなく図5である。

3 問1・問2に答えなさい。

問1．オオカナダモを用いて次の【操作1】・【操作2】を行った。これについて，下の問いに答えなさい。

【操作1】 青色のBTB液に息を吹きこみ，二酸化炭素を溶けこませて緑色にした。用意した4本の試験管A～Dのうち，試験管A，Bの2本にはオオカナダモを入れてゴム栓をした。このうち1本はそのままにし（A），もう1本は試験管をアルミニウムはくでおおった（B）。残りの2本のうち1本は何も入れずにゴム栓をし（C），もう1本は何も入れずにゴム栓をしたのちアルミニウムはくでおおった（D）。

【操作2】 この4本の試験管を，光のあたる場所に十分な時間置き，しばらくして色の変化を観察した。

(1) 【操作2】で観察された各試験管内のBTB溶液の色として最も適当なものを，次の①～⑤のうちからそれぞれ1つずつ選び，マークしなさい。同じものを何度選んでもよい。

A [1]　B [2]　C [3]　D [4]

① 赤色　② 黄色　③ 青色　④ 緑色　⑤ 無色

(2) オオカナダモの光合成のはたらきによって，色が変化したことを比較する試験管の組み合わせとして正しいものを，次の①～⑥のうちから1つ選び，マークしなさい。[5]

① AとB　② AとC　③ AとD　④ BとC　⑤ BとD　⑥ CとD

(3) 試験管Bの色の変化から分かることとして正しいものを，次の①～⑥のうちから<u>すべて選び</u>，マークしなさい。[6]

① 試験管内がアルカリ性になった。

② 試験管内が中性になった。

③ 試験管内が酸性になった。

④ オオカナダモによって光合成が行われた。

⑤ オオカナダモによって呼吸が行われた。

⑥ オオカナダモによって光合成と呼吸が行われた。

問２．光学顕微鏡に関する次の文章を読み，下の問いに答えなさい。

顕微鏡を持ち運ぶときは，片手でアームを，他方の手で鏡台を支える。顕微鏡は直接日光の当たらない明るく水平な場所に置く。鏡筒の中にほこりが入らないように（　ア　）レンズ，（　イ　）レンズの順に取り付ける。レボルバーを回して一番（　ウ　）倍率にする。反射鏡の角度としぼりを調節して，視野全体が明るくなるようにする。プレパラートをステージの上にのせ，対物レンズを横から見ながら，プレパラートと対物レンズをできるだけ近づける。接眼レンズをのぞきながら，調節ねじを反対方向にゆっくり回してピントを合わせる。その後，よく見えるようにしぼりを調節する。また，倍率を高くする場合は，見るものが中央にくるようにしてから，レボルバーを回して，対物レンズをかえる。高倍率にすると，見える範囲は（　a　）なり，視野の明るさは（　b　）なるので，しぼりや反射鏡で光の強さを調節する。

(1) 文章中の（ア）～（ウ）にあてはまる語句の組み合わせとして正しいものを，次の①～④のうちから１つ選び，マークしなさい。 7

	（ア）	（イ）	（ウ）
①	接眼	対物	高い
②	接眼	対物	低い
③	対物	接眼	高い
④	対物	接眼	低い

(2) 下線部について，次の図のように視野の右下に見える像を中心に動かしたい場合は，プレパラートをどの方向に動かせばよいか。正しいものを，下の①～④のうちから１つ選び，マークしなさい。 8

①　右上　　②　右下　　③　左上　　④　左下

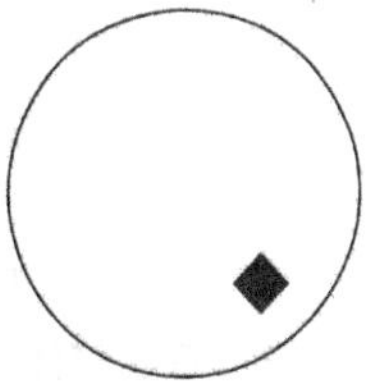

(3) 文章中の（a）・（b）にあてはまる語句の組み合わせとして正しいものを，次の①～④のうちから１つ選び，マークしなさい。 9

	(a)	(b)
①	広く	明るく
②	広く	暗く
③	狭く	明るく
④	狭く	暗く

(4) インクジェットプリンターで印刷した，均一に色のついた図形を顕微鏡で観察すると，たくさんの小さな点の集まりであることが観察できる。倍率100倍のとき，視野に点が160個見えていたとする。倍率を400倍にした場合，見える点は何個になるか。 10

4　問１・問２に答えなさい。

問１．低気圧についての次の文章を読み，下の問いに答えなさい。

日本付近のような温帯にできる低気圧は，（　ア　）側に温暖前線，（　イ　）側に寒冷前線をともなうことが多い。温暖前線付近では暖気が寒気の（　ウ　）ように進み，寒冷前線付近では，寒気が暖気の（　エ　）ようにして進む。寒冷前線は温暖前線より進み方が速いことが多いため，寒冷前線は温暖前線に追いつき，（　オ　）ができる。

(1)　文章中の（ア），（イ）にあてはまる語句の組み合わせとして正しいものを，次の①～⑥のうちから1つ選び，マークしなさい。 1

	（ア）	（イ）		（ア）	（イ）
①	東	西	②	東	南
③	西	東	④	西	南
⑤	南	東	⑥	南	西

(2)　（ウ），（エ）にあてはまる内容と，（オ）にあてはまる語句の組み合わせとして正しいものを，次の①～④のうちから1つ選び，マークしなさい。 2

	（ウ）	（エ）	（オ）
①	上にはい上がる	下にもぐりこむ	閉そく前線
②	上にはい上がる	下にもぐりこむ	停滞前線
③	下にもぐりこむ	上にはい上がる	閉そく前線
④	下にもぐりこむ	上にはい上がる	停滞前線

(3)　2022年夏，日本では『線状降水帯』の発生に伴い，数時間にわたって猛烈な雨が降り続き，河川の氾濫《はんらん》や土砂崩れが全国各地で起きた。『線状降水帯』について述べた次の①～④のうちから**誤っているもの**を1つ選び，マークしなさい。 3

①　地上付近の風が上昇することで次々と積乱雲が並び，発達して線状に並んだものをいう。

②　発達した雨雲が同じ場所を通過，停滞する。

③　線状に伸びた積乱雲が50～300kmに達し，雨域は幅20～50km程度である。

④　発生する場所や時間は予測できるため，発生してから安全に避難することができる。

問2．地層についての次の文章を読み，あとの問いに答えなさい。

地層や岩石を調べることによって，その土地の歴史や年代などを知ることができる。とくに大きな噴火が起こった際には，火山灰が広い範囲に降り積もるため，離れた地域との地層の関係や年代を知る手がかりとなる。

ある山のがけの地層を調べたところ，下の図のようになっており，上に行くほど新しい地層になっていた。各地層の特徴を次のページにまとめた。

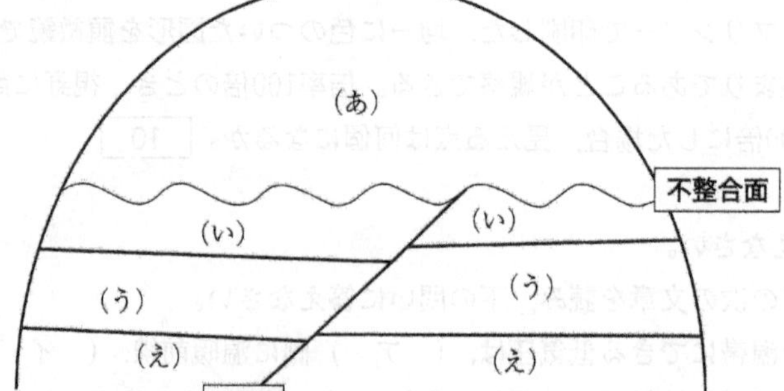

(あ)：砂でできた地層で，アンモナイトや三角貝の化石があった。

(い)：1/16㎜より大きさの小さい粒からなる地層であった。

(う)：火山灰などの火山噴出物を含む地層であった。

(え)：大きさが2㎜以上の粒からなる地層であった。

⑴　下線部について，地層の年代を知る手がかりとなる化石を何というか。 4

⑵　火山灰が堆積した地層は，離れた地域との地層のつながりを考える手がかりとなる。このような層を何というか。 5

⑶　(あ)の地層で見つかった化石は，約何万年前の生物であるか。最も適当なものを，次の①～④のうちから1つ選び，マークしなさい。 6

①　約1億5000万年前　②　約1500万年前　③　約200万年前　④　約20万年前

⑷　図の不整合面と断層について述べた次の①～④のうちから最も適当なものを1つ選び，マークしなさい。 7

①　(あ)の地層は，土地が隆起してから，地上で形成された。

②　(い)の地層は，一度土地が隆起したのち，沈降して形成された。

③　(い)～(え)の地層ができるまえに，断層が形成されている。

④　断層が形成されたのち，土地が隆起し，その後沈降した。

【社　会】（30分）　＜満点：60点＞

1　下の表は，各時代とその時代に活躍した人物とその政策についてまとめたものである。下の表を見て，あとの問１～問９までの問いに答えなさい。

表

時代	人物名	左の人物が行った内政・外交		文化名
奈良	聖武天皇	（ウ）墾田永年私財法が出される	東大寺（大仏）を建てる	天平文化
平安	藤原道長	（エ）摂関政治が安定する	四人の娘を天皇のきさきにする	（ケ）国風文化
鎌倉	北条泰時	（オ）御成敗式目が制定される	評定での会議を設置する	鎌倉文化
室町	（　ア　）	南北朝を統一する	（キ）勘合貿易を始める	（コ）室町文化
安土桃山	織田信長	（カ）	長篠の戦いがおこる	桃山文化
江戸	（　イ　）	参勤交代を制度化する	（ク）鎖国が完成する	江戸の文化

問１　表中の空らんア・イに入る人物名を，表中の内政・外交などのことがらを見ながらそれぞれ答えなさい。

問２　表中の下線部ウについて述べた文として正しいものを，下の①～④の中から１つ選び，マークしなさい。

①　この法では，開墾した土地の個人の所有を認めたが，後に国に返さなくてはならなかった。

②　この法により貴族や寺院，郡司などは，周りの農民を使って開墾を行ったため，口分田が増え，くずれかけていた公地・公民の原則は立て直された。

③　この法が出た後，貴族や寺院，郡司などは，周りの農民を使って開墾を行ったり，墾田を買い取ったりして，盛んに私有地を広げていった。

④　この法により，６歳以上になると身分や男女ごとに決められた口分田が与えられた。

問３　下の文章は，表中の下線部エの政治について述べたものである。文章中の空らん（A）・（B）にあてはまる語句をそれぞれ答えなさい。

> 天皇が幼いときには（　A　）に，成長すると（　B　）という天皇を補佐する職に就いて，政治の実権をにぎること。

問４　表中オは，「ある事件」のあと，北条泰時の時代に制定された法律である。「ある事件」について説明した文として正しいものを，下の①～④の中から１つ選び，マークしなさい。

①　元大阪町奉行所の役人で陽明学者でもある人物が，奉行所の対応に不満を持ち，弟子など300人ほどで大商人をおそい，米や金をききんで苦しむ人々に分けようとした事件。

②　将軍のあとつぎ問題をめぐって，有力な守護大名の細川氏と山名氏が対立し，11年にわたって京都を中心に戦った事件。

③　上皇方と天皇方との対立に貴族や源氏，平氏の内部での対立がからみ，大きな内乱に発展し

た事件。

④　朝廷の勢力を回復しようとしていた上皇が，幕府の混乱の中で幕府を倒そうと兵を挙げたが敗れた事件。

問5　表中**カ**に入る織田信長の政策について説明した文として正しいものを，下の①～④の中から1つ選び，マークしなさい。

①　全国を同じ単位と同じ道具を使って統一的な検地を行い，予想される収穫量を，すべて米の体積である石高であらわした。

②　商人や手工業者などの同業者の団体である座を廃止し，誰もが自由に商工業を行えるようにした。

③　武力による一揆を防ぐために，農民や寺社から刀や弓，やり，鉄砲などの不必要な武器を取り上げた。

④　大名が守るべき法を整備し，大名が許可なく城を修理したり，大名どうしが無断で縁組をすることを禁止した。

問6　表中**キ**の貿易の相手国と，相手国からの主な輸入品の組み合わせとして正しいものを，下の①～⑥の中から1つ選び，マークしなさい。

①　清－生糸　②　清－俵物　③　明－木綿

④　明－銅銭　⑤　宋－銅銭　⑥　宋－生糸

問7　表中**ク**に関連して，こうした状況下でも朝鮮とは対馬藩を通じて外交や貿易が行われた。将軍の代がわりごとなどに，これを祝う使節が日本に派遣された。この使節を何というか。

問8　表中**ケ**の頃の作品として**誤っているもの**を，下の①～⑥の中から**2つ**選び，マークしなさい。

①「源氏物語」　②「古今和歌集」　③「万葉集」　④「平家物語」　⑤「枕草子」

問9　表中**コ**の頃の絵画・屏風として正しいものを，下の①～④の中から1つ選び，マークしなさい。

①

②

③

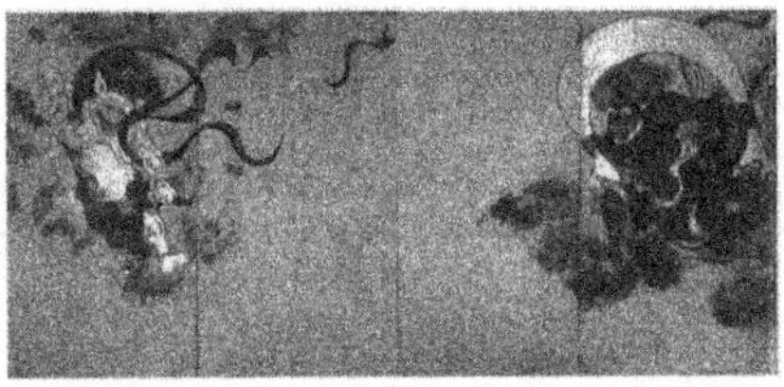

④

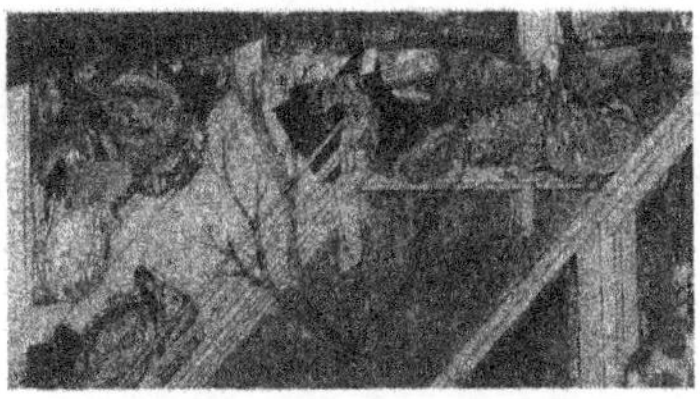

2　次の略地図を見て，あとの問１～問５までの問いに答えなさい。

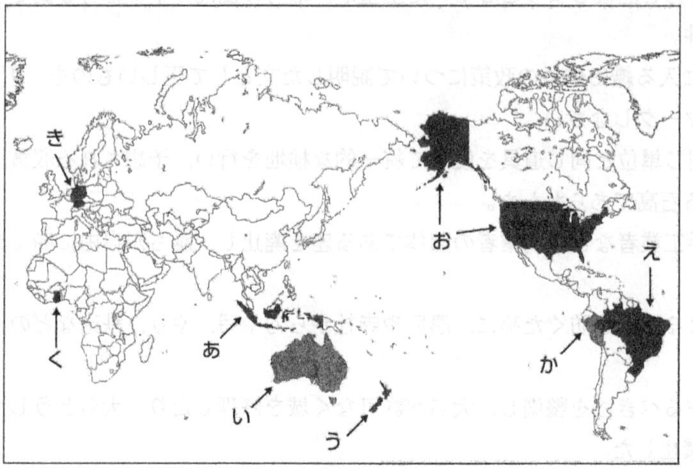

略地図

問１　略地図中**あ**，**い**，**う**，**え**の国の領土の面積と領海および排他的経済水域の面積を示した概念図のうち，**あ**の国に該当するものを，次の①～④の中から１つ選び，マークしなさい。

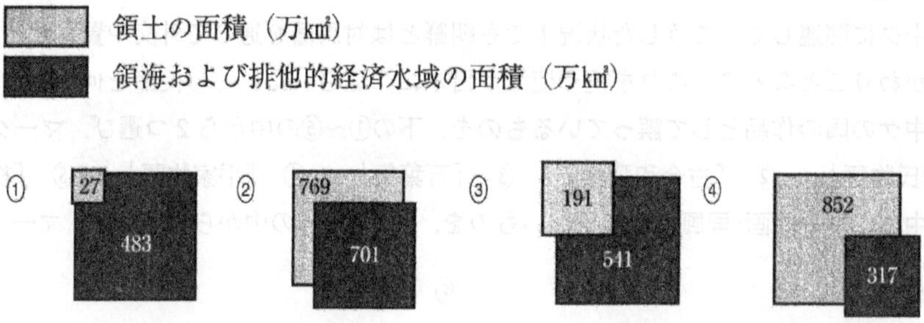

（「海洋白書」2009 年ほか）

問２　略地図中**お**の国で生活するヒスパニックについて説明した文として**誤っているもの**を，次の①～④の中から１つ選び，マークしなさい。

① ヒスパニックは，重労働の職場で低い賃金で働く人が少なくない。

② ヒスパニックには，西インド諸島からの移民も含まれる。

③ ヒスパニックは母国語も英語であり，移民した先の文化になじみやすい。

④ ヒスパニックは出生率が高く，その人口は増加傾向にある。

問３　次のページの雨温図は，略地図中**か**の国の都市であるクスコの気温と降水量を示している。クスコにおける生活の特徴を説明した下の文章中の空らん（Ⅰ）～（Ⅲ）にあてはまる語句の組み合わせとして正しいものを，次のページの①～⑥の中から１つ選び，マークしなさい。

クスコは（　Ⅰ　）の影響を受け，東京よりも年平均気温が低く，農産物では主に（　Ⅱ　）を栽培し，家畜では（　Ⅲ　）を飼育していることが多い。

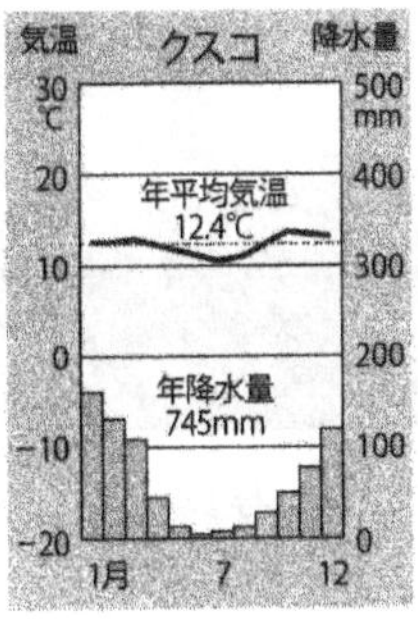

(「理科年表」平成26年ほか)

雨温図

	Ⅰ	Ⅱ	Ⅲ
①	季節風	じゃがいも	羊
②	季節風	米	トナカイ
③	寒流	小麦	リャマ
④	寒流	米	トナカイ
⑤	標高	小麦	羊
⑥	標高	じゃがいも	リャマ

問4　下の地図ⅠおよびⅡには，略地図中**き**の国の首都と東京を結んだ線が描かれている。この2点間の距離を正しく表しているかどうかについて述べた文章として正しいものを，次の①～④の中から1つ選び，マークしなさい。

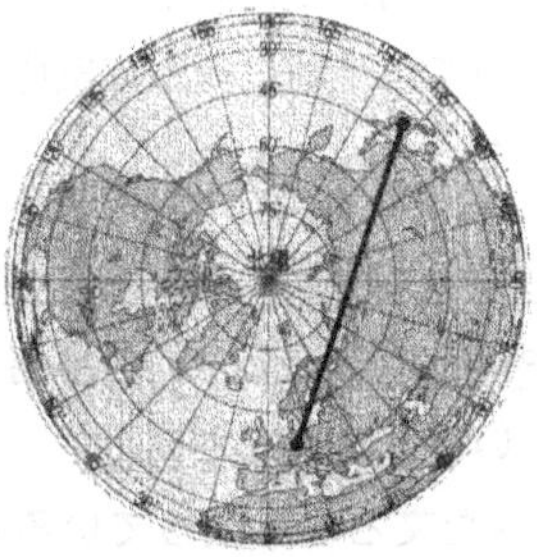

地図Ⅰ

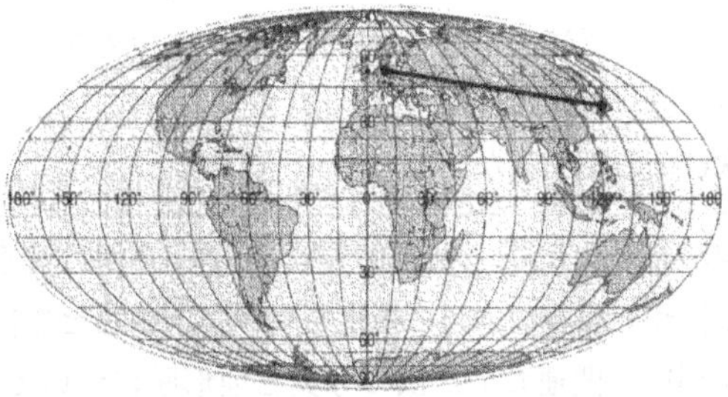

地図Ⅱ

①　地図Ⅰのみ，**き**の国の首都と東京との距離を正しく表している。

②　地図Ⅱのみ，**き**の国の首都と東京との距離を正しく表している。

③　地図Ⅰおよび地図Ⅱのどちらも**き**の国の首都と東京との距離を正しく表している。

④　地図Ⅰおよび地図Ⅱのどちらも**き**の国の首都と東京との距離を正しく表していない。

問5　次のページの写真は，秋田県にある北緯40度，東経140度の線が交わる地点を示す記念塔である。この記念塔のある地域が2月10日の午前6時だったとき，略地図中**く**の国の首都の日時として正しいものを，次の①～④の中から1つ選び，マークしなさい。

①　2月9日午前3時

②　2月9日午後9時

③　2月10日午後3時

④　2月10日午後9時

写真　　　　（秋田県大潟村）

3　次のAさんとBさんの会話を読んで，あとの問1～問5までの問いに答えなさい。

Aさん　Bさん，冬休みに(あ)**仙台市**に行ってきたんだってね！どうだった？
Bさん　いろいろなことを学んだよ。まずは仙台空港に向かう飛行機の中で学んだことがたくさんあったよ。
Aさん　飛行機で？
Bさん　うん。私は初めて飛行機に乗ったんだけど，窓からの景色に感動したよ。後で(い)**地形図**を確認したら，私の見た景色の通りだった。学校で地形図の勉強をしておいて良かったよ。
Aさん　どの空港から出発したの？(う)**東京国際空港**？
Bさん　そうだよ。離陸してすぐ風力発電の施設が見えたよ。(え)**日本の発電量**を支えているのだね。
Aさん　あなたの言う通りよ。そういえば仙台市に行った目的は何だったの？
Bさん　東日本大震災の影響を受けた地域の(お)**災害**対策について，現地に行って実際に見て学ぼうと思ったんだ。現地じゃないとわからないことがたくさんあったよ。
Aさん　次はその話を聞かせてね。

問1　下線部**あ**のように，人口50万人以上で，市民の健康や福祉に関する多くの事務を都道府県に代わって行う，政府によって指定を受けた市のことを何というか答えなさい。

問2　下線部**い**に関連して，次の写真と地形図について述べた文として**誤っているもの**を，次のページの①～④の中から1つ選び，マークしなさい。

写真

地形図
（山梨県甲州市・笛吹市）

① 写真は，地形図上の矢印の方向で，地形図の地域を撮影したものである。
② 地形図右下の山地は，標高750mを越える山である。
③ 京戸川が山間部から平野に入る地域には，扇状地がみられる。
④ 地形図上における京戸川の周辺には，河川水を活用した水田が広がっている。

問3 下線部**う**の空港のように，国際線が発着し，周辺の空港への乗り換え便を就航させる拠点となる空港を何というか答えなさい。

問4 下線部**え**について，次のグラフは日本の発電量の内訳の変化を表している。火力発電，水力発電，原子力発電，太陽光や風力などその他の発電から構成されるが，水力発電に該当するものを，次の①～④の中から1つ選び，マークしなさい。

日本の発電量の内訳（%）

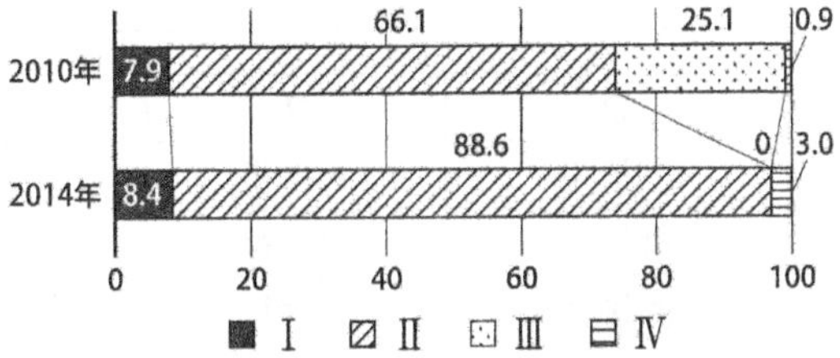

（国際エネルギー機関資料）

① Ⅰ
② Ⅱ
③ Ⅲ
④ Ⅳ

問5 下線部**お**に関連して，日本における自然災害について述べた文として正しいものを，次の①～④の中から1つ選び，マークしなさい。
① 台風は風や雨だけでなく，海面が上昇する津波も引きおこすことがある。
② 土石流は，火山噴火時特有の，泥や砂と水が混ざり高速で下流へ流れる災害である。
③ 梅雨に起こりやすい集中豪雨は，地盤の液状化現象を引きおこすことがある。
④ 日本では山岳地域での雪崩や，雨の少ない年の干害といった災害も見られる。

4 次の財政について述べた文章を読んで，あとの問1～問5までの問いに答えなさい。

(A)政府は，市場経済の中で，多くの重要な役割を担っています。政府の収入（歳入）は(B)税金でまかなわれ，(C)社会保障などに支出（歳出）します。(D)少子高齢化の影響で，支出における社会保障費が，年々増加しています。

政府の政策は，主に税金を使って行われます。税金だけではお金が足りない場合は，国は国債，地方公共団体は地方債という(E)公債を発行し，これを買ってもらう形で，家計や企業から借金をします。

問1 文章中の下線部(A)について述べた文として正しいものを，次のページの①～④の中から1つ選び，マークしなさい。

① 利潤の最大化を目的とした公共サービスを提供している。
② 累進課税を採用し，国内の所得格差を減らしている。
③ 市場経済における独占や寡占をうながしている。
④ 労働者や消費者に比べて弱い立場にある企業を保護している。

問2 文章中の下線部(B)に関して述べた下の文章中の空らん［1］～［4］にあてはまる語句の組み合わせとして正しいものを，次の①～⑥の中から1つ選び，マークしなさい。

> 納税者と担税者が同じ税金を［ 1 ］といい，これに対して，納税者が生産者や販売者，担税者が消費者という形で，納税者と担税者が異なる税金を［ 2 ］という。［ 1 ］にあてはまる税金としては［ 3 ］など，［ 2 ］にあてはまる税金としては［ 4 ］などが挙げられる。

	1	2	3	4
①	間接税	直接税	所得税	消費税
②	間接税	直接税	消費税	所得税
③	間接税	直接税	酒税	法人税
④	直接税	間接税	所得税	酒税
⑤	直接税	間接税	消費税	所得税
⑥	直接税	間接税	酒税	法人税

問3 文章中の下線部(C)について述べた文として**誤っているもの**を，次の①～④の中から1つ選び，マークしなさい。

① 社会保険は，企業などに勤める人を対象とした健康保険と農家や個人で商店を経営する人やその家族などを対象とした国民健康保険がある。
② 公衆衛生は，生活環境の改善や感染症の予防などで，人々の健康や安全な生活を守る役割を果たしている。
③ 社会福祉は，高齢者や障がいのある人々，子どもなど，社会の中で弱い立場になりやすい人々を支援する。
④ 公的扶助は，最低限の生活ができない人々に対して，労働基準法に基づいて生活費や教育費などを支給する。

問4 文章中の下線部(D)に関連して，次のページの資料Aは日本の合計特殊出生率と平均寿命の推移を示したものである。また，次のページのグラフⅠ～Ⅲは，日本の1960年・2015年・2060年のいずれかの年齢別人口割合の推移と将来推計を示している。資料Aを参考にして，グラフⅠ～Ⅲを年代の古い順に並べ替えたものとして正しいものを，次の①～⑥の中から1つ選び，マークしなさい。

① Ⅰ→Ⅱ→Ⅲ
② Ⅰ→Ⅲ→Ⅱ
③ Ⅱ→Ⅰ→Ⅲ
④ Ⅱ→Ⅲ→Ⅰ
⑤ Ⅲ→Ⅰ→Ⅱ
⑥ Ⅲ→Ⅱ→Ⅰ

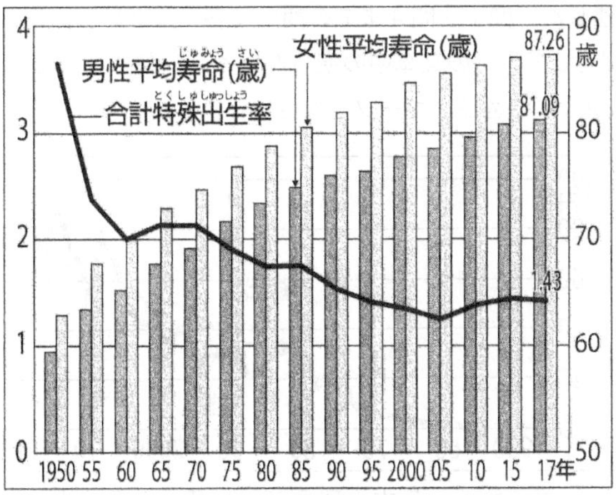

資料A

（国立社会保障・人口問題研究所資料ほか）

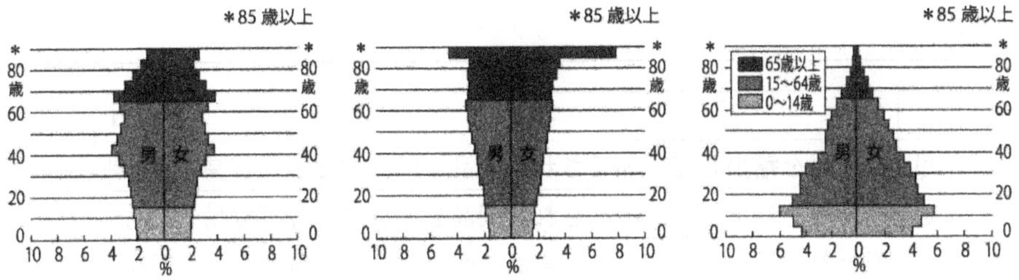

Ⅰ　　Ⅱ　　Ⅲ

問５　文章中の下線部(E)に関連して，次の資料Ｂ（国の歳入の内訳）は，消費税・法人税・所得税・公債金・その他である。そのうち，公債金を示すものとして正しいものを，次の①～④の中から１つ選び，マークしなさい。

①　イ　　②　ロ　　③　ハ　　④　ニ

資料Ｂ

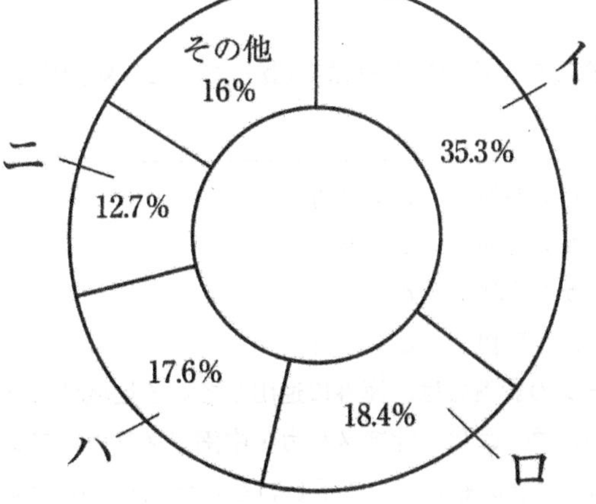

国の歳入の内訳（2017 年度当初予算）

5　グローバル化に関連した，問1～問4までの問いに答えなさい。

問1　次のグラフⅠに関連して，下の文章中の空らん（イ）・（ロ）にあてはまる語句として正しいものを，次の①～④の中から1つ選び，マークしなさい。

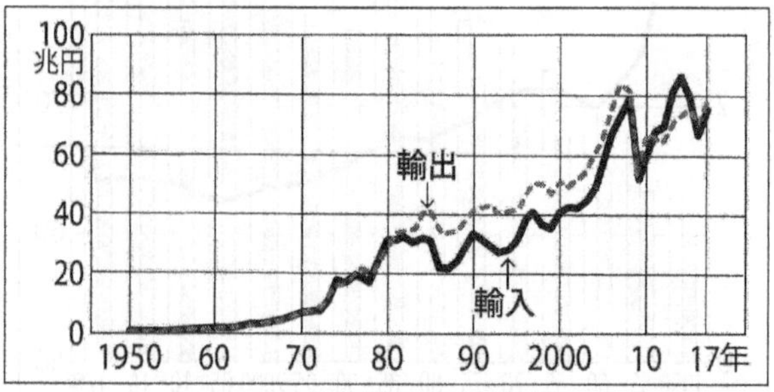

グラフⅠ　日本の貿易額の推移（財務省資料）

戦後の日本の貿易の特徴は（イ）で，グラフⅠが示す通り，1980年代から2000年代は（ロ）であった。

	イ	ロ
①	原材料を輸出して，加工された製品を輸入する加工貿易	貿易黒字
②	原材料を輸出して，加工された製品を輸入する加工貿易	貿易赤字
③	原材料を輸入して加工し，製品を輸出する加工貿易	貿易黒字
④	原材料を輸入して加工し，製品を輸出する加工貿易	貿易赤字

問2　次の会話文を読み，会話文中の空らん（a）（b）（c）にあてはまる語句として正しいものを，次の①～④の中から1つ選び，マークしなさい。

Aさん：来月，海外旅行をするから，為替相場について調べているよ。
Bさん：今日の為替相場は1ドル＝140円だったね。
Aさん：そうだね。2年前は1ドル＝103円だったから，2年前と比べると（a）ということだよね。
Bさん：海外旅行をするのであれば，（b）だけど，輸出中心の日本にとっては（c）と言えるね。

①　a：円高　b：不利　c：有利
②　a：円高　b：有利　c：不利
③　a：円安　b：不利　c：有利
④　a：円安　b：有利　c：不利

問3　(1)　次のページの資料Cは，海外に進出している地域別における日本の企業数をあらわしている。資料C中の㋐～㋓は，北アメリカ・中南アメリカ・アジア・ヨーロッパである。そのうち，アジアにあてはまるものとして正しいものを，次の①～④の中から1つ選び，マークしなさい。

①　㋐　②　㋑　③　㋒　④　㋓

資料 C

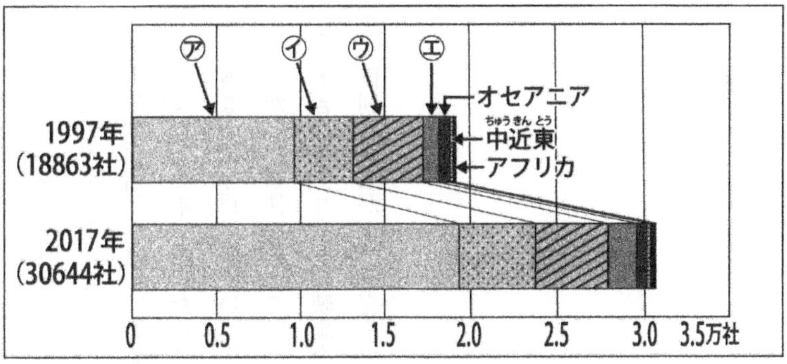

地域別の海外に進出している日本企業数

(「海外進出企業総覧」2018 年ほか)

(2) 複数の国に生産・販売の拠点をもつ大規模な企業のことを何というか，答えなさい。

問 4 日本の文化には，世界に広がっているものが数多くある。これに関連した文として**誤っているもの**を，次の①～④の中から 1 つ選び，マークしなさい。

① 国や都道府県，市（区）町村は，文化財保護法に基づいて，有形，無形の文化財の保存に努めている。

② 琉球文化は，沖縄や奄美群島の人々が琉球王国の時代から受け継いできた文化である。

③ 1997年に制定されたアイヌ文化振興法では，アイヌ民族を先住民族として法的に位置づけた。

④ 日本では能や歌舞伎など，専門家が受け継いできた文化だけでなく，年中行事などの生活文化も伝統文化にふくまれる。

③ 期限までに間に合わないと、大変困る。
④ どんなことがあろうと、最後まで頑張る。

4 すぐに手紙を読んでほしい。
① 私の兄は弁護士である。
② 市の図書館で本を借りる。
③ 子どもが庭で遊んでいる。
④ 本校は部活動が盛んである。

5 静かな場所で本を読みたい。
① 春なのに今日は肌寒い。
② おかしな事件が続いている。
③ 大きなスクリーンで映画を観る。
④ 便利な商品が次々と売り出される。

問一 ――線1「おはします」・――線6「やう」を現代仮名遣いに直し、それぞれひらがなで書きなさい。

問二 ――線2「進み」・――線7「掘らする」の主語として最も適当なものを次の中からそれぞれ一つずつ選び、マークしなさい。

① 御堂入道殿　② 白犬　③ 筆者　④ 晴明

問三 ――線3「引きとどめ奉りければ」とあるが、なぜ引きとどめたのか。その理由となる部分を四十字以内で探し、初めの五字を抜き出して書きなさい。（ただし、句読点も一字とする）

問四 ――線4「いかにもやうあるべし」の現代語訳として最も適当なものを次の中から一つ選び、マークしなさい。

① きっと理由があるにちがいない
② どのような用事があるのだろう
③ どれほどの理由があるだろうか
④ まさしく模様があるようだ

問五 ――線5「気色」の本文中の意味として最も適当なものを次の中から一つ選び、マークしなさい。

① 気分　② 気質　③ 様式　④ 様子

問六 [X] に入る語として最も適当なものを本文中から抜き出して書きなさい。

問七 本文の内容と合致するものを次の中から一つ選び、マークしなさい。

① 法成寺を作らせていた頃、入道殿は常に晴明を御供に連れて訪れていた。
② 犬がほえるので入道殿は立ち止まり見回したが、異常は見つけられなかった。
③ 晴明はいつもとは違う犬の行動を見て危険を察知し、その場に留まった。
④ 埋められていた土器の中には朱砂で一文字が書かれた紙が入っていた。

問八 本文が収められている『十訓抄』と同じ時代に成立した作品を次の中から一つ選び、マークしなさい。

① 雨月物語　② 源氏物語　③ 方丈記　④ 土佐日記

四

次の各文の傍線部と同じ働きをしているものを後から一つずつ選び、マークしなさい。

1 やっと一人で来られた。

① 先生が教室に来られた。
② 今日は暖かく感じられる。
③ 入賞して母にほめられた。
④ 嫌いだった野菜を食べられた。

2 私にはまだまだ実力がない。

① 今日は洗濯物が少ない。
② この町にはない施設だ。
③ 私は絶対にあきらめない。
④ 駅まではそれほど遠くない。

3 誕生日が来ると、十五歳になる。

① 春になると、暖かくなる。
② 試合が終わると、観客は帰った。

にしている様子が感じられ、遅れてきた自分には入り込む隙がなさそうだったから。

② 自分が到着した時には、すでに5人でゲームや花火に興じている様子が感じられ、もう自分の居場所はここにはないことを感じたから。

③ 自分が到着した時には、すでに室内からにぎやかで楽しそうな様子が感じられ、遅れてきた自分がその場から拒絶されているように感じられたから。

④ 自分が到着した時には、5人のにぎやかな笑い声が響きわたり、もうすでに夕食を終えて花火を楽しんでいると分かり、空しさを感じたから。

問八　本文の説明として**誤っているもの**を次の中から一つ選び、マークしなさい。

① 明信は弟に「ウーロン茶事件」の後遺症がないことを喜ぶ一方、帯を直されるのは兄としてきまりが悪く感じている。

② 本間姉妹は「花火の後は水ようかんと緑茶」と決めており、間宮兄弟は「花火と言えば西瓜」が決まりとなっている。

② 小ざっぱりとした明信の部屋に対して、徹信の部屋は全体的に無機的で雑多な印象だ、と本間直美は指摘している。

④ 葛原依子は、自宅での友人同士の集まりで、間宮兄弟が浴衣を着てもてなしをするとは想像できなかった。

三　次の文章を読んで、後の問いに答えなさい。設問の都合上、一部原文と変えてあります。

御堂入道殿、法成寺を作らせ給ふ時、毎日渡らせ給ふ。そのころ、白犬を愛して、飼はせ給ひける。御供に参りけり。

ある日、門を入らせ[1]おはしますに、御先に[2]進みて、走りめぐりて、ほえければ、立ちとまらせ給ひて、御覧ずるに、させることなかりければ、なほ歩み入らせ給ふに、犬、御直衣《のうし》の※襴《らん》をくひて、[3]引きとどめ奉りければ、[4]いかにもやうあるべしと、※榻《しじ》を召して、御尻をかけて居給ひて、たちまちに晴明を召して、子細を仰せらるるに、しばらく眠りて、※思惟《しゆい》したる[5]気色にて申す[6]やう、君を呪詛《じゅそ》し奉るもの、※厭術《ようじゅつ》の物を道に埋みて、越えさせ奉らむと、かまへ侍るなり。御運、やむごとなくして、この犬、ほえあらはすところなり。［X］、もとより※小神通のものなりとて、そのところをさして、[7]掘らするに、土器をうち合せて、黄なる紙ひねりにて、十文字に※からげたるを、掘りおこして、解きて見るに、入りたるものはなくして、※朱砂にて、一文字を土器に書けり。

（『十訓抄』による）

（注）※襴……裾。
※榻……牛車から牛を外した時、牛車と牛車の前方に長く出た平行な二本の棒を支える台。乗降や腰掛の台としても使用した。
※思惟……心に思い、考えること。
※厭術……まじないの術。
※小神通のもの……少々の不思議な通力を持っている者。
※からげたる……巻きつけて、縛ってある。
※朱砂……深紅色の鉱物。

（注）※本間直美……間宮兄弟が常連客として通うレンタルビデオ店の店員。
※浩太……直美のボーイフレンド。
※ウーロン茶事件……きれいな女の人に騙《だま》され、高額請求をされた事件。
※ハナマルキ……味噌製造メーカー。
※葛原依子……徹信の同僚。小学校の教員をしている。
※アンニュイな気分……気だるい、退屈な気分。

問一 ═══線a～eの漢字は読みをひらがなで、カタカナは漢字で書きなさい。

問二 ───線1「緑茶なんてあるのかなあ、そこん家」とあるが、この発言には夕美のどのような心情がこめられているか。最も適当なものを次の中から一つ選び、マークしなさい。

① 間宮兄弟の人柄や生活について不安に思う心情。
② 間宮兄弟の人柄や好みについて興味深く思う心情。
③ 間宮兄弟の家庭生活や味覚について不審に思う心情。
④ 間宮兄弟の家庭生活や趣味について珍しく思う心情。

問三 〰〰線A～Dの中で、擬態語はどれか。最も適当なものを次の中から一つ選び、マークしなさい。

① A しっかり　② B にんまり
③ C すっかり　④ D いきなり

問四 ───線2「つい笑ってしまう」とあるが、直美はなぜ笑ってしまうのか。その理由として最も適当なものを次の中から一つ選び、マークしなさい。

① 間宮兄弟の家に緑茶があるかどうかを気にする妹に対して、譲歩しようと考えたため。
② お茶をはじめ、すべてのことにこだわりが強い妹のことを、かわいらしく思ったため。
③ 緑茶に対して特別なこだわりがある妹のことを、姉としてほほえましく思ったため。
④ 間宮兄弟の家に緑茶があるかどうかの心配をする神経質な妹の気持ちを、和らげようと考えたため。

問五 X には、「心配なことがあったり、また、他人の行為を不快に感じたりして表情に出すこと」という意味のことばが入る。そのことばとして最も適当なものを次の中から一つ選び、マークしなさい。

① 眉をひそめた　② 顔を汚した
③ 眉を吊《つ》り上げた　④ 顔がつぶれた

問六 ───線3「事情」とあるが、それはどんな事情か。最も適当なものを次の中から一つ選び、マークしなさい。

① 直美のボーイフレンドである浩太が、大学の先輩から私生活のことまで干渉されて困っているという事情。
② 直美のボーイフレンドである浩太が、スキー部の活動で直美との約束に遅れてくることになったという事情。
③ 直美のボーイフレンドである浩太が、大学の先輩との先約を断り切れずに困っているという事情。
④ 直美のボーイフレンドである浩太が、直美との約束をキャンセルするために電話をかけてきたという事情。

問七 ───線4「ひき返そうかと一瞬思う」とあるが、それはなぜか。最も適当なものを次の中から一つ選び、マークしなさい。

① 自分が到着した時には、すでに室内からは夕食を囲んで楽しそう

だ。空間が少なく、居場所はベッドの上だけだろうと想像される。（中略）

　葛原依子がすこし遅れて到着したときには、五人はかなりにぎやかに笑い声をたてていた。ドアの外で依子はそれを聞いた。4ひき返そうかと一瞬思う。すでに夕闇が降り、秋の風が近所の家の夕食の匂いを運んでくる。

　依子は自分を孤独だと思った。

　ドア一枚で隔てられた家の中に、自分が拒絶されているように感じる。兄弟は確かに善良な人たちのようだと思う。思うが、その善良さが依子をかなしい気持ちにさせる。花火とかゲームとか、子供じゃあるまいし。そんなふうに思う自分は、ここに来るべきではなかったのだろう。

　依子はため息を一つこぼす。こうしている間にも、夕闇が濃さを増していくようだ。職員会議の前のように、表情をひきしめ、胸を張った。呼び鈴を押して待つ。

「いらっしゃい。よかった。遅かったから、道に迷ったかと思った」

　ドアがあき、とびだして来た徹信がdセイキュウな口調で言う。

「どうぞ、入って下さい。もうみんな来てて迎えに行こうかって話してたところなんです」

　依子は完全にeイヒョウをつかれた。あの間宮徹信が、浴衣姿で客をもてなすなど、誰に想像できるだろう。しかも妙に似合っている。

　笑ってはいけない、と思ったが笑ってしまった。止めることができない。

「葛原先生？」

　徹信はぽかんとしている。

「ごめんなさい、すごく似合うわ、それ」

　依子は言い、観賞するように徹信を眺めた。奥から、やはり浴衣姿の明信が現れ、依子はすっかり※アンニュイな気分を忘れた。なんて変な兄弟だろう。自宅での、友人同士のちっぽけな集りで、わざわざこんな恰好《かっこう》をするなんて。

「依子さん！」

　たった一度会っただけなのに、本間直美が旧友に再会したみたいな声をだす。

「直美ちゃん！」

　気がつくと依子もおなじ声でこたえていた。

「いまから散歩に行くところなの。つけめんって知ってます？　それを食べにいくんですって。あ、それからこれは妹」

「夕美です」

　一行は狭い玄関で入り乱れて靴をはき、たったいま依子がいた場所にでた。おなじ夕闇とおなじ空気。

「おなかすいたー」

　夕美が言い、

「遠いんですか」

と、若い男が訊く。運動靴の爪先を地面にぶつけながら。

　おなじ夕闇とおなじ空気。依子は不思議な気持ちで考える。それなのにここは、ついさっき、私が一人で立っていたときと、違う景色の場所に思える。

（江國香織『間宮兄弟』による）

「一夏に女の子が二回も遊びに来るなんてさ、いままでにあったか？」

考えるまでもなく、明信は「ない」とこたえる。

「だろ？」

徹信はすでに高揚している。

「俺たち最近ついてるんだよ」

弟に「※ウーロン茶事件」の後遺症がないらしいことが、明信は嬉しかった。そんな経験をしたのがもし自分なら、自己b嫌悪の念に苛《さいな》まれてとても立ち直れないだろう。

「にいちゃん、それ、締めすぎじゃないか？」

徹信は言い、明信に近づく。

「低い位置で締めろって、呉服屋のおばさんが言ってただろ？　そんな高い位置できつく締めたら、※ハナマルキの子供みたいだぜ」

徹信が帯を巻き直してくれているあいだ、明信はまさに「子供」みたいに、なすすべもなくきまり悪く、ただそこに立っている。

最初に現れたのは本間直美とその連れ二人で、

「こんにちはー」

という直美のあかるい声を聞いただけで、明信も徹信も嬉しい気持ちになった。女の子というものは、存在するだけで家の中を幸せな気配にする、と考える。

「わあ、浴衣なんですかあ。素敵素敵」

直美はシンプルなワンピース、妹はちょうちん袖のブラウスにジーンズで、うしろにのっそり立っている若い男はTシャツにジャージだ。

私、浴衣を着ていこうかな。

そう言ったことなど、本人はCすっかり忘れているらしい。兄弟に妹とそのボーイフレンドを、妹とそのボーイフレンドに兄弟を、それぞれ紹介して和菓子の包みを徹信に手渡す。

すばらしい。

徹信は思った。男連れなのは妹だけだ。

「お茶を作らせて下さい」

その妹がDいきなり言ったので、兄弟はめんくらったが台所に案内した。

※葛原依子が来るまでのあいだ、直美の提案で室内見学ツアーがなされた。リビングの壁いっぱいの本だとか、兄弟が力を合わせて完成させ、糊《のり》づけして飾ってある二千ピースのジグソーパズルだとか、廊下のビニールロッカーのなかに積み重ねてあるゲーム類だとか、本間姉妹には何もかもがおもしろいらしかった。

「お部屋、兄弟でも全然違うんですね」

直美が言った。

「鋭いねえ。なんか全然違うんだよね、好みっていうか、テイストがさ」

徹信がこたえ、明信は胸の内で渋い顔をする。女性の前で、徹信はなぜこうも軽薄な口調になってしまうのだろうか。

兄弟の部屋は、たしかに全くc趣が違う。本棚もベッドも、整理だんすも白木の明信の部屋は、小ざっぱりしていて風通しがいい。薄っぺらいカーテンは両親と暮らしていた家から持って来たもので、クリーム色の地にクラシックカーの絵柄がプリントされている。

徹信の部屋はオーディオ機器と鉄道模型に占領されている。窓にはカーテンではなくブラインドが下げられており、全体に無機的な印象

「ゆずれないのね。じゃあお茶も買っていけばいいわ」
　ボーイフレンドたちとは、いつものファミリーレストランで待ち合わせをしている。姉妹はそれぞれ早くボーイフレンドの顔を見たかったのだが、スーパーマーケットに寄って、ティーバッグの緑茶を一箱買った。
　夕美のボーイフレンドは、例によって椅子《いす》からずり落ちそうな坐《すわ》り方をしている。ラインの入ったジャージのパンツを、片足だけ膝までたくし上げている。直美は［X］。
「めずらしいじゃん、時間どおりなんて」
　夕美は言い、隣にくっついて坐った。くぐもった音が聞こえ、直美は気に入りのトートバッグの底をさぐる。
「こんにちは」
　妹のボーイフレンドに挨拶をしながら、慌ただしく電話にでる。
「ごめん。急に呼びだしがかかっちゃって」
　電話口で、開口一番※浩太は詫《わ》びた。所属しているスキー部の先輩で、直美も何度か会ったことのある男性――現在は就職し、埼玉県にある実家に住んでいる――から、いきなり誘われたのだという。
「面子《メンツ》揃《そろ》えろとか言われちゃってさ、もうテンテコだよ」
　私生活にまで侵入してくる大学の上下関係というものが、直美にはまるで理解できない。先約がある、と言うことが、一体どうしてできないのだろう。
「しかたないね、＊＊さんじゃあ」
　先輩の名をだしはしたが、その人物のせいだと思うことはできなかった。決めるのは浩太なのだ。テーブルの向こうで、3事情を察したらしい夕美が呆《あき》れ顔で天井を仰ぐ。
「悪い」
　浩太はもう一度詫びた。
「兄弟によろしく伝えて。夕美ちゃんたちにも。それからあんまり遅くなるなよ」
　うん、とこたえ、気をつけてね、とつけ足して、直美は携帯電話を切った。
「信じられない」
　夕美がaヒナンの声をあげる。
「あたしだったら、自分のオトコにドタキャンなんて絶対させない」
　そして、Tシャツの衿《えり》元に十字架の首飾りをつけた自分のオトコ――空になったコーラのグラスを前に、漫画週刊誌を読んでいる――の手を、ひしと握りしめた。
　明信と徹信は、今回も部屋を念入りに掃除した（とりわけ徹信は、自室を片づけることに精力を傾けた。前回、本間直美が鉄道模型を見たいと言い、見せると手をたたいて喜んで、「妹にも見せたーい」と言ったからだ）。食事は外でする予定だが、西瓜《すいか》だけは買って、冷やしてある。兄弟にとっては、花火といえば西瓜が決まりだ。
「ついてるな」
　浴衣に着替え、準備万端整うと、Bにんまりして徹信は言った。
「ついてる?」
　帯の感じが気に入らず、何度も締め直しながら明信が訊《き》き返す。徹信の浴衣は藍《あい》色の細い縞《しま》柄、明信のは白地に濃紺でトンボの柄がぬいてある。

問七　――線6「傾向と対策を行う」とあるが、どういうことか。その説明として最も適当なものを次の中から一つ選び、マークしなさい。

① 自分の感情を振り返って考えの傾向を把握することで、自己の望ましい考え方や行動に関する考えが進む実感を得ること。

② 自分の感情を振り返って考えの傾向を把握することで、他人との望ましいコミュニケーションに関する考えが進む実感を得ること。

③ 自分の感情を振り返って望ましい自己の考え方や行動の傾向について把握するために、他人から指摘された、自分が考えがちなことを見つめ直してみること。

④ 自分の感情を振り返って望ましい自己の考え方や行動の傾向について把握するために、時と場合に応じたコミュニケーションについて考えを進めること。

問八　本文の内容に合うものとして、最も適当なものを次の中から一つ選び、マークしなさい。

① 言葉を生み出す過程において、遠回りでも、得られる効果を最大にするために、外に向かう言葉を増やさなければならない。

② コミュニケーション力を高める言葉を磨くためにも、何らかの伝える動機を必ず見つけるようにすることが大切だ。

③ 内なる思いを育てるには、一人の時間を確保して内なる言葉の語彙力を認識し、使いこなすことを目指す必要がある。

④ 内なる言葉に意識を向けることは、自身が気付かなかった自己の価値観や人間性と向き合うことにもつながる。

二　間宮明信と徹信の兄弟は二人で一緒に暮らしている。夏のある日、友人らと花火をしようという話になった。以下はその当日の場面である。これを読んで後の問いに答えなさい。設問の都合上、一部原文と変えてあります。

土曜日。※本間直美は妹の夕美と、気に入りの和菓子屋で水ようかんを十個、買った。四人もでおしかけるのだから何か持って行くべきだと考えたからでもあるのだが、花火のあとには水ようかんと冷たい緑茶、というのがこの姉妹の決まりだからでも当然あった。

これも、と言って、夕美がかりんとうを差しだす。

「でもさあ、1緑茶なんてあるのかなあ、そこん家《ち》」

直美の語る「間宮兄弟」に好奇心が動き、四人でなら行ってもいいと言った夕美ではあったが、兄弟の人格および暮らしぶりには、依然として疑心暗鬼なのだ。

「お茶くらいあるでしょ」

直美はとりあわない。

「行ってすぐ作って、冷やしてもらえばいいじゃないの」

間宮徹信は、花火の前にみんなでつけめんを食べに行こうと言っていた。JR駅のすぐ正面に、おいしい店があるから、と。七時にマンションに集って、そこに食事に行き、Aしっかり暗くなったころに戻って花火をする、という予定になっている。

「でもさあ、冷やす場合、ちゃんと抹茶のブレンドされたやつじゃないと、きれいな緑にならないんだよね」

和菓子屋をでてもまだそう言っている夕美を見て、直美は2つい笑ってしまう。

た自身の価値観や人間性と対面することにもつながるのだ。

（梅田悟司「『言葉にできる』は武器になる」による）

問一 [a]・[b] に入る語として最も適当なものを次の中からそれぞれ一つずつ選び、マークしなさい。

① だから　② しかし　③ まして　④ したがって

⑤ そして　⑥ すると

問二 ――線1「意見としての内なる言葉を育てることが先決である」とあるが、それはなぜか。その説明として最も適当なものを次の中から一つ選び、マークしなさい。

① 扱う言葉の量が増え、多くの言葉を発信することで、頭の中にある漠然とした考えを明確にしていこうとすることができるから。

② 扱う言葉の量が増え、コミュニケーション力が高まることで、より深く考えて意見や思いを成長させていこうと考えるようになるから。

③ 扱う言葉の量が増え、漠然と考えている状況から抜け出し、意見や思いを時間に比例して一生成長させていくことができるから。

④ 扱う言葉の量が増え、時間が経つのに比例して、漠然と考えるのではなく、より深い意見や思いを成長させることを求めるようになるから。

問三 ――線2「源泉」とあるが、それは何か。その説明として最も適当なものを次の中から一つ選び、マークしなさい。

① 人の根底に影響を及ぼす他人の行動や思考。

② 人の根底に流れている価値観や思考。

③ 人を根底から変える価値観や行動。

④ 人を根底から変える他人の言葉や思考。

問四 ――線3「外に向かう言葉だけを育てよう」とあるが、本文における「外に向かう」言葉の説明として**誤っているもの**を次の中から一つ選び、マークしなさい。

① 表面的な言い方や伝え方を変える、単なる語彙力としての言葉。

② 気持ちや感情、思いなど、伝えたいことを正確に表現するための言葉。

③ 単なる小手先の語彙力として身につけている、難しい言葉や美しい言葉。

④ 便利な言葉として多用される、多くの感情を省略して伝えられる言葉。

問五 ――線4「口は達者だが内容がない人、考えの浅い人」とあるが、ここではどのような人のことか。その説明として最も適当なものを次の中から一つ選び、マークしなさい。

① 技術面では言い方も伝え方も相手に合わせて変えられるが、内容面では相手のことを考えていない人。

② 技術面では相手にわかりやすく伝わる話し方ができるが、内容面では知識の浅い話しかできない人。

③ 技術面では言い方も伝え方も必要に応じて変えられるが、内容面では面白くない話しかしない人。

④ 技術面では相手にわかりやすく伝えることができるが、内容面では言葉に重みや深みのある話ができない人。

問六 ――線5「自分の心の琴線を鈍らせる」とあるが、なぜそうなるのか。本文中の語句を用いて、三十字以上四十字以内でまとめて書きなさい。（ただし、句読点も一字とする）

がってしまうのだ。
　では、実際にどのようにすれば、思いを育てることができるのだろうか。（中略）
　最も基本的であり重要なのは、1人の時間を確保し、自分自身の中から湧き出る「内なる言葉」と向き合うことである。ある出来事が起きた時に、どのような内なる言葉が生まれ、どのように物事を捉え、考えが進んでいくのかを、自分自身が把握することである。

　悲しいことが起きた時、何を感じているのか。
　楽しいことが起きた時、何を感じているのか。

　過去を振り返る時、何を感じているのか。
　未来を思う時、何を感じているのか。

　困難に直面した時、何を感じているのか。
　成功を収めた時、何を感じているのか。

　仲間が困っている時、何を感じているのか。
　仲間が成功を収めた時、何を感じているのか。

　こうしたあらゆる局面で湧き上がってくる感情を「悲しい」や「うれしい」といった漠然とした括《くく》りで受け流すことなく、頭の中に浮かぶ複雑な思いと向き合うこと。その感情1つひとつを言葉として認識し、把握すること。この繰り返しによって、内なる言葉は幅と奥行きを持ち、内なる言葉の語彙力が増えていく。
　仮にどんなに難しい言葉や、美しい言葉を知っていたところで、自分の気持ちを伝えることに役立てられなければ意味がない。重要なのは、単なる語彙力ではなく、考えていることや伝えたいことを正確に表現するための「内なる言葉の語彙力」を増やすことである。
　近年で言えば「かわいい」や「ヤバい」といった、多くの感情を省略して伝えられる言葉が分かりやすい。こうした言葉は実に便利なのだが、便利だからといって多用していると、5自力の心の琴線を鈍らせることにもつながるので注意が必要だ。
　実際に、「かわいい」や「ヤバい」という言葉を使った時に、どういう意味で使っているかを質問されても、答えられないことが多いのではないだろうか。こうした状態のままでは、いつまでたっても自分が感じていることを正しく把握することは難しく、感情を言葉にできない状態が続いていく。
　そのため、1人の時間を確保することで、自分の感情を振り返り、どんな時にどんなことを考える傾向があるのかを把握することから始めたい。すると、「自分はこんな時に、こういうことを考えるのか」「こうやって考えたほうがよかったのではないだろうか」「次、同じような状況になったら、こう試してみよう」と、自分の中で考えが進んでいく実感を得ることができるようになる。
　「内なる言葉」に意識を向けることは、こうした「自分が考えがちなこと」と「もっとこうすべきかもしれない」といった6傾向と対策を行うことを可能にする効果がある。さらには、自分でも気付いていなかっ

【国語】（四五分）〈満点：一〇〇点〉

一 次の文章を読んで、後の問いに答えなさい。設問の都合上、一部原文と変えてあります。

先にも述べた通り、言葉を生み出す過程には、①内なる言葉で意見を育てる、②外に向かう言葉に変換する、という二段階が存在する。言葉を磨きたいと考えているならば、言葉から手をつけるのではなく、1意見としての内なる言葉を育てることが先決である。

このプロセスは一見遠回りに見えるかもしれないが、得られる効果に照らせば近道と言える。その理由は、大きく2つに分けることができる。

1つ目は、一度、内なる言葉に意識を向けることができるようになれば、その存在に気付く前に比べて、扱う言葉の量が飛躍的に増加するからである。

コミュニケーション力を高めるには、多くの言葉に触れ、多くの言葉を発信することが有効である。しかし、実際に話したり、書いたり、入力したりすることには限界があるのも現実である。

一方、物事を考えるという作業はどんな状況でも行っているため、「考えることは、内なる言葉を発している」と視点を変えるだけで、何かを新しく始めることなく、使用する言葉の絶対量を増やすことに直結する。

[a]、2つ目は、内なる言葉に意識を向けることで、「なんとなく考えている」「考えたつもりになっている」という状況から脱することができるようになるからである。「自分は今、内なる言葉を用いて思考している」と認識し直すことで、頭の中にある漠然としたものが一気に明確になり、深く考える糸口を見つけることができるようになるのだ。

さらに、この効果は一生続くことになり、意見や思いは時間に比例して成長していく。効果は日に日に大きくなっていくのだ。

思いが大きくなっていけば、自然と言葉に重みや深みが加わるようになり、「この思いを伝えたい」「伝えなければならない」という感情が心の底から湧《わ》いてくるようにもなる。思いを育てることによって生まれる「伝えよう」と心から思う動機も、言葉を磨くことに大きく寄与するのだ。

人間の行動の裏には、必ず何らかの動機がある。

言葉で考えるならば、「伝えたい思いがある」「自分の思いを余すことなく理解して欲しい」という気持ちが言葉を磨く原動力になり、言葉に重みや深み、凄《すご》みを付加することにつながる。

もちろん、他愛《たわい》もない雑談にまで思いが必要なわけではないが、自分の根底に流れている価値観や思考は、発するあらゆる言葉に影響を及ぼしている。その違いこそが「どうでもいい話すら面白い」と思われる2源泉にもなり得るのだ。

逆に、3外に向かう言葉だけを育てようとした場合、どうなるだろうか。

伝える力を手にする、という点では、一時的な効果はあるかもしれない。[b]、結局小手先の技術やスキルであるため、表層的な言い方や伝え方は変わるかもしれないが、話す内容にまで影響を与えるわけではない。

その結果、「4口は達者だが内容がない人、考えの浅い人」が出来上

2023年度

解　答　と　解　説

《2023年度の配点は解答欄に掲載してあります。》

＜数学解答＞

1　(1)　ア　3　イ　5　ウ　0　(2)　エ　9　オ　4　カ　3　(3)　キ　5
ク　6　ケ　1　コ　1　サ　2　(4)　シ　5　ス　2　(5)　セ　1　ソ　3
タ　3　チ　4　(6)　ツ　3　テ　1　ト　8　(7)　ナ　2　ニ　4　ヌ　1
ネ　6　ノ　3　(8)　ハ　3　ヒ　7

2　(1)　$y=\frac{21}{100}x$　(2)　B店　(3)　2400(円)

3　(1)　12(個)　(2)　28(個)　(3)　4(個)

4　(1)　$\frac{125}{2}$(cm³)　(2)　2(cm)　(3)　$5-\sqrt{15}$(cm)

5　(1)　$a=\frac{1}{2}$　(2)　$(-4,\ 8)$　(3)　$\frac{1}{3}$(倍)

○推定配点○

各5点×20　計100点

＜数学解説＞

基本　1　(数・式の計算，平方根，連立次方程式，2次方程式，円周角の定理)

(1)　$\frac{3}{2}\div(-6)\div\left(-\frac{5}{2}\right)^2-\frac{5}{4}\div\left(-\frac{25}{2}\right)=\frac{3}{2}\times\left(-\frac{1}{6}\right)\div\frac{25}{4}-\frac{5}{4}\times\left(-\frac{2}{25}\right)=\frac{3}{2}\times\left(-\frac{1}{6}\right)\times\frac{4}{25}-\frac{5}{4}\times\left(-\frac{2}{25}\right)=-\frac{1}{25}+\frac{1}{10}=-\frac{2}{50}+\frac{5}{50}=\frac{3}{50}$

(2)　$(\sqrt{2}-\sqrt{6})^2=(\sqrt{2})^2-2\times\sqrt{2}\times\sqrt{6}+(\sqrt{6})^2=2-4\sqrt{3}+6=8-4\sqrt{3}$，$(\sqrt{3}+2)(\sqrt{3}-2)=(\sqrt{3})^2-2^2=3-4=-1$より，$(\sqrt{2}-\sqrt{6})^2-(\sqrt{3}+2)(\sqrt{3}-2)=(8-4\sqrt{3})-(-1)=8-4\sqrt{3}+1=9-4\sqrt{3}$

(3)　$\frac{1}{3}x+\frac{3}{4}y-\left(-\frac{1}{2}x+\frac{2}{3}y\right)=\frac{1}{3}x+\frac{3}{4}y+\frac{1}{2}x-\frac{2}{3}y=\frac{1}{3}x+\frac{1}{2}x+\frac{3}{4}y-\frac{2}{3}y=\frac{2}{6}x+\frac{3}{6}x+\frac{9}{12}y-\frac{8}{12}y=\frac{5}{6}x+\frac{1}{12}y$

(4)　$2(x-1)-3(y-1)=5$より，$2x-2-3y+3=5$　$2x-3y=4$…①　$4(x-1)+5(y-1)=21$　$4x-4+5y-5=21$　$4x+5y=30$…②　①×2－②より，$-11y=-22$　$y=2$　①に$y=2$を代入すると，$2x-3\times2=4$　$2x-6=4$　$2x=10$　$x=5$

(5)　2次方程式$\frac{1}{2}x^2-\frac{1}{4}x-1=0$の両辺を4倍して，$2x^2-x-4=0$　解の公式より，$x=\frac{-(-1)\pm\sqrt{(-1)^2-4\times2\times(-4)}}{2\times2}=\frac{1\pm\sqrt{1+32}}{4}=\frac{1\pm\sqrt{33}}{4}$

(6)　$(-2x+3y)^2=(-2x)^2+2\times(-2x)\times3y+(3y)^2=4x^2-12xy+9y^2$，$(x+2y)(x+4y)=x^2+(2y+4y)x+2y\times4y=x^2+6xy+8y^2$より，$(-2x+3y)^2-(x+2y)(x+4y)=(4x^2-12xy+9y^2)-(x^2+6xy+8y^2)=4x^2-12xy+9y^2-x^2-6xy-8y^2=3x^2-18xy+y^2$

(7)　$x^2-2xy=x(x-2y)$より，$x=4+\sqrt{12}=4+2\sqrt{3}$，$y=2-\sqrt{3}$を代入して，$(4+2\sqrt{3})\{4+2\sqrt{3}-2(2-\sqrt{3})\}=(4+2\sqrt{3})(4+2\sqrt{3}-4+2\sqrt{3})=(4+2\sqrt{3})\times4\sqrt{3}=16\sqrt{3}+24$

(8)　円周角の定理より，$\angle BOC=2\angle BAC=2\times53^\circ=106^\circ$　△OBCはOB＝OCの二等辺三角形だから，$\angle OBC=\angle OCB=\angle x$　よって，$\angle x=(180^\circ-106^\circ)\div2=74^\circ\div2=37^\circ$

重要 ② **(比例関数，1次方程式の利用)**

(1)　70％引き，30％引きはそれぞれ，$1-\frac{70}{100}$，$1-\frac{30}{100}$で表されるので，$y=x\times\left(1-\frac{70}{100}\right)\times\left(1-\frac{30}{100}\right)=x\times\frac{3}{10}\times\frac{7}{10}=\frac{21}{100}x$

(2)　80％引きは$1-\frac{80}{100}$で表されるので，B店で定価x円の商品を買うと，$y=x\times\left(1-\frac{80}{100}\right)=\frac{20}{100}x$(円)となる。(1)より，B店で購入した方が安くなる。

(3)　$y=\frac{21}{100}x$に$y=2520$を代入すると，$2520=\frac{21}{100}x$　$x=12000$　$y=\frac{20}{100}x$に$x=12000$を代入すると，$y=\frac{20}{100}\times12000=2400$(円)

やや難 ③ **(三角形の面積)**

(1)　△AEH，△BFE，△CGF，△DHG，△AEF，△EBH，△BFG，△FCE，△CGH，△GDF，△DHE，△HAGの12個。

(2)　△AED，△EBC，△BFA，△FCD，△CGB，△GDA，△DHC，△HAB，△AEC，△AEG，△EBG，△EBD，△BFD，△BFH，△FCH，△FCA，△CGA，△CGE，△GDE，△GDB，△DHB，△DHF，△HAF，△HAC，△EFH，△FGE，△GHF，△HEGの28個。

(3)　△AFG，△BGH，△CHE，△DEFの4個。

④ **(三角柱・四角柱の体積，長さの計量，相似)**

(1)　$\frac{1}{2}\times5\times5\times5=\frac{125}{2}$(cm³)

基本　(2)　水の深さを$h$cmとすると，$\frac{1}{2}\times5\times5\times h=25$　$h=2$(cm)

重要　(3)　水面と辺AB，AC，DF，DEとの交点をそれぞれ，P，Q，R，Sとする。水の深さを$i$cmとすると，PB＝SE＝i(cm)　△ABCと△APQにおいて，$\angle ABC=\angle APQ=90^\circ$，$\angle BAC=\angle PAQ$より，2組の角がそれぞれ等しいので，△ABC∽△APQ　△ABCはBC＝ABの直角二等辺三角形なので，△APQもPQ＝AP＝$5-i$(cm)の直角二等辺三角形である。水の入っている部分を四角形PBCQを底面とすると，高さがBE＝5(cm)の四角柱と見ることができる。よって，$\frac{1}{2}\times(5-i+5)\times i\times5=25$　$i(10-i)=10$　$10i-i^2=10$　$i^2-10i+10=0$

$i=\frac{-(-10)\pm\sqrt{(-10)^2-4\times1\times10}}{2\times1}=\frac{10\pm\sqrt{100-40}}{2}=\frac{10\pm\sqrt{60}}{2}=\frac{10\pm2\sqrt{15}}{2}=5\pm\sqrt{15}$

$0<i<5$より，$i=5-\sqrt{15}$(cm)

⑤ **(2次関数，交点の座標，図形と関数・グラフの融合問題)**

(1)　$y=ax^2$にP(2，2)を代入して，$2=a\times2^2$　$2=4a$　$a=\frac{1}{2}$

基本　(2)　直線APの傾きは，$\frac{2-4}{2-0}=-\frac{2}{2}=-1$　よって，直線APの式は$y=-x+4$　$y=\frac{1}{2}x^2$と$y=-x+4$を連立方程式として解くと，$\frac{1}{2}x^2=-x+4$　$x^2=-2x+8$　$x^2+2x-8=0$　$(x+4)(x-2)=0$　$x=-4$，2　$x<0$より，$x=-4$　$y=-x+4$に$x=-4$を代入すると，$y=-(-4)+4=4+4=8$　したがって，R(－4，8)

重要　(3)　四角形OPAQは正方形なので，三角形OPA≡三角形OQA　よって，正方形OPAQ＝2三角形OPA＝$2\times\frac{1}{2}\times4\times2=8$　また，点Qはy軸に対して点Pと対称なので，Q(－2，2)　直線AQの傾きは，$\frac{4-2}{0-(-2)}=\frac{2}{2}=1$だから，直線AQの直線の式は$y=x+4$　直線ORの傾きは，$\frac{0-8}{0-(-4)}=-\frac{8}{4}=-2$だから，直線OQの式は$y=-2x$　$y=x+4$と$y=-2x$を連立方程式とし

て解くと，$x+4=-2x$　$3x=-4$　$x=-\frac{4}{3}$　$y=-2x$に$x=-\frac{4}{3}$を代入すると，$y=-2\times\left(-\frac{4}{3}\right)=\frac{8}{3}$　よって，$\mathrm{S}\left(-\frac{4}{3},\ \frac{8}{3}\right)$　点Qを通りx軸に平行な直線と点Sを通りy軸に平行な直線の交点をHとすると，$\mathrm{H}\left(-\frac{4}{3},\ 2\right)$なので，$\mathrm{QH}=-\frac{4}{3}-(-2)=\frac{2}{3}$，$\mathrm{SH}=\frac{8}{3}-2=\frac{2}{3}$　三角形SQHは$\mathrm{QH}=\mathrm{SH}=\frac{2}{3}$の直角二等辺三角形となるから，$\mathrm{QH}:\mathrm{SH}:\mathrm{QS}=1:1:\sqrt{2}$より，$\mathrm{QS}=\frac{2}{3}\sqrt{2}$　また，点Rからy軸に下した垂線とy軸の交点をIとすると，I(0, 8)なので，$\mathrm{AI}=8-4=4$，$\mathrm{RI}=0-(-4)=4$　三角形RAIは$\mathrm{AI}=\mathrm{RI}=4$の直角二等辺三角形となるから，$\mathrm{AI}:\mathrm{RI}:\mathrm{RA}=1:1:\sqrt{2}$より，$\mathrm{RA}=4\sqrt{2}$　$\mathrm{QS}\perp\mathrm{RA}$より，三角形$\mathrm{QRS}=\frac{1}{2}\times\frac{2}{3}\sqrt{2}\times4\sqrt{2}=\frac{8}{3}$　したがって，$\frac{8}{3}\div8=\frac{1}{3}$(倍)

★ワンポイントアドバイス★

基本的問題が大半を占めているため，教科書レベルの問題を確実に解けるようにしておくことで合格に近づくだろう。

＜英語解答＞

[1] [選択問題]　サミッティアコースとグローバルコース

Part 1　No. 1　①　No. 2　③　No. 3　③　No. 4　④　No. 5　②

Part 2　No. 1　②　No. 2　②　No. 3　①　No. 4　③　No. 5　③

[2] [選択問題]　アカデミアコース

(1)　(ア)　①　(イ)　②　(ウ)　③　(2)　(ア)　①　(イ)　①

(3)　(ア)　1　②　2　①　3　④　4　③　(イ)　②，⑤

[3] (1)　③　(2)　④　(3)　③　(4)　①

[4] (1)　①　(2)　④　(3)　④　(4)　②

[5] (1)　②　(2)　stop wearing masks　(3)　follow　(4)　③　(5)　①

(6)　a part of their faces　(7)　masks so much that they are afraid of

(8)　1　就職[仕事]　2　面接[インタビュー]　3　外さな[取らな]かったこと

(9)　②，④　(10)　1　×　2　○　3　○　4　×　5　×

[6] (1)　絵馬　(2)　こたつ　(3)　七夕

[7] (1)　named after　(2)　felt like　(3)　Shall[Should] I　(4)　evacuation drill

[8] (1)　I'm sure that it will help many people(.)　(2)　Ken apologized to one of his friends for(the trouble.)　(3)　Shin Gozilla may be the second most popular movie(.)　(4)　This building can't be seen from my house(.)

○推定配点○

サミッティアコース

[1]　各2点×10　[3]　各3点×4　[4]　各3点×4

[5]　(2)・(3)・(6)・(7)　各2点×4　　(8)　各3点×3　　他　各1点×9
[6]　各2点×3　　[7]　各3点×4　　[8]　各3点×4　　　計100点

グローバルコース
[1]　各4点×10　　[3]　各4点×4　　[4]　各4点×4
[5]　(2)・(3)・(6)〜(9)　各4点×8　　他　各2点×8
[6]　各4点×3　　[7]　各6点×4　　[8]　各6点×4　　　計100点

アカデミアコース
[2]　各2点×10　　[3]　各3点×4　　[4]　各3点×4
[5]　(2)・(3)・(6)・(7)　各2点×4　　(8)　各3点×3　　他　各1点×9
[6]　各2点×3　　[7]　各3点×4　　[8]　各3点×4　　　計100点

＜英語解説＞

[1]　リスニング問題解説省略。

[2]　**(単語の発音，アクセント，会話文，助動詞，現在完了，不定詞，関係代名詞，間接疑問文，進行形，分詞，比較，接続詞)**

基本　(1)　(ア)　food [uː] と同じ発音は，①　soon。あとはすべて [u]。　(イ)　family [æ] と同じ発音は，②　language。①　famous [ei]　③　around [ə]　④　change [ei]
(ウ)　wanted [id]と同じ発音は，③　needed。①　opened [d]　②　talked [t]
④　watched [t]

基本　(2)　(ア)　①のみ第2音節にアクセントがある。他は第1音節にアクセントがある。　(イ)　①のみ第1音節にアクセントがある。他は第2音節にアクセントがある。

(3)　ジェーン(以下J)：もしもし。こちらはジェーンです。カイトと話せますか。／カイト(以下K)：僕です。ジェーン，元気ですか。／J：元気です，ありがとう。私が電話をかけた理由は，明日の私の兄の誕生日パーティーに，あなたを招待するためです。来られますか。／K：それは良いですね。是非，行きたいです。彼にプレゼントを渡したいです。何か良い考えはありますか。／J：そうですね…彼は新しいスニーカーを欲しがっています。／K：わかりました。彼に良いスニーカーをあげましょう。／J：良いですね。私は彼に誕生日のケーキを作り，18本のローソクを置こうと思っています。／K：パーティーが成功するといいですね。／J：そうですね。ところで，カイト，授業は順調ですか。／K：ほぼ全ての授業は順調ですが，英語は私にとっては本当に難しいです。次のテストが不安です。／J：心配しないでください。望むのならば，私が手助けしますよ。／K：ありがとう。私の英語の授業を理解するために，熱心に勉強しようと思います。あなたのお兄さんのマイクは来年大学へ行くのですか。／J：ええ。彼は法律を勉強しようとしています。彼は法律家になりたいのです。日本では多くの学生が大学へ行きますか。／K：はい，行きます。最近では，ますます多くの学生が大学へ進学します。／J：望む大学に入学するのは簡単ですか。／K：いいえ，簡単ではありません。大学へ入るためには，難しい試験に合格しなければなりません。それを“受験地獄”と呼んでいます。／J：アメリカでは，非常に一生懸命勉強しないと，卒業できなくて，卒業する前に，多くの学生が大学を退学します。／K：え，本当ですか。学生はいかなる国でも常に，懸命に勉強しなければなりませんね。ともかく，明日あなたたちに会うのを楽しみにしています。電話をしてくれて，ありがとう。／J：じゃあ，明日。あなたのホストファミリーによろしく伝えてください。／K：もちろん，そうします。さようなら。

基本 (ア) 1. カイトはジェーンの兄の誕生日パーティーに誘われて，That sounds great! I'd love to. と答えている。正解は，「カイトは②パーティーに参加する」。I'd love to.「喜んで。ぜひ，そうしたい」 ①「誕生日ケーキを作る」ケーキを作るのは，ジェーン。 ③「彼のホストファミリーを招待する」 ④「何本かのローソクを買う」
2. カイト：I want to give him a present. Do you have any good ideas?／ジェーン：He has wanted a new pair of sneakers.／カイト：Good! I'll get him nice sneakers. 正解は，「マイクはパーティーで①1組のスニーカーを手にする」。has wanted ← <have[has]＋過去分詞>現在完了(完了・結果・継続・経験) ②「『誕生日おめでとう』と言う」 ③「ケーキに18本のローソクを置く」ジェーンがローソクを置くと述べている。④「ジェーンの宿題を手伝う」<help ＋人＋ with ＋もの>「人をもので手伝う」
3. ジェーンは Is it easy to enter any university you want? と尋ねている。正解は，「ジェーンは日本で大学に入ることが④いかに大変か知らなかった」。<It is ＋形容詞＋不定詞[to ＋原形]>「～[不定詞]することが…[形容詞]である」any university you want「あなたが望むいかなる大学」←<先行詞(＋目的格の関係代名詞)＋主語＋動詞>「主語が動詞する先行詞」目的格の関係代名詞の省略 ①「ジェーンは日本の大学に入ることがなぜ必要か知らなかった」Jane didn't know why it is necessary ～. ← 疑問文(Why is it necessary?)が他の文に組み込まれると<疑問詞＋主語＋動詞>の語順になる。 ②「ジェーンはなぜ彼らが日本の大学に入りたいか知らなかった」Jane didn't know why they want to enter ～. ← 疑問文(Why do they want to enter ～ ?)が他の文に組み込まれると<疑問詞＋主語＋動詞>の語順になる。 ③「ジェーンは日本の大学の入り方を知らなかった」<how ＋不定詞[to ＋原形]>「～の仕方」
4. ジェーンとカイトは，誕生日パーティーと勉強や日米の大学のことを話題にしていることから，考える。正解は，「ジェーンとカイトは③誕生日パーティーと他のことを話している」。are talking ← <be動詞＋現在分詞[原形＋ -ing]>進行形 ①「彼らのホストファミリーと試験」ホストファミリーと暮らしているのは，カイトのみ。 ②「学校生活とホストファミリー」ホストファミリーのことは話題の中心ではない。 ④「買い物と料理」

重要 (イ) ①「ジェーンはカイトに彼女自身の誕生日パーティーに来るように尋ねている」(×) ジェーンは，my brother's birthday party と述べているので，不可。is asking ← <be動詞＋現在分詞>進行形 the reason I called「私が電話をかけた理由」← <the reason (why)＋主語＋動詞>「主語が動詞する理由」 ②「カイトは招待を受け入れたい」(○) ジェーンの「彼女の兄の誕生日パーティーに来られるか」という問いに対して，カイトは，That sounds great! I'd love to. と答えている。<would like ＋不定詞[to ＋原形]>「～したいと思う」 ③「カイトとジェーンは1組のスニーカーをマイクに購入するだろう」(×) カイトのみが，I'll get him nice sneakers. と述べていて，ジェーンが一緒に購入するということは記されていない。 ④「マイクは法律家になるために日本の大学へ進学する」(×) 日本の大学に進む，とは述べられていない。 ⑤「日本では，大学へ行く学生の数が増えている」(○) More and more students go to university(in Japan)these days. と述べられている。students going to university ← <名詞＋現在分詞[原形＋ -ing]＋他の語句>「～している名詞」現在分詞の形容詞的用法 is getting larger ← 進行形<be動詞＋現在分詞>／larger ← large「大きい」の比較級 more and more「ますます多くの」← <比較級＋ and ＋比較級>「ますます」 ⑥「アメリカでは，もし非常に熱心に勉強しても，多くの大学生が大学を退学する」(×) In America, you can't graduate if you don't study very hard, and many students leave university before they graduate. と述べられている。if「もし～ならば，たとえ～だとしても」

3 **(長文読解問題・メール：内容吟味，要旨把握，接続詞，動名詞，現在完了)**

（大意） 差出：ベン・スミス／宛先：ABCペットショップ／日付：2022年11月20日17時49分／話題：犬の訓練／親愛なるABCペットショップ，／私の姉のリリーは3年前に美術を勉強するために，パリへ引っ越しました。彼女は彼女の犬のマックスを連れていくことができず，私に彼の世話を依頼しました。私はマックスが大好きですが，時には，彼は行儀が悪いことがあります。夕食時には，私達の食べ物を食べようとします。彼は私の好きな椅子や時には私の両親のベッドでさえ寝ることがあります。それを見ると，彼らは怒ります。おそらく，マックスは悪いことをしているという自覚がありません。どうやって良い犬になるように彼をしつけたら良いでしょうか。／敬具，ベン・スミス

差出：ABCペットショップ／宛先：ベン・スミス／日付：2022年11月21日10時8分／話題：あなたの質問／親愛なるベン，／電子メールをありがとうございます。新しいことを学ぶのに時間がかかる犬がいます。悪いことをするのを止めるのに，マックスは時間がかかるでしょう。もしマックスが良いことをしたら，彼に優しく接してください。夕食を食べ始める前に，マックスを別の部屋に連れて行きましょう。そこにとどまるように言って，『良い犬だね』と声をかけましょう。もし戻ってきたら，彼を連れ戻し，そこにとどまるように言ってください。これを何度も繰り返さなければなりません。皆さんの食事が終わったら，マックスのところへ行き，『良い犬だね』と言いましょう。そして，彼にごほうびをあげてください。マックスが椅子やベッドに座ったら，直ちに降りて，床に横になるように言ってください。横になったら，『良い犬だね』と言いましょう。おそらく時間がかかるかもしれませんが，マックスは学習するでしょう。このことが役に立つことを願っています。／敬具，ABCペットショップ／エラ・キム

基本 (1) 「誰がマックスをベンに与えたか」My sister Lilly moved to Paris to learn art three years ago. She couldn't take her dog Max, so she asked me to take care of me. とベンが述べていることから考える。正解は，③「ベンの姉」。～，so …「～である，だから[それで]…」 take care of「～の世話をする」 ①「ベンの両親」 ②「ベンの兄[弟]」 ④「パリの友人」

基本 (2) 「なぜベンの両親は時々怒るのか」Sometimes, he even sleeps on my parents' bed. They got angry when they see that. とあることから考える。正解は，④「マックスは彼らのベッドで寝るので」。 ①「マックスは時々彼のえさを食べないので」 ②「マックスは彼らと一緒に，彼のえさを食べるので」 ③「マックスは彼らの椅子の上で眠るから」

重要 (3) 「夕食時に，ベンは何をするべきか」Before you start eating dinner, take Max to a different room. とある。正解は，③「マックスを別の部屋に置く」。start eating「食べ始める」← 動名詞<原形＋ -ing>「～すること」 ①「マックスにベッドにとどまるように言う」 ②「『良い犬だね』と言い続ける」keep -ing「～し続ける」 ④「マックスと椅子に座る」

基本 (4) 「次のどれが真実か」正解は，①「エラ・キムはABCショップの店員の一員である」。差出がABCペットショップのメールの最後に，Ella Kim の名前が添えられている。 ②「マックスは常に悪い犬なので，ベンは彼のことが好きでない」I love Max, but sometimes he's a bad dog. とベンは述べているので，不一致。 ③「マックスは年を取っているので，彼は学ぶのが遅い」マックスが学ぶのが遅い原因として，年を取っていることが述べられていない。 ④「リリーはエラ・キムのことを3年間知っている」記述なし。has known ← <have

[has]＋過去分詞＞現在完了(完了・結果・経験・継続)

4 (長文読解問題：資料読解・会話文問題：語句補充・選択，要旨把握，関係代名詞，助動詞，接続詞，受動態，比較，前置詞，不定詞)

(大意)

レッド・ノース・スイミング・プールでウォーターバスケットボールをしよう！

なぜウォーターバスケットボールをするべきなのか？

ウォーターバスケットボールは非常に面白い。今，行って歴史を作ろう。

ウォーターバスケットボールはするのが難しいか？

否。ボールと共に泳ぎ，パスをして，輪に投げ入れるだけ。ルールも単純。だから，試合を通じて学べる。

誰がウォーターバスケットボールをするのか？

老若男女 — 誰でもこのスポーツはできる。

持ち物は？

水着だけ持参してください。ボールと輪は使用するのに準備済み。

試合をするのに何名のプレイヤーが必要か？

各チーム3人以上の選手が必要。費用は各チーム3ドル。

練習時間

月	火	水	木	金	土
×	午後5時～ 午後7時	×	午後6時～ 午後8時	午後5時～ 午後7時	午前9時～ 午前11時

日曜日は試合！！

ボビー(以下B)：昨日，あなたを体育館で見かけました。あなたはとても上手にバスケットボールをしていました。／アキオ(以下A)：ありがとう。中学生だった時に，私はバスケットボールをしていました。／B：アキオ，あなたは“ウォーターバスケットボール”を聞いたことがありますか。／A：ウォーターバスケットボール？　それって，何ですか。／B：それはバスケットボールのようですが，水泳プールで行われます。簡単です。泳いで，輪の中にボールを投げ入れようと試みるのです。やってみるべきですよ。／A：もちろんです，それで，持参するものはありますか。／B：はい。$_a$①水着だけが必要です。インターネットで安く入手できますよ。／A：わかりました，面白そうですね。あなたはウォーターバスケットボールをするのですか。／B：はい。私の兄[弟]と私は，先月以来，練習して，ウォーターバスケットボールを行っています。とても面白いですよ。特に年配の人達と練習をするのが好きです。彼らはとても上手です。／A：試合はしますか。／B：はい。でも，チームは私の兄[弟]と私だけです。だから，試合に出るには，$_b$④もう1人の選手が必要です。よって，あなたは私達のウォーターバスケットボールのチームに参加したいですか。／A：実は，私は月曜日と火曜日の夜に，ピアノを習っているのです。／B：平気ですよ。ここに練習スケジュールがあります。／A：あっ！　私は土曜日の午前に，英語学校にも通っています。／B：それなら，あなたは$_c$④木曜日と金曜日に練習に参加できますね。

重要 (1)　is there anything I should bring? の応答文を完成させる問題なので，チラシの What do you need to bring? の箇所を確認すること。Just bring swimwear!　Balls and hoops are ready to use. と記されている。正解は，①「水着だけが必要だ。インター

ネットで安く入手できる」。Is there anything I should bring? ← 目的格の関係代名詞の省略／should「~すべきである，するはずだ」 ②「水着にはお金を払う必要がないので，私達はプールに数個のボールのみを持って行く」<have ＋不定詞[to ＋原形]>の否定形「~する必要がない」 ③「私達は数個のボールと水着を水泳プールへ持って行く」 ④「ウォーターバスケットボールには必要ないので，ボールを持って行く必要はない」ウォーターバスケットボールにはボールは使用される。

基本 (2) アキオ：「試合をしますか」／ボビー：「はい。でも，チームは私の兄[弟]と私だけです。だから，試合に出るには，(b)が必要です」チラシの How many players are needed to play a game? の項目には，Each team needs three or more players. と書かれてあり，チームは最低3名から構成される，ということがわかる。正解は，④「もう1名の選手」。are needed「必要とされる」← <be動詞＋過去分詞>受動態 more「もっと多く(の)」← many／much の比較級

やや難 (3) アキオの練習に参加できる日を答える問題。アキオは月曜日と火曜日の夜にピアノの練習があり，土曜日の午前中に英語学校に通っている。あとは，チラシの Practice Time を参照のこと。アキオが練習に参加できるのは，④「木曜日と金曜日」。<on ＋曜日> ①「木曜日，金曜日，そして，土曜日」 ②「火曜日，木曜日，そして，土曜日」 ③「火曜日と金曜日」

やや難 (4) 「チラシと彼らの話によると，以下のどれが真実か」according to「~によると」①「ウォーターバスケットボールは年を取った人々がするには激しすぎる」(×) チラシの Who plays Water Basketball? の項目には，Young and old, men and women - anyone can play this sport. とある。<too… for ＋ S ＋不定詞[to ＋原形]>「Sが~[不定詞]するには…しすぎる」 ②「ウォーターバスケットボールの試合は，日曜毎《ごと》に開催される」(○) チラシの最後に，GAMES on SUNDAYS !! とある。are held ← 受動態<be動詞＋過去分詞>「~される，されている」 ③「スイミングバスケットボールの試合には，お金を払う必要がない」(×) チラシには，The cost is $3 for each team. とある。 ④「試合を通じて，ウォーターバスケットボールの歴史を学ぶことができる」(×) Make history by playing now. とは書かれているが，選択肢の内容に関する言及はなし。

5 **(長文読解問題・論説文・資料読解，語句解釈，語句補充・選択，指示語，語句整序，要旨把握，動名詞，助動詞，関係代名詞，接続詞，現在完了，前置詞，比較)**

(大意) マスクを身につけることが，過去2年半の間，新しい生活様式として，自然なものとなった。だが，新型コロナ感染症が終結した後でさえ，マスクを着用し続けるべきだろうか。

2022年のある(a)調査によると，日本人のわずか14%のみが，マスクの着用を止めたいと考えている。そのような小集団の人々にとってでさえ，日本で(b)そうすることは難しいかもしれない。(c)多くの他者がすることに従うという社会的圧力が存在するからである。d③他方で，外国では，より多くの人々がマスクを着用するか，否かを自分で決定することが可能となっている。新型コロナウイルス感染症が以前よりも危険でないからである。22%の日本人は，日常生活で常にマスクを身につけるべきだと考えている。彼らの中には，この簡単な生活様式を好む者もいる。つまり，e①朝，顔の手入れをする必要がないのである。マスクを身につけた方が見栄えが良い，とさえ考える人々もいる。(f)それが見えない方が，顔の一部がより美しい，と彼らは考えている。だが，(g)マスクにあまりにも依存してきたので，自分の顔を他者にさらすのを恐れている人々もいる。

マスクを取っても，何も悪いことは起こらない，ということを自覚するべきである。また，同じであろうとするだけではなく，少数者の意見に耳を傾けることも重要である。

基本 (1) 2022年の調査に関しては，only 14% of Japanese want to stop wearing masks.／

22% of Japanese people think that they should always wear a mask in everyday life. と書かれているので，この記述に一致するグラフを選ぶこと。stop wearing masks「マスクを着用することを止める」← <stop ＋動名詞[原形＋ -ing]> 「～することを止める」 should「～すべきである，のはずだ」

基本 (2) 「2022年のある調査によると，日本人のわずか14%のみが，マスクの着用を止めたいと考えている。そのような小集団の人々にとってでさえ，日本で(b)そうすることは難しいかもしれない」以上の文脈からすると，「そうすること」[do so]とは，「マスクの着用を止める」[stop wearing masks]を指すことがわかる。

や難 (3) 同調圧力とは，少数意見を持つ人が暗黙のうちに多数意見に合わせるように強制される圧力のことである。したがって，答えは，a big society pressure to follow the things many others do となる。the things many others do「多くの他者がすること」← <先行詞(＋目的格の関係代名詞)＋主語＋動詞> 「主語が動詞する先行詞」目的格の関係代名詞の省略

重要 (4) 空所dの前では，日本人のこと，後では，外国人のことが述べられていることから，考えること。正解は，③ On the other hand「他方では」。 ① For example「たとえば」 ② So「それで，したがって」 ④ Moreover「さらに，そのうえ」

や難 (5) <A；B>においては，BにはAの具体例だったり，あるいは，詳細な説明だったりが来ることが多い。したがって，セミコロン[；]前の Some of them like this easy way of life;「彼らの中には以下のような簡潔な生活様式を好む者がいる」(them＝常にマスクを着用すべきだと考える人)の好例(マスクを着用することで，簡潔化される例)となるものを選択すること。正解は，①「朝，顔を手入れする必要がない」。<have ＋不定詞[to ＋原形]>の否定形「～する必要がない」 ②「髪を整える必要がない」 ③「職場まで多くの人々と電車に乗る必要がない」 ④「昼食の間に静かにしている必要がない」

や難 (6) 代名詞 it が何を指すかを指摘する問題。前文の Some people even think that they look better with masks. と併せて，考えると良い。「マスクをしている方が見栄えが良い，と考える人さえ存在する」ということは，「顔の一部が隠されているから，良く見えると考える人がいる」ということで，見えない箇所がより美化されて感じられるということである。したがって，(f)it が指すのは，a part of their faces となる。

重要 (7) (However, others have depended on) masks so much that they are afraid of (showing their faces to others.) have depended on「～に依存してきた」← <have ＋過去分詞>現在完了(完了・経験・継続・結果) so ～ that …「とても～なので…」<be動詞 ＋ afraid of ＋ 動名詞>「～することを怖いと思う」

基本 (8) 下線部を含む文は「(h)これは行き過ぎである」の意。 (h) 「これ」[this]は前文を指す。take off「脱ぐ，外す」

重要 (9) ①「私達は250日間新しい生活様式で暮らしてきた」(×) Wearing a mask has been a natural thing over the past two and a half years as a "new lifestyle." とあるので，不可。have[has]been ← 現在完了(完了・継続・結果・経験) wearing a mask「マスクを着用すること」← 動名詞<原形＋ -ing>「～すること」 ②「外国ではより多くの人々が，マスクを着用することに関して，自分自身の決定を下している」(○) more and more people in foreign countries can decide on their own to wear a mask or not に一致。their own decisions ← <one's own ＋名詞>「～自身の名詞」about wearing masks ← <前置詞＋動名詞[原形 ＋ -ing]> on one's own「単独で，独力で，ひとりぼっちで」 ③「新型コロナウイルス感染症はそれほど危険でない，ということを私達はみんな理

解すべきである」(×)　記述なし。should「~すべきである，のはずだ」 ④「マスクが未だに必要だと考える日本人の中には，自分らの顔が他者に対して，十分に良くない，と考える人がいる」(○)　others have depended on masks so much that they are afraid of showing their faces to others. に一致。some Japanese people who still need masks ←主格の関係代名詞 who　⑤「周囲の他者に尋ねて，より安全な生活様式を選択することは重要だ」(×)　記述なし。safer ← safe「安全な」の比較級

(10)（ア）「当初，日本の割合は他のいかなる国のそれよりも高かった」(×)　香港の方が割合は高いので，不可。higher ← high「高い」の比較級　（イ）「英国のおよそ3人に1人は2022年の4月にはマスクを着用することを選んだ」(○)　グラフによると，2022年4月時点で，イギリス人の35％位の人が，公共の場でマスクを着用すると回答しているので，一致している。（ウ）「割合は時には上下動したが，アジアの国々の多くの人々がマスクを着用し続けていた」(○)　日本，タイ，香港の数値がほぼ高率を保ったまま推移している。kept wearing masks ← keep -ing「~し続ける」　（エ）「ヨーロッパの人々の50％以上は，決してマスクを身に着けなかった」(×)　フランス，デンマーク，イギリスでは，着用率が50％を超えたことはあるので，不一致。more than「~以上」　（オ）「タイの割合は，上のあらゆる国の全ての期間で，最も変動した」(×)　デンマークの変動率の方が大きいので，不一致。most「最も(多くの)」← many／much の最上級

やや難 [6] **(語彙・単語，受動態)**

(1)「絵が描かれた木製の板。神社や寺で何かに感謝したり，祈ったりする際に，使われる」is used ← <be動詞＋過去分詞>受動態「~される」

(2)「日本のレッグウォーマー。ヒーターが下についている低い机で，ふとんで覆われている」<be動詞＋ covered with>「~で覆われている」

(3)「夏に実施される。紙片に人々は願いを書いて，竹にそれらを吊り下げる」is held ← <be動詞＋過去分詞>受動態「~される」

やや難 [7] **(文法・作文・語句補充・記述，語彙・熟語・慣用句，動名詞，助動詞)**

(1) name after「~にちなんで名付ける」　(2) feel like -ing「~したい気がする」

(3) Shall ~？「~しましょうか」(4)「避難訓練」evacuation drill

重要 [8] **(語句整序，助動詞，比較，受動態)**

(1) I'm sure that it will help many people(.)　<I'm sure that ＋主語＋動詞>「~ということを確信している」

(2) Ken apologized to one of his friends for(the trouble.)　<apologize to ＋人＋ for ＋もの>「人にものごとをあやまる，おわびする」

(3) Shin Gozilla may be the second most popular movie(.)　may「~かもしれない，してもよい」<the ＋序数＋最上級>「~番目に最も…」

(4) This building can't be seen from my house(.)　助動詞の付いた文の受動態<助動詞＋be過去分詞>

★ワンポイントアドバイス★

[5](7)と[8]の整序問題を取り上げる。完成文の日本語訳がある場合は参考になるが，訳がない場合があるので，注意が必要だ。ひとまとめにできるものから着手して，徐々に雪だるま式にかたまりを大きくして，完成文に近づけていこう。

＜理科解答＞

[1] 問1 (1) [1] ①　(2) [2] H_2　問2 [3] ①，③　問3 [4] ②　[5] ⑥
問4 (1) [6] ③，⑥　(2) [7] ①　[8] ③　[9] ③
[2] 問1 (1) [1] 4.8W　(2) [2] ①　(3) [3] ④　問2 (1) [4] ⑧
(2) [5] ④　(3) [6] ④
[3] 問1 (1) [1] ③　[2] ②　[3] ④　[4] ④　(2) [5] ②　(3) [6] ③，⑤
問2 (1) [7] ②　(2) [8] ②　(3) [9] ④　(4) [10] 10個
[4] 問1 (1) [1] ①　(2) [2] ①　(3) [3] ④　問2 (1) [4] 示準化石
(2) [5] 鍵層　(3) [6] ①　(4) [7] ④

○推定配点○
[1] 問1(1)・(2)，問4(1)　各2点×3　他　各3点×3
[2] 問1(2)・(3)，問2(1)　各2点×3　他　各3点×3
[3] 問1(2)・(3)，問2(3)　各2点×3　問2(4)　3点　他　各1点×6
[4] 問2(4)　3点　他　各2点×6　計60点

＜理科解説＞

[1] **(化学変化と質量—化学変化と質量変化)**

基本 問1 (1) 熱した銅線は酸化銅(CuO)になっており，これと水素が反応して銅と水ができる。化学反応式で表すと，$CuO+H_2 \rightarrow Cu+H_2O$となる。モデルは①が正しい。 (2) 水素は酸素を受け取って酸化され，水にかわる。

問2 食用油が水に浮くのは，密度が水より小さいからである。上皿てんびんは，てんびんの振れが左右で等しい幅になればつりあっている。

重要 問3 20℃の水50gに溶ける食塩は18gなので，飽和食塩水の質量パーセント濃度は(18÷68)×100＝26.4≒26(％)になる。

重要 問4 (1) 密度＝質量÷体積より，それぞれの密度を求めると，Pが4.5g/cm^3　Qが2.75g/cm^3　Rが1.4g/cm^3　Sが0.875g/cm^3　Tが1.11g/cm^3　Uが1.4g/cm^{3}になる。密度が等しいものはRとUであり，同じ物質と考えられる。 (2) 図2の目盛りが74.5cm^{3}であり，Rの体積は図1からの増加分の74.5−65＝9.5(cm^3)である。密度が1.4g/cm^{3}なので，質量は1.4×9.5＝13.3(g)になる。

[2] **(時間とその変化—電磁誘導・電力)**

基本 重要 問1 (1) 電力＝電圧×電流より，12×0.4＝4.8(W) (2) フレミングの左手の法則より，磁力が上から下に向かい電流が右から左に流れるので，エナメル線は①の方向に力を受ける。

重要 (3) コイルに磁石を近づけると，磁界の変化を妨げる向きの磁界をつくりだす方向に誘導電流が生じる。図3ではコイルに向かって磁石のN極を近づけるので，コイルの手前側がN極になるように電流が生じる。これと同じ向きの電流が生じるものは④である，コイルの向こう側でN極が遠ざかるので，向こう側がS極になるように(つまりコイルの手前側がN極になるように)電流が生じる。

基本 問2 (1) 地面をけると，地面は足を押し返す。このとき力の大きさは同じで，向きが反対の力を受ける。これを作用反作用の法則という。 (2) 図1，2で，ばねの両側にかかる力は同じである。それで，ばねの伸びも同じ長さになる。 (3) 図3では，それぞれのばねにおもり1個分の重さがかかる。図4でも，それぞれのばねにおもり1個分の重さがかかる。図5では，それぞれのばねにおもり2個分の重さがかかる。よってばねの伸びが最も大きいものは図5である。

3 (植物の体のしくみ—光合成)

重要 問1 (1) Aでは，オオカナダモが光合成をし，二酸化炭素を消費するのでBTB溶液の色は青色に戻る。Bでは，光が当たらないので光合成ができず，呼吸で二酸化炭素が放出されるので水溶液は酸性になりBTB溶液の色は黄色になる。C，Dでは光合成も呼吸も起きないので，緑色のままである。 (2) AとCを比較すると，ともに光が当たっているがオオカナダモの有無により色の変化が異なるので，光合成のはたらきによって色が変化することが確かめられる。 (3) 光合成が行われず呼吸は行われるので，二酸化炭素が増加し水溶液が酸性になる。

問2 (1) レンズの取り付けは上側の接眼レンズを先に取り付ける。最初は低倍率にして，広い視野で目的物を探し，その後プレパラートを移動させ目的物を中心に持ってきて，高倍率にして
基本 観察する。 (2) 顕微鏡の視野の中心に観察物を移動させたいときは，移動させたい側と反対方向にプレパラートを動かす。図では目的物を左上に移動させたいので，右下にプレパラートを動かす。 (3) レンズの倍率を大きくすると，見える範囲は狭くなり，視野は暗くなる。

(4) 倍率が4倍になると，視野の広さは16分の1になる。それで，160個の点のうち見えるのは160÷16＝10(個)である。

4 (天気の変化—寒気と暖気・低気圧)

重要 問1 (1) 温帯にできる低気圧は，東側に温暖前線，西側に寒冷前線を伴うことが多い。 (2) 暖気は寒気より軽いので，寒気の上にはい上がるように進む。そのため，広い範囲でしとしとと雨が降る。寒冷前線付近では，寒気が暖気の下側にもぐりこみ積乱雲ができ，狭い範囲に短時間激しい雨を降らす。寒冷前線が温暖前線に追いつくと閉そく前線ができる。 (3) 線状降水帯の発生場所を予測することは難しく，急に激しい雨が降り出して大きな被害が出ることがある。

問2 (1) 地層ができた年代を知る手掛かりになる化石を示準化石という。地層ができた当時の環境を知る手掛かりになる化石を示相化石という。 (2) 火山灰層のように，同時期に形成された地層を知る手がかりになる地層を鍵層という。 (3) アンモナイトは中生代の代表的な化
重要 石である。中生代は2億5000万年から6500万年前までの地層である。 (4) (い)～(え)の地層ができた後に断層が生じ，その後土地が隆起して陸地になった。そのとき，不整合面ができ，その後再び沈降して海となり，堆積によってA層ができた。

★ワンポイントアドバイス★

全分野において，総合問題の形で出題されている。理科全般の幅広い知識が求められる問題である。マークシート方式の解答に慣れることも大切である。

<社会解答>

1 問1 ア 足利義満 イ 徳川家光 問2 ③ 問3 A 摂政 B 関白
問4 ④ 問5 ② 問6 ④ 問7 (朝鮮)通信使 問8 ③，④ 問9 ①

2 問1 ③ 問2 ③ 問3 ⑥ 問4 ④ 問5 ②

3 問1 政令指定都市 問2 ④ 問3 ハブ空港 問4 ① 問5 ④

4　問1　②　　問2　④　　問3　④　　問4　⑤　　問5　①
5　問1　③　　問2　③　　問3　(1)　①　　(2)　多国籍企業　　問4　③
○配点○
1　問6・問9　各1点×2　　他　各2点×9(問8完答)　　2～5　各2点×20　　計60点

＜社会解説＞

1　(日本と世界の歴史―政治・外交史，社会・経済史，文化史，日本史と世界史の関連)

問1　足利義満は，南北朝を統一し，中国の明と交渉し倭寇を禁じる見返りとして日明貿易(勘合貿易)を行った。徳川家光は，参勤交代を制度化した。これは，将軍と大名との主従関係を確認する意味があった。

問2　墾田永年私財法は，743年に聖武天皇によって発布された土地を開墾した分だけ自分の土地にできる法律である。これによって公地公民制が崩壊して，貴族や豪族たちが荘園を作り出し，荘園制が誕生するようになった。

問3　摂関政治は，平安時代中期から行われた藤原北家の人達が摂政や関白に就任して天皇の代わりに政治を行うことを指す。藤原北家は自分の家出身の女性を次々と天皇家に嫁がせて権力を拡大していった。

基本　問4　御成敗式目は，後鳥羽上皇が承久の乱をおこし，幕府軍が朝廷軍に勝利した11年後に出されている。

問5　楽市令は諸特権の保障により自由な商売を認める市場振興政策である。「楽座」は楽市令の対象となった市場に限定して，座による商売の独占を否定し楽市令をより強化する政策である。

問6　日明貿易(勘合貿易)では，主に，日本からは銅・硫黄・刀剣・漆器などが輸出され，明から銅銭や生糸・絹織物などを輸入した。

基本　問7　朝鮮通信使とは，江戸時代の将軍の代替わりの時に訪問してきた李氏朝鮮(国名)の外交使節のことである。

問8　万葉集は国風文化以前のもので，現存する最古の和歌集である。平家物語は鎌倉文化に属する。

問9　①は雪舟の傑作品「秋冬山水図」で室町文化に属する。

2　(地理―世界の地形・気候，人々の生活と環境，諸地域の特色)

問1　①は，**う**のニュージーランド，②は，**い**のオーストラリア，③は，**あ**のインドネシア，④は，**え**のブラジルである。

問2　ヒスパニックの母国語はスペイン語なので，③が誤りとなる。

問3　クスコの気候は，緯度が低いのに対して，標高が3000m以上にもなるため，季節に関係なく最高気温の気温差は小さく，4月～9月の期間だけ最低気温が2度～8度程度に下がるのが特徴である。主にじゃがいもを栽培し，リャマなどを飼育している。

や難　問4　地図Ⅰは，中心からの距離と方位が正しい正距方位図法であるので，2点間の距離は正確ではない。地図Ⅱは，地図上の任意の場所で実際の面積との比が等しくなる正積図法のモルワイデ図法で，正距方位図法と同様に2点間の距離は正確ではない。

問5　くのガーナの首都アクラの経度は，イギリスのロンドンと同じ0度である。秋田県大潟村との経度差は140度となる。15度で1時間の時差があるから，アクラと大潟村の時差は140÷15≒9.3で約9時間である。大潟村が2月10日午前6時だと，アクラはそれより9時間前なので，2月9日午後9時ということになる。

3 (日本の地理―諸地域の特色，交通，産業，その他)

問1 政令指定都市は，日本の大都市制度の1つで，2023年(令和5年)現在，全国に20市が存在する。

問2 京戸川周辺は水田ではなく果樹園が広がっているので，④が誤りとなる。

問3 ハブ空港とは，拠点空港のことで，旅客や貨物を，ある空港に集約することで管理がしやすくなり，利便性が向上するメリットがある。

重要 問4 Ⅰは水力発電，Ⅱは火力発電，Ⅲは原子力発電，Ⅳは太陽光や風力などその他の発電となる。

やや難 問5 日本では雪崩や干害もみられる。台風は津波はひきおこさないので，①は誤り。土石流が流れるのは，川の下流だけでないので，②は誤り。集中豪雨は液状化現象を引き起こすことはないので，③も誤りである。

4 (公民―経済生活，日本経済，その他)

問1 政府は主に直接税である所得税において，累進課税制度を採用している。

問2 直接税は，主に所得税，法人税，相続税などがある。間接税には，主に消費税，酒税，たばこ税，関税などがある。

問3 公的扶助は，国民の健康と生活を最終的に保障する制度として位置づけられている。公的扶助による救済は，貧困・低所得者を対象としていて，最低生活の保障を行う救貧的機能を有している。したがって，④は「労働基準法に基づいて」という部分が誤りとなる。

問4 日本の人口ピラミッドは，Ⅲピラミッド型(1960年)→Ⅰつりがね型(2015年)→Ⅱつぼ型(2060年)と変化している。

問5 国の歳入の割合で1番高いのは公債金である。このことは，財政硬直化の問題等を引き起こしている。

5 (公民―経済生活，日本経済，国際経済，その他)

問1 加工貿易は，海外から原料・材料・半製品を輸入し，これを自国内で加工してできた製品や半製品を，海外へ輸出する貿易形態のことである。グラフを考察すると，加工貿易により1980年代前半から2000年代後半まで貿易黒字であったことが確認できる。

重要 問2 現在の1ドル＝140(円)と2年前の1ドル＝103(円)を比較すると円安ドル高である。このような中では海外旅行は不利にはたらき輸出中心の日本にとっては有利となる。

問3 (1) アはアジア，イは北アメリカ，ウは中南アメリカ，エはヨーロッパである。 (2) 多国籍企業とは，複数の国家にまたがって，製品市場，工場，研究開発(R&D)部門などを持ち，世界的視野で意思決定を行う企業のことである。単なる貿易ではなく，事業そのものの拠点を海外に持つ企業である。

問4 アイヌ民族を先住民として法的に位置づけたのはアイヌ文化振興法(1997年)ではなく，アイヌ施策推進法：別名アイヌ民族支援法(2019年)であるので，③が誤りである。

★ワンポイントアドバイス★

1 問5 織田信長は楽市楽座と関所廃止によって，経済を活性化させようとした。

4 問3 公的扶助は主に生活保護であり社会保障制度の一つとして，社会保険制度と並び国民・住民生活を保障するものである。

＜国語解答＞

一　問一　a　⑤　　b　②　　問二　③　　問三　②　　問四　②　　問五　④
問六　(例)　自分が感じていることの正しい把握が難しく，感情を言葉にできない状態が続くから。　問七　①　　問八　④

二　問一　a　非難[批難]　　b　けんお　　c　おもむき　　d　性急　　e　意表　　問二　①
問三　②　　問四　③　　問五　①　　問六　④　　問七　③　　問八　③

三　問一　1　おわします　　6　よう　　問二　2　②　　7　④　　問三　君を呪詛し
問四　①　　問五　④　　問六　犬　　問七　②　　問八　③

四　1　④　　2　②　　3　①　　4　③　　5　④

○配点○
一　問一　各1点×2　　問六　10点　　他　各3点×6
二　問一・問三　各2点×6　　他　各3点×6　　三　各3点×10　　四　各2点×5
計100点

＜国語解説＞

一　(論説文―大意・要旨，内容吟味，文脈把握，接続語の問題，語句の意味)

問一　a　冒頭の段落の「内なる言葉を育てることが先決」である理由を，前で「1つ目は」と挙げ，後で「2つ目は」と付け加えているので，添加の意味を表す語が入る。　b　「一時的な効果はあるかもしれない」という前に対して，後で「影響を与えるわけではない」と相反する内容を述べているので，逆接の意味を表す語が入る。

やや難　問二　――線1「内なる言葉を育てることが先決である」理由を，「1つ目は」で始まる段落で「扱う言葉の量が飛躍的に増大するから」と述べている。さらに，「[a]，2つ目は」で始まる段落で「頭の中にある漠然としたものが一気に明確になり，深く考える糸口を見つけることができるようになる」と述べ，「さらに」で始まる段落で「この効果は一生続くことになり，意見や思いは時間に比例して成長していく」と説明を加えている。この内容を言い換えている③が最も適当。①は「一生」にわたる効果を述べていない。「コミュニケーション力を」で始まる段落に「限界がある」とあり，この内容に②は適当ではない。④の「より深い意見や思いを成長させることを求めるようになる」とは述べていない。

基本　問三　「源泉」は「げんせん」と読み，物事の生じるもとのこと。直前の文の「自分の根底に流れている価値観や思考」という表現に着目する。

問四　――線3「外に向かう言葉」は，直後の段落にあるように「小手先の技術やスキル」で，最終段落で述べている「内なる言葉」とは対照的なものである。「内なる言葉」について，最終段落で「自分自身の中から湧き出る『内なる言葉』」と説明しており，この説明に②の「気持ちや感情，思いなど，伝えたいことを正確に表現するための言葉」が相当する。他の選択肢は，「小手先の技術やスキル」に相当するので，「外に向かう」言葉の説明として正しい。

問五　「達者」は，物事に慣れていて巧みであること。――線4の「内容がない，考えの浅い」を「内容面では言葉に重みや深みのある話ができない」と言い換えている④を選ぶ。①の「相手のことを考えない」，②の「知識の浅い」，③の「面白くない」ことを言っているわけではない。

問六　――線5の「心の琴線」は，物事に感動したり共鳴したりする心の奥の感情を琴の糸にたとえている。したがって，物事に感動できなくなる理由を述べている部分を探す。直後の段落で

「『かわいい』や『ヤバイ』という言葉を使った時」の例を挙げ，「こうした状態のままでは，いつまでたっても自分が感じていることを正しく把握することは難しく，感情を言葉にできない状態が続いていく」と説明しており，ここから理由を読み取る。

問七　――線6の「傾向」は同じ文の「自分が考えがちなこと」を意味し，「対策」は「もっとこうすべきかもしれない」を意味する。「自分が考えがちなこと」を「考えの傾向」，「もっとこうすべきかもしれない」を「自己の望ましい考え方や行動」と置き換えている①が適当。②や③にあるように，「他人」に起因するものではない。④の「時と場合」については述べていない。

重要　問八　最終段落の内容に④が合う。①は「外に向かう言葉」，③の「内なる言葉の語彙力を認識」の部分が適切ではない。②「伝える動機」に通じる内容は書かれていない。

二　(小説一情景・心情，内容吟味，文脈把握，脱文・脱語補充，漢字の読み書き，語句の意味，ことわざ・慣用句，表現技法)

問一　a　相手の過失を責めること。　b　憎み嫌うこと。　c　風情や味わい。　d　気が短くせっかちな様子。　e　「いひょうをつく」は，予期しないことをすること。

問二　直後の文に「兄弟の人格および暮らしぶりには，依然として疑心暗鬼」とある。「人格および暮らしぶり」に対する心情なので，「人柄や生活について不安に思う」とある①が最も適当。

問三　擬態語は状態や様子をそれらしい言語音で表したもので，満足して笑う様子を表した②の「にんまり」が最も適当。他の選択肢は，それらしい言語音で表したものではない。

問四　前の「でもさあ……ちゃんと抹茶のブレンドされたやつじゃないと，きれいな緑にならないんだよね」と，緑茶に対するこだわりを言い続けている夕美に対する直美の心情である。――線2「つい笑ってしまう」という表現に，③の「ほほえましく思った」が最も適当。①の「譲歩しよう」は，「つい笑ってしまう」という描写に合わない。夕美の様子から，②の「すべてのことにこだわりが強い」や，④の「神経質な妹」とは読み取れない。

基本　問五　②と④は名誉を傷つける，③は怒りを顔に出すという意味を表す。

問六　――線3の「事情」は直美に関するものである。後の「あたしだったら……ドタキャンなんて絶対させない」という夕美の言葉から，直美のボーイフレンドである浩太が今日の花火の約束をキャンセルするために電話をかけてきたとわかる。この内容を述べている④を選ぶ。

問七　直後の段落の「依子は自分を孤独だと思った」と，一つ後の段落の「ドア一枚で隔てられた家の中に，自分が拒絶されているように感じる」という依子の心情に，③が最も適当。②と④の「花火」は，夕食後なのでまだ始まっていない。①の「遅れてきた」ことが，「ひき返そうか」と思った理由ではない。

重要　問八「徹信の部屋は」で始まる段落に「オーディオ機器と鉄道模型に占領されている」とあるが，いろいろなものが入り混じっているという「雑多」な印象を与えるものではない。したがって，③が誤っている。

三　(古文一大意・要旨，文脈把握，脱文・脱語補充，語句の意味，文と文節，仮名遣い，口語訳，文学史)

〈口語訳〉 御堂入道殿が，法成寺を建立なさった時(から)，毎日(法成寺へ)お出かけになられた。そのころ，(入道殿は)白犬をかわいがって，飼っていらっしゃった。(その犬は入道殿の)お供をしてお参りをしていた。

ある日，(入道殿が法成寺の)門をお入りになられると，(白犬が)先に進んで，走り回って，吠えたので，お立ち止まりになって，御覧になると，これといったこともなかったので，そのまま歩み入ろうとなさると，犬は，(入道殿の)直衣の裾をくわえて，引きとどめ申し上げたので，(入道殿は)きっと理由があるにちがいないと，牛車の台を持って来させて，腰掛けられて，すぐに晴明を呼んで，事の次第をお話しになると，(晴明は)しばらく目をつぶって，考える様子で言うには，君をお呪い申し上げる者が，まじないの術をかけたものを道に埋めて，(入道殿に)お越えさせ申し上げようと，たくらんだのです。(入道殿の)御運は，すばらしく，この犬が，吠えて知らせたのです。犬は，もともと不思議な力を持っているものだと(言って晴明は)，その場所を指して，掘らせると，土器を合わせて，黄色の紙をひねったもので，十文字に縛ってあるのを，掘り起こして，開けてみると，入っているものはなくて，朱砂で，一文字が土器に書いてあった。

基本 問一　1　語頭以外のハ行は現代仮名遣いではワ行に直す。　6　歴史的仮名遣いの「やう」は，現代仮名遣いでは「よう」に直す。

問二　2　入道殿の「御先に進」んだのは，入道殿のお供をしていた「白犬」。　7「君を呪詛し奉るもの……もとより小神通のものなり」と言って，「そのところをさして，掘ら」せたのは，「晴明」。

問三　後の晴明の言葉に着目する。「君を呪詛し奉るもの，厭術の物を道に埋みて，越えさせ奉らむと，かまへ侍るなり。」と，白犬が入道殿をひきとどめた理由を明かしている。

問四　後で入道殿は晴明を呼んでいるので，白犬の行動にはきっと理由があるにちがいないと思ったことが読み取れる。ここでの「いかにも」は，たしかに，きっとの意味で用いられている。

問五　「けしき」と読む。「思惟したる」に続いていることからも，④の「様子」の意味だと判断できる。

やや難 問六　直前の文の「この犬，ほえあらはすところなり」を受けて，後で「もとより小神通のものなり」と言っている。

重要 問七　「ある日」で始まる段落の，白犬が「ほえければ」，入道殿は「立ちとまらせ給ひて，御覧ずるに，させることなかりければ」という内容と②が合致する。「晴明を召して」とあるので，「常に晴明を御伴に連れて」とある①は合致しない。「いつもとは違う犬の行動を見て危険を察知し」たのは入道殿なので，③も合致しない。「一文字を土器に書けり」とあるので，「一文字が書かれた紙が入っていた」とある④も合致しない。

問八　『十訓抄』が成立したのは鎌倉時代で，同じ時代に成立したのは③の『方丈記』。

四　(品詞・用法)

1　可能の意味を表す助動詞。①は尊敬，②は自発，③は受身の意味を表す。　2　形容詞。①は形容詞の一部。③は否定の意味を表す助動詞。④は補助形容詞。　3「～と決まって～」という意味を表す。②は「～と同時に」，③は「もし～したら～」，④は「もし～しても～」の意味。

4　接続助詞。①は助動詞，②は格助詞，④は形容動詞の一部。　5「静かだ」という形容動詞の連体形「静かな」の一部。①は助動詞，②と③は連体詞の一部。

★ワンポイントアドバイス★

選択肢には紛らわしいものが含まれている。いったん正解だと思っても，他の選択肢にも目を通して確認しよう。

MEMO

大切なことはメモしておこうネ！

2022年度

★★★★★★★★★★★★★★★★★★★★★★★

入　試　問　題

2022年度

愛知啓成高等学校入試問題

【数　学】（45分）　＜満点：100点＞

【注意】(1)　ア，イ，ウ，……の一つ一つには，それぞれ0～9までの数字，または－，±のいずれか一つが対応します。それらをア，イ，ウ，……で示された解答欄にマークしなさい。

例，解答欄 アイ に対し－2と答えたいとき，

(1)	ア	●	±	0	1	2	3	4	5	6	7	8	9
	イ	−	±	0	1	●	3	4	5	6	7	8	9

(2)　分数形で解答が求められているときは，それ以上，約分ができない分数で答えます。符号は分子につけ，分母につけてはいけません。

例，解答欄 $\frac{ウエ}{オ}$ に対し$-\frac{1}{8}$と答えたいとき，$\frac{-1}{8}$と答える。

(2)	ウ	●	±	0	1	2	3	4	5	6	7	8	9
	エ	−	±	0	●	2	3	4	5	6	7	8	9
	オ	−	±	0	1	2	3	4	5	6	7	●	9

(3)　根号を含む形で解答する場合は，根号の中に現れる自然数が最小となる形で答えます。

例，$カ\sqrt{キ}$，$\frac{\sqrt{クケ}}{コ}$ に$6\sqrt{2}$，$\frac{\sqrt{13}}{3}$ と答えるところを，$3\sqrt{8}$，$\frac{\sqrt{52}}{6}$のように答えてはいけません。

1　次の問いに答え，空欄ア～トにあてはまる数や符号を解答用紙にマークしなさい。

(1)　$\left(0.3-\frac{1}{2}\right)^2-\frac{12}{25}\div\frac{8}{5}$ を計算すると $\frac{アイウ}{エオ}$ となる。

(2)　$\frac{4}{\sqrt{3}}(\sqrt{6}-\sqrt{54})-\frac{3}{\sqrt{2}}$ を計算すると $\frac{カキク\sqrt{ケ}}{コ}$ となる。

(3)　$\left(-\frac{3}{2}a^3b^2\right)^2\div\left(-\frac{15}{4}a^2b\right)$ を計算すると $\frac{サシ\,a^{ス}\,b^{セ}}{ソ}$ となる。

(4)　連立方程式$\begin{cases}1.8x-0.5y=7.5\\ \frac{x+1}{3}-\frac{y-1}{4}=\frac{3}{2}\end{cases}$ を解くと $x=$タ，$y=$チ となる。

(5)　$a=2\sqrt{5}$，$b=\frac{2}{\sqrt{3}}$ のとき，$3a(a-2b)-(a-3b)^2$ を計算するとツテとなる。

(6)　$(x-y)^2-x+y-2$ を因数分解した答えを次の①～⑧から番号で選ぶとトである。

①　$(x+y+1)(x+y-2)$　②　$(x+y-1)(x+y+2)$　③　$(x+y+1)(x-y-2)$

④　$(x+y-1)(x-y+2)$　⑤　$(x-y+1)(x+y-2)$　⑥　$(x-y-1)(x+y+2)$

⑦　$(x-y+1)(x-y-2)$　⑧　$(x-y-1)(x-y+2)$

(7)　2次方程式 $(3x-2)^2=5$ を解くと $x=\dfrac{\boxed{ナ}\pm\sqrt{\boxed{ニ}}}{\boxed{ヌ}}$ となる。

(8)　$a<0$ とする。関数 $y=ax+4$ について，x の変域が $-2\leqq x\leqq 3$ のとき最大値が10，最小値が b であった。このとき $a=\boxed{ネ}\boxed{ノ}$，$b=\boxed{ハ}\boxed{ヒ}$ である。

(9)　右図において，$\overset{\frown}{\mathrm{BE}}:\overset{\frown}{\mathrm{EC}}=2:3$ であり，線分AB，CDはともに円の中心Oを通る。このとき，$\angle x=\boxed{フ}\boxed{ヘ}^\circ$ である。

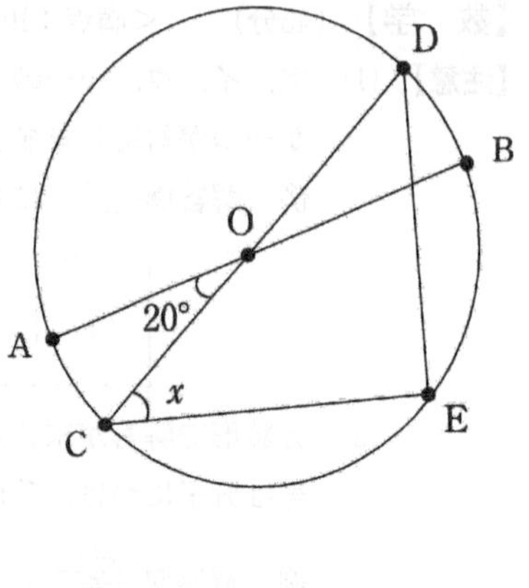

2　ジョーカーを除くトランプ52枚がある。札を1枚引き，赤札（ハート・ダイヤ）のときは赤色のコインを3枚，黒札（スペード・クローバー）のときは赤色と黒色のコインを1枚ずつもらう。札を何回か引いた後，赤色と黒色のコインの合計は50枚であった。
ただし，引いた札はもとに戻さないとする。

(1)　赤札を引いた回数を x 回，黒札を引いた回数を y 回としたとき，x と y の方程式を作りなさい。

(2)　引いた赤札の枚数ともらった赤色のコインの枚数の合計が45のとき，札を合計何枚引いたか求めなさい。

3　3つの箱A，B，Cがある。箱Aの中には玉が3個入っており，それぞれ1，2，3と数字が書かれている。同様に箱Bには玉が3個入っており，それぞれ2，3，4，箱Cには玉が4個入っており，それぞれ1，2，3，4と数字が書かれている。3つの箱から1個ずつ玉を取り出し，箱A，箱B，箱Cから取り出した玉に書かれている数をそれぞれ百の位，十の位，一の位として3けたの自然数をつくるとき，次の確率を求めなさい。

(1)　3けたの自然数が2の倍数になる

(2)　3けたの自然数が3の倍数になる

(3)　3けたの自然数がある整数の平方（2乗）になる

4　右図のようにAD∥BCの台形ABCDがある。辺CD，DA上にそれぞれ点E，Fを，AC∥FEとなるようにとる。また，線分AEと線分CFとの交点をGとする。AG：GE＝3：2となるとき，次の三角形の面積の比を，最も簡単な整数の比で表しなさい。

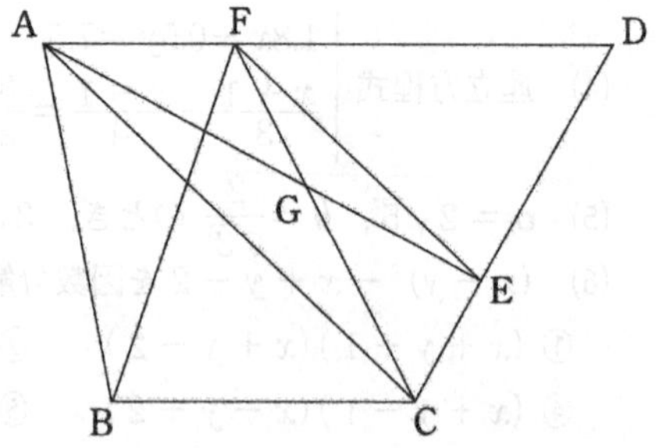

(1)　△AFG：△AGC

(2)　△GAC：△GEF

(3)　△ABF：△GEF

5　直線 $y=6x+8$ と放物線 $y=2x^2$ の交点を x 座標が大きい順にA，Bとする。直線 $y=6x+8$ と放物線 $y=ax^2$ が2点で交わるとし，その交点を x 座標が大きい順にC，Dとする。ただし $a<0$ とし，点Oを原点とする。このとき，次の問いに答えなさい。

(1)　A，Bの座標をそれぞれ求めなさい。

(2)　△OABの面積を求めなさい。

(3)　△OADの面積が32であるとき，点Cの座標を求めなさい。

【英　語】（45分）　＜満点：サミッティアコース・アカデミアコース100点　グローバルコース180点＞

【注意】 [1]と[2]は選択問題です。[1]のリスニング問題はサミッティアコースとグローバルコースの受験者が解答すること。アカデミアコースの受験者は[2]を解答すること。

＜リスニングスクリプト＞

Part 1

NO.1

F：Go to bed, Micheal. It's getting late.

M：I can't, Mom. I have to do my homework.

F：Didn't you finish it yesterday?

M：Yeah. But I had a problem with my computer, and lost the homework. I have to do it all over again.

Question: What does Micheal have to do now?

① Go to bed early. ② Do his homework again.

③ Buy a new computer. ④ Find his homework.

NO.2

M：I'd like to buy this shirt, please.

F：All right. Would you like to pay with cash or by card?

M：Cash, please. Here you are.

F：Sorry, sir. This is only 16 dollars. I need two more dollars.

Question: How much is the shirt?

① 16 dollars. ② 18 dollars. ③ 60 dollars. ④ 80 dollars.

NO.3

M：What do you want to do in the future, Jenny?

F：I want to be a reporter. I always watch the news on TV.

M：That sounds exciting. What kind of news are you interested in?

F：Sports. Especially baseball and football.

Question: What does Jenny want to do in her future?

① To watch news on TV. ② To be a reporter.

③ To play baseball. ④ To write books.

NO.4

F：Bob, would you like to come to my house for dinner tomorrow? I've learned to cook.

M：Sure, I'd love to come, Lura. What time should I be there?

F：Any time after 6:00 would be fine.

M：OK. I'll bring something to drink then.

Question: What will Bob and Lura do tomorrow?

① Go to a cooking class. ② Meet at a restaurant.

③ Cook together. ④ Eat at Lura's house.

NO.5

F：How was school, Hiro?

M：Not so good, Mom. It was so cold today, but we had to run 3 kilometers.

F：Well, you look very tired. Take a hot shower, then you can have dinner.

M：Thank you, Mom.

Question: What will Hiro do first?

① Take a shower. ② Eat dinner.

③ Sleep for a while. ④ Run 3 kilometers.

Part 2

Good morning, shoppers. Thank you for coming to Keisei Department Store. On the third floor, we have a sale on both men's and women's summer clothes. On the fourth floor, there are many kinds of shoes for any purpose. All running shoes are 30 percent off. Also, on the fifth floor, there's a 20-percent discount on some sporting goods and camping things. Don't miss it. We open from 10:00 a.m. to 7 p.m. on weekdays. On Saturdays, we close at 6 p.m. We close earlier at 5 p.m. on Sundays. Sorry for the trouble. You can stay and enjoy shopping until 6 p.m. today. If you have any troubles or questions, please come to the information desk near the entrance. Thank you for your attention.

Question NO.1: Which floor can you find running shoes on?

① On the second floor. ② On the third floor.

③ On the fourth floor. ④ On the fifth floor.

Question NO.2: What can you buy at a 20 percent discount?

① Summer clothes. ② Dress shoes.

③ Camping goods. ④ Electronic devices.

Question NO.3: What time is the closing time on Sundays?

① At 5. ② At 6. ③ At 7. ④ At 10.

Question NO.4: What day is today?

① Wednesday. ② Friday. ③ Saturday. ④ Sunday.

Question NO.5: Where should you go if you lose your way?

① The clothing section. ② The sporting corner.

③ The office. ④ The information desk.

【選択問題】サミッティアコース・グローバルコース

1 放送問題を聞いて，次の Part 1 と Part 2 の問いに答えなさい。なお，すべての問題でメモをとってもかまいません。

Part 1 対話と質問を聞き，その答えとして最も適切なものを①～④の中から１つ選び，マークしなさい。対話と質問は１度だけ流れます。

No.1 ① Go to bed early. ② Do his homework again.

③ Buy a new computer. ④ Find his homework.

No.2 ① 16 dollars. ② 18 dollars. ③ 60 dollars. ④ 80 dollars.

No.3 ① To watch news on TV. ② To be a reporter.
③ To play baseball. ④ To write books.

No.4 ① Go to a cooking class. ② Meet at a restaurant.
③ Cook together. ④ Eat at Lura's house.

No.5 ① Take a shower. ② Eat dinner.
③ Sleep for a while. ④ Run 3 kilometers.

Part 2 英文と質問を聞き，その答えとして最も適切なものを①～④中から１つ選び，マークしなさい。質問はNo.1 ～ No.5まで３つあります。英文と質問は２度流れます。

No.1 ① On the second floor. ② On the third floor.
③ On the fourth floor. ④ On the fifth floor.

No.2 ① Summer clothes. ② Dress shoes.
③ Camping goods. ④ Electronic devices.

No.3 ① At 5. ② At 6. ③ At 7. ④ At 10.

No.4 ① Wednesday. ② Friday. ③ Saturday. ④ Sunday.

No.5 ① The clothing section. ② The sporting corner.
③ The office. ④ The information desk.

【選択問題】アカデミアコース

2 次の(1)～(3)の問いに答えなさい。

(1) 次の①～④の語のうち，他の３つと下線部の発音が異なるものを１つずつ選び，マークしなさい。

（ア） ① reach ② weak ③ reason ④ spread
（イ） ① thank ② there ③ thousand ④ through
（ウ） ① dollar ② college ③ other ④ positive

(2) 次の①～④の語のうち，他の３つとアクセントの位置が異なるものを１つずつ選び，マークしなさい。

（ア） ① mom-my ② na-ture ③ col-or ④ e-vent
（イ） ① leg-a-cy ② In-di-an ③ tra-di-tion ④ in-ter-view

(3) 次の対話文を読んで，あとの問いに答えなさい。

Alex : Yesterday I read a Japanese book.

Masato : (a)(　　　　)

Alex : *Oku no hosomichi.* Now I'm interested in old Japanese books, and I want to know about *Matsuo Basho*.

Masato : Last week, I learned about him in class. Do you (b)(① want / ② to / ③ tell / ④ me / ⑤ about / ⑥ you) him?

Alex : Yes, please!

Masato : OK. *Basho* is a kind of writer in Edo era. He wrote so many *haiku*.

He is one of the most famous writers in Japan. Many people are impressed with his *haiku*.

Alex : I got it! So, Masato, I have a question. *Basho* wrote “*Furuike ya kawazu tobikomu mizu no oto.*” If you *translate “*kawazu tobikomu*” into English, which do you use, a *frog or frogs?

Masato : Well... maybe I'll use (c)“(　　　　).” In this case, I think that only one frog *dives into the pond.

Alex : I understand. And I think that (d)(　　　　) is easier than (e)(　　　　) because you don't have to choose one frog or more than one. So Japanese is interesting for me.

Masato : I think so, too.

(注) ranslate A into B　AをBに翻訳する　frog　カエル　dive　飛び込む

(ア) 下線部(a)に入るものとして適切なものを，次の①～④の中から１つ選び，マークしなさい。

① What book?　② *Matsuo Basho* wrote this book.
③ Do you like that book?　④ I like this book.

(イ) 下線部(b)を意味の通る英文になるよう並びかえたとき，３番目と５番目に来る語として適切なものを，次の①～④の中から１つ選び，マークしなさい。

① ④－⑥　② ②－⑥　③ ④－⑤　④ ②－⑤

(ウ) 下線部(c)に入るものとして適切なものを，次の①～④の中から１つ選び，マークしなさい。

① frog jumps　② frogs jump　③ frog jumps　④ many frogs jump

(エ) 下線部(d)および(e)に入るものの組み合わせとして適切なものを，次の①～④の中から１つ選び，マークしなさい。

① (d) Japanese / (e) English　② (d) English / (e) Japanese
③ (d) Japan / (e) America　④ (d) America / (e) Japan

(オ) 本文の内容に合うものを，次の①～④の中から１つ選び，マークしなさい。

① Masato is interested in *Matsuo Basho* now.
② Both Masato and Alex think that Japanese is interesting.
③ Alex's teacher taught him about *Matsuo Basho*.
④ *Matsuo Basho* was a very kind person.

【必答問題】全コース

3 次の対話文を読んで，あとの問いに答えなさい。

Becky : Hey, look at this! This is an *advertisement for new watches. Which one do you want to get?

Chika : Oh, I think everything on the list is attractive. Wait, *Type A* looks the coolest and has stylish colors! But it's the most expensive.

Becky : That's too bad. What color do you want?

Chika : I want a bright one like red, pink or green.

Becky : Then how about *Type B*? It has many (a) colors. Also, it is not as expensive as *Type A*.

Chika : Well..., all right, I'll buy a pink *Type B*. Then, what about you, Becky? Tell me your decision.

Becky : Hmm... it's hard for me to decide. I think *Type B* may be the best one, but my favorite color is only on the list for *Type C*.

Chika : Oh, your favorite color is (b), right?

Becky : That's right. I'll buy *Type C*. Now, let's save some money to get our watches!

Chika : Well, I think that will take quite a long time, but I'll try.

Type	*Type A* 	*Type B* 	*Type C* 
Price	¥10,000	¥8,000	¥7,000
Color	white black pink	blue yellow black pink	blue white black brown

（注） advertisement 広告

(1) Choose the best word for (a).

① emotional ② famous ③ shiny ④ convenient

(2) Write the best word for (b).

(3) What will these girls do after talking with each other?

① They will buy watches very soon.

② They will go to a shop to sell watches.

③ They will not discover stylish watches.

④ They will not try to spend much money.

4 次の英文を読んで，あとの問いに答えなさい。

Many people visit our town from foreign countries every year. So, our group decided to make an English map. What kind of information does it need? We interviewed 25 visitors at the nearest station about it. They chose three out of five things. Please look at this graph below.

23 visitors needed information about sightseeing *spots in our town. These will be shown on the map. They also said, "I want to know how to get there." It is important to put it on the map, too.

Information about shopping centers is also needed. 20 people answered, "This information is useful." We asked them, "Why do you think so?" They answered, "I want to buy *souvenirs for my family and friends. I hear many kinds of things are sold there."

Many people needed information about restaurants, too. Our town has many places to eat delicious foods.

We asked the same 25 visitors about hotels. 15 of them said this information was not important. They said, "I have already found my hotel before coming to this town."

Only a few people wanted information about banks.

From this research, we will make a map which includes information about sightseeing spots, shopping centers, and restaurants.

Information needed on the map

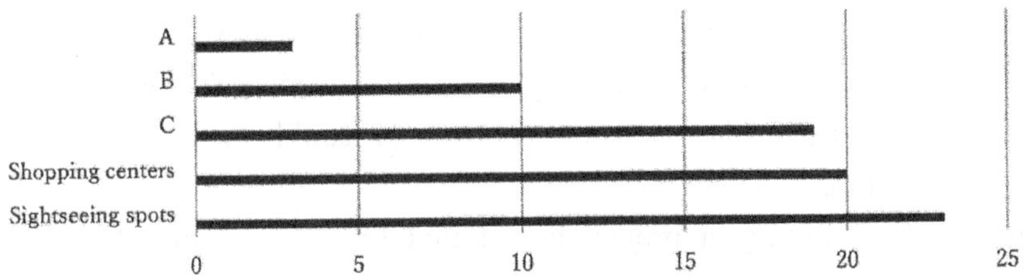

(注) spot 場所　souvenir おみやげ

(1) Why did Yumi's group decide to make a map?

① Because they wanted to know why people from all over the world came to their town.

② Because they wanted to attach an English article to the map.

③ Because they wanted to help people from other countries travel around their town.

④ Because they wanted to make an instrument to support foreign people.

(2) Choose the best number for A,B,C on the left graph.

① A: Hotels　B: Banks　C: Restaurants

② A: Banks　B: Hotels　C: Restaurants

③ A: Restaurants　B: Hotels　C: Banks

④ A: Restaurants　B: Banks　C: Hotels

(3) There are four foreign people at the station below, who will need this map the most?

① Cathy: "We want to eat some seafood. Where can we go?"

② Sam : "Oh, I can't use my card. Where can I take out my money?"

③ Lisa : "All of my friends don't know the way to our hotel. Where is it?"

④ Tom : "I have lived here for three years. I know everything about here."

5 次の英文を読んで，あとの問いに答えなさい。

It is said that *Archimedes first thought of the idea for the elevator. From his idea, the first elevator was made about 2,000 years ago. In those days, the elevator was used for carrying things, not people. The machine was moved by the power of human beings. This type of elevator was used when people made buildings. Because this elevator didn't have much power, it took a long time to send things up.

A long time later, in 1835, *steam power was used for moving elevators. This type of elevator was more powerful and faster than ever before. (1), there was a serious problem: broken *ropes. Of course, these were the most important part of elevators. If the ropes were broken, the elevator fell. So, people still used it only to carry things. To *avoid that, Elisha Graves Otis designed a *stopper for the elevator in 1852. It stopped the elevator when the ropes were broken. Then, this device *allowed people to ride in elevators safely. At the beginning of the 20th century, electricity was introduced. The elevator also used a large weight to move the elevator up. (2) It could move the new elevator *smoother than before.

Now, in the 21st century, a project has started to make an elevator into space.

（注） Archimedes アルキメデス　steam 蒸気　rope ロープ　avoid 避ける
stopper ストッパー　allow ～させる　smoother よりなめらか

(1) What was the elevator used for at first?
① It carried a lot of people using manpower.
② It carried things that could not be moved by manpower.
③ It carried a lot of people who worked in buildings.
④ It carried things that were used for building.

(2) What was the purpose of making a stopper?
① To make elevators smoother than before.
② To make elevators less dangerous.
③ To make time to send things up shorter than before.
④ To make elevators into space.

(3) What is the best word for (1)?
① So　② If　③ However　④ Eventually

(4) What does (2) mean?
① The weight　② The power of human beings
③ The stopper　④ The steam power

(5) What is the title of this story?
① Elevators in the future.　② Dangerous elevators.
③ The safe elevator stopper.　④ The history of elevators.

6 次の“Ant（アリ）and Grasshopper （キリギリス)”の物語を読んで，あとの問いに答えなさい。

It was a beautiful day. A grasshopper was jumping around and singing. He was enjoying the beautiful weather. He didn't even think about working. An ant passed with some food. The ant was working very hard.

"Why are you working so hard?" the grasshopper asked the ant. "Why don't you stop and talk to me? ①It's (A) beautiful today (B) work so hard."

"I can't stop (a) to talk," said the ant. "I have to store food for the winter. All the ants are working (b) to get food for the winter. If we stop and rest when the weather is good, we won't have food in the winter. Do you think you should do the same? If you don't work, you won't have food for the winter, either."

"I don't worry about the winter," the grasshopper said. "I have a lot of food for now. Come on, stay and talk." But the ant kept ②(work).

A few months later, the winter came. The grasshopper was cold and hungry. At the same time, the ants had many things (c) to eat, because they worked hard in the summer (d) to get food for the winter. The grasshopper learned too late that (③).

(1) 下線部①が「今日はとてもいい天気なので，一生懸命に働くことはできない」となるように，( ) 内に適切な語を１語ずつ入れなさい。

It is (A) beautiful today (B) work so hard.

(2) 下線部②の動詞を適切な形にしなさい。

(3) (③) に入れるものとして最も適切なものを，次の①～④の中から１つ選び，マークしなさい。

① ants are better than grasshoppers
② having food in the summer is important
③ it is important to make a plan and work for the future
④ it is necessary to both work and enjoy life in the winter

(4) 下線部(a)～(d)の中から不定詞の用法として異なるものを１つ選びなさい。

7 次の日本文に合うように，( ) 内に適切な語を１語ずつ入れなさい。

(1) この番組は見る価値がある。

This program is (　　)(　　).

(2) ナンシーは結果に満足していない。

Nancy isn't (　　)(　　) the result.

(3) ティムは２時間ずっとゲームをしている。

Tim (　　)(　　) playing the game for two hours.

(4) 私たちの学校では合唱コンクールが行われる。

Our school has a (　　)(　　).

(5) メアリーは人権のために戦った。

Mary fought for (　　)(　　).

8 次の日本文に合うように，( ) 内の語を並べかえて英文を完成させなさい。ただし，文頭の語も小文字で示されています。

⑴ この写真は私たちに幸せな日々を思い出させる。
(picture / days / of / us / our / happy / reminds / this).

⑵ あなたはインターネットで彼を調べるべきです。
(should / Internet / you / check / out / him / the / on).

⑶ 彼はケンの助けで逆立ちをした。
(on / Ken's / he / his / hands / stood / help / with).

⑷ テレビでのあなたの最後の演奏は本当に素晴らしかった。
(last / TV / awesome / on / your / really / performance / was).

⑸ 多くの鳥は森林に深刻な被害を与えるだろう。
(do / forests / many / will / birds / serious / to / damage).

【理　科】（30分）　＜満点：60点＞

1　問１～問３に答えなさい。

問１．炭酸水素ナトリウムと塩酸を用いて次の**実験1，2**を行った。これについて，以下の問いに答えなさい。

【実験１】　次の操作１～３を行った。

操作１　図１のように，ペットボトルに炭酸水素ナトリウム1.00ｇとうすい塩酸10cm^3が入った試験管を入れ，ふたをしっかり閉めて全体の質量をはかるとW_1〔g〕であった。

図１

操作２　図２のように，ペットボトルをかたむけて炭酸水素ナトリウムとうすい塩酸を混ぜ合わせ，気体が発生しなくなってから全体の質量をはかるとW_2〔g〕であった。

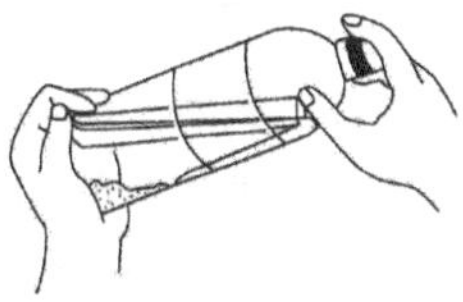

図２

操作３　ペットボトルのふたをゆるめて気体を逃してから，ふたをしっかり閉めて全体の質量をはかるとW_3〔g〕であった。

(1)　W_1とW_2の関係はどのようになるか。解答欄の（　）に等号または不等号を記入しなさい。　1

(2)　W_2に比べてW_3の値が小さいのはなぜか。最も適当なものを，次の記述①～⑤のうちから１つ選び，マークしなさい。　2

①　発生した気体が逃げたから。　　②　炭酸水素ナトリウムが塩酸に溶けたから。
③　炭酸水素ナトリウムが分解したから。　　④　炭酸水素ナトリウムが気体になったから。
⑤　気体が発生しなくなったから。

【実験２】

薬包紙にはかりとったいろいろな質量の炭酸水素ナトリウムを，うすい塩酸20cm^3が入ったビーカーＡ～Ｅにそれぞれ加えた。このとき，加える前と加えた後に薬包紙とビーカーを含めた全体の質量をはかった。また，炭酸水素ナトリウムを加えた後の水溶液のようすも調べた。

結果　　　（注）　○：全部とけた　△：全部はとけなかった

	ビーカーA	ビーカーB	ビーカーC	ビーカーD	ビーカーE
加えた炭酸水素ナトリウムの質量〔g〕	1.00	2.00	3.00	4.00	5.00
炭酸水素ナトリウムを加える前の全体の質量〔g〕	82.47	85.22	82.03	81.88	84.91
炭酸水素ナトリウムを加えた後の全体の質量〔g〕	81.95	84.18	80.77	80.62	83.65
炭酸水素ナトリウムを加える前後の質量の差〔g〕	0.52	1.04	（　）	1.26	1.26
炭酸水素ナトリウムを加えた後の水溶液のようす	○	○	△	△	△

注意：解答欄 [3]．[4][5] の答えが5.20なら，[3] は⑤，[4] は②，[5] は⓪にマークしなさい。

⑶ 結果を示した表の（　）にあてはまる数は何か。

[3]．[4][5]

⑷ うすい塩酸20㎤と過不足なく反応する炭酸水素ナトリウムの質量は何ｇか。小数点以下第3位を四捨五入し，第2位まで答えなさい。

[6]．[7][8]［g］

問2．次の表は，水，エタノールおよび物質Ａ～Ｄの沸点と融点を示したものである。これについて，以下の問いに答えなさい。

物質	水	エタノール	A	B	C	D
沸点［℃］	（　あ　）	78	−183	−196	−0.5	217
融点［℃］	（　い　）	−115	−218	−210	−138	43

⑴ 表の（あ），（い）にあてはまる数値をそれぞれ答えなさい。（あ）[9]（い）[10]

⑵ ポリエチレンの袋に20℃のエタノールを少量入れ，空気をぬいて密閉し，熱湯をかけた。このとき，袋はどうなったか。最も適当なものを，次の①～③のうちから１つ選び，マークしなさい。[11]

① 大きく膨らんだ。　② 小さくしぼんだ。　③ 変化しなかった。

⑶ ⑵のとき，袋の中のエタノールについての記述①～④のうち，最も適当なものを１つ選び，マークしなさい。[12]

① 質量は小さくなり，粒子どうしの間隔は大きくなった。
② 質量は変わらず，粒子どうしの間隔は小さくなった。
③ 質量は大きくなり，粒子どうしの間隔は小さくなった。
④ 質量は変わらず，粒子どうしの間隔は大きくなった。

⑷ 物質Ａ～Ｄについて，温度が−190℃のとき液体であるものを次の①～④から１つ選び，マークしなさい。[13]

① A　② B　③ C　④ D

問3．右の図のような，液体の中に金属板Ａ，Ｂをいれた装置を組み立てる。下の表の①～⑤の組み合わせで装置を組み立てて導線をつないだとき，電子オルゴールが鳴る金属板Ａ，Ｂと液体の組み合わせをすべて選び，マークしなさい。[14]

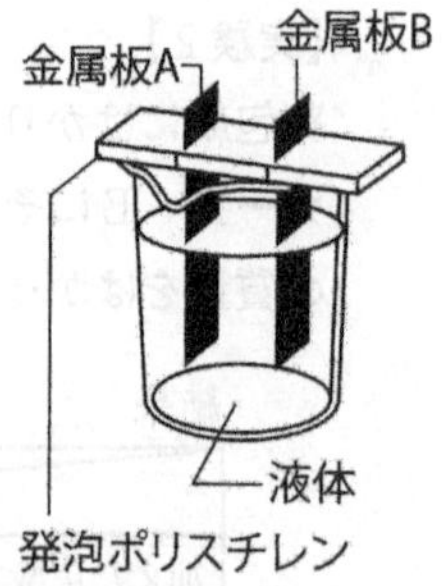

	①	②	③	④	⑤
金属板A	銅板	銅板	銅板	亜鉛板	銅板
金属板B	銅板	亜鉛板	亜鉛板	亜鉛板	亜鉛板
液体	うすい塩酸	うすい塩酸	純粋な水	濃い食塩水	濃い食塩水

2 問1・問2に答えなさい。

問1．図1～3のように，点Oにある壁から少し離れた点Aに啓人君がいる。啓人君がブザーを鳴らすとその音は壁で跳ね返り，啓人君や成子さんに聞こえる。音速は340m/秒であるとしたとき，以下の問いに答えなさい。

(1) 図1のように，啓人君が一人で壁のそばにいる場合について考える。啓人君がブザーを鳴らしてから，壁に跳ね返ったブザーの音を聞いたのが4.0秒後だったとき，点Aと壁の距離は何mか。最も適当なものを，下の①～⑤のうちから1つ選び，マークしなさい。 1

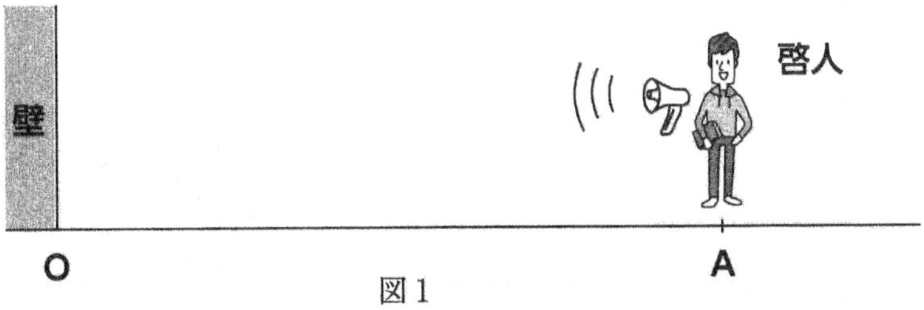

図1

① 340m　② 680m　③ 1020m　④ 1360m　⑤ 1700m

(2) 図2のように，点Aの啓人君と点Oの壁との間の点Bに成子さんがいる場合について考える。啓人君がブザーを鳴らしたとき，成子さんには直接聞こえる一度目の音と，壁に跳ね返った二度目の音が聞こえた。一度目の音が聞こえてから2.0秒後に二度目の音が聞こえたとき，点Aと点Bの間の距離は何mか。最も適当なものを，下の①～⑤のうちから1つ選び，マークしなさい。 2

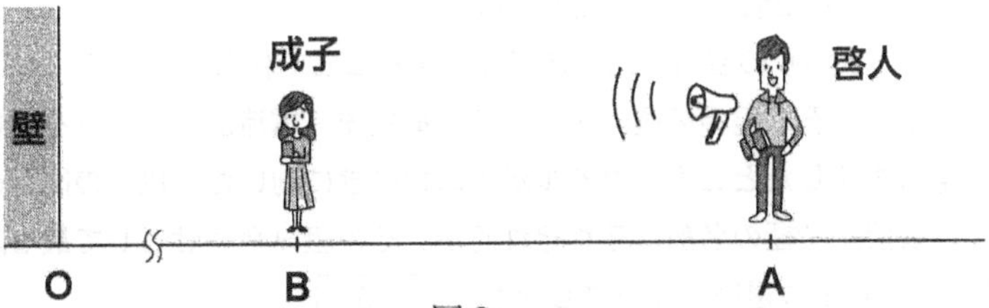

図2

① 170m　② 340m　③ 510m　④ 680m　⑤ 850m

(3) 次のページの図3は啓人君と，移動して点Cにいる成子さんを上空から映した図である。点Aにいる啓人君がブザーを鳴らすと，点Cの成子さんには3.0秒後に一度目の音が聞こえた。成子さんに壁から跳ね返った二度目の音が聞こえ始めるのは，一度目を聞いた何秒後か。最も適当なものを，下の①～⑤のうちから1つ選び，マークしなさい。ただし，啓人君と成子さんは壁に対して平行に並んでいるものとする。 3

① 1.0秒後　② 2.0秒後　③ 3.0秒後　④ 4.0秒後　⑤ 5.0秒後

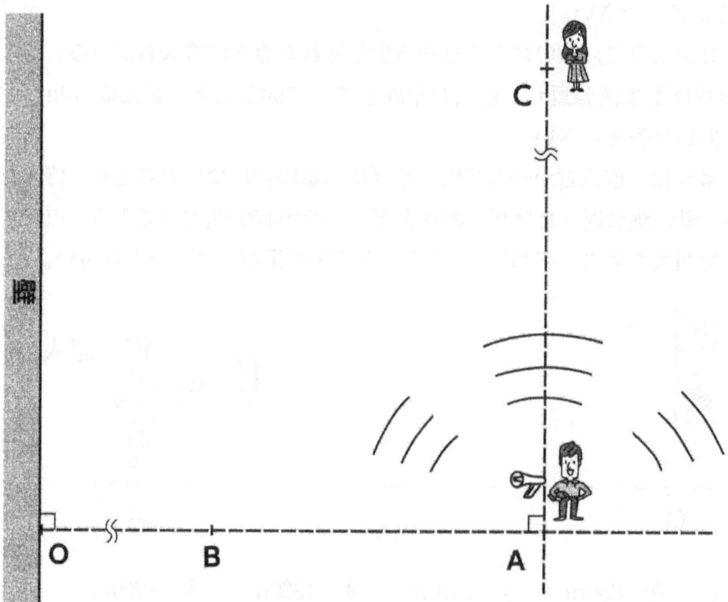

図3

(4) 音の性質についての次の記述①～④のうち，最も適当なものを1つ選び，マークしなさい。 4

① 波が1回振動するのにかかる時間のことを振動数という。

② 音は，気体や液体のみならず，固体中も伝えることができる。

③ 振幅を大きくすると音の高さは高くなる。

④ 音は，音源のまわりの空気が遠くまで移動することで伝わっている。

問2．コイルとU字形磁石，電源装置，スイッチ，抵抗器，電流計，電圧計を用いて，図4のような装置を作り電流を流したところ，コイルが矢印の向きに動いた。以下の問いに答えなさい。

(1) 図4の(ア)の装置，(イ)極の名前はそれぞれ何か。その組み合わせとして最も適当なものを，下の①～④のうちから1つ選び，マークしなさい。 5

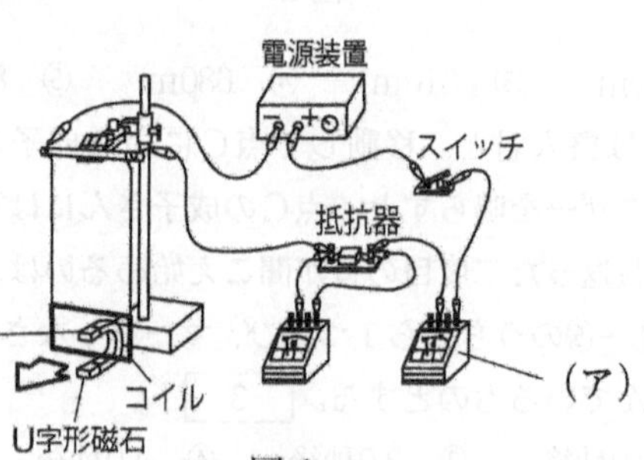

図4

	(ア)	(イ)
①	電流計	N極
②	電流計	S極
③	電圧計	N極
④	電圧計	S極

(2) 前のページの図４のコイルが動いた向きと反対の向きにコイルが動くのは，どのような操作を行った場合か。次の記述①～⑤のうちから**すべて選び**，マークしなさい。また，**すべて適当でない場合は解答欄の⑥にマークしなさい**。 6

① コイルに流れる電流の向きを逆向きに変え，磁石の上下を入れ替える。

② コイルに流れる電流の向きを逆向きに変え，電源装置の電圧を大きくする。

③ 電源装置の電圧を大きくし，抵抗器の抵抗を大きくする。

④ コイルの巻き数を増やし，磁石の上下を入れ替える。

⑤ コイルの巻き数を増やし，抵抗器の抵抗を大きくする。

(3) 電磁誘導を利用して電流を得ているものはどれか。最も適当なものを，次の①～④のうちから１つ選び，マークしなさい。 7

① 電磁石　② 乾電池　③ 発電機　④ 光電池

3 問１～問３に答えなさい。

問１．マツの花のつくりを調べるために，雌花と雄花からりん片をはぎ取り観察した。右の図は雌花と雄花の模式図である。以下の問いに答なさい。

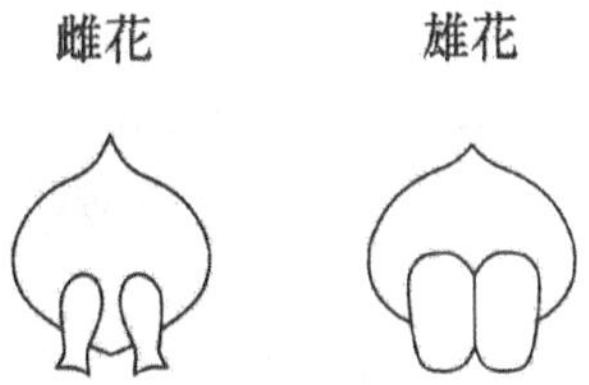

(1) マツの花には子房がなく，胚珠がむき出しになっている。図の中で胚珠にあたる部分を黒く塗りつぶしなさい。 1

(2) マツのように子房がなく，胚珠がむき出しになっている植物はどれか。次の①～⑤のうちから**すべて選び**，マークしなさい。 2

① スギ　② ヘゴ　③ サクラ　④ イチョウ　⑤ ソテツ

(3) マツは子房を持たないことから，受粉してもあるものが形成されない。何が形成されないのか。最も適当なものを，次の①～④のうちから１つ選び，マークしなさい。 3

① 花粉　② 胞子　③ 果実　④ 種子

問２．右の図は，ヒトの眼を暗い場所で観察したときの模式図である。黒く塗りつぶした部分は，このときのひとみの大きさを示している。以下の問いに答えなさい。

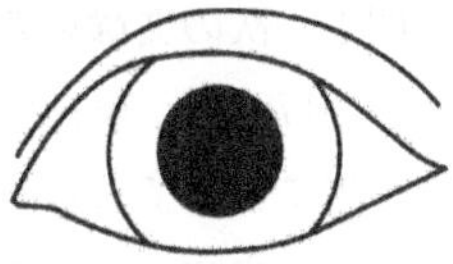

(1) 目や耳のような，外界から刺激を受け取ることのできる器官を何というか。 4

(2) 明るい場所にいるときのひとみの大きさを，解答欄の図の中に黒く塗りつぶして示しなさい。ただし，解答欄の図中の点線は，暗い場所で観察したときのひとみの大きさである。

5

(3) 行動についての次の記述①～④のうち，反射による反応を**すべて選び**，マークしなさい。

6

① 目の前にボールが飛んできたので，とっさに目を閉じた。

② 帽子が風で飛ばされそうになり，とっさに帽子を押さえた。

③ 冬に熱いストーブに触れてしまい，思わず手をひっこめた。

④ 雷が鳴った途端，空を見上げた。

問3．エンドウマメを用いて実験を行った。エンドウマメのさやを膨らませる遺伝子をA，くびれさせる遺伝子をaとし，さやが膨らんでいる純系の個体とさやがくびれている純系の個体をかけ合わせたところ，子はすべてさやが膨らんでいるものが得られた。以下の問いに答えなさい。

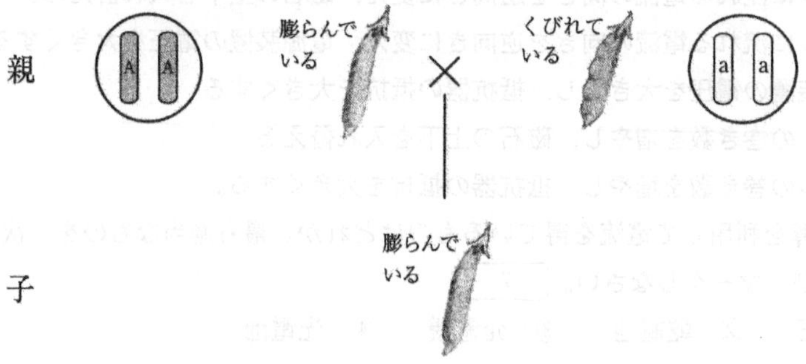

(1) 形質の異なる純系どうしをかけ合わせたとき，子に現れる形質を現れないものに対して何というか。[7]

(2) 子を自家受精して孫を得た。孫の遺伝子の組み合わせとしてあり得るものを，次の①～⑤のうちから**すべて選び**，マークしなさい。[8]

① A　② a　③ AA　④ Aa　⑤ aa

(3) 孫では，さやが膨らんでいる形質とくびれている形質の個体数の比はおよそ何対何になるか。最も適当なものを，次の①～⑦のうちから1つ選び，マークしなさい。

膨らんでいるもの：くびれているもの＝ [9]

① 1：0　② 0：1　③ 1：1　④ 2：1　⑤ 1：2
⑥ 3：1　⑦ 1：3

[4] 問1～問3に答えなさい。

問1．次の文章を読み，以下の問いに答えなさい。

1783年，現在の長野県と群馬県の境にある(A)浅間山が大噴火を起こしました。この(B)火山噴出物によってもたらされた被害のうち，鎌原火砕流と呼ばれる火砕流は流下量1億m^3と推定されています。大量に堆積した火山灰は農作物への影響も及ぼし，さらに大量の土砂を流出させる水害にも繋がったと考えられています。

同時期にはアイスランドでも大噴火が起こり，膨大な量の(C)火山ガスなどが成層圏まで上昇し，地球の北半球を覆い，気温を下げて冷害を招いたと考えられています。日本では江戸時代の天明の大飢饉《ききん》が起こり，火山の噴出物による直接的な被害以外にも大きな影響をもたらしたといえます。

(1) 下線部(A)について，浅間山はマグマのねばりけが中間の性質の火山である。火山の形状として浅間山と同じ形をとる火山はどれか。最も適当なものを，次の①～④のうちから1つ選び，マークしなさい。[1]

① マウナロア　② 桜島　③ 雲仙普賢岳　④ エベレスト

(2) 下線部(B)について，火山噴出物の一つである軽石には多くの穴が観察できる。この穴はなぜできるのか，理由を簡潔に述べなさい。[2]

(3) 下線部(C)について，気温が下がる理由として最も適当なものを，次の記述①～④のうちから1つ選び，マークしなさい。 3

① 火山ガスによって，太陽から届くはずの熱エネルギーが減少したため。

② 火山ガスによって，太陽から届いた光エネルギーが増幅されたため。

③ 火山ガスが大気によって，冷やされたため。

④ 北半球を覆った火山ガスから，地表を冷やす物質が散布されたため。

問２．５月のある２日間，愛知県のある地点で，６時から18時までの３時間ごとの気象を観察し，次の表にまとめた。以下の問いに答えなさい。

	時刻	天気	風向	風力	湿度〔%〕	温度〔℃〕
1日目	6:00	くもり	南南西	2	76	12
	9:00	くもり	南	3	70	17
	12:00	くもり	南西	2	73	21
	15:00	くもり	南	3	68	21
	18:00	晴れ	南西	4	70	17
2日目	6:00	くもり	南西	5	70	12
	9:00	くもり	南西	5	72	15
	12:00	くもり	南西	3	70	16
	15:00	雨	北西	2	80	16
	18:00	くもり	北東	3	85	14

(1) 乾湿計で測定するときの条件ついて述べた次の記述①～④のうち，最も適当なものを１つ選び，マークしなさい。 4

① 風通しをよくし，乾湿計に直射日光が当たるようにする。

② 風通しをよくし，乾湿計に直射日光が当たらないようにする。

③ 風が通らないようにし，乾湿計に直射日光が当たるようにする。

④ 風が通らないようにし，乾湿計に直射日光が当たらないようにする。

(2) 観察を行った場所で，１日目18時の天気，風向，風力の記号を，右の例にならってかきなさい。 5

例

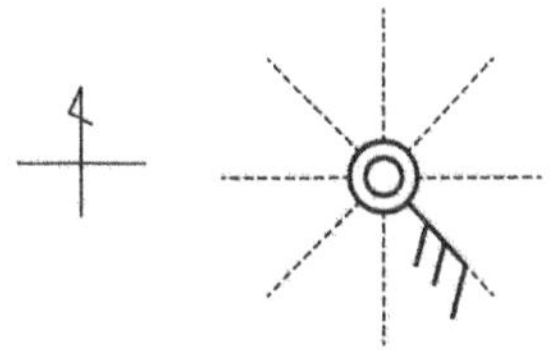

(3) 不快指数は，アメリカの気象局が毎日の天気予報の中で暖房や冷房に必要な電力を予測するために使い始めたのが始まりと言われている。２日目の15時において，不快指数を計算して，小数点以下を四捨五入し，整数値で答えなさい。ただし，不快指数の計算は次式で表わされ，Tは温度，Hは湿度の値を用いるものとする。 6

$$不快指数 = 0.81 \times T + 0.01 \times H \times (0.99 \times T - 14.3) + 46.3$$

問３．次の文章を読み，以下の問いに答えなさい。

地球の表面は十数枚のかたい板で覆われている。内部の構造は物質の性質，特に流動のしやすさによって区分が決まっている。ちょうどスイカの断面を地球の断面と考えてみよう。かたい皮の部分は(A)プレートで，やわらかい果肉の部分はマントル，さらに中心部分は核と呼ばれている。

地表のプレートは流動性のあるマントルに乗っており，地球内部のプルームと呼ばれる動きによって(B)移動している。大陸プレートと海洋プレートは沈み込んだり，衝突したりすることで，地震や(C)造山活動などを起こしている。

(1) 下線部(A)について，日本付近では４枚のプレートが押し合っている。その４枚のプレートに**含まれないもの**を，次の①～⑤のうちから１つ選び，マークしなさい。 7

① 太平洋プレート　② 北アメリカプレート　③ フィリピン海プレート
④ ユーラシアプレート　⑤ 南アメリカプレート

(2) 下線部(B)について，日本とハワイは6573km 離れているが，太平洋プレート上にできた火山からなるハワイ島は，年間８cmの速さで日本に向かって移動している。日本とハワイは10万年後，計算上何kmの距離となっていると考えられるか。 8

(3) 下線部(C)について，今から6600万年前，中生代において，インド亜大陸とユーラシア大陸の間にはテチス海と呼ばれる海があった。現在ではプレートの衝突からの造山活動により，アルプス・ヒマラヤ山脈ができたと考えられている。この考えの証拠となる事柄として，最も適当なものを次の記述①～④のうちから１つ選び，マークしなさい。 9

① テチス海で生息していた生物の祖先がインド洋で生息しているから。
② テチス海の水が残った湖があるから。
③ アルプス・ヒマラヤ山脈の地層において，海の生物の化石とサイの化石が同時に見つかったから。
④ アルプス・ヒマラヤ山脈の火口で，海の生物の化石が発見されたから。

【社　会】（30分）　＜満点：60点＞

1　中学生のＡくんとＢさんは，次の３つの資料を見ながら先生と会話をしています。この会話に関する問１～問６までの問いに答えなさい。

ア

イ

ウ

先　生：この３つの資料は，世界三大宗教に関する美術作品です。世界三大宗教と呼ばれる３つの宗教とは何か知っているかな？

Ａくん：仏教，キリスト教，イスラム教の３つです。

先　生：その通り。アの資料は仏教の開祖 Ⅰ の像です。 Ⅰ は①四大文明の１つがおこったインドで生まれ，②その教えは東南アジアや中国，日本にも伝えられました。

Ｂさん：イの資料は，十字架にかけられたイエスですね。彼の教えがのちのキリスト教になったのよね。

先　生：その通り！また，ウのイスラム世界で作られたガラス工芸の壺は，③フランスの美術館に収められているものです。この３つの資料を比べて気づくことはあるかな？

Ａくん：この３つの資料を見比べると，ウだけ人物が描かれたものではないね。

先　生：良いところに気づきましたね。イスラム教では，「 Ⅱ 」という教えがあるので，仏教やキリスト教のような宗教美術は発達せず，写実的な絵画も生まれなかったのです。そのかわりにさまざまな色彩や複雑な文様による装飾が発達しました。

Ｂさん：イスラム世界は，中国やインドとヨーロッパとの中間に位置したから，古代ギリシャの文化を受け継いで発展させると同時に，④豊かなアジアの文化をヨーロッパに伝える窓口にもなってきたのよね。

先　生：かつてのイスラム世界は，ヨーロッパを後《おく》れた世界とみなしていました。しかし⑤ルネサンス以降次第にヨーロッパが力を持つようになっていきます。

Ａくん：こういった歴史的な背景や，宗教観の違いが対立を生んだりもしてきたんだね。

先　生：そうですね。歴史を学ぶみなさんには，歴史を学ぶことを通してお互いの理解を深め，共生できる社会をめざしていってもらいたいですね。

問１　文章中の空らん Ⅰ ・ Ⅱ に入ることばの組み合わせとして正しいものを，次の①～④の中から１つ選び，マークしなさい。

①　Ⅰ：シャカ　　　　Ⅱ：神の像を造って拝んではならない

②　Ⅰ：ムハンマド　　Ⅱ：人はみな罪を負っているが，神の愛を受けられる

③　Ⅰ：シャカ　　　　Ⅱ：人はみな罪を負っているが，神の愛を受けられる

④　Ⅰ：ムハンマド　　Ⅱ：神の像を造って拝んではならない

問２　下線部①について，インダス川の流域でインダス文明は生まれたが，そのインダス川を，略地図中㋐～㋔の中から１つ選び，それに該当する番号をマークしなさい。

①　㋐

②　㋑

③　㋒

④　㋓

⑤　㋔

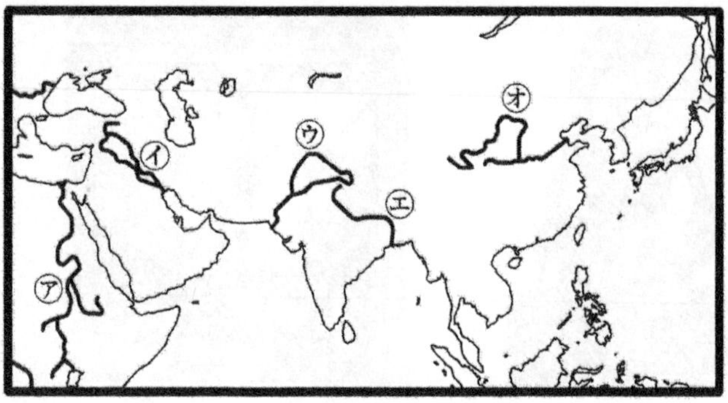

略地図

問３　下線部②に関連して，日本の仏教について述べた文として正しいものを，次の①～④の中から１つ選び，マークしなさい。

①　奈良時代に，天武天皇は仏教の力で国を治めるため，国ごとに国分寺・国分尼寺を建てた。

②　９世紀の初め，最澄が比叡山に金剛峯寺を建てて，天台宗を広めた。

③　織田信長は，キリスト教宣教師を優遇する一方，仏教勢力には厳しい態度をとった。

④　19世紀後半に，神への信仰を仏教に取り込んだ考え（神仏習合）をすすめる運動がおこった。

問４　下線部③について，フランスでおこったことを述べた文として正しいものを，次の①～④の中から１つ選び，マークしなさい。

①　大西洋を横断してアジアに向かおうとするコロンブスの計画を援助した。

②　クロムウェルの指導する議会側が内戦に勝利し，国王を処刑して共和制を始めた。

③　軍人のナポレオンが皇帝となり，法の下の平等・経済活動の自由・家族の尊重を定めた民法を制定した。

④　19世紀に入ると，積極的な南下政策をとり，黒海や地中海の沿岸，中央アジア，中国東北部へも進出を始めた。

問５　下線部④に関連して，アジアからヨーロッパにもたらされたものとして**誤っているもの**を，次の①～④の中から１つ選び，マークしなさい。

①　火薬　②　ジャガイモ　③　こしょう　④　羅針盤

問６　下線部⑤のルネサンス以前に起こった次のできごと①～④を古い順に並べたとき，**３番目**にくるものを選び，マークしなさい。

①　聖徳太子が摂政となった。

②　都が平城京に移った。

③　源頼朝が征夷大将軍になった。

④　唐がほろびた。

2 次の略年表を見て，あとの問１～問４までの問いに答えなさい。

西　暦	できごと	
１８６８	五箇条の御誓文	
		a
１９０５	ポーツマス条約が結ばれる	
		b
１９２３	関東大震災がおこる	
		c
１９４１	太平洋戦争勃発	
		d
１９６５	①日韓国交正常化	

略年表

問１　略年表中の下線部①の「韓」にあたる国名を，**正式名称**で答えなさい。

問２　右の資料に関係するできごとがおこった期間として正しいものを，略年表中のａ～ｄの中から１つ選び，マークしなさい。

① a
② b
③ c
④ d

資料

問３　略年表中ａの期間におこったできごととして**誤っているもの**を，次の①～④の中から１つ選び，マークしなさい。

① 藩閥の桂太郎が首相になったことにより，第一次護憲運動がおこった。
② 渋沢栄一が設営に力をつくした官営富岡製糸場が操業を開始した。
② 琉球藩を廃止して沖縄県を設置する琉球処分がおこなわれた。
④ 陸奥宗光が日英通商航海条約を結び，領事裁判権の撤廃に成功した。

問４　略年表中ｃの期間におこった五・一五事件について説明したⅠ・Ⅱの文の正誤の組み合わせとして正しいものを，次の①～④の中から１つ選び，マークしなさい。

Ⅰ：この事件は，陸軍の青年将校が大臣などを殺傷し，東京の中心部を占拠した事件である。
Ⅱ：この事件によって，政党内閣の時代が終わり，軍人が首相になることが多くなった。

① Ⅰ－正　Ⅱ－正　② Ⅰ－正　Ⅱ－誤
③ Ⅰ－誤　Ⅱ－正　④ Ⅰ－誤　Ⅱ－誤

3　次の略地図を見て，あとの問１～問４までの問いに答えなさい。

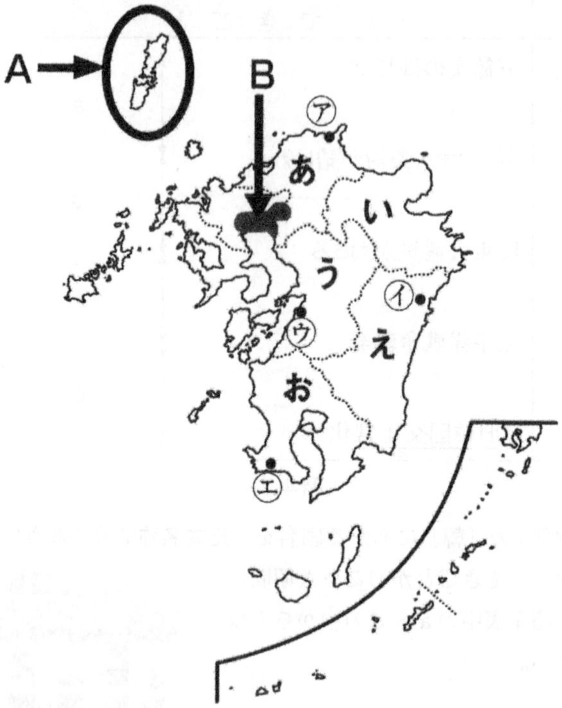

略地図

問１　略地図中のＡの島，Ｂの平野の名称として正しい語句の組み合わせを，次の①～④の中から１つ選び，マークしなさい。

①　Ａ－種子島　　Ｂ－筑紫平野

②　Ａ－種子島　　Ｂ－熊本平野

③　Ａ－対馬　　Ｂ－筑紫平野

④　Ａ－対馬　　Ｂ－熊本平野

問２　略地図中の地域の自然環境について述べたⅠ・Ⅱの文の正誤の組み合わせとして正しいものを，次の①～④の中から１つ選び，マークしなさい。

Ⅰ：九州地方の東西には，それぞれ暖流の黒潮と親潮が流れており，冬でも比較的温暖である。

Ⅱ：九州地方の南部には，火山活動にともなう噴出物が積み重なって生まれたカルストと呼ばれる地層が広がっている。

①　Ⅰ－正　Ⅱ－正　　②　Ⅰ－正　Ⅱ－誤

③　Ⅰ－誤　Ⅱ－正　　④　Ⅰ－誤　Ⅱ－誤

問３　略地図中にある宮崎県に関する(1)～(2)の問いに答えなさい。

(1)　宮崎県の位置として正しいものを，略地図中の**あ**～**お**の中から１つ選び，マークしなさい。

①　**あ**　　②　**い**　　③　**う**　　④　**え**　　⑤　**お**

(2)　次のページの資料は，それぞれ宮崎県でのピーマン栽培に関するものである。それぞれの資料から読み取れることとして**誤っているもの**を，あとの①～④の中から１つ選び，マークしなさい。

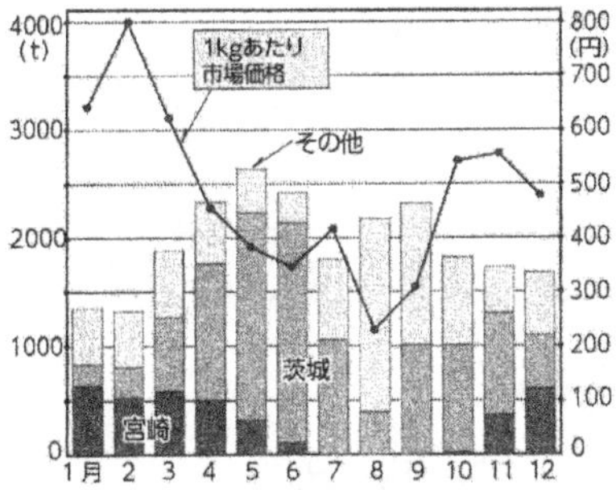

「東京市場のピーマンの入荷量と市場価格（2016年）」
（東京都中央卸売市場資料）

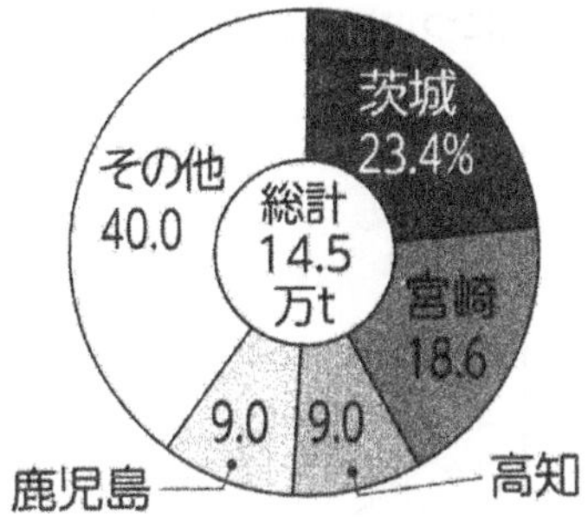

「ピーマンの出荷量(2016年)」
(野菜生産出荷統計)

① 九州地方の中で，宮崎県はピーマン出荷量が最も多い。

② 宮崎県は，ピーマンの促成栽培がさかんである。

③ 東京市場のピーマンの入荷量において，年間を通して宮崎県のピーマンの入荷量が茨城県のピーマンの入荷量を下回っている。

④ 宮崎県のピーマンは，1 kg あたりの市場価格が高くなる時期に出荷をしている。

問４ 前のページの略地図中の㋐～㋓の都市は，枕崎市・北九州市・延岡市・八代市を示している。これらの都市に関する(1)・(2)の問いに答えなさい。

(1) 次の年表は，略地図中の㋐～㋓のある都市のできごとをまとめたものである。この年表が㋐～㋓のどの都市のことをあらわしているのか，次の①～④の中から１つ選び，マークしなさい。

年代	できごと
20 世紀の初め	日本初の本格的な製鉄所が建設される
1960 年代	工場から出るけむりによる大気汚染や，工場排水による水質汚濁が進む エネルギー革命により，石炭の需要が減少する
1970 年代	政府が法律で有害物質の排出を規制する
1980 年代	鉄鋼業に代わり，ＩＣ(集積回路) や自動車などの機械工業が栄える
現在	廃棄物を処理する産業が盛んになる

年　表

① ㋐　② ㋑　③ ㋒　④ ㋓

(2) 設問(1)の都市では，持続可能な社会の実現のためにペットボトルやパソコン，自動車部品などの廃棄物をリサイクルする，資源循環型工場が形成されている。このような地域のことを何と呼ぶか答えなさい。

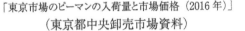

4 次の略地図について，あとの問１～問３までの問いに答えなさい。

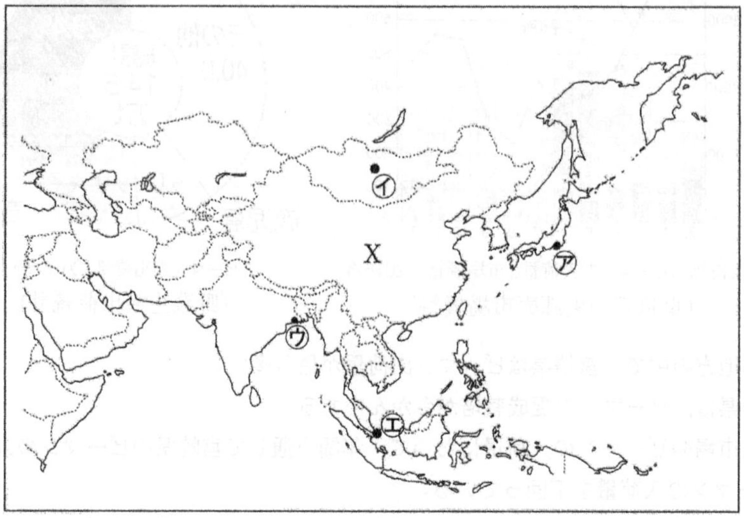

略地図

問１　次の図は，略地図中の㋐～㋓の都市の年間の気温と降水量を示したものである。この都市はそれぞれ，ウランバートル，シンガポール，東京，コルカタを示している。このうち，コルカタの図として正しいものを，次の①～④の中から１つ選び，マークしなさい。

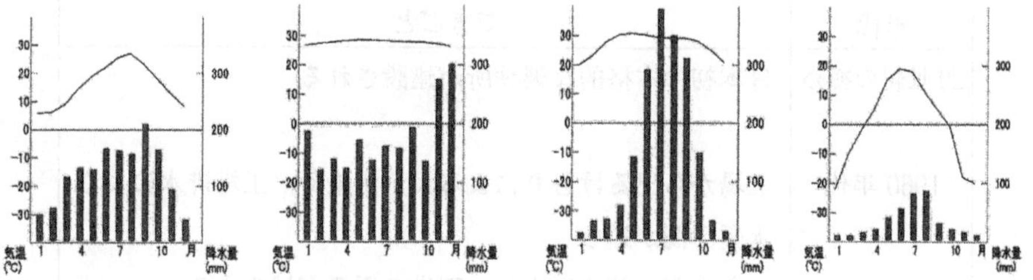

①　②　③　④

（帝国書院 2016 ～ 21 年）

問２　右の円グラフは世界の州の人口比を表している。アジア州（ロシアは除く）を示すものとして正しいものを，次の①～④の中から１つ選び，マークしなさい。

①　A

②　B

③　C

④　D

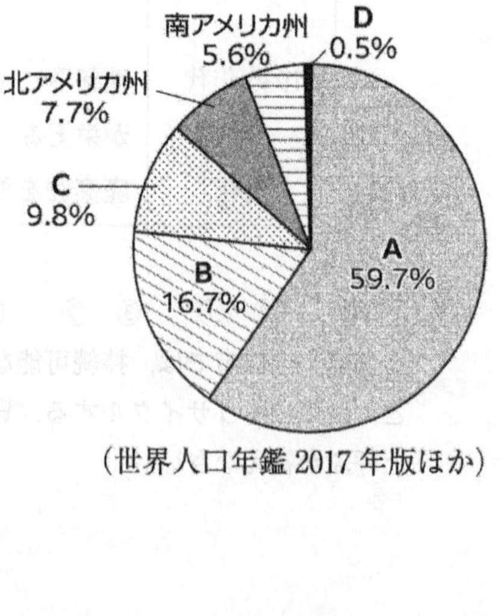

（世界人口年鑑 2017 年版ほか）

問３　前のページの略地図中Ｘの国について，(1)・(2)の問いに答えなさい。

(1)　Ｘの国が1979年以降，対外開放政策の一つとして，海外の資本や技術を導入するために開放した地域のことを何というか，**漢字４文字**で答えなさい。

(2)　次の表は，農作物のおもな生産国を示している。ⅰ～ⅲにあてはまる農作物の組み合わせとして正しいものを，次の①～⑥の中から１つ選び，マークしなさい。

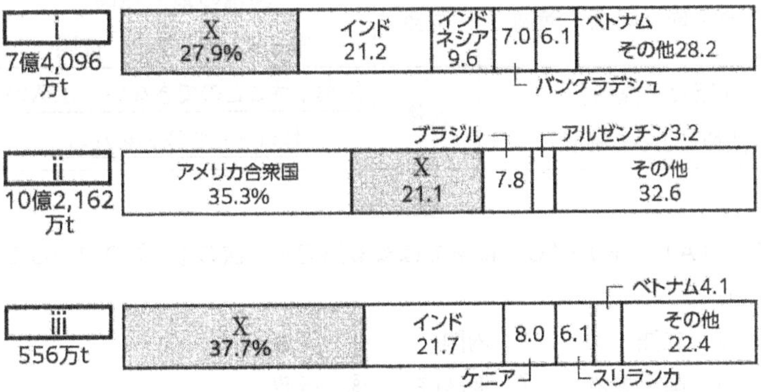

表

（ＦＡＯＳＴＡＴによる，2014年）

① ⅰ：大豆　ⅱ：とうもろこし　ⅲ：米
② ⅰ：大豆　ⅱ：茶　ⅲ：米
③ ⅰ：とうもろこし　ⅱ：大豆　ⅲ：茶
④ ⅰ：とうもろこし　ⅱ：米　ⅲ：大豆
⑤ ⅰ：米　ⅱ：とうもろこし　ⅲ：茶
⑥ ⅰ：米　ⅱ：大豆　ⅲ：茶

5　Ａさんのクラスでは，公民の授業で班ごとにテーマを決めて調べ学習に取り組んだ。次の表はそれぞれの班が調べた内容についての一覧である。この表を見て，あとの問１～問５までの問いに答えなさい。

班	調べた内容
１班	大日本帝国憲法と日本国憲法について
２班	銀行の仕組みと日本銀行の役割について
３班	需要量・供給量・価格の関係について
４班	裁判員制度について

問１　１班は大日本帝国憲法と日本国憲法について調べ，これらの憲法を比較した表（次のページ）を作成した。この表を見て，あとの(1)～(2)の問いに答えなさい。

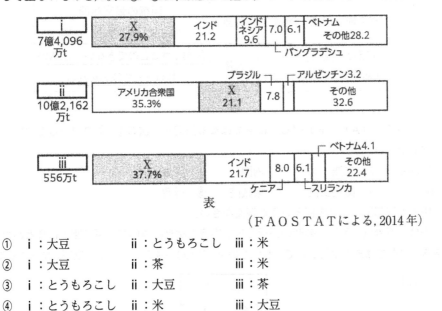

大日本帝国憲法		日本国憲法
天皇が定める欽定憲法	形式	国民が定める民定憲法
天皇主権	主権	（　A　）
各大臣が天皇を輔弼	（　B　）	国会に連帯責任を負う
天皇の協賛（同意）機関	国会	国権の最高機関 唯一の（　C　）機関
「臣民ノ権利」 （法律によって制限）	人権	①おかすことのできない，永久の権利として認められる

表

⑴　表中の空らん（A）・（B）・（C）にあてはまる語句を，次の①～⑧の中から１つずつ選び，マークしなさい。

①　裁判所　　②　立法　　③　内閣　　④　天皇
⑤　国家　　⑥　国民主権　　⑦　衆議院　　⑧　行政

⑵　表中の下線部①のことを何というか答えなさい。

問２　２班は，不景気（不況）の時の銀行と日本銀行の働きについて，下の図Ⅰにまとめた。図Ⅰ中の空らんにあてはまる語句として正しいものを，次の①～④の中から１つ選び，マークしなさい。

図Ⅰ

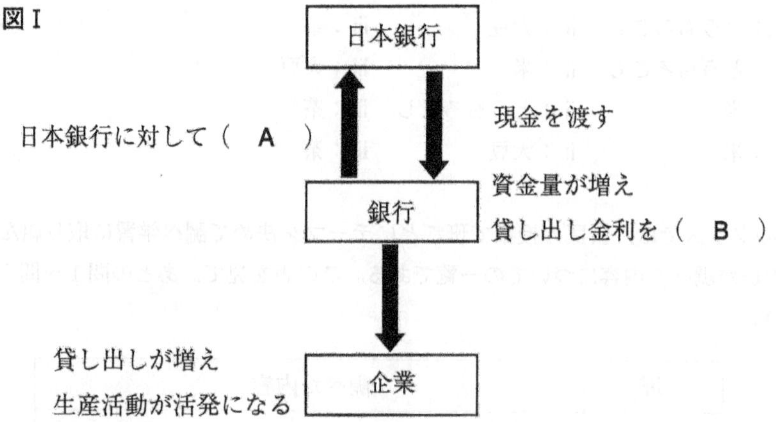

①　（A）－ 国債などを買う　　（B）－ 上げる
②　（A）－ 国債などを買う　　（B）－ 下げる
③　（A）－ 国債などを売る　　（B）－ 上げる
④　（A）－ 国債などを売る　　（B）－ 下げる

問３　２班は日本銀行の役割について，次の**文章**を書いた。文章中の空らんにあてはまる語句を答えなさい。

文章

> 日本銀行は，日本銀行券とよばれる紙幣を発行する（　A　）の役割や，政府が管理するお金が預金され，その出し入れを行う（　B　）の役割を担います。また，日本銀行は，一般の銀行に対するお金の貸し出しや，預金の受け入れを行う（　C　）でもあります。

問４　次の**図Ⅱ**は，需要と供給によって価格が変化する様子をあらわしたものである。３班はこれを使用して市場価格の変動を説明するため，次の**文章**を書いた。この**文章**にあてはまる語句の組み合わせとして正しいものを，次の①～⑥の中から１つ選び，マークしなさい。

図Ⅱ

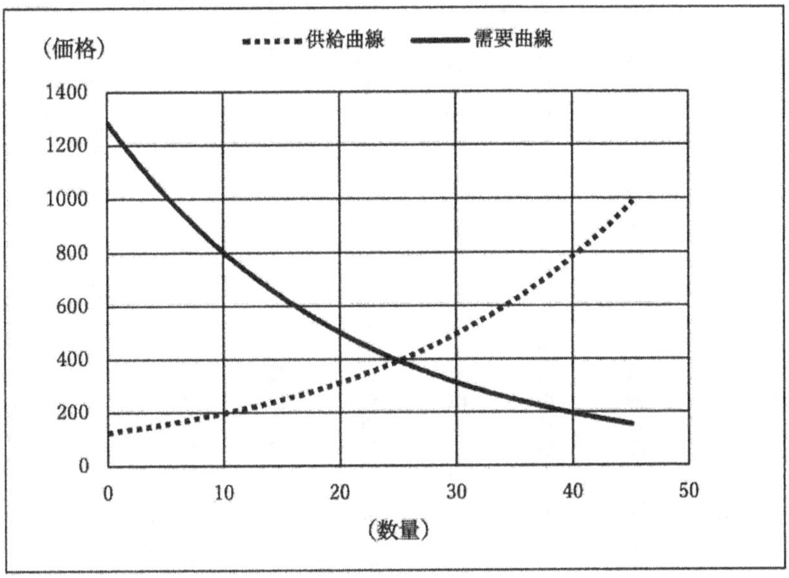

文章

あるお店ではバナナジュースを，はじめは１杯800円で販売していました。しかし，需要量が供給量を（　A　）しまい，バナナジュースは（　B　）杯しか売れず，売れ残りが出てしまいました。

お店では，バナナジュースを１日に25杯以上売りたいと考えているため，今後バナナジュースは（　C　）円以下になることが予想されます。

①　（A）－ 上回って　　（B）－ 40　　（C）－ 200
②　（A）－ 上回って　　（B）－ 20　　（C）－ 400
③　（A）－ 上回って　　（B）－ 10　　（C）－ 400
④　（A）－ 下回って　　（B）－ 40　　（C）－ 200
⑤　（A）－ 下回って　　（B）－ 20　　（C）－ 400
⑥　（A）－ 下回って　　（B）－ 10　　（C）－ 400

問５　４班が調べた裁判員制度について，その説明として正しいものを，次の①～④の中から１つ選び，マークしなさい。

①　裁判員が参加するのは地方裁判所と高等裁判所で行われる第一審と第二審である。
②　裁判員は裁判官と検察，ほかの裁判員とで話し合い，被告人が有罪か無罪かを決定する。
③　裁判員が関わるのは，殺人や強盗致死などの重大な犯罪についての刑事裁判である。
④　裁判員は，満18歳以上の国民の中から，くじと面接と学科試験によって選ばれる。

の裏のはしに書いて送ろうと述べている。

③ 大臣が詠んだもので、恋愛関係にある男女の間で扇をやり取りするのは不吉なのだが、久しぶりに女とやり取りをするきっかけとなったため、再び女の家に訪れることができる嬉しさを扇の裏のはしに書いて送ろうと述べている。

④ 大臣が詠んだもので、恋愛関係にある男女の間で扇をやり取りするのは不吉なのだが、女と久しく会っていない今の自分には扇を今更気にしても仕方がないため、女の家を訪れてあげられない辛さを扇に託して送ろうと述べている。

問七　本文の内容に合致するものを次の中から一つ選び、マークしなさい。

① 三条の右の大臣が中将だったとき、ずっと通い続けていた魅力的な女がいた。

② 女は身分の高い貴族の娘だったので、急なやり取りにも財力を駆使して対応した。

③ 女は大臣の依頼に対して、工夫をこらして色も香りもすばらしい扇を送った。

④ 女とのやり取りを通じて、女のすばらしさに感動した大臣はまた通うようになった。

問八　『大和物語』は平安時代に成立した作品である。これと同じ時代に成立した作品を次の中から一つ選び、マークしなさい。

① 平家物語　② 枕草子　③ 方丈記　④ 宇治拾遺物語

四　次の言葉の対義語をそれぞれ漢字で書きなさい。

1 消費　2 主観　3 拡大　4 需要　5 過去

でしょうか）

（『新編日本古典文学全集十二　『竹取物語　伊勢物語　大和物語　平中物語』所収　大和物語による）

（注）※いますかりける……いらっしゃった。
※さされて……指名されて。
※いでたちたまひけり……お出かけになった。
※さわがしうて……忙しくて。
※よしある女……風流な趣味がある女。
※よくておこせてむ……適切なものを送ってくるだろう。
※ゆゆし……不吉だ。
※忌む……扇は秋風が吹けば捨てられることから、恋愛関係にある男女の間で扇を送ることは忌み嫌われていた。
※おぼして……お思いになって。
※返し……返しの歌。

問一　===線a「かうばしくて」、b「かひ」を現代仮名遣いに直し、それぞれひらがなで書きなさい。

問二　――線1「かかること」とは「このようなこと」という意味だが、その内容にあたる箇所を本文中から三文字で探し、抜き出して書きなさい。（ただし、句読点・記号は含まない）

問三　――線2「ひとつたまへ」とあるが、この時の大臣の気持ちの説明として最も適当なものを次の中から一つ選び、マークしなさい。

①　女がいつも家で使用している扇をお守りとして持っていたいという願望。
②　扇をたくさん持っている女なら一つぐらい分けてくれるだろうという甘え。
③　女の家に置き忘れてきてしまった大切な扇を早く届けてほしいという焦り。
④　今の自分の状況にふさわしい扇を女なら届けてくれるだろうという期待。

問四　――線3「思ひ」、5「おこせたる」、6「ひき返したる」、7「見て」のうち、一つだけ主語が違うものがある。主語が違うものとして最も適当なものを次の中から一つ選び、マークしなさい。

①　3　②　5　③　6　④　7

問五　――線4「清らなる」、8「あはれ」の本文中の意味として最も適当なものを次の中からそれぞれ一つずつ選び、マークしなさい。

4「清らなる」
①　美しい　②　複雑な　③　豊かな　④　みずみずしい

8「あはれ」
①　不愉快だ　②　頼りない　③　趣深い　④　上品だ

問六　Aの和歌の説明として最も適当なものを次の中から一つ選び、マークしなさい。

①　女が詠んだもので、恋愛関係にある男女の間で扇をやり取りするのは不吉なのだが、大臣からの訪れが久しく絶えている今の自分には扇を今更気にしても仕方がないため、大臣に訪れてもらえない辛さを扇に託して送ろうと述べている。
②　女が詠んだもので、恋愛関係にある男女の間で扇をやり取りするのは不吉なのだが、久しぶりに大臣とやり取りをするきっかけとなったため、再び大臣が訪れてくれるようになるという嬉しさを扇

③ 不本意な仕事でも家族のために我慢している亘に、自分の思いのままに生きてほしいと真剣に伝えようと思っている。

④ 話の途中でふざけて笑う亘に、真剣に話を聞いてもらうために、にらみつけて動けなくしようとたくらんでいる。

問五 ――線4「精一杯の強がりが、ぽろりとこぼれて床に落ちる」とあるが、このような表現技法を何というか。最も適当なものを次の中から一つ選び、マークしなさい。

① 隠喩法　② 直喩法　③ 擬人法　④ 倒置法

問六 [X] にあてはまる一文として最も適当なものを次の中から一つ選び、マークしなさい。

① 仕事がつまんないなら、早く転職すればいいのに。

② どんな仕事でも、楽しく取り組む方法はあるでしょうに。

③ 自分の人生がつまんないのを、私達のせいにしないでよ。

④ 私達のことより、もっと自分のことを大事にしてよ。

問七 〰〰線「たしなめて」の本文中の意味として最も適当なものを次の中から一つ選び、マークしなさい。

① 理解を示して　② なぐさめて

③ さげすんで　④ いましめて

問八 ――線5「それなのに、足が県道を横切っていく」についての説明として最も適当なものを次の中から一つ選び、マークしなさい。

① 意志とは裏腹に体が勝手に動いているかのような表現によって、亘が今までごまかしてきた自分の本当の気持ちに向き合いはじめていることを示している。

② 思い通りに体が動かないことを意味する表現によって、亘以外の誰かが亘を意のままに操り、亘の意に反した行動を取らせようとしていることを示している。

③ 疲労が極限でもまだ体が元気に動くということを強調する表現によって、亘が自分の気持ちにまっすぐに向き合って行動していることを示している。

④ 引き返したいという亘の願いもむなしく、体が勝手に動いているかのような表現によって、何事も思い通りにならないものだという亘の思いを示している。

三 次の文章を読んで、後の問いに答えなさい。設問の都合上、一部原文と変えてあります。

三条の右の大臣《おとど》、中将に※いますかりける時、祭の使《つかひ》に※さされて※いでたちたまひけり。通ひたまひける女の、絶えて久しくなりにけるに、「1かかることにてなむいでたつ。2ひとつたまへ」といひやりたまへりける。※さわがしうてなむ忘れにける。扇もたるべかりけるを、※よしある女なりければ、※よくておこせてむと3思ひたまひけるに、色などもいと4清らなる扇の、香などもいとaかうばしくて5おこせたる。6ひき返したる裏のはしの方に書きたりける。

A ※ゆゆしとて※忌むとも今はbかひもあらじ憂きをばこれに思ひ寄せてむ

とあるを7見て、いと8あはれと※おぼして、※返し、

ゆゆしとて忌みけるものをわがためになしといはぬはたがつらきなり

(扇を送るのは不吉であるといって世間では忌み嫌っていることなのに、私のために扇はないとおっしゃらないのは、いったい、だれがつらいことになるの

る。しかし、星バカなら、この時間だからこそ起きているはずだ。あの不思議な老人は、ベランダに出るか、あるいはあのガラスの屋根の下でコーヒーでも飲みながら、肉眼で観る星々を楽しんでいるだろうか。

帰ろう。子供だけじゃなく親まで迷惑をかけてどうする。

自分をたしなめて、※踵《きびす》を返した。少なくとも返そうとしたはずだった。

5 それなのに、足が県道を横切っていく。もう限界に近いふくらはぎにムチを打って、再び走り出す。

(注) ※サッカークラブを辞めさせるよう説得しなくちゃならない……伊丹氏の家に入る前に、彼方はサッカークラブを辞めたがっているが、一華が許してくれないということを亘に話している。

※彼方を尾けた夜……この場面の前日の夜、亘と一華は夜中の二時に家を出ていく彼方を尾行して、近所の公園で友人と共に天体観測をしているのを見つけた。

※宇宙人はいると心底信じている……一華は亘に、子どもの頃ＵＦＯと遭遇したと話している。

※会社でやった評価面談の研修……亘が会社で受けた研修で、評価の低い部下に対し、彼らを傷つけず、その評価を前向きにとらえられるように告げるトレーニング。

※欺瞞……あざむきだますこと。

※ドームハウス……伊丹氏の家を指す。ドーム状の屋根の半分がガラス製で、星が観測できるようになっている。

※踵を返した……「踵」はかかとのことで、「踵を返す」で引き返すという意味。

問一 ══線ａ～ｅの漢字は読みをひらがなで、カタカナは漢字で書きなさい。

問二 ――線1「俺には、ただの刃だった」とあるが、それはなぜか。最も適当なものを次の中から一つ選び、マークしなさい。

① 父親として必死に仕事を頑張ってきたので、息子につまらなそうに仕事をしていると思われることは心外だから。

② 父親として息子を気遣うべき立場の自分が逆に息子に気遣われることで、自分の情けなさを思い知らされるから。

③ 父親としては息子の優しさに感動すべきだとは思ったが、家計が苦しいために心から感動することができないから。

④ 父親としては一家の主としての威厳を保ちたいのに、息子に憐れみをかけられたことで屈辱的な気分になったから。

問三 ――線2「一華はひゅっと息を吸い込んだあと、複雑な表情をした」とあるが、この時の「一華」の気持ちを説明した次の文の□にあてはまる二字の熟語を、本文中から抜き出して書きなさい。

望遠鏡には興味があるが、天体観測との関わりを避けている亘に□して、それを表に出すことを我慢している。

問四 ――線3「一華が、真面目だった表情をさらに引き締めた」とあるが、この時の「一華」の気持ちの説明として、最も適当なものを次の中から一つ選び、マークしなさい。

① 亘につらい気持ちを打ち明けてもらうと共に、もっと楽しく仕事に取り組むように説得しようと決意している。

② 気をつけていたつもりではあったが、亘の気持ちを傷つけてしまい、慎重に言葉を選んで話そうと考えている。

※宇宙人はいると心底信じている瞳が、俺を捉《とら》える。逃げようとするのに、射《い》すくめられてできない。

「いつでも、選び直せるよ」

「いや、そんな簡単なことじゃないだろう。もう、そんな迷惑かけられないよ」

「簡単だよ。決意すれば、世界は明日変わるんだから」

「ごめん、疲れてるんだ。そういうの、今日はいいから」

「ねえ、もっと自分を大事にしてよ。私も彼方も、あなたが心配なの。私達、あなたを不幸にしてまで今の暮らしをつづけたいなんて思ってないんだよ」

好き勝手なこと、言わないでくれよ。俺は、二人のためにあの電車に揺られてるんだ。決まった時間に決まった席に毎日座って、その対価に、決まった給料をもらってるんだ。人生の時間を売り渡して、家族のために金に換えてるんだ。

これを、どうやってオブラートにつつんで伝えればいい？ ※会社でやった評価面談の研修は、少なくとも家族とのコミュニケーションには応用できない。

「じゃあ、まず彼方をサッカーから解放してやれよ」

4精一杯の強がりが、ぽろりとこぼれて床に落ちる。多分、情けないほど軽い音がした。

「悪い、ちょっとコンビニに炭酸買いに行ってくるわ」

「え、ちょっと待ってよ」

一華の声を振り切って、玄関まで大股で歩き、外へと出た。

もう、この生活の出口は、定年退職にしか残されていない。ただ決められた場所に向かって、歩きつづけるしかないんだ。

スピードをつけて夜道を歩く。頭上に星々の瞬きを感じても、いつもと同じように無視を決めこむ。星など俺の世界には存在していないように振る舞う。

二人にずっと気を遣われていた。憐《あわ》まれていた。つまらないのに毎日まいにち仕事に行って、何てかわいそうなおっさんだと心配されていた。

二人のために、耐えていたのに。

こんな父親でいいのか？

地球に落ちた一粒の隕石《いんせき》みたいな孤独な問い。しかし、そんな言い方は、狡《ずる》い。本当は、こんな自分でいいのかという、より根源的な問いなのだ。その※欺瞞《ぎまん》を、妻と息子の両方に、とっくに暴かれていたのだ。

X

そう、鋭くつかれたのだと思った。

こんな自分で、いいのか。これからも、こんな自分と生きていくのか。

気がつくと、ろくに運動もしていないなまった両足で駆け出していた。すぐに息が上がる。ふくらはぎが張る。脂ぎった汗がこめかみを伝う。自分がこんなおっさんになるなんて、安い天体望遠鏡で月のクレーターに歓声を上げていた少年の頃、想像もしていなかった。俺の頭上には、満天の星が輝いていた。

いつしか、住宅街の端まで来ていた。県道を渡ってしばらく行けば、あの※ドームハウスへ、星の世界へと通じている坂道がある。

馬鹿な、こんな時間に何を――。

手元のスマートフォンで確認すると、夜の十時をとっくに過ぎてい

「――うん、わかった」
　こんなことくらいしか、今はしてやれない。もしかしてこれからも、ずっと。
　話を逸《そ》らして、家に戻るのが精一杯だった。

　その夜、彼方が寝て静かになってから、一華に伊丹さんのことを話して聞かせた。まず母親らしく彼方のサボりに腹を立てた一華は、つづいて伊丹さんに迷惑をかけていなかったかをしきりに気にしだしている。
「決して迷惑をかけていないとは言えないんだけど、歓迎されてないってわけでもないと思う。現に、何度もお邪魔しているわけだし」
「そんなに何度もサッカークラブをサボってたわけ？　クラブもクラブよ。連絡をくれたっていいのに」
「まあ、塾とかでちょくちょく休む子も多いしな。あいつ、本気でサッカー楽しくないみたいだぞ」
「でもやりたいって言い出したの、あの子よ？　そんな簡単に辞めさせていいの？　ユニフォーム代とか、入会金とか色々かかってるし」
「うん。でも今はさ、何でも色々やってみて、肌で好き嫌いを感じていい時期なんじゃないのか？」
　それでもまだ頷《うなず》ききらない一華に、とっておきの最終兵器を囁《ささや》く。
「伊丹さんのとこにさ、四十センチ口径くらいのでっかい望遠鏡があったんだ。あれが覗《のぞ》けるんじゃ、そりゃ、サッカーより伊丹さんのところに行くだろうよ。何せ、俺らの子だしさ」
　わかりやすく目を輝かせるかと思ったら、2一華はひゅっと息を吸い込んだあと、複雑な表情をした。
「あのさ、前々から思ってたんだけど、別に俺に気を遣うなよ。二人が天体観測を楽しむのは全然気にしない。むしろ、そうやって気遣われるほうが戸惑うっていうか」
「そっか。そうだよね」
「今夜なんて、彼方にまで気遣われちゃってさ」
「え、何があったの？」
　先ほど、彼方の口から放たれた言葉達を、そっくりそのまま一華に伝える。
「俺、毎日出勤のe度にそんなにつまんなそうなオーラ、出してたかな」
「うん、出してた」
　あっさりと肯定され、わかっていたことでも肩が落ちる。
「実は、私にも一度、聞いてきたんだよね。一ヶ月くらい前だったかな。お父さんって、仕事つまんないの？　仕事ってつまんないのって。※彼方を尾《つ》けた夜、何か変わった様子がなかったか聞いたでしょ？　あの時、打ち明けようかと思ったんだけど」
　その先を言い淀《よど》んだ一華を責めることはできなかった。
「そうか。何て答えたんだ？」
「人によるよって。お仕事が楽しくて仕方がないっていう人もいるし、お仕事がつまんなくて変えたいとか、辞めたいって思ってる人もいるんだよって」
　つい、自嘲《じちょう》気味の笑いが漏《も》れる。3一華が、真面目だった表情をさらに引き締めた。
「でも、いつでも選び直せるから心配しなくていいよ、とも言ったけどね」

「伊丹《いたみ》」という老人の家に通っていることを知り、彼方と共にそこを訪ねる。老人は自宅に巨大な電波望遠鏡を設置して宇宙人を探している研究者だった。亘は老人に息子が迷惑をかけていることを詫《わ》び、彼方と共に老人の家を出る。以下は、それに続く場面である。これを読んで、後の問いに答えなさい。なお、設問の都合上、一部原文と変えてあります。

「すげえ面白かったでしょ、じいさんの家」

帰り道、彼方の声は足取りと同じくらい楽しそうにa弾んでいたが、俺の気は重かった。このあと帰ったら一華にもことの次第を報告し、※サッカークラブを辞めさせるよう説得しなくちゃならない。

「ねえ、僕さ、これからもじいさんの家に行っていいんだよね」

「伊丹さんがいいっておっしゃってくださっている限りはな。だけど、内緒で行くのはダメだ。必ず連絡すること。それと、できればお母さんと一緒に行くように」

「ええ!? それってかえって迷惑じゃないの?」

「だからって、子供だけで行かせるわけにいかない。少なくとも、一度はお母さんもご挨拶《あいさつ》にうかがわないと」

一度あの家に足を踏み入れたら、一華も行くのを嫌がりはしないだろう。彼方のためというのもあるが、自分の楽しみのために。

一華は俺に遠慮して、自らの望遠鏡をbフウインしているのだ。そろそろ解放してやりたかった。

区画整理された住宅街へと入る手前で、彼方が思い切ったように尋ねてきた。

「あのさ、お父さんって、仕事つまんないの?」

「え?」

彼方は、ごく真剣な表情でこちらを見上げている。あまりにも不意打ちで、親として正しい返答が見つけられず、しばし立ちつくした。

この表情の我が子に、嘘《うそ》をつきたくない。かといって、本心を告げることはできない。

「楽しいに決まってるだろう」

彼方がゆっくりと首を左右に振る。

「嘘だ。仕事、つまんないでしょう。我慢してつづけてるのって、僕のせい? 僕を育てなくちゃいけないから?」

「まさか」

短い一言を発したきり、言葉がつづかなくなった。

「辞めていいよ。僕はサッカークラブ辞めていいのにさ、お父さんは辞めちゃダメなのって変でしょ? 僕、別に家がcビンボウになってもいいよ」

これは、感動していい言葉なのかもしれない。だが、1俺には、ただの刃《やいば》だった。十一歳の子供が、父親がつまらない顔をして通勤していることを見抜き、気遣っている。父親にとって、これほど身につまされる出来事があるだろうか。

こんな背中を、息子に見せつづけていいのか。

常に心の奥底で靄《もや》のようにd漂っている憂鬱《ゆううつ》が、くっきりとした声になって響く。

「そうか。彼方は、そんなことを思っていてくれたのか。ありがとうな。あのさ、伊丹さんのことやサッカークラブのことは、まず俺からお母さんに上手《うま》く話しておくから、いったん預からせてくれよ」

の正確な情報が得られるはずなのに、言語や宗教、生活習慣が違う場所で、言語の違いによるコミュニケーションの失敗経験を持たないと、ほんとうの自分に出会えないと考えているから。

③ 自分のことをよく知る人に対してロングインタビューをすることでしか、ほんとうの自分を知ることはできないのに、言語や宗教、文化や生活習慣も違うところで生活する人に聞かないと、ほんとうの自分を知ることはできないと考えているから。

④ 自分のことをよく知る人に対してロングインタビューをすることで、ほんとうの自分を知るために有用な情報を探してみるべきなのに、海外における自己表現の経験を多く持つことが、ほんとうの自分を知るために必要不可欠なことだと考えているから。

問六 X ～ Z に入る言葉の組み合わせとして最も適当なものを次の中から一つ選び、マークしなさい。

① X たとえ　Y むしろ　Z まるで

② X たとえ　Y まるで　Z むしろ

③ X もし　Y むしろ　Z まるで

④ X もし　Y まるで　Z むしろ

問七 ――線5「『ほんとうの私』」とあるが、それはどういうものか。その説明として最も適当なものを次の中から一つ選び、マークしなさい。

① 他者との共同作業を通じて、他の人が代わるのは難しい機能を果たすことで、初めて他者によってつくり上げられるもの。

② 他者との共同作業を通じて、他の誰も代わることができない働きをしたと他者から認められることで、初めて確かになるもの。

③ 他者との共同作業を通じて、他の人が代わることができないユニークな面を宣言して、初めて他者から認められるもの。

④ 他者との共同作業を通じて、他の誰も代わることができない役割を他者に与えることから、初めて自己がつくり上げていくもの。

問八 本文の内容に合うものとして最も適当なものを次の中から一つ選び、マークしなさい。

① 現代日本の教育行政は、子どもたちに対する教育の方向性としてビジネス活動との連携を充実させることに全力を尽くしている。

② 現代の「自分探し」主義者たちは、自分の興味・関心が何かを探し求める「自分探し」をすることで、外部評価の好転を目指す。

③ 「ほんとうの自分探し」というものがあるならば、それは自分を含む社会構造において、自己の役割を自分の内側から探し出すものである。

④ 自分の興味・関心に合う有用なものでなければ認めないとする価値づけが、いたるところで行われていることが、教育崩壊の根本にある。

二 本文は成田名璃子の小説『ひとつ宇宙《そら》の下』の一部である。主人公である井上亘《わたる》（＝「俺《おれ》」）は医療機器メーカーに勤めるサラリーマンで、大学時代に天文サークルで知り合った妻の一華《いちか》と、息子の彼方《かなた》の三人で暮らしている。亘は大学院生の時に家業の倒産によって天文学者になるという夢をあきらめ、現在の会社に就職したという過去を持っているが、彼方にはそれを隠し、天文については全くの素人であるように装《よそお》っている。ある日亘は彼方がサッカークラブをサボってましいとみる」という点です。かりにひろく社会的に有用であると認知されているものであったとしても、「オレ的に見て」有用性が確証されなければ、あっさり棄却される。

そのような手荒な価値づけがあらゆる場面で行われています。それが教育の崩壊のいちばん根本にあることだと思います。

（内田樹『下流志向』による）

（注）※スポイル……だめにすること。　※刈谷剛彦……社会学者。

※ジャストフィット……ぴったり合うこと。

※中教審……教育・学術・文化に関する施策について調査や審議などを行う文部科学省内に置かれた審議会の略称。

※通俗的……誰にでも分かりやすいさま。

※余人……他の人。　※内発的……内部から自然に生じること。

問一　＝＝線A「プロセス」・B「メディア」の意味として最も適当なものを次の中からそれぞれ一つずつ選び、マークしなさい。

A「プロセス」　①　約束　②　活動　③　過程　④　構造

B「メディア」　①　媒体　②　世間　③　雑誌　④　舞台

問二　――線1「逆の方向」とは何を指しているか。その説明として最も適当なものを次の中から一つ選び、マークしなさい。

①　現代の教育改革は、ビジネスの世界で活躍できる力を子どもたちに与えることを目指していること。

②　現代の教育改革は、消費社会で主体的に生きる力を子どもたちに持たせることを目指していること。

③　現代の教育改革は、子どもたちを学びの流れに入れずに、そこから引き離すことを目指していること。

④　現代の教育改革は、子どもたちを本来の意味での教育という流れに近づけることを目指していること。

問三　――線2「『自分探し』」とあるが、これはどのような人が、何のために行うことだと筆者は考えているか。本文中の語句を用いて、四十字以上五十字以内でわかりやすく説明しなさい。

問四　――線3「人格的に成長する」とあるが、筆者は例えばどのようにすることが人格的成長につながると述べているか。その説明として最も適当なものを次の中から一つ選び、マークしなさい。

①　自己評価の方が外部評価より高い場合に、他者が納得できるようなレベルでの敬意や威信を他者に伝えるように努力すること。

②　自己評価の方が外部評価より高い場合に、自分が納得できるレベルでの敬意や威信を他者から得るように努力すること。

③　自己評価の方が外部評価より低い場合に、自分が納得できるレベルでの敬意や威信を他者からもらえるように努力すること。

④　自己評価の方が外部評価より低い場合に、他者が納得できるようなレベルでの敬意や威信を自己が感じられるように努力すること。

問五　――線4「奇妙な発想法」とあるが、このように述べるのはなぜか。その理由として最も適当なものを次の中から一つ選び、マークしなさい。

①　自分のことをよく知る人からの方が、ほんとうの自分を知るために役立つ情報が得られるのに、言語や宗教、文化や生活習慣も違う場所で行うコミュニケーションによってほんとうの自分を知ることができると考えているから。

②　自分のことをよく知る人からの方が、ほんとうの自分を知るため

されてよいはずだし、もっと愛されてよいはずだし、もっと多くの権力や威信や財貨を享受してよいはずだ。おそらく、そう思う人たちが「自分探しの旅」に出てしまうのです。

「自分探し」というのは、自己評価と外部評価のあいだにのりこえがたい「ずれ」がある人に固有の出来事だと言うことができます。

　自己評価の方が外部評価よりも高い。人間はだいたいそうですから、そのこと自体は別に問題とするには当たりません。その場合に、自分でも納得のゆくくらいの敬意や威信を獲得するように外部評価の好転に努める、というのがふつうの人間的成長の行程であるわけです。でも、中には外部評価を全否定するという暴挙に出る人もいます。「世間のやつらはオレのことをぜんぜんわかっちゃいない」だから、「世間のやつら」が一人もいないところに行って、外部評価をいったんリセットしようというわけです。※通俗的な意味で理解されている「自分探しの旅」というのは、どうもそういうもののようです。でも、これはあまりうまくゆきそうもありません。

　それは自分の自分に対する評価の方が、他者が自分に下す評価よりも真実である、という前提に根拠がないからです。自分のことは自分がいちばんよく知っているというのは残念ながらほんとうではありません。

「ほんとうの私」というものがもしあるとすれば、それは、共同的な作業を通じて、私が「※余人を以《もっ》て代え難い」機能を果たしたあとになって、事後的にまわりの人たちから追認されて、はじめてかたちをとるものです。私の唯一無二性は、私が「オレは誰がなんと言おうとユニークな人間だ」と宣言することによってではなく、「あなたの役割は誰によっても代替《だいたい》できない」と他の人たちが証言してくれたことではじめて確かなものになる。

　ですから、「自分探し」という行為がほんとうにありうるとしたら、それは「私自身を含むネットワークはどのような構造をもち、その中で私はどのような機能を担っているのか?」という問いのかたちをとるはずです。

　しかし、僕たちが知っている「自分探し」主義者たちが口にする問いはそういうものではありません。彼らの視線は自分の外ではなく、ひたすら自分の内側に向かいます。 Z 、彼ら彼女ら自身がなにものであり、この世界でなすべきことがなにであるかの回答のすべてが、自分の中に書いてあるかのように。この点について苅谷さんはこう書いています。

《人びとが何かを行おうとするとき、その行為の動機がどれだけ個人の心の内側から発するものか。教育心理学の用語を使えば、「※内発的に動機づけられているか」どうかによって、私たちの社会はその行為を価値づけることに慣れ親しんできた。打算や利害によるよりも、自発性が尊ばれる。金儲《もう》けや権力・名声の獲得といった、自己に外在的な目標をめざして行動するよりも、自分の興味・関心にしたがった行為のほうを望ましいとみる。個性を尊重する社会では、自己の内側の奥底にある「何か」のほうが、外側にある基準よりも、行動の指針として尊ばれる。》

(苅谷剛彦『階層化日本と教育危機――不平等再生産から意欲格差《インセンティブ・ディバイド》社会へ』)

　これはたいへんに重要な指摘です。問題は「自己に外在的な目標をめざして行動するよりも、自分の興味・関心にしたがった行為のほうを望

【国語】（四五分）〈満点：一〇〇点〉

一　次の文章を読んで、後の問いに答えなさい。設問の都合上、一部原文と変えてあります。

子どもたちを学びのAプロセスに投じること、それが私たちに課せられた人類史的な責務であるにもかかわらず、現代日本の教育行政も、Bメディアを賑《にぎ》わす教育論も、それとはまったく1逆の方向に向けて「教育改革」を進めようとしています。教育について語る言葉はひたすらビジネスの用語に接近してきていますし、子どもたちを消費主体としていっそう純化させる方向に教育関係者が全力を尽くしているように僕の目には見えます。

子どもたちの※スポイルがほとんど国策的に遂行されていることは早くから東大の※苅谷剛彦さんが指摘しています。

2「自分探し」というのは、それまでの生活をリセットして、どこか遠いところに出かけてしまいたいという若い日本人の欲望に※ジャストフィットしたせいで、ひろく流布《るふ》した言葉です。あまり知られていないことですが、「子供たちの『自分さがしの旅』を扶《たす》ける営み」としての教育という言い方が最初に登場したのは、橋本内閣時代の※中教審答申（『二一世紀を展望した我が国の教育の在り方について』第一次答申）においてなのです。

「自分はほんとうはなにものなのか」「自分はほんとうはなにをしたいのか？」

ちょっと申し上げにくいのですが、このような問いを軽々《けいけい》に口にする人間が3人格的に成長する可能性はあまり高くありません。少し考えてみればわかります。

「自分探しの旅」にでかける若者たちはどこへ行くでしょう？　ニューヨーク、ロサンゼルスへ。あるいはパリへ、ミラノへ。あるいはバリ島やカルカッタへ。あるいはバグダッドやダルエスサラームへ。どこだっていいんです。自分のことを知っている人間がいないところなら、どこだって。自分のことを知らない人間に囲まれて、言語も宗教も生活習慣も違うところに行って暮らせば、自分がほんとうはなにものであるかわかる。たぶん、そんなふうに考えている。

でも、これはずいぶん4奇妙な発想法ですね。

X、自分がなにものであるかほんとうに知りたいと思ったら、自分をよく知っている人たち（例えば両親とか）にロング・インタビューしてみる方がずっと有用な情報が手に入るんじゃないでしょうか？　外国の、まったく文化的バックグラウンドの違うところで、言葉もうまく通じない相手とコミュニケーションして、その結果自分がなにものであるかがよくわかるということを僕は信じません。

ですから、この「自分探しの旅」のほんとうの目的は「出会う」ことにはなく、Y私についてのこれまでの外部評価をリセットすることにあるのではないかと思います。

二十年も生きてくれば、どんな人でもそれなりの経験の蓄積があり、その能力や見識について、ある程度の評価は定まってきます。この「自分探し」の方たちは、その評価に不満がある。たぶん、そうだと思います。家庭内や学校や勤め先で、その人自身の言動の積み重ねの結果与えられた「あなたはこういう人ですね」という外部評価に納得がゆかない。自分はもっと高い評価が与えられてしかるべきである。もっと敬意を示

2022年度

解　答　と　解　説

《2022年度の配点は解答欄に掲載してあります。》

<数学解答>

1　(1)　ア　－　イ　1　ウ　3　エ　5　オ　0　(2)　カ　－　キ　1　ク　9
ケ　2　コ　2　(3)　サ　－　シ　3　ス　4　セ　3　ソ　5　(4)　タ　5
チ　3　(5)　ツ　2　テ　8　(6)　ト　7　(7)　ナ　2　ニ　5　ヌ　3
(8)　ネ　－　ノ　3　ハ　－　ヒ　5　(9)　フ　4　ヘ　2

2　(1)　$3x+2y=50$　(2)　21

3　(1)　$\frac{1}{2}$　(2)　$\frac{1}{3}$　(3)　$\frac{1}{12}$

4　(1)　△AFG：△AGC＝2：3　(2)　△GAC：△GEF＝9：4
(3)　△ABF：△GEF＝15：4

5　(1)　A(4, 32)，B(－1, 2)　(2)　20　(3)　C(－2, －4)

○配点○
各5点×20(5(1)完答)　計100点

<数学解説>

基本 **1** (数・式の計算，平方根の計算，連立方程式，式の値，因数分解，2次方程式，1次関数の変域，角度)

(1)　$\left(0.3-\frac{1}{2}\right)^2-\frac{12}{25}\div\frac{8}{5}=\left(\frac{3}{10}-\frac{5}{10}\right)^2-\frac{12}{25}\times\frac{5}{8}=\frac{4}{100}-\frac{3}{10}=\frac{4}{100}-\frac{30}{100}=-\frac{26}{100}=-\frac{13}{50}$

(2)　$\frac{4}{\sqrt{3}}(\sqrt{6}-\sqrt{54})-\frac{3}{\sqrt{2}}=4\sqrt{2}-4\sqrt{18}-\frac{3\sqrt{2}}{2}=4\sqrt{2}-12\sqrt{2}-\frac{3\sqrt{2}}{2}=\frac{8\sqrt{2}-24\sqrt{2}-3\sqrt{2}}{2}=\frac{-19\sqrt{2}}{2}$

(3)　$\left(-\frac{3}{2}a^3b^2\right)^2\div\left(-\frac{15}{4}a^2b\right)=-\frac{9a^6b^4}{4}\times\frac{4}{15a^2b}=-\frac{3a^4b^3}{5}$

(4)　$1.8x-0.5y=7.5$　両辺を10倍して，$18x-5y=75$…①　$\frac{x+1}{3}-\frac{y-1}{4}=\frac{3}{2}$　両辺を12倍して，$4(x+1)-3(y-1)=18$　$4x-3y=11$…②　①×3－②×5から，$34x=170$　$x=5$　これを②に代入して，$4\times5-3y=11$　$3y=9$　$y=3$

(5)　$3a(a-2b)-(a-3b)^2=3a^2-6ab-(a^2-6ab+9b^2)=3a^2-6ab-a^2+6ab-9b^2=2a^2-9b^2$　$a=2\sqrt{5}$，$b=\frac{2}{\sqrt{3}}$を代入すると，$2\times(2\sqrt{5})^2-9\times\left(\frac{2}{\sqrt{3}}\right)^2=2\times20-9\times\frac{4}{3}=40-12=28$

(6)　$x-y=X$とすると，$(x-y)^2-x+y-2=X^2-X-2=(X+1)(X-2)=(x-y+1)(x-y-2)$

(7)　$(3x-2)^2=5$　$3x-2=\pm\sqrt{5}$　$3x=2\pm\sqrt{5}$　$x=\frac{2\pm\sqrt{5}}{3}$

(8)　$y=ax+4$は$a<0$から，$x=-2$のとき最大値10，$x=3$のとき最小値bをとる。$10=-2a+4$から，$2a=-6$　$a=-3$　$b=-3\times3+4$から，$b=-5$

(9)　補助線OEを引くと，$\angle COE=(180°-20°)\times\frac{3}{5}=160°\times\frac{3}{5}=96°$　円周角の定理から，$\angle CDE=\frac{96°}{2}=48°$　CDは円Oの直径だから，$\angle CED=90°$　△CDEにおいて内角の和の関係から，

$\angle x=180^\circ-48^\circ-90^\circ=42^\circ$

[2] (連立方程式の応用問題)

基本 (1) 赤色のコインの個数は，$3x+y$　黒色のコインの個数はy　よって，$3x+y+y=50$　$3x+2y=50$

(2) (1)から，$3x+2y=50$…①　$x+3x+y=45$　$4x+y=45$…②　②×2−①から，$5x=40$　$x=8$　これを②に代入して，$4\times8+y=45$　$y=45-32=13$　よって，$8+13=21$(枚)

[3] (確率)

基本 (1) 玉の取り出し方は全部で，$3\times3\times4=36$(通り)　そのうち，3けたの自然数が2の倍数になるのは，箱Cから2か4の玉を取り出した場合だから，$3\times3\times2=18$(通り)　よって，求める確率は，$\frac{18}{36}=\frac{1}{2}$

(2) 3けたの自然数が3の倍数になるのは，各けたの数の和が3の倍数になるときだから，123，132，141，144，222，231，234，243，321，324，333，342の12通り。よって，求める確率は，$\frac{12}{36}=\frac{1}{3}$

(3) 3けたの自然数がある整数の平方になるのは，$121(=11^2)$，$144(=12^2)$，$324(=18^2)$の3通り。よって，求める確率は，$\frac{3}{36}=\frac{1}{12}$

[4] (平面図形の計量問題－平行線と線分の比の定理，面積比)

基本 (1) 平行線と線分の比の定理から，FG：GC＝GE：GA＝2：3　△AFG：△AGC＝FG：GC＝2：3

(2) △GAC∽△GEFで相似比は，GA：GE＝3：2　よって，△GAC：△GEF＝$3^2:2^2$＝9：4

重要 (3) △ABF＝△ACF＝$\frac{5}{3}$△GAC＝$\frac{5}{3}\times\frac{9}{4}$△GEF＝$\frac{15}{4}$△GEF　よって，△ABF：△GEF＝15：4

[5] (図形と関数・グラフの融合問題)

基本 (1) $y=2x^2$…①　$y=6x+8$…②　①と②から，yを消去すると，$2x^2=6x+8$　$x^2=3x+4$　$x^2-3x-4=0$　$(x+1)(x-4)=0$　$x=-1,\ 4$　$y=2\times(-1)^2=2$，$y=2\times4^2=32$　よって，A(4，32)，B(−1，2)

(2) 直線ABとy軸との交点をPとすると，△OAB＝△OAP＋△OBP＝$\frac{1}{2}\times8\times4+\frac{1}{2}\times8\times1=16+4=20$

重要 (3) 点Dのx座標をdとすると，$d<0$から，△OAD＝△OAP＋△ODP＝$16+\frac{1}{2}\times8\times(-d)=16-4d$　$16-4d=32$から，$4d=-16$　$d=-4$　$y=6\times(-4)+8=-16$　D(−4，−16)　$y=ax^2$に点Dの座標を代入して，$-16=a\times(-4)^2$　$-16=16a$　$a=-1$　$y=-x^2$…③　②と③からyを消去すると，$6x+8=-x^2$　$x^2+6x+8=0$　$(x+2)(x+4)=0$　$x=-2,\ -4$　$x=-2$を③に代入して，$y=-(-2)^2=-4$　よって，C(−2，−4)

★ワンポイントアドバイス★

[5](3)で，点Dのx座標dは負の数なので，面積の計算をするとき，$-d$として計算することに気をつけよう。

＜英語解答＞

1 ［選択問題］ サミッティアコース・グローバルコース

Part 1 No. 1 ② No. 2 ② No. 3 ② No. 4 ④ No. 5 ①

Part 2 No. 1 ③ No. 2 ③ No. 3 ① No. 4 ③ No. 5 ④

2 ［選択問題］ アカデミアコース

(1) (ア) ④ (イ) ② (ウ) ③ (2) (ア) ④ (イ) ③

(3) (ア) ① (イ) ② (ウ) ② (エ) ① (オ) ②

3 (1) ③ (2) brown (3) ④

4 (1) ③ (2) ② (3) ①

5 (1) ④ (2) ② (3) ③ (4) ① (5) ④

6 (1) A too B to (2) working (3) ③ (4) c

7 (1) worth watching (2) satisfied with (3) has been

(4) chorus contest (5) human rights

8 (1) This picture reminds us of our happy days. (2) You should check him out on the Internet. (3) He stood on his hands with Ken's help. (4) Your last performance on TV was really awesome. (5) Many birds will do serious damage to forests.

○配点○

サミッティアコース

1, 6(3) 各2点×11 3, 4 各4点×6 他 各3点×18 計100点

グローバルコース

1 各4点×10 3, 4 各8点×6 6(3) 2点 他 各5点×18 計180点

アカデミアコース

2, 6(3) 各2点×11 3, 4 各4点×6 他 各3点×18 計100点

＜英語解説＞

1 リスニング問題解説省略。

2 **(発音問題，アクセント問題，会話文問題：文選択補充，語句整序，語句選択補充，内容吟味)**

(1) (ア) [íː]の発音。④のみ[é]の発音。①「届く，着く」，②「弱い」，③「理由」，④「広がる」。 (イ) [θ]の発音。②のみ[ð]の発音。①「感謝する」，②「そこに[で，へ]」，③「1000(の)」，④「～を通り抜けて」。 (ウ) [á]の発音。③のみ[ʌ́]の発音。①「ドル」，②「大学」，③「他の」，④「積極的な」。

(2) (ア) 第1音節を強く発音する。④のみ第2音節を強く発音する。①「お母さん」，②「自然」，③「色」，④「行事」。 (イ) 第1音節を強く発音する。③のみ第2音節を強く発音する。①「遺産」，②「インド人(の)，インドの」，③「伝統」，④「インタビュー，面接」。

(3) (全訳) アレックス：昨日，ぼくは日本の本を読んだよ。／マサト：(a)どんな本？／アレックス：『奥の細道』だよ。今，ぼくは日本の古い本に興味があって，松尾芭蕉について知りたいんだ。／マサト：先週，ぼくは授業で彼について習ったよ。(b)きみは彼についてぼくに話してほしいかい？／アレックス：うん，お願い！／マサト：わかった。芭蕉は江戸時代の一種の作家だよ。彼はとてもたくさんの俳句を書いたんだ。彼は日本で最も有名な作家の1人だよ。多くの

人々が彼の俳句に感動しているんだ。／アレックス：わかった！　ではマサト，質問があるんだ。芭蕉は『古池や　蛙飛び込む　水の音』と書いているね。きみが『蛙飛び込む』を英語に翻訳するとしたら，a frog と frogs のどちらを使う？／マサト：うーん…　ぼくはたぶん a frog jumps を使うよ。この場合，1匹だけのカエルが池に飛び込むんだと思うよ。／アレックス：わかったよ。そしてぼくは，1匹のカエルかそれより多いカエルかを選ぶ必要がないから，英語よりも日本語の方が簡単だと思う。だから，日本語はぼくにとっておもしろいんだ。／マサト：ぼくもそう思うよ

(ア)　マサトの空所の発言に対して，アレックスは『奥の細道』と書名を答えているので，マサトはアレックスに何の本を読んだのかを尋ねたことがわかる。したがって，①が適切。②は「松尾芭蕉がこの本を書いたんだ」，③は「きみはその本が好きかい？」，④は「ぼくはこの本が好きだよ」という意味。　(イ)　(Do you) want me to tell you about (him?)　<want ＋人＋ to ＋動詞の原形>「(人)に～してほしい」を使った文。最後の him は松尾芭蕉を指す。

(ウ)　マサトは空所を含む文の直後で「1匹だけのカエルが池に飛び込むんだと思う」と言っているので，「カエル」を単数形で表している②が適切。①の frog も単数形だが，冠詞がないので文法的に不適切。　(エ)　空所を含む文の because 以下の内容から判断する。because 以下は「1匹のカエルかそれより多いカエルかを選ぶ必要がないから」という意味で，単数か複数の区別をする必要がないことを述べている。英語では単数と複数を区別する必要があるが，日本語ではその必要がなく，その分，英語よりも簡単だということを述べている。　(オ)　①「マサトは今，松尾芭蕉に興味がある」(×)　マサトは松尾芭蕉について，授業で習ったことをアレックスに教えているが，マサトが松尾芭蕉に興味を持っているという記述はない。　②「マサトもアレックスも日本語はおもしろいと思っている」(○)　アレックスの最後の発言「日本語はぼくにとっておもしろい」に対して，マサトは「ぼくもそう思う」と応じているので，2人とも日本語はおもしろいと思っていることになる。　③「アレックスの先生は彼に松尾芭蕉について教えた」(×)　松尾芭蕉について先生に教えてもらったのはマサトである。　④「松尾芭蕉はとても親切な人物だった」(×)　松尾芭蕉がどのような人物であったかに関する記述はない。

[3]　(会話文問題：語句選択補充，語句補充，英問英答)

(全訳)　ベッキー：ねえ，これを見て！　これは新しい腕時計の広告よ。あなたはどの時計を買いたい？

チカ　　：まあ，この一覧に載っているものはすべて魅力的だと思うわ。待って，A タイプがいちばんかっこうよく見えるし，粋な色だわ。でもいちばん高いわね。

ベッキー：それは残念だわ。あなたは何色がほしいの？

チカ　　：私は赤やピンクや緑のような明るいものがほしいわ。

ベッキー：それでは，B タイプはどう？　(a)ぴかぴかする色がたくさんあるわよ。それに，Aタイプほど高くないわ。

チカ　　：ええと，よし，私はピンクのBタイプを買うわ。それで，あなたはどうなの，ベッキー？あなたの決定を教えて。

ベッキー：うーん…　私には決めるのが難しいわ。Bタイプがいちばんいいと思うけど，私の大好きな色はCタイプにしかないの。

チカ　　：まあ，あなたの大好きな色は(b)茶色なのね？

ベッキー：その通りよ。私はCタイプを買うわ。さあ，私たちの腕時計を買うためにお金を貯めましょう！

チカ　　：うーん，かなり長い時間がかかると思うけれど，努力するわ。

(1) 「(a)に適する語を選びなさい」という質問。直前でチカは明るい色の腕時計がほしいと言っており，ベッキーはその希望にかなうものとしてBタイプの腕時計を勧めている。したがって，「明るい」に似た意味の語である③「ぴかぴかする」が適切。①は「感情的な」，②は「有名な」，④は「便利な」という意味。

(2) 「(b)に適する語を書きなさい」という質問。空所を含む文の直前で，ベッキーは自分が大好きな色はCタイプにしかないと言っているので，空所にはCタイプにしかない色である「茶色(brown)」が入る。

(3) 「この少女たちは，互いに話し合った後で何をするでしょうか」という質問。最後のやり取りで，ベッキーが希望する腕時計を買うためにお金を貯めようと言い，チカもそれに同意していることから，④「彼女たちはあまり多くのお金を使わないようにする」が適切。①は「彼女たちはすぐに腕時計を買う」，②は「彼女たちは腕時計を売りに店に行く」，③は「彼女たちは粋な腕時計が見つからない」という意味。

4 (長文読解・発表文：英問英答，内容吟味，語句選択補充)

(全訳) 毎年，外国から多くの人々が私たちの町を訪れます。そこで，私たちのグループは英語の地図を作ることに決めました。それにはどのような種類の情報が必要でしょうか。私たちはそれについて最寄り駅で25人の訪問者にインタビューをしました。彼らは5つのことから3つを選びました。下のこのグラフを見てください。

23人の訪問者が，私たちの町の観光用の場所についての情報を必要としました。これらは地図に示されるでしょう。彼らはまた，「そこまでの行き方を知りたい」と言いました。それを地図に載せることも大切です。

ショッピングセンターについての情報も必要とされています。20人の人たちが，「この情報は便利です」と答えました。私たちは彼らに，「どうしてそう思うのですか」と尋ねました。彼らは，「私は家族と友達におみやげを買いたいです。そこではいろいろな種類のものが売られていると聞いています」と答えました。

多くの人たちがレストランについての情報も必要としていました。私たちの町にはおいしい食べ物を食べる場所がたくさんあります。

私たちは同じ25人の訪問者にホテルについて尋ねました。彼らのうちの15人がこの情報は大切ではないと言いました。彼らは，「私はこの町に来る前にすでに自分のホテルを見つけました」と言いました。

ほんのわずかの人しか銀行についての情報をほしがりませんでした。

この調査から，私たちは観光用の場所，ショッピングセンター，そしてレストランについての情報を含む地図を作るつもりです。

(1) 「ユミのグループはなぜ地図を作ることに決めたのですか」という質問。第1段落を参照。ユミのグループは，毎年町を訪れる多くの外国人のために英語の地図を作ることにして，彼らが必要とする情報を調べている。このことから，町を訪れる外国人の手助けをすることが地図を作る理由と考えられるので，③「彼女たちは他の国の人々が自分たちの町を旅して回る手助けをしたかったから」が適切。①は「彼女たちは世界中の人々がなぜ自分たちの町に来るのか知りたかったから」，②は「彼女たちは地図に英語の記事をつけたかったから」，④は「彼女たちは外国人を支援するための道具を作りたかったから」という意味。

重要 (2) 「左のグラフのA，B，Cに適する番号を選びなさい」という質問。第4段落第1文「多くの人たちがレストランについての情報も必要としていました」，第5段落第1，2文「私たちは同じ25人の訪問者にホテルについて尋ねました。彼らのうちの15人がこの情報は大切ではないと言いました」，第6段落「ほんのわずかの人しか銀行についての情報をほしがりませんでした」から，②が適切。

(3) 「以下のように，駅に4人の外国人がいますが，誰がいちばんこの地図を必要とするでしょうか」 (全訳) ① キャシー：「私たちはシーフードを食べたいわ。どこへ行けばいいかしら？」 ② サム：「ああ，私のカードが使えない。私はどこでお金を引き出すことができるだろう？」 ③ リサ：「友達は誰も私たちのホテルへの行き方を知らないわ。それはどこにあるのかしら？」 トム：「私はここに3年間住んでいます。私はここについて何でも知っています」 本文の最終文から，地図に加えられる英語の情報は，観光用の場所，ショッピングセンター，レストランについてのものであることがわかる。これらのうち，レストランの情報を知りたがっているキャシーがいちばんこの地図を必要とすると考えられる。

5 **(長文読解・説明文：英問英答，内容吟味，指示語，要旨把握)**

(全訳) アルキメデスが最初にエレベーターの考えを思いついたと言われている。彼の考えから，最初のエレベーターがおよそ2,000年前に作られた。当時，エレベーターは人ではなく，物を運ぶために使われていた。その機械は人間の力で動かされていた。このタイプのエレベーターは，建物を作るときに使われた。このエレベーターにはあまり力がなかったので，物を上に送るのには長い時間がかかった。

ずっと後になって，1835年にエレベーターを動かすために蒸気の力が使われた。このタイプのエレベーターは以前よりも力強くて速かった。(1)しかし，深刻な問題があった。切れたロープである。もちろん，これらはエレベーターの最も重要な部分であった。ロープが切れればエレベーターは落下した。だから，人々はまだ物を運ぶだけのためにそれを使った。それを避けるために，エリシャ・グレーブス・オーチスは1852年にエレベーター用のストッパーを設計した。それはロープが切れるときにエレベーターを止めた。それから，この装置は人を安全にエレベーターに乗せた。20世紀初頭に，電気が導入された。エレベーターはエレベーターを持ち上げるために大きなおもりも使った。それは以前よりも新しいエレベーターをよりなめらかに動かすことができた。

今，21世紀になって，宇宙へのエレベーターを作るために計画が始まっている。

(1) 「最初，エレベーターは何のために使われましたか」という質問。第1段落第3文および第5文から，初期のエレベーターは建物を作るときに物を運ぶために使われていたことがわかる。したがって，④「それは建物のために使われる物を運んだ」が適切。①は「それは人力を使って多くの人々を運んだ」，②は「それは人力では動かせない物を運んだ」，③は「それは建物で働く人々を運んだ」という意味。

(2) 「ストッパーを作った目的は何でしたか」という質問。第2段落第5～7文から，ロープが切れてしまうので，まだ物を運ぶだけのためにエレベーターが使われていたが，これを避けるために，エリシャ・グレーブス・オーチスがエレベーター用のストッパーを設計したことが述べられている。さらに第9文に，このストッパーのおかげで人が安全にエレベーターに乗れるようになったことが述べられているので，ストッパーの目的は，エレベーターを物だけを運ぶのではなく，人を安全に運べるものにすることであったことがわかる。この内容に合うのは②「エレベーターをより危険の少ないものにするため」。①は「エレベーターを以前よりもなめらかにするために」，③は「物を上げる時間を以前より短くするため」，④は「宇宙へのエレベーターを作るために」という意味。

(3) 「(1)に最も適切なものはどれですか」という質問。空所の直前では，「以前よりも力強くて速かった」と新しいタイプのエレベーターの利点が述べられているのに対して，空所の直後ではそのエレベーターには深刻な問題があったと不利な面があったことが述べられているので，逆接の③「しかし」が適切。①「だから」，②「～ならば」，④「結局は」。

(4) 「(2)は何を指しますか」という質問。空所を含む文の直前で，電力を使うエレベーターが大きなおもりを使ってエレベーターを上にあげるようになったことが述べられている。空所を含む文の「以前よりも新しいエレベーターをよりなめらかに動かすことができた」は，その新たに取り入れられたものによる効果なので，①の「おもり」が適切。②「人間の力」，③「ストッパー」，④「蒸気の力」。

(5) 「この話の題名は何ですか」という質問。古代のエレベーターから，その後のエレベーターの進歩，現在の計画と時代を追ってエレベーターの機能や働きについて説明されているので，④「エレベーターの歴史」が適切。①「将来のエレベーター」，②「危険なエレベーター」，③「安全なエレベーターのストッパー」。

6 (長文読解・物語文：語句補充，語形変化，内容吟味，不定詞の用法)

(全訳) 天気のよい日だった。キリギリスが跳び回って歌っていた。彼はよい天候を楽しんでいた。彼は働くことなど考えもしなかった。アリが食べ物を持って通り過ぎた。そのアリはとても一生懸命に働いていた。

「あなたはなぜそんなに一生懸命に働いているのですか」とキリギリスはアリに尋ねた。「あなたはなぜ立ち止まって私とお話をしないのですか。今日はとてもいい天気なので，一生懸命に働くことはできません」

「私はお話をするために立ち止まることはできません」とアリは言った。「私は冬のために食べ物を蓄えなくてはなりません。すべてのアリが冬のために食べ物を手に入れるために働いているのです。私たちが天気のいいときに立ち止まって休んだら，私たちは冬に食べ物がなくなってしまいます。あなたは同じことをするべきだと思いますか。働かなくては，あなたの冬のための食べ物がなくなりますよ」

「私は冬のことは心配しません。私は今，たくさんの食べ物があります。さあ，ここにいてお話しましょう」とキリギリスは言った。しかしアリは働き続けた。

1か月後，冬が来た。キリギリスは寒くて空腹だった。同じころ，アリは食べるものをたくさん持っていた，彼らは冬のための食べ物を手に入れるために夏に一生懸命に働いたからだ。キリギリスは，③計画を立てて将来のために働くことが大切であることを学ぶのが遅すぎた。

(1) 「とても～なので…できない」は＜too ～ to ＋動詞の原形＞で表す。

(2) keep ～ing で「～し続ける」という意味を表す。

(3) キリギリスはアリのように冬に備えて夏の間に働かず，冬に食べ物がなくて困っていることから，learned too late that ～「～ということをあまりに遅く学んだ」の「～」には，先のことを考えて行動することが大切だといった内容が合う。したがって，③「計画を立てて将来のために働くことが大切である」が適切。①は「アリはキリギリスよりもよい」，②は「夏に食べ物を食べることは重要だ」，④は「冬には働くことも人生を楽しむことも必要だ」という意味。

基本 (4) (a) stop の後の不定詞は「～するために」の意味で目的を表す副詞的用法。 (b) to get food は「食べ物を手に入れるために」の意味で are working「働いている」を修飾する，目的を表す副詞的用法。 (c) to eat は「食べるための」の意味で直前の名詞 things を修飾する形容詞的用法の不定詞。 (d) to get food は「食べ物を手に入れるために」の意味で worked hard「一生懸命に働いた」を修飾する，目的を表す副詞的用法。

重要 **7 (語句補充問題：動名詞，受動態，現在完了，語彙)**

(1) 「～する価値がある」は worth ～ing で表す。

(2) 「～に満足している」は be satisfied with ～ で表す。

(3) 「(ある過去の時点からずっと)～している」と，過去の時点から今も続いている動作は，現在完了進行形＜have[has] been ＋動詞の～ing形＞で表す。

(4) 「合唱コンクール」は chorus contest と表す。

(5) 「人権」はhuman rights と表す。この right は「権利」という意味で，前に a がないので複数形にすることに注意。

やや難 [8] (語句整序問題：語彙，前置詞，助動詞)

(1) This picture reminds us of our happy days. <remind ＋人＋ of ～>で「(人)に～を思い出させる」という意味を表す。物事を表す語句を主語にすることに注意。

(2) You should check him out on the Internet. 「～を調べる」は check out で表すが，この場合のように目的語が代名詞(him)の場合は check ～ out の語順になる。

(3) He stood on his hands with Ken's help. 「逆立ちをする」は「両手で立つ」と考えて stand on one's hands と表す。

(4) Your last performance on TV was really awesome. 主語「テレビでのあなたの最後の演奏」は your last performance「あなたの最後の演奏」の後に on TV「テレビでの」を置いて表す。

(5) Many birds will do serious damage to forests. 「～に被害を与える」は do damage to ～で表す。serious は「深刻な」という意味の形容詞。

★ワンポイントアドバイス★

[3]では，3種類の腕時計の情報が与えられている。このような問題では，本文を読む前に絵や図表に目を通そう。そこからわかる特徴を大まかに押さえておけば，より正確に本文を読み取れるし，問題のポイントをつかみやすくなる。

<理科解答>

[1] 問1 (1) [1] $W_1=W_2$ (2) [2] ① (3) [3] ① [4] ② [5] ⑥
(4) [6] ② [7] ④ [8] ② 問2 (1) (あ) [9] 100 (い) [10] 0
(2) [11] ① (3) [12] ④ (4) [13] ① 問3 [14] ②, ⑤

[2] 問1 (1) [1] ② (2) [2] ② (3) [3] ② (4) [4] ②
問2 (1) [5] ① (2) [6] ②, ④ (3) [7] ③

[3] 問1 (1) [1] 右図1 (2) [2] ①, ④, ⑤ (3) [3] ③
問2 (1) [4] 感覚器官 (2) [5] 右図2 (3) [6] ①, ③
問3 (1) [7] 顕性[優性] (2) [8] ③, ④, ⑤ (3) [9] ⑥

[4] 問1 (1) [1] ② (2) [2] 気体の火山ガスが抜けてしまうため。
(3) [3] ① 問2 (1) [4] ② (2) [5] 右図3 (3) [6] 60
問3 (1) [7] ⑤ (2) [8] 6565km (3) [9] ③

図1

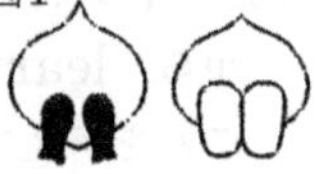

図2

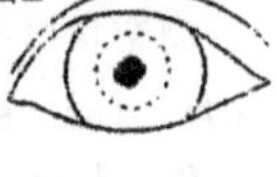

図3

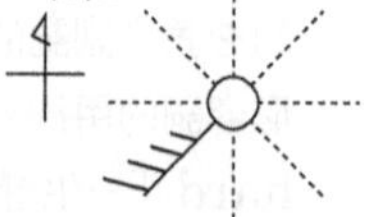

○配点○

[1] [1], [9]～[13] 各1点×6 [6]～[8] 3点(完答) 他 各2点×3([3]～[5]完答)

[2] [3] 3点 他 各2点×6

[3] [3], [4], [7] 各1点×3 他 各2点×6

[4] [1]～[3] 各1点×3 他 各2点×6 計60点

＜理科解説＞

1 (化学変化と質量―化学変化と質量変化)

基本 問1 (1) 反応の前後で質量の合計は変わらない。 (2) ペットボトルのふたを緩めると，中の二酸化炭素が逃げるので質量が小さくなる。 (3) 炭酸水素ナトリウムを加える前の全体の質量が82.03gで，加えた後の質量が80.77gになったので，前後の質量の差は82.03－80.77＝1.26(g)になる。 重要 (4) 炭酸水素ナトリウムを加える前後の質量の差は，発生する二酸化炭素の質量を示す。ビーカーAで1.00gの炭酸水素ナトリウムはすべて反応し，0.52gの二酸化炭素が発生する。ビーカーC，D，Eで前後の質量の差が1.26gで変化しないのは，加えた炭酸水素ナトリウムが過剰量であるためで，このとき発生する二酸化炭素が1.26gなので，反応した炭酸水素ナトリウムの質量は1.26÷0.52＝2.423≒2.42(g)である。これが$20cm^3$の塩酸と過不足なく反応する。

基本 問2 (1) 水の沸点は100℃，融点は0℃である。 (2) 熱湯をかけたので液体のエタノールの蒸発が活発になり，気体のエタノールの量が増えるのでポリエチレンの袋がふくらむ。 (3) 液体が気体に変化しても物質の質量は変わらない。しかし，気体は液体より粒子が活発に動いており，粒子間の間隔が大きくなる。そのために体積が大きくなる。 重要 (4) 沸点が－190℃より低く，融点が高いものを選ぶ。条件にあてはまるのはAである。

問3 異なる金属を組み合わせて電解液につけると，電池ができて電流が発生する。

2 (光と音の性質―音の速さ)

重要 問1 (1) 音は壁ではね返されて啓人君に届く。4.0秒で返ってくるので，壁までに2.0秒かかる。音速が340m/秒なので，点Aと壁の距離は2.0×340＝680(m)である。 (2) B点の成子さんから壁までの距離は，音の往復に2.0秒かかったので壁までに1.0秒かかるため距離は340mである。A点から壁までの距離が680mなので，点Aと点Bの距離は680－340＝340(m)である。 (3) 点Aから点Cまでの距離は340×3＝1020(m)である。Aから出た音で壁に当たって最初にCに達するものは，壁のOから510mの位置ではねかえる。この点をPとするとOPの長さはACの半分の長さになる。直角三角形APOにおいてAOを音が伝わる時間は2秒で，OPは$\frac{3}{2}$秒なので，長さの比が時間の比に等しいため三平方の定理よりAPを音が伝わる時間は$\sqrt{2^2+\left(\frac{3}{2}\right)^2}=\frac{5}{2}$(秒)になる。点Pではねかえった音が点Cに伝わるにも$\frac{5}{2}$秒かかるので，Aから出た音が壁に跳ね返されて点Cに伝わるのに5秒かかる。それで一度目の音が聞こえてから，二度目の音が聞こえるのは2秒後である。 (4) 音は振動するものがなければ伝わらない。気体，液体，固体のどれでも音の振動を伝える。

重要 問2 (1) (ア)は回路に直列に接続しているので，電流計である。コイルに流れる電流は，U字形磁石の中の導線を右から左に流れる。フレミングの左手の法則より，(イ)はN極になる。

(2) 電流の向きを逆にしたり，磁石の極を逆にするとコイルの動く向きが逆になる。コイルの巻き数や電圧の大きさは力の向きには関係しない。 (3) 発電機は，コイルの中で磁石を回転させることで電流を発生させている。

3 (生物全般―生殖細胞・反射・メンデルの法則)

基本 問1 (1) 胚珠は卵細胞を含む器官で，雌花にある。裸子植物では胚珠はむき出しになっている。雄花の下側の丸い部分はやくで，花粉が入っている。 (2) 選択肢の中で裸子植物は，スギ，イチョウ，ソテツである。 (3) 胚珠は成長して種子になり，子房は果実になる。マツは子房がないので果実ができない。

基本 問2 (1) 目，耳，鼻などの外界からの刺激を受け取る器官を感覚器官という。 (2) 瞳は黒目の部分で，光の量を調整する働きがある。明るい場所では瞳が小さくなり，光の量を少なくするように調節する。 (3) 感覚器官が受けた刺激は，神経を通って脳に伝えられその後情報が運動器官へと伝わるが，刺激が脳に伝わらず脊髄で折り返し，運動器官へ伝えられる反応を反射という。情報が脳に行かない分，短い時間で反応する。例では，とっさに目を閉じたり，瞬間的に手を引込めたりする反応が反射の例である。

基本 問3 (1) 対立する形質のうち，優先して現れる形質を顕性(優性)という。 (5) 遺伝子型がAaの親どうしを交配すると，孫の遺伝子型はAA，Aa，aaの3種類が1：2：1の割合で現れる。
(6) 孫の遺伝子型のうちAAとAaの形質はさやが膨らんでおり，aaはくびれている。それで，形質の割合は，膨らんでいるもの：くびれているもの＝3：1になる。

4 (地学総合問題―火山・気象・地質)

問1 (1) マウナロアのマグマは粘り気が少なく，雲仙普賢岳は粘り気が強い。そのためマウナロア火山はマグマが流れ出し楯状火山になるが，雲仙普賢岳は溶岩ドームになる。 (2) 軽石の多くの穴は，内部に含まれていた火山ガスが抜けたためにできた。 (3) 火山ガスや火山灰が大気中に放出され，太陽からの熱エネルギーや光のエネルギーが減少することで気温が下がる。

問2 (1) 乾湿計は風通しの良い場所で，直射日光の当たらない場所に設置する。 (2) 中央の丸い部分の記号が天気を表し，矢印の向きが風向きを。はねの数が風力を示す。 (3) 示された計算式に$T=16$，$H=80$を代入する。$0.81\times16+0.01\times80\times(0.99\times16-14.3)+46.4=60.4\fallingdotseq60$ 不快指数は60である。

基本 問3 (1) 日本付近の4つのプレートは太平洋プレート，北アメリカプレート，フィリピン海プレート，ユーラシアプレートである。南アメリカプレートは南米大陸の付近のプレートである。
(2) 1年間に8cm日本に近づくので，10万年では$8\times100000\div100000=8$(km)移動する。その時の日本とハワイの距離は，$6573-8=6565$(km)になっていると考えられる。 (3) ヒマラヤの山頂付近から三葉虫の化石が見つかっている。このことは，かつて海だった地層がプレートの衝突で盛り上がって現在のヒマラヤ山脈ができたことを示している。

★ワンポイントアドバイス★

全分野において，総合問題の形で出題されている。理科全般の幅広い知識が求められる問題である。マークシート方式の解答に慣れることも大切である。

<社会解答>

1 問1 ① 問2 ③ 問3 ③ 問4 ③ 問5 ② 問6 ④
2 問1 大韓民国 問2 ④ 問3 ① 問4 ③
3 問1 ③ 問2 ④ 問3 (1) ④ (2) ③ 問4 (1) ① (2) エコタウン
4 問1 ③ 問2 ① 問3 (1) 経済特区 (2) ⑤
5 問1 (1) A ⑥ B ③ C ② (2) 基本的人権の尊重 問2 ②
問3 A 発券銀行 B 政府の銀行 C 銀行の銀行 問4 ⑥ 問5 ③

○配点○

各2点×30 計60点

<社会解説>

1 (日本と世界の歴史―政治・外交史，社会・経済史，日本史と世界史の関連)

基本 問1 仏教の開祖は釈迦(シャカ)である。イスラム教は，偶像崇拝を禁止している。

問2 アはナイル川，イはチグリス川とユーフラテス川，ウはインダス川，エはガンジス川，オは黄河である。

問3 信長は仏教勢力と敵対していたので，キリスト教を保護した。①は天武天皇が聖武天皇の誤り。②は金剛峯寺が延暦寺の誤り。④は，仏教が6世紀半ばに公式に伝来したのち，8世紀の奈良時代から神仏習合の状態が徐々に形成されていったので，誤りとなる。

問4 ③のナポレオンは，フランス革命後にフランスを救った軍人とされる。①はスペイン，②はイギリス，④はロシアで，それぞれ起こったことである。

問5 ジャガイモは南アメリカからもたらされたので，②が誤りとなる。

問6 ①聖徳太子が摂政となる(593年)→②平城京遷都(710年)→④唐滅亡(907年)→③源頼朝将軍となる(1192年)。

2 (日本の歴史―政治・外交史)

基本 問1 韓国の正式名称は大韓民国である。

問2 画像にある日本国憲法が公布されたのは，1946年11月3日なので，dの期間が該当する。

問3 第一次護憲運動は1912年に起きているので，①が誤りとなる。

問4 五・一五事件によって，首相の犬養毅が暗殺され，政党政治は終わりを告げた。Ⅰは，陸軍が海軍の誤りである。

3 (地理―諸地域の特色，地形，産業，環境問題)

問1 Aは長崎県に属する対馬，Bは福岡県・佐賀県の南部，有明海の湾奥に面する九州最大の平野である筑紫平野である。

問2 Ⅰは親潮が対馬海流の誤り。Ⅱはカルストがシラスの誤りである。

問3 (1) 宮崎県の位置は，大分県，熊本県，鹿児島県と接する，**え**の位置である。 (2) 設問のグラフを注意深く考察すると，12，1，2月は宮崎県産のピーマン入荷量が，茨城県産のピーマン入荷量を上回っているので，③は誤りとなる。

問4 (1) 略年表を考察すると，20世紀初めに，官営の八幡製鉄所が建設された北九州市とわかる。 (2) エコタウンとは，通産省(現・経済産業省)及び厚生省(現在は環境省所管)によって1997年度に創設された，環境・リサイクル産業育成と地域振興を結びつけた事業である。

4 (地理―世界の気候，諸地域の特色，産業，交通・貿易)

重要 問1 コルカタの位置はウである。この地域は熱帯の中で雨季と乾季があるサバナ気候に属する。したがって，③の雨温図が該当する。

問2 人口数1位の中国と2位のインドがあるアジア州の人口比は，世界の州の中で最大である。

問3 (1) 経済特区は，中国の経済開放によって，外国の資本や技術を導入することを目的に設けられた特別な区域で，1979年からつくられた。 (2) 米，茶の生産量は，中国は世界第1位である。トウモロコシの1位はアメリカ合衆国である。

5 (公民―憲法，政治のしくみ，経済生活，その他)

問1 (1) 日本国憲法は国民主権で，内閣については議院内閣制を採用している。また，国会を唯一の立法機関としている。 (2) 日本国憲法では基本的人権を永久の権利としている。

問2 不景気(不況)の時は，日銀は市中の銀行から国債などを購入し，資金路湯を増やすようにする。また，貸し出し金利を下げ，銀行からの貸し出しを奨励し，市場の貨幣量を増加させ，生産活動を活発にする。

問3　日本銀行は，唯一の「発券銀行」であり，政府とのやり取りのできる「政府の銀行」であり，一般銀行とのやり取りのできる「銀行の銀行」である。

やや難　問4　需要と供給のグラフを注意深く考察する。需要量が供給量を下回ると供給過剰となるため，売れ残りが発生する。バナナジュースを1日に25杯以上売りたいときは，X軸(数量)20と供給曲線の交わるところは，Y軸(価格)の400円以下であるから，価格は400円以下に抑えることが必要となる。

重要　問5　平成16年5月21日「裁判員の参加する刑事裁判に関する法律」が，成立し，平成21年5月21日から裁判員制度が始まった。これは，国民が裁判員として刑事裁判に参加してもらい，被告人が有罪かどうか，有罪の場合どのような刑にするかを，裁判官と一緒に決めてもらう制度である。

★ワンポイントアドバイス★

1問2　ナイル川はエジプト文明，チグリス・ユーフラテス川はメソポタミア文明，インダス川はインダス文明，黄河は中国文明に属する大河である。　2問2　日本国憲法は1946年(昭和21年)11月3日公布，1947年(昭和22年)5月3日施行である。

＜国語解答＞

一　問一　A　③　　B　①　　問二　③　　問三　(例)　自分の外部評価に不満がある人が，自分についてのこれまでの外部評価をリセットするために行うこと。　問四　②
　問五　①　　問六　③　　問七　②　　問八　④

二　問一　a　はず(んで)　　b　封印　　c　貧乏　　d　ただよ(って)　　e　たび
　問二　②　　問三　遠慮　　問四　③　　問五　①　　問六　③　　問七　④　　問八　①

三　問一　a　こうばしくて　　b　かい　　問二　祭の使　　問三　④　　問四　②
　問五　4　①　　8　③　　問六　①　　問七　③　　問八　②

四　1　生産　　2　客観　　3　縮小　　4　供給　　5　未来[将来]

○配点○

一　問一　各1点×2　　問三　10点　　他　各3点×6

二　問一・問七　各2点×6　　他　各3点×6

三　各3点×10　　四　各2点×5　　　計100点

＜国語解説＞

一　(論説文―大意・要旨，内容吟味，文脈把握，接続語の問題，語句の意味)

問一　A　①は「プロミス」，②は「アクティビティ」④は「ストラクチャー」。　B　②は「ソサエティ」，③は「マガジン」，④は「ステージ」。

問二　――線1を含む「それとはまったく逆の方向」というのであるから，前の「子どもたちを学びのプロセスに投じること」とは「逆の方向」を説明しているものを選ぶ。「学びのプロセスに投じる」を「学びの流れに入れ」に，「逆の方向」を「引き離すことを目指している」に言い換えて説明している③が適当。　④「本来の意味での教育の流れに近づける」は「逆の方向」ではない。 ①「ビジネスの世界で活躍できる」, ②「消費社会で主体的に生きる」とは述べていない。

やや難 問三 ——線2「自分探し」について述べている部分を探す。「『自分探し』というのは，自己評価と」で始まる段落の「『自分探し』というのは，自己評価と外部評価のあいだにのりこえがたい『ずれ』がある人に固有の出来事だと言うことができます」から，どのような人物が行うのかを読み取る。また，「ですから」で始まる段落の「『自分探しの旅』のほんとうの目的は……私についてのこれまでの外部評価をリセットすることにあるのではないか」から，何のために行うことなのかを加えてまとめる。

問四 ——線3の「人格的に成長する」について，「自己評価の方が」で始まる段落で「ふつうの人間的成長の行程」と同様の内容を述べている。その前に「自己評価の方が外部評価よりも高い……その場合に，自分でも納得のゆくくらいの敬意や威信を獲得するように外部評価の好転に努める」と説明しており，この内容を述べている②が適当。他の選択肢はこの内容に合わない。

問五 「自分がほんとうはなにものであるかをわかる」ために，「自分のことを知っている人間がいないところ」へ行くことを，「奇妙な発想法」としている。直後の段落の「自分がなにものであるかほんとうに知りたいと思ったら，自分をよく知っている人たち(例えば両親とか)にロング・インタビューしてみる方がずっと有用な情報が手に入るんじゃないでしょうか？」や，「外国の……言葉もうまく通じない相手とコミュニケーションして，その結果自分がなにものであるかがよくわかるということを僕は信じません」から，筆者が「奇妙な発想法」とする理由を読み取る。 ②「言語の違いによるコミュニケーションの失敗経験を持たないと，ほんとうの自分に出会えない」, ④「海外における自己表現の経験を多く持つことが，ほんとうの自分を知るために必要不可欠」の部分が適当ではない。 ③「自分のことをよく知る人に対してロング・インタビューをすることでしか，ほんとうの自分を知ることはできない」とまでは言っていない。

問六 X 後の「思ったら」とあるので，仮定の意味を表す言葉が入る。 Y 前の「出会う」より，後の「私についてのこれまでの外部評価をリセットする」と言った方がいい，という文脈なので，二つを比べてあれよりもこれを選ぶ，という意味を表す言葉が入る。 Z 後に「ように」とあるので，比況の意味を表す言葉が入る。

問七 同じ文の「共同的な作業を通じて，私が『余人を以て代え難い』機能を果たしたあとになって，事後的にまわりの人たちから追認されて，はじめてかたちをとるもの」に着目する。「『余人を以て代え難い』機能」を「他の誰もが代わることができない働き」に，「まわりの人たちから追認されて」を「他者から認められることで」と説明している②を選ぶ。——線5「ほんとうの私」は，「追認され」るものであって，①「他者によってつくり上げられるもの」ではない。③「ユニークな面を宣言」, ④「役割を他者に与える」の部分が適当ではない。

重要 問八 「これはたいへんに」で始まる段落と最終段落で述べている「教育崩壊の根本」に，④が合う。①は，冒頭の段落の内容に合っていない。「ですから，『自分探し』」で始まる段落の「『自分探し』という行為がほんとうにありうるとしたら，それは『私自身を含むネットワークはどのような構造をもち，その中で私はどのような機能を担っているのか？』という問いのかたちをとるはず」に着目する。この「その中で私はどのような機能を担っているのか？』という問い」は他者に問いかけるものなので，「自分の内側から探し出す」とある③は合わない。「『自分探しの旅』にでかける」で始まる段落に「『自分探しの旅』にでかける若者たちは……自分のことを知らない人間に囲まれて，言語も宗教も生活習慣も違うところに行って暮らせば，自分がほんとうはなにものであるかがわかる。たぶん，そんなふうに考えている」とあり，②の「外部評価の好転を目指」しているわけではない。

二 （小説―情景・心情，内容吟味，文脈把握，脱文・脱語補充，漢字の読み書き，語句の意味，表現技法）

問一　a　他の訓読みは「ひ(く)」「たま」。　b　封をした証拠として印を押したり証紙を貼ったりすること。ここでは，それまであった物事や言動を表に出さないようにするという意味で用いられている。　c　「貧」の他の音読みは「ヒン」で，訓読みは「まず(しい)」。「乏」の訓読みは「とぼ(しい)」。　d　音読みは「ヒョウ」で，「漂泊」や「漂白」などの熟語がある。　e　音読みは「ド」「ト」「タク」で，「程度」「法度」「支度」などの熟語がある。

問二　――線1「刃」は，刃のように鋭く傷つけるものという意味で用いられている。前の「辞めていいよ……別に家がビンボウになってもいいよ」という彼方の言葉が，亘を傷つけた理由を読み取る。直後で「十一歳の子供が，父親がつまらない顔をして通勤していることを見抜き，気遣っている。父親にとって，これほど身につまされる出来事があるだろうか」という亘の心情を述べている。「身につまされる」を「情けなさを思い知らされた」と言い換えている②が最も適当。「身につまされる」に，①の「心外」や③の「屈辱」はそぐわない。亘は仕事を辞めていないので，③の「家計が苦しい」わけではない。

問三　説明した文の内容から，一華の，望遠鏡と亘に対する気持ちを述べている部分を探す。前に「一華は俺に遠慮して，自らの望遠鏡をフウインしているのだ」とあり，ここから二字の熟語を抜き出す。

やや難　問四　前の「人によるって。お仕事が楽しくて仕方がないっていう人もいるし……辞めたいって思ってる人もいるんだよ」や，後の「でも，いつでも選び直せるから心配しなくていいよ，とも言ったけどね」という言葉から一華の気持ちを読み取る。「いつでも，選び直せるよ」と重ねて言っていることから，一華は亘にいつでも仕事を選び直していいと伝えようとしている。仕事を選び直していいを，自分の思いのままに生きてほしいと言い換えている③が適当。「選び直していい」という言葉に，①の「もっと楽しく仕事に取り組むよう」は合わない。――線3「真面目だった表情をさらに引き締めた」のは，自分の気持ちを真剣に伝えようとするためで，④の「動けなくしようとする」ためではない。後の「いつでも選び直せるよ」や「簡単だよ。決意すれば，世界は明日変わるんだから」という言葉に，②の「慎重に言葉を選」ぶ様子は読み取れない。

基本　問五　「ようだ」「みたいだ」などの言葉を用いずに喩えているので，①の「隠喩法」が適当。

やや難　問六　直後の「そう，鋭くつかれたのだと思った」に着目する。選択肢の中で，亘が「鋭くつかれた」と感じるものを選ぶ。前の「好き勝手なこと，言わないでくれよ。俺は，二人のためにあの電車に揺られてるんだ。決まった時間に決まった席に毎日座って，その対価に，決まった給料をもらってるんだ。人生の時間を売り渡して，家族のために金に換えてるんだ」や「二人のために，耐えていたのに」という亘の気持ちを，どう「鋭くつかれた」のかを考える。①や④は，「鋭くつかれた」ものではない。②は一華の「いつでも選び直せるよ」という言葉に合わない。

問七　「たしなめる」は，よくない点を注意するという意味。意味がわからなくても，直前の「親まで迷惑をかけてどうする」という言葉から判断することができる。

重要　問八　亘は「帰ろう」としたのに，「県道を横切って」どこへ行こうとしているのか。前に「子どもだけじゃなく親まで迷惑をかけてどうする」とあることから，亘が行こうとしているのは，彼方が通っていた「伊丹」という老人の家だとわかる。本文前の設問に，伊丹は「電波望遠鏡を設置して宇宙人を探している研究者」とあり，――線5「それなのに，足が」という表現からも，亘は天文の研究をしたいという自分の本当の気持ちに抗えなくなっていることが読み取れる。この内容を説明している①を選ぶ。②の「亘の意に反した行動を取らせようとしている」ことを表現しているわけではない。③の「疲労」や，④の「何事も思い通りにならない」が読み取れる描写はない。

三 （古文一大意・要旨，情景・心情，内容吟味，指示語の問題，語句の意味，文と文節，仮名遣い，文学史）

〈口語訳〉 三条の右大臣が，中将でいらっしゃった時に，祭の使に指名されてお出かけになった。通っていらっしゃった女で，通わなくなって長くなっていたところに，「このようなことで出かけます。扇を持っていかなくてはならないのですが，忙しくて忘れてしまいました。一ついただけないでしょうか」と言って(使いを)やらせたところ，風流な趣味がある女だったので，適切なものを送ってくるだろうと思っていらっしゃったところに，色などもたいそう美しい扇で，香などもたいそうかぐわしく送ってきた。(扇を)ひっくり返した裏の端の方に(和歌が)書いてあった。

A ゆゆしとて忌むとも今はかひもあらじ憂きをばこれに思ひ寄せてむ(不吉だと忌まわしく思われても今となって何のかいもありません。辛い思いをこの扇に寄せて送ります)

とあるのを見て，(大臣は)趣深くお思いになって，(和歌を)返し，

ゆゆしとて忌みけるものをわがためになしとはいはぬはたがつらきなり

基本 問一 a 歴史的仮名遣いの「かう」は，現代仮名遣いでは「こう」に直す。 b 語頭以外のハ行は現代仮名遣いではワ行に直す。

問二 直後の「いでたつ」理由にあたる。直前の文「祭の使にさされていでたちたまひけり」から理由にあたる部分を抜き出す。

問三 ――線2「ひとつたまへ」は，(扇を)一つくださいという意味。直後の文に「よしある女なりければ，よくておこせてむと思ひたまひける」と大臣の心情を述べている。風流な趣味がある女だから適切な扇を送ってくれるだろうという意味なので，「期待」とある④を選ぶ。①「お守りとして」，②「たくさん持っている」，③「置き忘れてしまった」に通じる描写はない。

問四 3 「よしある女なりければ，よくておこせてむ」とお思いになったのは，「大臣」。 5 「色などもいと清らなる扇の，香などもいとかうばし」いものを送って寄こしたのは，「女」。
6 女から送られた扇を「ひき返した」のは，「大臣」。 7 扇の裏に書かれていた和歌を「見」たのは，「大臣」。

問五 4 「清ら」は，気品があって美しい，すばらしいという意味。ここでは「扇」の「色」について言っていることから判断する。 8 「あはれ」はしみじみとした感動の意味を表す。

やや難 問六 Aの和歌は，女から送られた扇の裏に書かれていたので，「女が詠んだもの」である。「女が詠んだもの」とある①と②を見ると，①には「大臣に訪れてもらえない辛さ」，②には「再び大臣が訪れてくれるようになるという嬉しさ」とある。Aの和歌の「かひもあらじ」や「憂き」という語から，①を選ぶ。

重要 問七 大臣に扇を「ひとつたまへ」と頼まれて，女は「色などもいと清らなる扇の，香などもいとかうばしく」送っている。この内容に③が合致する。「三条の右の大臣が中将だったとき」の出来事は「祭の使にさされ」たことで，その時点では「通ひたまひける女の，絶えて久しくなりにける」とあるので，①は合致しない。「よしある女」とあるが，②の「身分の高い貴族の娘」とは書かれていない。④の「また通うようになった」とは書かれていない。

基本 問八 平安時代に成立した作品は，②の『枕草子』。他はすべて鎌倉時代に成立した作品。

四 （同義語・対義語）

A 使ってなくすという意味なので，対義語は生活に必要なものを作り出すという意味の語となる。 B その人一人の見方という意味なので，対義語は第三者の見方という意味の語。 C 広げて大きくするという意味なので，対義語は縮めて小さくするという意味の語。 D 読みは「じ

ゅよう」で，物を求めることという意味。対義語は，物を与えるという意味の語になる。 E これから先の時間，という意味の語が対義語となる。

★ワンポイントアドバイス★

漢字の読み書き以外にも，対義語や表現技法など国語の知識が幅広く問われている。資料集などを利用して，まとめて確認をしておくことで得点につなげよう。

2021年度

入　試　問　題

2021年度

2021年度

愛知啓成高等学校入試問題

【数　学】（45分）　＜満点：100点＞

$\boxed{1}$　次の空欄$\boxed{ア}$～$\boxed{ヌ}$にあてはまる数や符号を解答用紙にマークしなさい。

(1)　$\left(-\frac{3}{2}\right)^3-3\left(2-\frac{5}{6}\right)$ を計算すると$\frac{\boxed{ア}\boxed{イ}\boxed{ウ}}{\boxed{エ}}$である。

(2)　$(2+\sqrt{2})^2-\frac{1}{\sqrt{2}}$を計算すると$\frac{\boxed{オ}\boxed{カ}+\boxed{キ}\sqrt{2}}{\boxed{ク}}$である。

(3)　$\frac{4x+3}{3}-\frac{x-1}{2}$を整理すると$\frac{\boxed{ケ}x+\boxed{コ}}{\boxed{サ}}$である。

(4)　方程式$3(x+1)(x+2)=7x+8$の解は$x=\frac{\boxed{シ}\boxed{ス}\pm\sqrt{\boxed{セ}}}{\boxed{ソ}}$である。

(5)　$2(x+1)(x-2)-(x-3)(x+1)$ を因数分解すると $(x+\boxed{タ})(x-\boxed{チ})$ である。

(6)　yはxに比例し，比例定数は2である。またzはyに比例し，その比例定数は3である。このとき，zはxに比例し，その比例定数は$\boxed{ツ}$である。

(7)　1枚の硬貨を2回投げる。このとき，1回だけ表が出る確率は$\frac{\boxed{テ}}{\boxed{ト}}$である。

(8)　右の図において$l /\!/ m$である。このとき，$\angle x=\boxed{ナ}\boxed{ニ}^\circ$である。

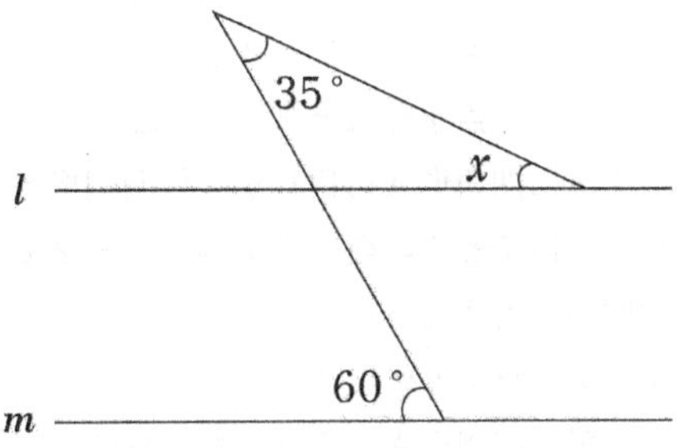

(9)　次の①から④の4つの数の中から，2番目に大きい数を選ぶと$\boxed{ヌ}$である。ただし，πは円周率である。

①　$\frac{8}{9}$　　②　$\frac{\sqrt{3}}{2}$　　③　$\frac{\pi}{3}$　　④　$\frac{1}{\sqrt{2}}$

$\boxed{2}$　製品PをA，B，Cの3種類の機械を使ってつくる。機械Aを1台使って製品Pをx個つくるとき，ちょうど12時間かかり，機械Bを1台使ってy個つくるとき，ちょうど8時間かかる。また，機械A，C1台ずつを使って同じ数の製品をつくるとき，機械CはAの3倍の時間がかかる。
機械Aを3台と機械Bを2台使って製品Pをつくると，2時間で170個できる。また，機械Aを1台と機械Bを3台と機械Cを5台使って製品Pをつくると，3時間で300個できる。あとの問いに答えなさい。

⑴　機械C１台を１時間使ってつくることができる製品Pの個数を，xを用いて表しなさい。
⑵　x，yの値を求めなさい。

３　右の図の円柱Pは，底面の半径が３，高さが４である。次の問いに答えなさい。ただし，円周率をπとする。
⑴　円柱Pの体積を求めなさい。
⑵　円柱Pの表面積を求めなさい。
⑶　円柱Pと表面積が同じで，底面の半径が$\frac{3}{2}$である円柱Qの高さを求めなさい。

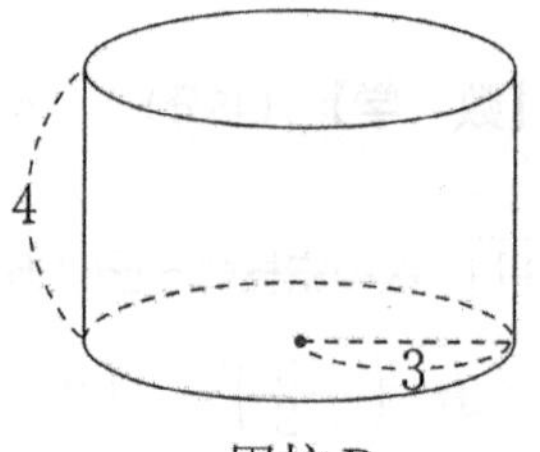

円柱P

４　袋の中に１から６まで数字がかかれたカードが各１枚ずつ，計６枚ある。
袋の中からカードを１枚引き，数字を確認して袋の中に戻す。この操作を２回続けて行う。
１回目に出たカードの数字をa，２回目に出たカードの数字をbとするとき，次の問いに答えなさい。
⑴　$a+b$が12の約数になる確率を求めなさい。
⑵　$a\times b$が３の倍数になる確率を求めなさい。
⑶　$a\div b$が整数となる確率を求めなさい。

５　右の図のように，２つの関数$y=x^2$と$y=ax^2$のグラフがあり，$0<a<1$とする。２つの関数$y=x^2$，$y=ax^2$のグラフと直線$y=16$の$x>0$の範囲で交わる点をそれぞれA，Bとし，関数$y=x^2$のグラフ上に四角形ACDBが平行四辺形となるように２点C，Dをとる。点Cのx座標が－２であるとき，次の問いに答えなさい。

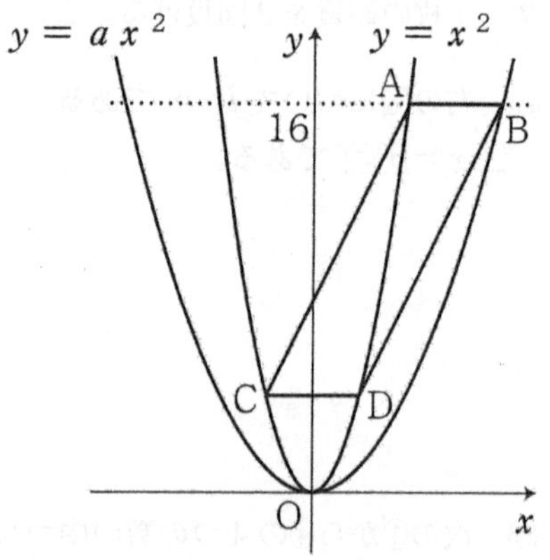

⑴　aの値を求めなさい。
⑵　平行四辺形ACDBの対角線の交点の座標を求めなさい。
⑶　関数$y=ax^2$のグラフ上に点Eをとる。原点Oと点Eを結んだ直線が，平行四辺形ACDBの面積を二等分するとき，点Eの座標を求めなさい。

【英　語】（45分）　＜満点：100点＞

1　［2との選択問題］

Part1　対話を聞き，その最後の文に対する応答として最も適切なものを，放送される①～③の中から１つ選び，マークしなさい。対話と質問は１度だけ流れます。

No.1 ～ No.4（選択肢はすべて放送されます。）

Part2　対話と質問を聞き，その答えとして最も適切なものを①～④の中から１つ選び，マークしなさい。対話と質問は２度流れます。

No.1　① 5,000 yen.　② 15,000 yen.　③ 20,000 yen.　④ 25,000 yen.

No.2　① At Bob's house.　② At Sarah's house.
③ At an Italian restaurant.　④ At a Japanese restaurant.

No.3　① She took an English class in Japan.
② She read many books.
③ She lived in Australia.
④ She helped Paul.

Part3　英文と質問を聞き，その答えとして最も適切なものを①～④中から１つ選び，マークしなさい。質問は No.1 ～ No.3 まで３つあります。英文と質問は２度流れます。

No.1　① He enjoys lunch.　② He enjoys talking.
③ He enjoys reading.　④ He enjoys listening to music.

No.2　① For 30 minutes.　② For an hour.
③ For an hour and a half.　④ For two hours.

No.3　① At 8:00.　② At 9:00.　③ At 10:00.　④ At 11:00.

＜リスニング問題スクリプト＞

Part1

NO.1

F: We have so many old books.
M: I know.
F: Let's give them to the school library?
① I like comic books.　② That's a good idea.　③ Come in.

NO.2

M: Do you still have my CD?
F: Yes, Kevin.
M: Well, I'll need it next week.
① I can bring it tomorrow.　② I think you can buy it.
③ Have a nice weekend.

NO.3

M: Are you in the soccer club?
F: Yes. Would you like to play with us?

M: Maybe. When do you practice?

① Every day after school. ② Baseball is more interesting.

③ I will play outside.

NO.4

M: You look different today, Annie.

F: I got a haircut yesterday.

M: You look pretty.

① I'm fine, thank you. ② Thanks, but I think it's too short.

③ I know what you mean.

Part 2

NO.1

F: I'm looking for a job to work on Mondays, Wednesdays and Fridays.

M: How much do you want to make a day?

F: I want to get 5,000 yen a day.

M: How about working at the coffee shop near the post office?

Question: How much will the woman get a week?

① 5,000 yen. ② 15,000 yen. ③ 20,000 yen. ④ 25,000 yen.

NO.2

F: Shall we go out for lunch, Bob?

M: OK, Sarah. Let's eat Japanese food.

F: Well, I had Sushi last night. Do you want to try the Italian place near the station?

M: Sure. That sounds good.

Question: Where will they have lunch?

① At Bob's house. ② At Sarah's house.

③ At an Italian restaurant. ④ At a Japanese restaurant.

NO.3

M: Your English is very good, Michelle.

F: Thanks, Paul. I went to high school in Australia for two years.

M: I have English homework to finish today. Can you help me?

M: Of course.

Question: How did Michelle learn English?

① She took an English class in Japan. ② She read many books.

③ She lived in Australia. ④ She helped Paul.

Part 3

Kenji has a busy schedule on Saturday. He gets up at 6 in the morning and has breakfast at 7. He gets ready and goes to the tennis club at 9:00. He practices tennis for two hours and after that he has a good time talking with his teammates for a while. He comes home for lunch at noon and relaxes until 2 o'clock. From three to half after four, he does his homework. After his homework, he eats dinner at about 8:00. Then he enjoys reading his favorite comic book and listening to music. He finishes that at 10:00. An hour later, he goes to bed.

Question NO.1: What does he do soon after he practices tennis?

① He enjoys lunch.
② He enjoys talking.
③ He enjoys reading.
④ He enjoys listening to music.

QuestionNO.2: How long does he do his homework?

① For 30 minutes.　② For an hour.
③ For an hour and a half.　④ For two hours.

QuestionNO.3: What time does he go to sleep?

① At 8:00.　② At 9:00.　③ At 10:00.　④ At 11:00.

2 [1との選択問題]

⑴ 次の①～④の語のうち，他の３つと下線部の発音が異なるものを１つ選び，マークしなさい。

（ア） ① hate　② hour　③ heal　④ how
（イ） ① please　② sweet　③ evening　④ expensive
（ウ） ① comic　② octopus　③ host　④ body

⑵ 次の①～④の語のうち，他の３つとアクセントの位置が異なるものを１つ選び，マークしなさい。

（ア） ① hap-pen　② al-so　③ won-der　④ thir-teen
（イ） ① Sep-tem-ber　② am-bu-lance　③ yes-ter-day　④ In-ter-net

⑶ 次の対話文を読み，あとの問いに答えなさい。

Alex : Today I learned about Japanese *war history.
Masato : Japanese war history? What war did you study?
Alex : *Nissin Sensou.* In 1894, Japan had a war with China. It continued for about one year, and so many people died.
Masato : I know that. I think it is bad for people to have war. War makes us *unhappy.
Alex : (a)(　　　) My teacher told me the same thing as you say. And I was taught an interesting thing about this war. *Nissin Sensou* was in 1894. And *Nichiro Sensou* was in 1904. Then, the World War I was in 1914. So Japan had wars every (b)(　　　) years.
Masato : But why did Japan have wars every (b)(　　　) years?
Alex : Well...I don't know, and my teacher didn't tell me.

Masato : I want to know about that, (c)(　　　) I'll go to the library next Sunday.
Alex　 : That's a good idea! Can I go with you?
Masato : Of course. Let's study history.
Alex　 : I can't wait to see you next Sunday!

（注） war 戦争　unhappy 不幸な

（ア）下線部(a)に入るものとして適切なものを，次の①～④の中から１つ選び，マークしなさい。

① I think so, too.
② I don't think so.
③ You know everything.
④ I'm against your idea.

（イ）下線部(b)に共通して当てはまる語を，次の①～④の中から１つ選び，マークしなさい。

① one　② five　③ ten　④ twenty

（ウ）下線部(c)に入るものとして適切なものを，次の①～④の中から１つ選び，マークしなさい。

① but　② when　③ because　④ so

（エ）次の英文の答えとして適切なものを，あとの①～④の中から１つ選び，マークしなさい。

During twenty years, from 1894 to 1914, how many wars did Japan have?

① One.　② Two　③ Three.　④ Four.

（オ）本文の内容に合うものを，次の①～④の中から１つ選び，マークしなさい。

① Masato was unhappy because Japan had a war with China.
② Alex is looking forward to next Sunday.
③ *Nichiro Sensou* started before *Nissin Sensou*.
④ Masato knows why Japan had so many wars.

3　次のページの広告を読んで，あとの問いに答えなさい。

(1) What is true about this poster?

① Everyone doesn't know this restaurant because it has just built.
② People can get a special menu if they come to this restaurant on May 25.
③ This restaurant is near a station, so it's easy for people to go there.
④ People can have nice, expensive steak outside.

(2) What does the restaurant NOT give to people on May 21?

① Sweets.
② Drinks.
③ Vegetables.
④ Meat.

(3) If you want the 20% OFF special menu, what should you do?

① We should get this poster and bring it to the restaurant.
② We should call the restaurant.
③ We should go to Marcos's great kitchen on the first day.
④ We should check the website, and send an e-mail to the restaurant.

(4) What can people do at this restaurant?

① People can smoke.

② People can make an order until 10:30 p.m.

③ People can enjoy traditional service of Canada.

④ People can play with Marcos in the restaurant.

Marcos's great kitchen

We are all new!

New open

Friday, May 21, 2021 | 3:00 p.m. — 11:00 p.m.

Do you like delicious food? If you love it, we are happy to welcome you!
This is the newest and greatest restaurant in Canada!
We give you special service and very nice foods - especially steak - at a low price!
Come visit our website! www.Marcos'sgreatkitchen.com. We are waiting for you!

SPECIAL DINNER MENU

・Salad	・Onion soup
・Steak (300g)	・Potatoes
・Coffee	

Anyone can have this special **20% OFF only on the opening day!**
Don't miss this chance!
We will stop making food thirty minutes before 11:00 p.m.
Don't be late!

300 Victoria St East
Bradford, Toronto
(506) ×××－××××

We are very sorry to say, "No smoking, please."
Because children can enjoy their meals.

4　次の英文は，ベティ（Betty）さんが，高校生がどのくらい携帯電話を使っているかについて行った，アンケート調査の結果を発表したものの一部です。グラフ（graph）と表（table）と英文をもとにして，あとの問いに答えなさい。

［Graph］ How often do you use cell phones?

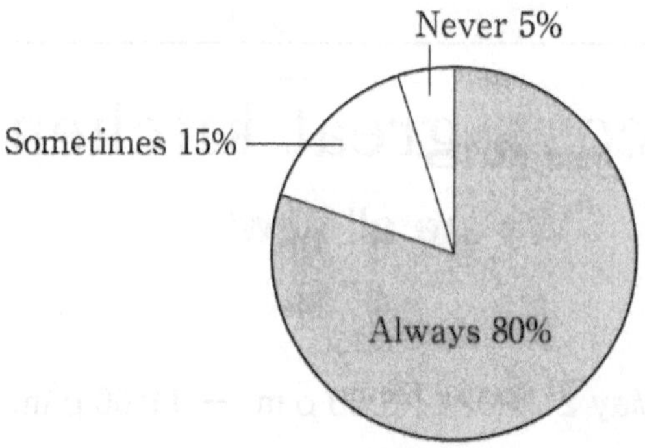

［Table］ Why do you use cell phones?

To send messages	32%
To check SNS	42%
To search for information	12%
To play games	10%
Other	4%

When do you use cell phones? When I am on trains, or go to some places, I often see a lot of people using cell phones. Some walkers even use them. It is very dangerous. So, I asked some high school students, "How often do you use phones?" Please look at the Graph. (A) % of students use cell phones all the time! That means that students may sometimes use phones during their meals, and even taking a bath! Also, please look at the Table. The answers to the question are surprising. I think that cell phones were *originally used for searching for something quickly. But now almost all of the students may use them for talking or *connecting with friends. I think their way to use cell phones is, maybe, not very good.

（注） originally もともと　connect with ～ ～とつながる

(1) Why did Betty want to ask the students the questions?

① Because cell phones are used to search for information.
② Because she likes to ask questions.
③ Because she often sees people using cell phones with bad manners.
④ Because it is easy to bring cell phones.

(2) Choose a number in (A).

① 5　② 15　③ 42　④ 80

(3) Why was Betty surprised at the answers to the question on the Table?
① Because she believed that people use cell phones to get information.
② Because the answers were the same as she thought.
③ Because the students didn't use cell phones so much.
④ Because cell phones were helpful for people to use.
(4) What is true about the Graph and Table?
① Some students used cell phones too much.
② The students were afraid of checking SNS.
③ Nothing was more important for the students than to check SNS.
④ A few students used cell phones to have communication with their friends.

5 次の英文を読んで，あとの問いに答えなさい。

Are you happy? Do you feel that there are many problems around you? How can you stop feeling terrible and feel good about yourself? Here is one way to do it: when you have a lemon, make *lemonade! When Mr. A is given a lemon, he says "What can I learn from this bad luck? How can I make my *situation better? How can I change this lemon into lemonade?"

Mr. B, *however, does a different thing. If he finds that life has given him a lemon, he does not try anymore and says, "I haven't got a chance. I've lost *sight of my goal." Then he starts to hate the *world and feel terrible.

One of the most wonderful points of *human beings is their power to make a bad thing into a good thing. The life's work of great people tells us an important story. They were successful because they worked hard (1) to solve their problems. A lot of difficult things happen in our lives, but they help us in an amazing way.

Yes, maybe *Beethoven wrote better music because he could not hear. *Hellen Keller's great work was done because she could not see or hear. *Charles Darwin did much great work because he was so sick and not strong when he was young.

If you want to be successful, try to stand up against difficult situations. Though *fighting with a north wind may be hard for you, just remember, it will *pass and you will be stronger for (2) it.

（注） lemonade レモネード　situation 状況　however しかし　sight 見えること
world 世の中　human beings 人間　Beethoven ベートーベン
Hellen Keller ヘレン・ケラー　Charles Darwin チャールズ・ダーウィン　fighting 苦闘
pass 通り過ぎる

Answer the following questions.
(1) When Mr. A gets a lemon, what does he think?
He thinks (　　)(　　) change the lemon into lemonade.
(2) Does Mr. B do the same thing as Mr. A?
(　　), (　　)(　　).

(3) What does Mr. B say when he gets a lemon Begin with the given *letter when you answer.
He says, “There is no (l) a chance. I can’t see my goal.”
（注） letter 文字

(4) Put (1)to solve into Japanese.

(5) Why did Hellen Keller do great work? Begin with the given letter when you answer.
Because she was (b) and not able to hear.

(6) What does (2)it mean?
It is the ( )( ).

(7) Which word is the best for each *blank? Find the answer from the text.
In the text, a lemon means a (1) thing and lemonade means a (2) thing. Although some of the great people had things like a lemon in their lives, they were (3) because they tried hard under difficult situations. In case of Charles Darwin, he was weak at a young age, but he made much great work possible by trying to stand up (4) his situation.
（注） blank 空所

6 次の日本語に合うように，（ ）内に適切な語を１語ずつ入れなさい。

(1) 私はとても疲れていたので早く寝た。
I was ( ) tired ( ) I went to bed early.

(2) リナは今髪をとかしています。
Rina ( )( ) her hair now.

(3) 何百万もの人々が彼らの音楽を聴いた。
( )( ) people listened to their music.

(4) ケイはバスケットボールをすることに決めた。
Kei ( )( ) play basketball.

(5) 彼は昨日夜更かしをした。
He ( )( ) late yesterday.

7 次の日本語に合うように，（ ）内の語を並べかえて英文を完成させるとき，（ ）内の３番目と６番目にくる語をそれぞれ選び，マークしなさい。ただし，文頭の語も小文字で示されています。

(1) 彼はボストンについての本を持っていた。
(① Boston / ② him / ③ about / ④ a / ⑤ book / ⑥ with / ⑦ had / ⑧ he).

(2) できるだけ早く彼女の両親に手紙を書きなさい。
(① as / ② her / ③ write / ④ as / ⑤ possible / ⑥ soon / ⑦ to / ⑧ parents).

(3) 赤信号で渡ってはいけません。
(① not / ② a / ③ you / ④ go / ⑤ light / ⑥ through / ⑦ must / ⑧ red).

⑷ 私は彼らに私の記憶を伝えてほしい。
(① I / ② my / ③ memories / ④ on / ⑤ to / ⑥ pass / ⑦ want / ⑧ them).

⑸ マイクに会うという彼女の夢は現実になりつつある。
(① reality / ② Mike / ③ is / ④ her / ⑤ of / ⑥ becoming / ⑦ meeting / ⑧ dream).

【理　科】（30分）　＜満点：60点＞

[1] 問１～問３に答えなさい。

問１．銅とマグネシウムを用いて次の**実験１，２**をおこなった。グラフや表を参考にして，下の問いに答えなさい。

実験１

銅の粉末をステンレス皿にのせ，かきまぜながら十分に加熱した。次のグラフは銅の質量と，加熱後にできた黒色の物質の質量との関係を表したものである。

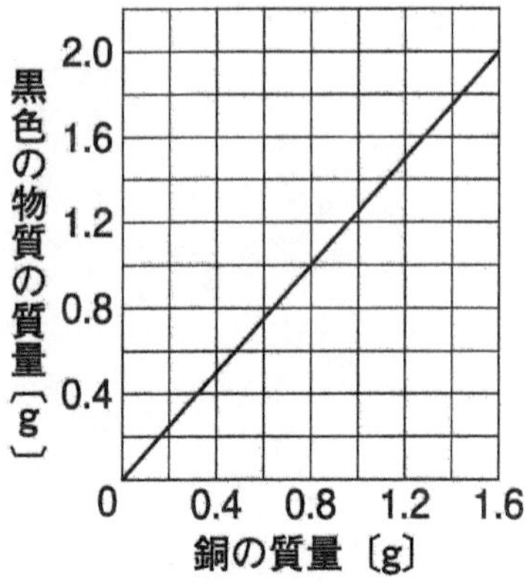

実験２

マグネシウムの粉末をステンレス皿にのせ，かきまぜながら十分に加熱した。次の表は反応したマグネシウムと，マグネシウムと結びついた酸素の質量との関係である。

マグネシウム（g）	0.6	1.2	1.8
マグネシウムと結びついた酸素（g）	0.4	0.8	1.2

⑴　**実験１**で，反応後にできた黒色の物質は何か。化学式で答えなさい。[1]

⑵　銅の粉末2.8 g を同じように十分に加熱したとき，黒色の物質は何 g できるか。[2]

⑶　マグネシウムと酸素の反応の化学反応式を書きなさい。[3]

⑷　次の式は，同じ量の酸素と結びつく銅とマグネシウムの質量の比を示したものである。[ ]に当てはまる数値をそれぞれマークしなさい。

銅　：　マグネシウム　＝　[4]　：　[5]

問２．次の図のような簡易型電気分解装置に純水を満たし，水酸化ナトリウムを　少量加え，水の電気分解を行ったところ，電極ａ，電極ｂからそれぞれ気体Ａ，気体Ｂが発生した。気体Ａの体積は，気体Ｂの体積のおよそ２倍であった。

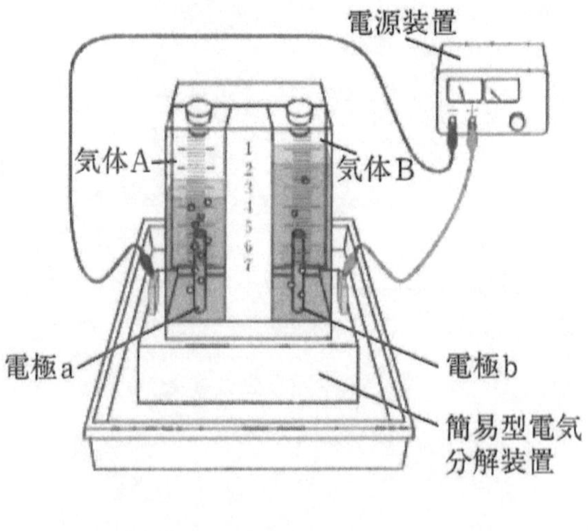

次の表は，気体Aの物質を確かめる方法と，水の電気分解以外に考えられる気体Aの発生方法をまとめたものである。最も適当なものを，次の①～④のうちから1つ選び，マークしなさい。 6

	気体Aの物質を確かめる方法	気体Aの発生方法
①	火のついた線香を入れると激しく燃える。	亜鉛や鉄などの金属をうすい塩酸に入れる。
②	火のついた線香を入れると激しく燃える。	うすい過酸化水素水に二酸化マンガンを入れる。
③	マッチの火を近づけると音を出して燃える。	亜鉛や鉄などの金属をうすい塩酸に入れる。
④	マッチの火を近づけると音を出して燃える。	うすい過酸化水素水に二酸化マンガンを入れる。

問3．次の図のように，試験管Aで二酸化炭素を発生させ，試験管Bに水上置換法で集めた。これについて，下の問いに答えなさい。

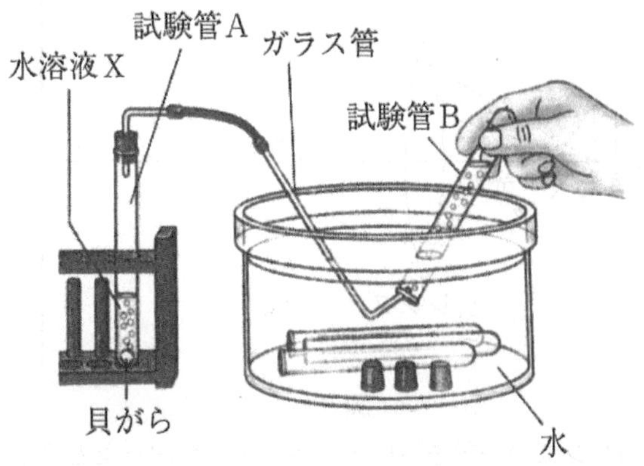

(1) 試験管Aに入れた水溶液Xはどれか。最も適当なものを，次の①～④のうちから1つ選び，マークしなさい。 7

① オキシドール　　② うすい塩酸

③ うすい水酸化ナトリウム　　④ 砂糖水

(2) 二酸化炭素の性質として，誤っているものはどれか。最も適当なものを，次の①～④のうちから1つ選び，マークしなさい。 8

① においがない

② 空気よりも密度が小さい

③ 水に少し溶ける

④ 石灰水を白くにごらせる

(3) 図のような水上置換法において，より純粋な気体を集めるためには，はじめに試験管に水を満たしておくことの他に，どのようなことに注意すればよいか。15字程度で答えなさい。 9

2 問1～問3に答えなさい。

問1．図1のように，火のついたロウソクと凸レンズとスクリーンを光軸に垂直に設置した。その結果，ロウソクの実像がスクリーン上にできた。ロウソク上部からの光の一部分が進行し，像を作る様子が図2である。これについて，下の問いに答えなさい。

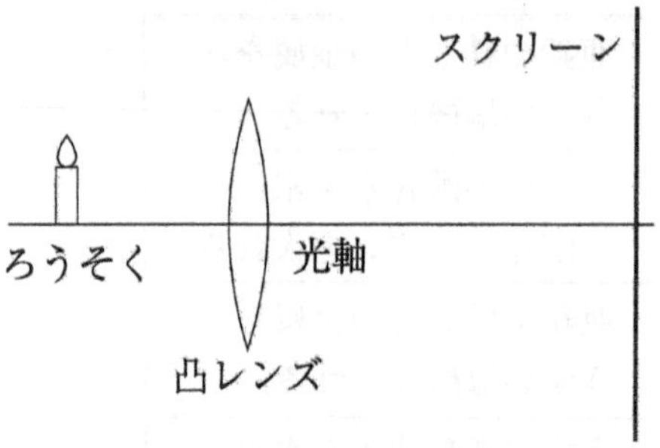

図1

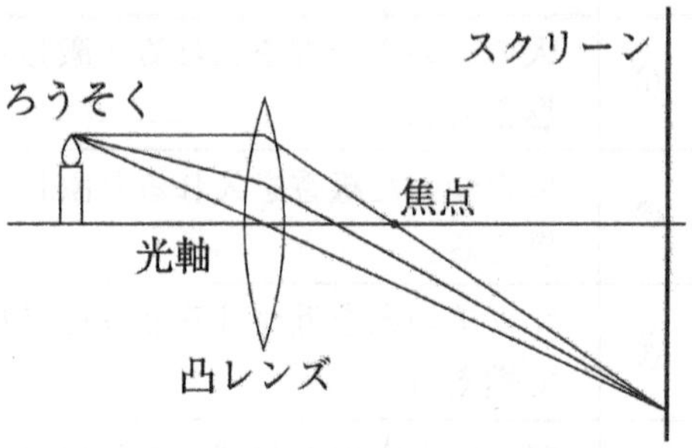

図2

⑴　図3は，ロウソクの下部からレンズに向かう二つの光を破線で示したものである。これら二つの光の進行の様子を，解答用紙の図に実線で作図しなさい。 1

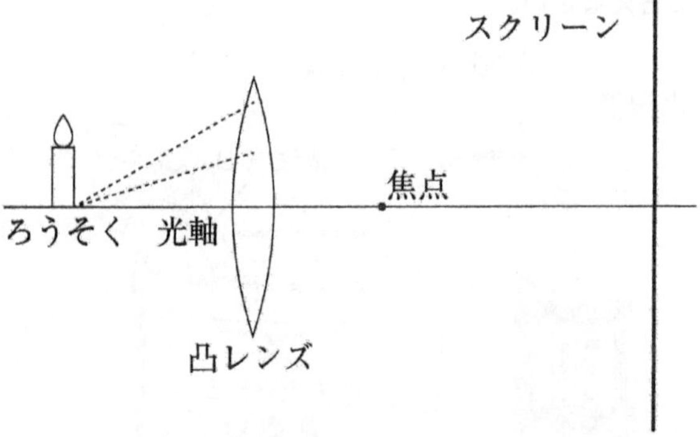

図3

⑵　図4のように，凸レンズの一部を黒い不透明な紙でおおったとする。スクリーン上の像の形および像の明るさは，それぞれどのようになるか。その組み合わせとして最も適当なものを，あとの①～④のうちから1つ選び，マークしなさい。 2

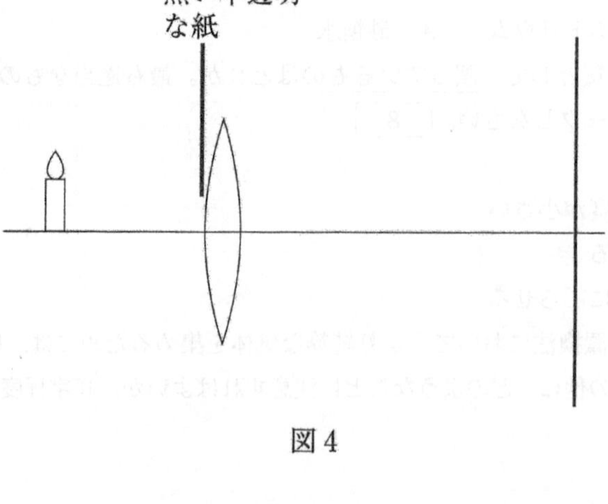

図4

	像の形	像の明るさ
①	変化しない	変化しない
②	変化しない	減少する
③	一部欠ける	変化しない
④	一部欠ける	減少する

問２．地面上で20ｇのおもりをつるすと３㎝伸びるばねがあり，そのばねをXとする。下の問いに答えなさい。

注意：解答欄 [3] [4].[5] の答えが３なら，[3] は⓪，[4] は③，[5] は⓪にマークしなさい。

⑴ 地面上で次の図１のように，ばねXに120ｇのおもりをつるした場合，ばねの伸びは何㎝になるか。

[3] [4]〔㎝〕

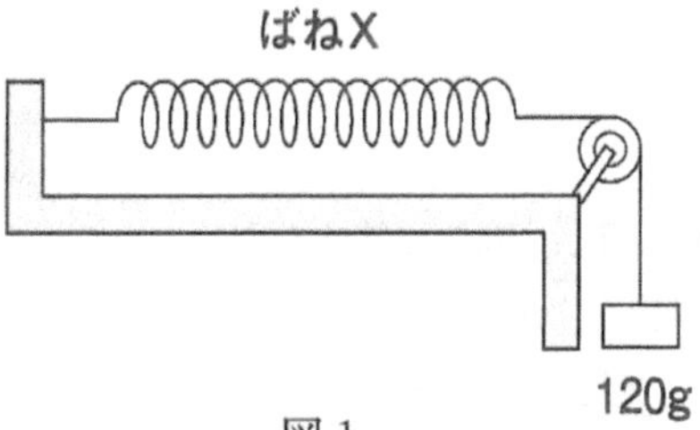

図１

⑵ 月面上で次の図２のように，ばねXの長さを半分にしてから120ｇのおもりをつるした場合，ばねの伸びは何㎝になるか。ただし，地面上の重力は月面上の重力の６倍である。

[5].[6]〔㎝〕

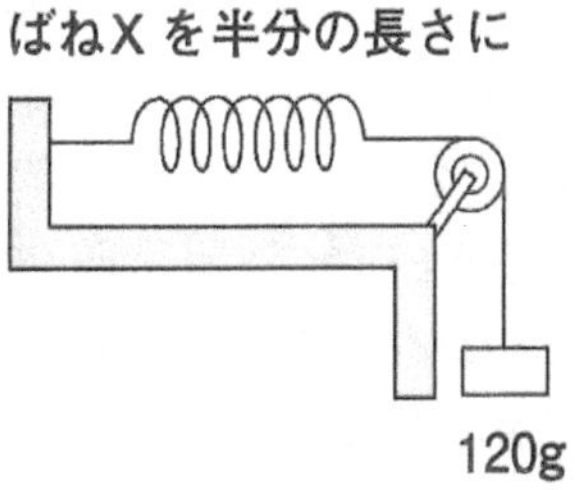

図２

問３．家屋内の階段にある電球の簡単な配線図を考えたい。電球がついているときの配線と，電球がついていないときの配線は次のような書き方ができる。

◎電球がついているときの配線例

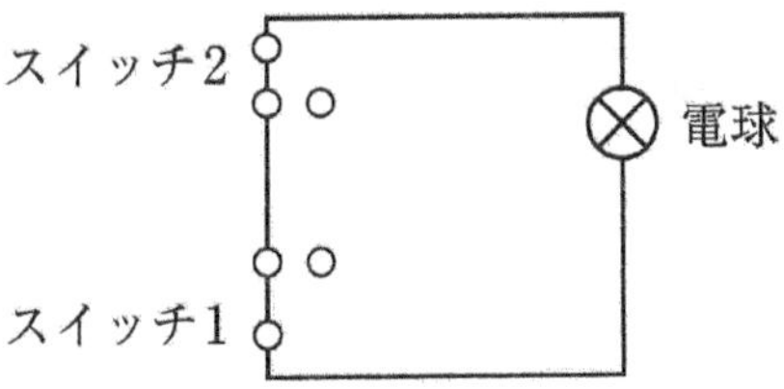

◎電球がついていないときの配線例

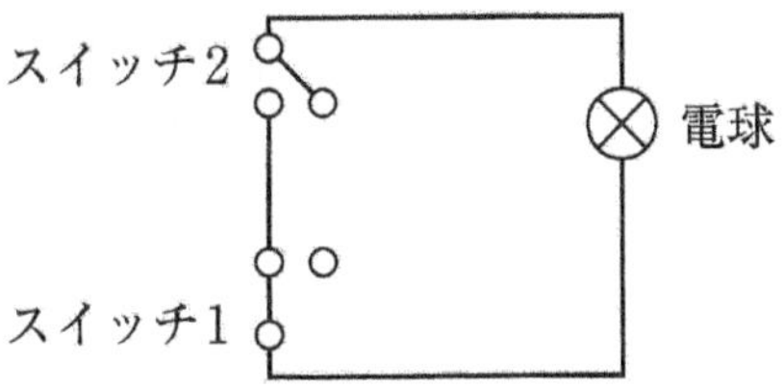

また，スイッチは

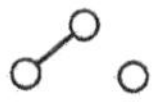 や 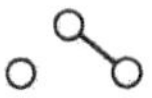

のように切り替えができ，ON，OFF表示はない。

家屋の1階と2階にそれぞれスイッチを設置し，1階でつけた電球を2階で消したり，2階でつけた電球を1階で消したりできるようにしたい。このようなしくみにするため，配線はどのようにすべきか。解答欄の [　] 内に導線を記入しなさい。ただし，スイッチの部分は，電球がついている場合の例を記入しなさい。[7]

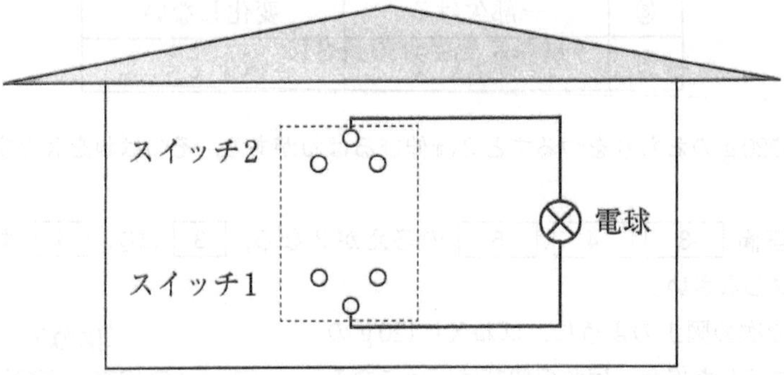

[3] 問1～問3に答えなさい。

問1．次の⑴～⑶の植物・動物の特徴として適当なものを，それぞれの選択肢①～④のうちから**すべて選び**，マークしなさい。

⑴　イヌワラビ [1]

①　種子で増える　　②　胞子で増える

③　維管束をもつ　　④　根・茎・葉の区別がない

⑵　ワニ [2]

①　肺呼吸を行う　　②　卵は水中で育つ

③　皮ふは湿っている　　④　体温は気温によって変化する

⑶　ザリガニ [3]

①　背骨がある　　②　体の外側がかたい殻におおわれている

③　えら呼吸を行う　　④　脱皮をして成長する

問2．次の図はカエルの受精の様子を示したものである。これについて，あとの問いに答えなさい。

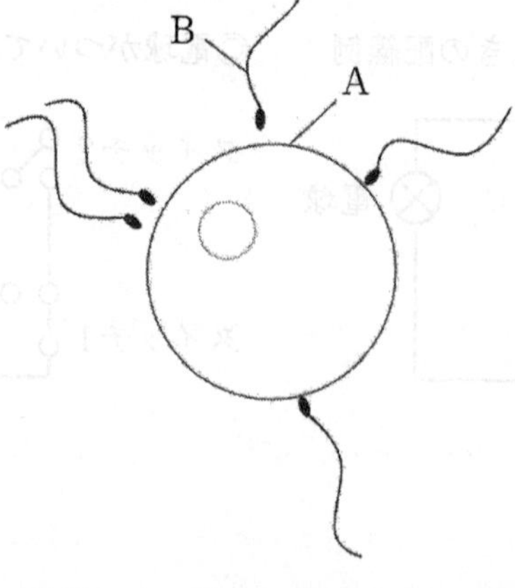

⑴　カエルの受精が行われる場所と子の生まれ方について，最も適当なものを，あとの①～④の

うちから１つ選び，マークしなさい。 4

	受精場所	子のうまれ方
①	体内	卵生
②	体内	胎生
③	体外	卵生
④	体外	胎生

⑵ 図のＡ，Ｂはそれぞれ何を指しているか。 5

⑶ Ａはカエルの体内のどこで作られるか。 6

⑷ Ａは通常いくつのＢと受精するか。最も適当なものを，次の①～④のうちから１つ選び，マークしなさい。 7

① １個　② ２～３個　③ 多数　④ 決まっていない

⑸ 親の形質を伝える遺伝子はＡやＢのどこに存在するか。 8

問３．啓子さんは庭に咲いているマツバボタンの花の色の規則性に興味を持ち，独自に調査を行った。その結果，メンデルが発見した遺伝の法則に当てはまることに気が付いた。

≪観察１≫

自家受粉を何代繰り返しても赤い花をつけるマツバボタンの花粉を，自家受粉を何代繰り返しても白い花をつけるマツバボタンのめしべにつけた。できた種子をまくと全ての株が赤い花をつけた。

≪観察２≫

観察１で確認した赤い花を自家受粉させてできた種子をまき，花の色を確認した。

⑴ 自家受粉によって，親，子，孫と代を重ねてもその形質が全て親と同じである場合，そのような個体を何というか。 9

⑵ 観察１の赤い花のような，子で現れる形質を，子で現れない白い花の形質に対して何というか。 10

⑶ 観察１で受粉させてできた赤い花の種子の遺伝子の組み合わせはどれか。最も適当なものを，次の①～⑤のうちから１つ選び，マークしなさい。ただし，赤い花の形質を伝える遺伝子をＡ，白い花の形質を伝える遺伝子をａとする。 11

① AA　② AAa　③ Aaa　④ Aa　⑤ aa

⑷ 観察２で確認した花の色の数を簡単な整数比で表すとどのようになるか。最も適当なものを，次の①～⑦のうちから１つ選び，マークしなさい。ただし，株ごとに咲いた花の数は同程度であったとする。 12

① 赤い花のみ　② 白い花のみ

③ 赤い花：白い花＝１：１　④ 赤い花：白い花＝１：２

⑤ 赤い花：白い花＝１：３　⑥ 赤い花：白い花＝２：１

⑦ 赤い花：白い花＝３：１

4　問１～問３に答えなさい。

問１．地震が発生したときのゆれについて，３つの観測地点の地震計の記録を表に表す。ゆれの大きさや，ゆれの始まった時刻は観測地Ａ～Ｃで異なっていたが，共通して，図のａのようなはじめは小さなゆれで始まり，その後，図のｂのような大きなゆれが観測された。地震の波が伝わる速さは一定であり，地震の発生時刻を22時39分56秒として，次の表の空欄ア～ウについて，最も適切な数値を，注意にあるようにマークしなさい。

観測地	ゆれａの到達時刻	ゆれｂの到達時刻	震源からの距離
A	ア	22 時 40 分 24 秒	98 km
B	22 時 40 分 35 秒	22 時 41 分 14 秒	イ
C	22 時 40 分 26 秒	ウ	210 km

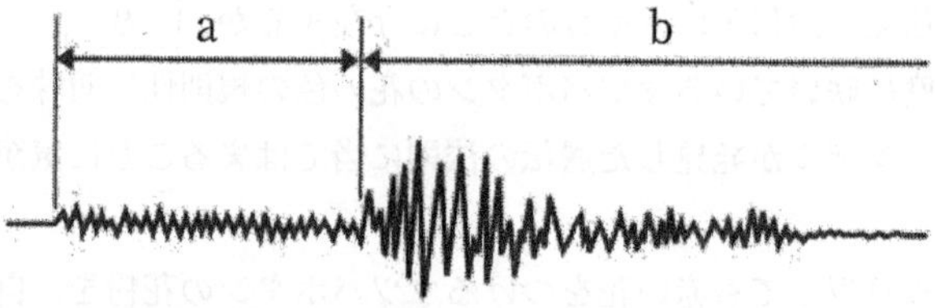

ア　1　2　時　3　4　分　5　6　秒

イ　7　8　9　km

ウ　10　11　時　12　13　分　14　15　秒

注意：すべての解答欄にマークすること。

7　8　9　kmの答えが55kmなら，7　は⓪，8　は⑤，9　は⑤にマークしなさい。

問２．砂利と水を入れた容器を日当たりのよいところに置き，その間に線香を置いて透明な容器を被せた。線香の煙はどのように動くか。最も適当なものを，次の①～④のうちから１つ選び，マークしなさい。16

①

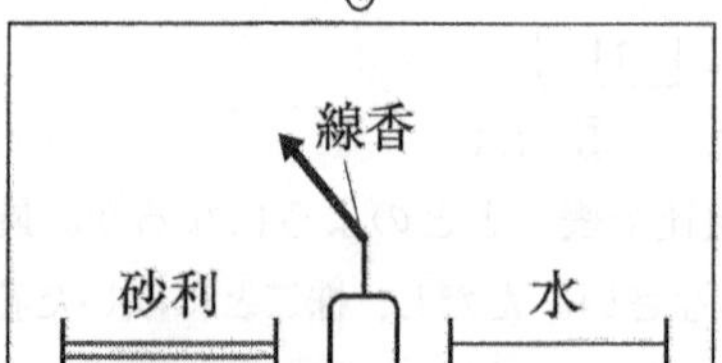

②

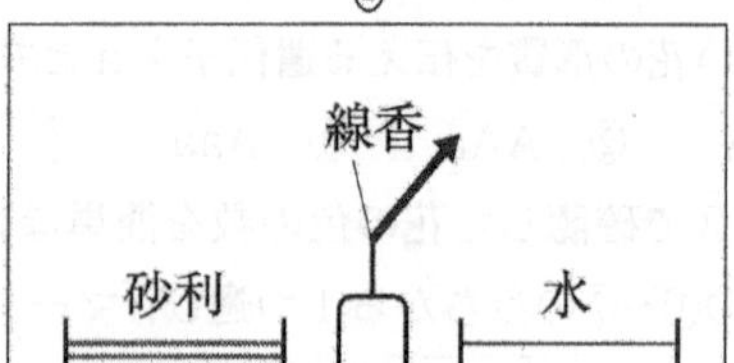

③

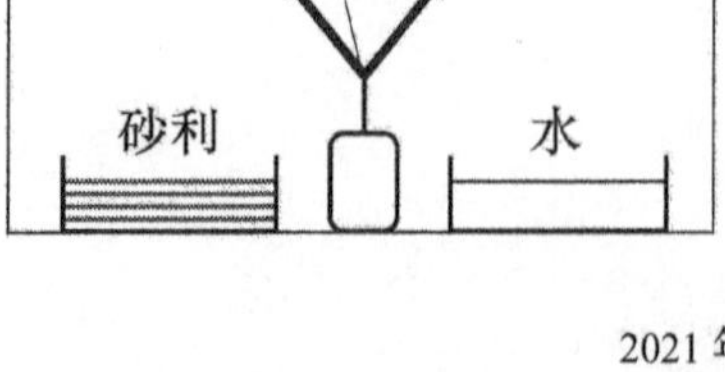

④

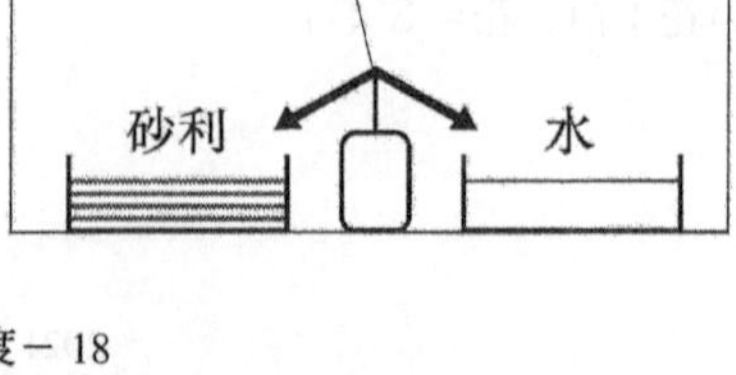

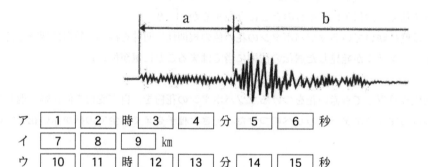

問３．次の図はある日の日本列島付近の天気図を示したものである。これについて，下の問いに答えなさい。

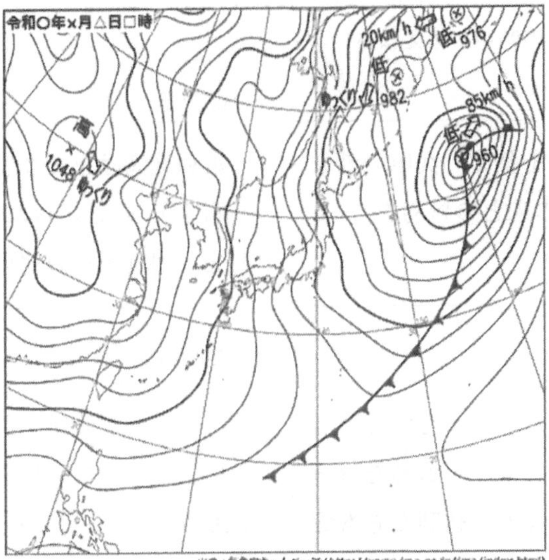

出典：気象庁ホームページ(http://www.jma.go.jp/jma/index.html)
「過去の天気図」を加工して作成

⑴　この天気図の季節には，どの風向きの季節風が日本列島にふいているか。最も適当なものを，次の①～④のうちから１つ選び，マークしなさい。 17

①　北東　　②　北西　　③　南東　　④　南西

⑵　この天気図の季節には，太平洋側ではどのような天気が続くか。最も適当なものを，次の①～④のうちから１つ選び，マークしなさい。 18

①　雪の日やくもりの日が多い。

②　暑く湿度の高い，晴れた日が続く。

③　２～３日おきに，晴れの日とくもりの日が入れかわる。

④　乾燥した晴れの日が続く。

【社　会】（30分）　＜満点：60点＞

1　次の**資料A**～**資料D**は日本と諸外国との貿易についてのカードである。これらのカードを読み，あとの問1～問5までの問いに答えなさい。

資料A

平清盛が航路を整え，兵庫の港を整備し，中国の宋との貿易を行い，利益を得た。

資料B

足利義満は正式な貿易船に中国の明よりあたえられた勘合を持たせ，朝貢形式の貿易を行った。

資料C

スペイン・ポルトガルを中心としたヨーロッパの人々と貿易を行った。イエズス会の宣教師たちも貿易船に乗り，日本での布教活動を行った。

資料D

徳川家康が渡航を許可する朱印状を発行し，朱印状を持った船の保護を行った。しかし，その後まもなく鎖国の体制をとった。

問1　**資料A**～**資料D**の時代に関連するものを，次の図ア～図エより選び，組み合わせとして正しいものを，あとの①～④の中から1つ選び，マークしなさい。

ア

イ

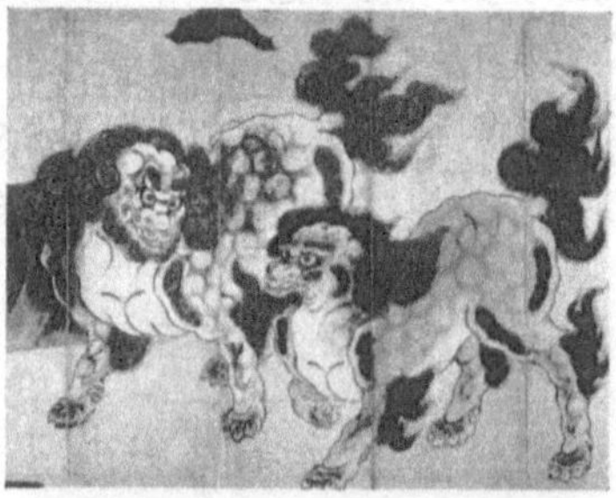

ウ

エ

	資料A	資料B	資料C	資料D
①	ウ	イ	ア	エ
②	ア	エ	ウ	イ
③	イ	ウ	エ	ア
④	エ	ウ	イ	ア

問2　**資料A**の時代よりも前の中国との交流を年代の古い順にならべたとき，**2番目に古いできごと**として正しいものを，次の①～④の中から1つ選び，マークしなさい。

① 卑弥呼は，魏の皇帝から「親魏倭王」という称号と金印を授けられた。

② 倭の奴国の王は，後漢に使いを送り，皇帝から金印を授けられた。

③ 倭の五王は，倭の王としての地位などを認めてもらうため，宋にたびたび使いを送った。

④ 小野妹子をはじめとした遣隋使には，多くの留学生や僧が同行した。

問3　**資料B**に関連して，室町幕府において，将軍の補佐役として置かれた役職は何か。**漢字2文字**で答えなさい。

問4　**資料C**について，貿易品目と主な貿易地を表と地図から選び，組み合わせとして正しいものを，次の①～④の中から1つ選び，マークしなさい。

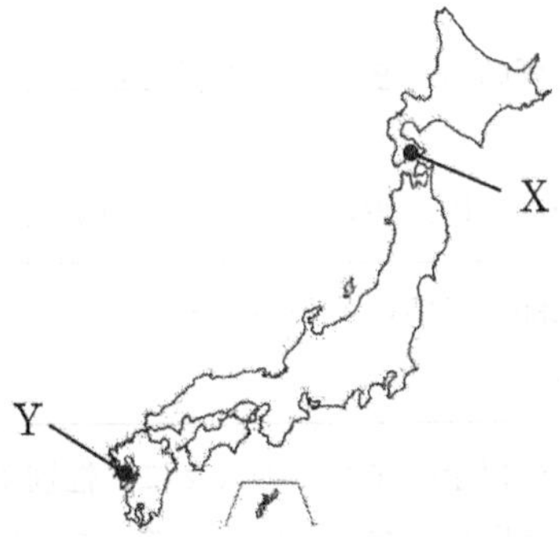

	日本からの輸出品	日本への輸入品
ア	銀	生糸・時計・ガラス製品
イ	生糸・時計・ガラス製品	銀

① ア－X　② ア－Y　③ イ－X　④ イ－Y

問5　**資料D**について，鎖国政策が実施されている中でも，日本と国交があった国の説明文として正しいものを，次の①～④の中から1つ選び，マークしなさい。

① 革命によって国王が処刑され，その後ナポレオンが皇帝の位に就いた。

② イギリスより独立し，人民主権，連邦制，三権分立を柱とする憲法が定められた。

③ スペインから独立した後，東インド会社を設立するなどヨーロッパの貿易や金融の中心として栄えた。

④ 名誉革命によって議会を尊重する国王が選ばれ，「権利章典」が定められた。

2　次の資料は，税の歴史についてまとめたものである。資料を読み，あとの問1～問6までの問いに答えなさい。

資料

税の歴史

1　飛鳥時代・奈良時代
租調庸という税の仕組みができ，実施された。租は(ア)口分田の面積に応じて課せられた。

2　平安時代・室町時代
平安時代には，大きな寺社や貴族の荘園が各地にでき，農民は領主に年貢などを納めた。
室町時代には，(イ)商業活動の発達により商工業者に対しても税が課せられるようになった。

3　安土・桃山時代・江戸時代
豊臣秀吉は，土地を調査して〔　A　〕を行い，農地の面積だけでなく，予想される収穫量を，すべて米の体積である石高で表した。
江戸時代には，田畑に課せられる税を米などで納めた。
また，商工業者は(ウ)株仲間と呼ばれる同業者の組織をつくり，幕府の許可を得て，営業税を納めていた。

4　明治時代
1873年の地租改正では，地価の〔　B　〕％を税として〔　C　〕で納めさせた。

5　大正時代・(エ)昭和時代
大正時代から昭和初期にかけては，戦費調達のための増税が続いた。

問1　次の文章は，資料中の下線部(ア)について述べたものである。文章中の空らんⅠ，Ⅱ，Ⅲ，Ⅳにあてはまる数字を答えなさい。

戸籍に登録された（　Ⅰ　）歳以上のすべての人々に，性別や良民，賤民の身分に応じてあたえられ，その人が亡くなると国に返すことになっていた。男子には（　Ⅱ　）段，女子にはその3分の（　Ⅲ　），奴婢には良民の男女のそれぞれ（　Ⅳ　）分の1の口分田があたえられた。

問2　資料中の下線部(イ)に関連して，同業者ごとにつくられ，営業を独占する権利を認められていた団体の名称として正しいものを，次の①～④の中から1つ選び，マークしなさい。

①　馬借　　②　問　　③　座　　④　惣

問3　資料中の空らん〔A〕にあてはまる語句を**漢字4文字**で答えなさい。

問4　資料中の下線部(ウ)に関連して，18世紀後半に株仲間を奨励した人物がおこなった政策として**誤っているもの**を，次の①～④の中から1つ選び，マークしなさい。

①　江戸や大阪周辺の農村を幕領にしようとしたが，失敗した。
②　長崎での貿易を活発にするために，銅を専売制にした。
③　蝦夷地の調査を行い，俵物の輸出を拡大した。
④　商人たちの力をかりて，印旛沼の干拓を始めた。

問5　資料中の空らん〔B〕と空らん〔C〕にあてはまる数字と語句の組み合わせとして正しいも

のを，次の①～④の中から１つ選び，マークしなさい。

① **B**：３　**C**：現金

② **B**：５　**C**：米

③ **B**：３　**C**：米

④ **B**：５　**C**：現金

問６　下線部(エ)の時代におきたできごとと，当時の内閣総理大臣の組み合わせとして正しいものを，次の①～④の中から１つ選び，マークしなさい。

① サンフランシスコ平和条約によって，日本は独立を回復した。　－　池田勇人

② 日ソ共同宣言が調印され，日本とソ連との国交が回復した。　－　田中角栄

③ 日中共同声明によって，日本と中国との国交が回復した。　－　鳩山一郎

④ 非核三原則が出され，日本の国の方針となった。　－　佐藤栄作

３　次の略地図を見て，あとの問１～問５までの問いに答えなさい。

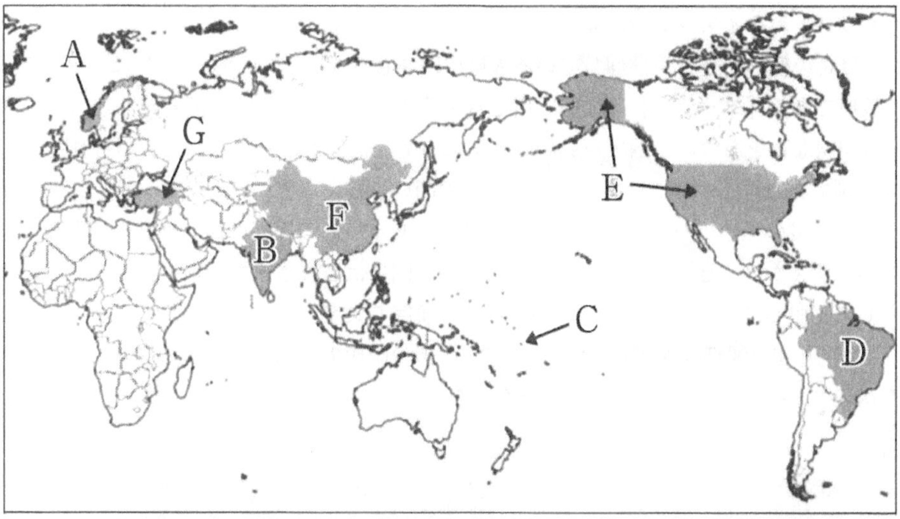

略地図

問１　A国の特徴を述べた文として**誤っているもの**を，次の①～④の中から１つ選び，マークしなさい。

① この国の海岸線には，奥行きのある湾と岬が連続するリアス海岸がみられる。

② この国の首都は，南部に位置するオスロである。

③ この国は，ヨーロッパ最大の半島であるスカンディナビア半島に位置する。

④ この国は，EU（ヨーロッパ連合）に加盟していない。

問２　B国では，情報技術（IT）産業が，B国の産業の成長に重要な役割を果たしてきた。次の文章は，B国における情報技術（IT）産業が発展した理由を述べたものである。文章中の空らん**あ**，**い**，**う**にあてはまる語句として正しいものを，あとの①～④の中から１つ選び，マークしなさい。

この国の情報技術（IT）産業の中心地は，（　**あ**　）であり，ITパークという情報技術（IT）産業が集約された地域をはじめ，情報技術（IT）産業の成長に必要な支援が充実している。ま

た，（　い　）が準公用語の１つになっていることが，Ｅ国の企業が進出しやすい要因になっている。それに加えて，シリコンバレーとの（　う　）の違いを利用し，シリコンバレーの企業がこの国に拠点を置けば，24時間対応できる仕組みをつくることが可能である。これらの理由からＥ国からの企業進出があいつぎ，情報技術（IT）産業が発展した。

	あ	い	う
①	デリー	英語	緯度
②	デリー	ヒンディー語	緯度
③	バンガロール	英語	経度
④	バンガロール	ヒンディー語	経度

問３　Ｂ国において，国民の約80％が信仰するヒンドゥー教について述べた文として正しいものを，次の①～④の中から１つ選び，マークしなさい。

①　キリスト教やイスラム教と並び，三大宗教と呼ばれる。

②　牛は神の使いとされ，信仰している人は牛肉を食べない。

③　教典である「コーラン」に従い，川で身を清める沐浴など独特の慣習がある。

④　香辛料などをあつかう西アジアの商人によって，信仰がヨーロッパに広められた。

問４　Ｃ国であるツバルについて，次の⑴，⑵の問いに答えなさい。

⑴　海抜高度の低いツバルは，浸水被害が深刻であり，この原因はある地球環境問題であると，世界に訴えかけてきた。ツバルの浸水被害の原因にはさまざまな見解があるが，ツバルが原因として主張している地球環境問題の名称を，**漢字５文字**で答えなさい。

⑵　次の①～④の国旗はツバル，Ｅ国，Ｆ国，Ｇ国の国旗である。ツバルの国旗として正しいものを次の①～④の中から１つ選び，マークしなさい。

①　②　③　④

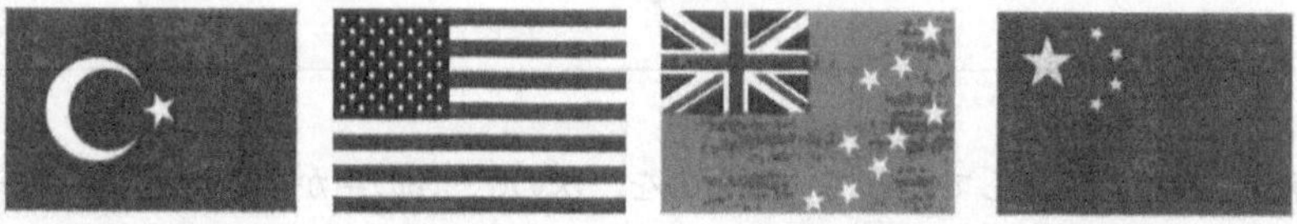

問５　Ｄ国では，政府の補助を受けた大企業などが大規模な農業を展開したことで，さまざまなことがおこった。これについて述べた文として**誤っているもの**を，次の①～④の中から１つ選び，マークしなさい。

①　大企業の豊富な資金と技術が取り入れられ，特に大豆の生産量は世界第２位（2011年）まで増加した。

②　大規模な農業を行うために，都市から農村に人口が移動した。

③　都市では，スラムという生活環境の悪い地域が形成された。

④　大規模な開発が進んだことで，森林の伐採が進み，森林面積が減少した。

4　次の太郎くんと花子さんの会話文は，高知県と東京大都市圏との違いに興味を持ち，その調査方法について話し合っているものである。これを読んで，あとの問１～問５までの問いに答えなさい。

> 太郎くん：まずは人口の違いについて考えてみよう。(ア)高知県と(イ)東京大都市圏の人口では全く違うようだね。
> 花子さん：単なる人口の比較だけではなく，人口の推移を調査しても面白そうだね。
> 太郎くん：これだけ人口が異なると，市場で取引されている量も全く異なるだろうね。まずは高知県で盛んな農業について考えてみたいな。(ウ)東京の市場でも高知県の野菜がたくさん取引されているよ。
> 花子さん：本当ね。高知県の野菜が取引される理由を考えてみましょう。
> 太郎くん：また，高知県と東京大都市圏の大きな違いとして，(エ)工業があるよ。工業生産額を比べるとかなり大きな差があるね。
> 花子さん：工業生産額だけでなく，東京大都市圏では(オ)成田国際空港での貿易が盛んなことも特徴みたいね。貿易が行われるのは港が多いと思っていたわ。

問１　下線部(ア)に関連して，次の文章は，高知県の気候についてまとめたものである。文章中の空らんＡ，Ｂにあてはまる語句を答えなさい。

> 四国山地より南に位置する高知県は，暖流である（　Ａ　）の影響を受けるため，一年を通じて温暖であり，南東からふいてくる（　Ｂ　）により，しめった空気が入りやすく，降水量が多くなる。

問２　下線部(イ)の特徴を述べた文として**誤っているもの**を，次の①～④の中から１つ選び，マークしなさい。

①　東京大都市圏の中には，横浜市や川崎市など複数の政令指定都市がある。

②　東京大都市圏では人口が集中することで過密となり，通勤時間帯のラッシュやごみの増加など，さまざまな都市問題が発生している。

③　官庁街や高層ビル街が集中する東京都千代田区では昼間人口と夜間人口に差がなく，人口集中が進んでいる。

④　1990年以降は，幕張新都心やさいたま新都心などをはじめとする臨海部の埋立地や鉄道施設の跡地などの再開発が進み，多くの人に利用されている。

問３　下線部(ウ)に関連して，次の文章と表は，高知県と東京大都市圏の農業の違いをまとめたものである。次の(1)，(2)の問いに答えなさい。

> 東京の市場には，東京へのアクセスの良さを利用した（　Ａ　）によって作られた周辺の県の野菜が多く流通しているが，高知県はビニールハウスを利用した（　Ｂ　）を行うことで，東京の市場でも取引されるように工夫している。

(1)　文章中の空らんＡ，Ｂにあてはまる語句をそれぞれ**漢字４文字**で答えなさい。

(2)　次のページの表は，東京へ出荷されるなすの量を示したグラフであり，次のページの①，②は高知県産と栃木県産のなすの出荷量である。高知県産のなすにあてはまるものを，あとの①，②の中から１つ選び，マークしなさい。

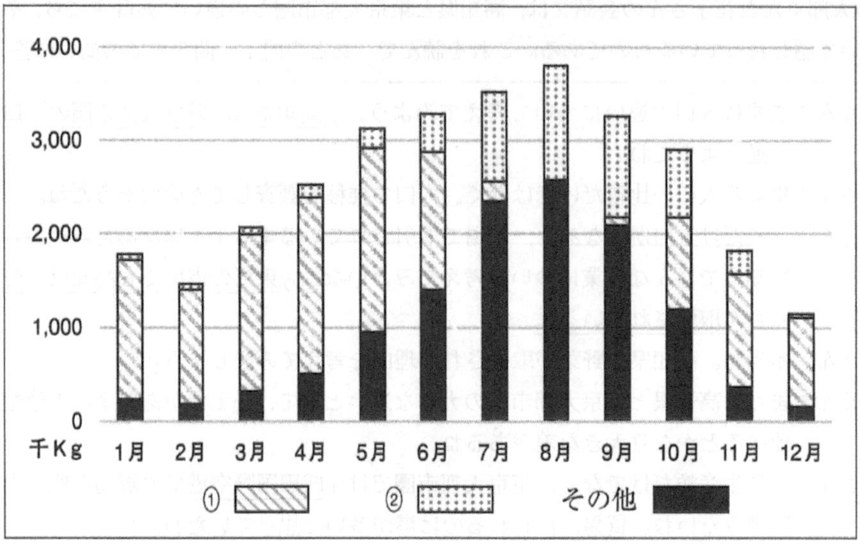

表

東京へ出荷されるなすの量（2014 年　東京都中央卸売市場資料）

問４　下線部(エ)に関連して，東京大都市圏の工業について述べた文として**誤っているもの**を，次の①～④の中から１つ選び，マークしなさい。

① 東京湾の臨海部の工業地帯は，京浜工業地帯や京葉工業地域といわれている。

② 関東の内陸部にある北関東工業地域で生産された製品の多くが，東京大都市圏や東京湾岸の貿易港に輸送されている。

③ 東京大都市圏の内陸部では，周辺で採掘される石炭や鉄鉱石などの資源を生かした製鉄所や火力発電所が立ち並ぶ。

④ 東京大都市圏の臨海部では，輸入した石油を活用するための石油化学コンビナートが立ち並ぶ。

問５　下線部(オ)について述べた文として正しいものを，次の①～④の中から１つ選び，マークしなさい。

① 成田国際空港での貿易額は，輸出や輸入を行う日本の港や空港の中でも最大となっている。

② 成田国際空港の所在地は，東京都である。

③ 東京大都市圏と国内各地の空港は，東京国際空港（羽田空港）を中心につながっており，成田国際空港は海外便のみ運航されている。

④ 航空輸送は海上輸送に比べ，輸送の時間を短縮できるため，主に鉱産資源や大型機械など，高額な物資の輸送に用いられる。

5　あとの会話文は，ＡくんとＢさんが，授業中に発表するテーマについて相談しているものである。次の会話文を読んで，あとの問１～問４までの問いに答えなさい。

Ａくん　発表のテーマには，社会への影響力が強いものを設定したいな。

Ｂさん　それでは，(ア)選挙や政治にも大きな影響を与えているマスメディアをテーマに選ぶのはどうだろう。もうすぐ選挙に参加できるようになる私たちにも関係するテーマだよ。

Aくん　マスメディアが選挙に与える影響の例だと，テレビで放送される(イ)政党の政見放送があげられるね。政見放送を参考に，選挙で投票先を決める人も多いみたいだよ。
Bさん　それだけではないよ。私たちが現在の政治の動向を知りたい時にも，マスメディアは必要だよ。例えば，(ウ)国会の様子を知りたいときには，テレビやインターネットを通して国会の審議を見ることができるよ。
Aくん　こうしてみると，マスメディアは，情報を広く伝えることで，私たちの(エ)知る権利を支えているようだね。Bさんの言う通り，今度の発表のテーマはマスメディアに決めたよ。

問１　下線部(ア)に関連して，日本の選挙制度について述べた文Ⅰ・Ⅱの正誤の組み合わせとして正しいものを，次の①～④の中から１つ選び，マークしなさい。

Ⅰ：衆議院議員の選挙には，小選挙区制と比例代表制を組み合わせた小選挙区比例代表並立制がとられている。

Ⅱ：平等選挙とは，どの政党や候補者に投票したか他人に知られない選挙のことである。

①　Ⅰ－正　Ⅱ－正　②　Ⅰ－正　Ⅱ－誤
③　Ⅰ－誤　Ⅱ－正　④　Ⅰ－誤　Ⅱ－誤

問２　下線部(イ)について述べた文として**誤っているもの**を，次の①～④の中から１つ選び，マークしなさい。

①　政権を担当する政党を野党，政権を担当しない政党を与党と呼ぶ。
②　得票や議席に応じて国から各政党に政党交付金が交付される。
③　政党は，政権を担当したときに実施する予定の政策を，政権公約として発表する。
④　連立政権とは，政権が複数の政党によって組織されていることをさす。

問３　下線部(ウ)について述べた文として**誤っているもの**を，次の①～④の中から**すべて**選び，マークしなさい。

①　国会審議の中心となる，常会（通常国会）は毎年１月に召集される。
②　国会は，内閣総理大臣を辞めさせるかどうかを判断する弾劾裁判所を設置できる。
③　国会の仕事には，法律の制定と予算の審議などが含まれる。
④　国会は，内閣総理大臣と国務大臣の全員を任命する権利を持つ。

問４　下線部(エ)について，国や地方公共団体が人々の請求に応じて持っている情報を開示する制度の名称を，**漢字６文字**で答えなさい。

6　次の文章を読んで，あとの問１～問４までの問いに答えなさい。

国民には，社会生活を支えるために果たすべき義務があります。日本国憲法は，「(ア)子どもに普通教育を受けさせる義務」「(イ)勤労の義務」「（　X　）の義務」の三つを国民の義務としてあげています。憲法に義務の規定が少ないのは，(ウ)憲法が国民の権利を保障するための法だからです。国は憲法に違反しない範囲で，国民に義務を課す法律を制定することができます。

問１　文章中の空らん（**X**）にあてはまる語句を答えなさい。

問２　下線部(ア)に関連して，日本の教育制度について**誤っているもの**を，あとの①～④の中から１

つ選び，マークしなさい。

① 院内学級とは，病院内で学習するための教室であり，正式な小・中学校として認められている。

② 教育を受けることは子どもの利益になるため，義務教育は無償ではない。

③ 教育の基本的な方針を定める法律として，教育基本法が定められている。

④ 教育を受ける権利によって，すべての子どもは学校で学習することを保障される。

問３ 下線部(イ)に関連して述べた文として正しいものを，次の①～④の中から１つ選び，マークしなさい。

① 使用者の権利を守るために労働基本権が保障されている。

② 労働者が団結して行動できるように政党を作る権利を団結権という。

③ 労働条件改善を求めて政府と交渉する権利を団体交渉権という。

④ 要求を実現するためにストライキなどを行う権利を団体行動権という。

問４ 下線部(ウ)に関連して，国民の権利について述べた文Ⅰ・Ⅱの正誤の組み合わせとして正しいものを，次の①～④の中から１つ選び，マークしなさい。

Ⅰ：請願権とは，公務員の行為によって受けた損害に対して賠償を求める権利である。

Ⅱ：生存権とは，健康で文化的な最低限度の生活を営む権利である。

① Ⅰ－正 Ⅱ－正 ② Ⅰ－正 Ⅱ－誤

③ Ⅰ－誤 Ⅱ－正 ④ Ⅰ－誤 Ⅱ－誤

文中から二字で抜き出して書きなさい。

問七　文章全体から導き出される教訓として最も適当なものを次の中から一つ選び、マークしなさい。

① 慌てず落ち着いて事件に対応することの大切さ
② 嫌なことや辛いことを我慢することの大切さ
③ 君主として状況を的確に判断することの大切さ
④ 臣下として物事に執着しない心を持つことの大切さ

問八　『十訓抄』は、鎌倉時代に成立したものである。この作品と同時代に成立した作品を次の中から一つ選び、マークしなさい。

① 方丈記　② 竹取物語　③ 枕草子　④ 源氏物語

四

次の文の空欄A～Eに体の一部を表す言葉を入れて、文章の意味が通じるように文章を完成させたい。それぞれ当てはまる言葉を漢字で書きなさい。

私の親友で生徒会長を務めた彼女は、目から（　A　）へ抜ける才女だった。両親の愛情を一身に受け、（　B　）塩にかけて育てられた彼女は、何かを決める時にはいつも（　C　）を切り、積極的にみんなを統率した。両親の（　D　）に泥を塗るようなこともあり得ない、何事にも完璧だった彼女に対し、私はいつも自分が見劣りする人間だと感じていた。彼女が転校することになった時、私はなぜかほっとした。電車の乗降口まで彼女を見送りに行った友人もいたが、私は駅のホームの片隅で彼女が電車に乗るのを見ていた。私は、後ろ（　E　）を引かれる思いで彼女を見送りながら、同時に妙な安心感に包まれてもいた。

当なものを次の中から一つ選び、マークしなさい。

① 倒置法　② 体言止め　③ 掛詞　④ 係り結び

問三 ――線3は、「これほどの仕打ちを受ける」という意味である。具体的に何があったのかを示した箇所を、本文中から二十字程度で抜き出して書きなさい。（ただし、句読点・記号も一字とする。）

問四 ――線5「うるはしく」の本文中の意味として最も適当なものを次の中から一つ選び、マークしなさい。

① 美しく　② 恨めしく　③ 礼儀正しく　④ 親しく

問五 次に掲げるのは、――線6「歌枕見て参れ」に関して、生徒と教師が交わした授業中の会話である。この会話を受けて四人の生徒から出された発言のうち、本文の内容をふまえた意見として、最も適当なものを次の中から一つ選び、マークしなさい。

教師　この話でよくわからない所はないかな。

生徒　途中で出てくる「歌枕見て参れ」の意味がよくわかりません。それがわからないと話の内容もわからないような気がするのですが。

教師　確かにそうかもしれないね。「歌枕」というのはね、昔から和歌によまれてきた名所のことだよ。

生徒　そうなんですね。でも、どうして突然、和歌のことが出てきたのでしょうか。

教師　実方は、歌人としても有名な人なんだ。だからこそ、そんな言い方をしたんじゃないかな。

生徒　なるほど。でもやっぱり、ここの意味がどうなるのか……。

教師　そうだね。どういう意味になるのか、みんなで意見を出し合ってごらん。その後の話の展開を参考にしてみるといいよ。

① 生徒A――実方は歌人だったんだね。天皇は、名所を実際に訪れてしっかり歌の勉強をして、貴族としてふさわしい力を身につけ、すぐれた人間になってほしいと思っていたんだ。だから、実方に陸奥の歌枕を見て参れって言ったんだね。でも、陸奥ってどこのことなんだろう。

② 生徒B――陸奥って、今で言うと東北のことだよね。実方は、都から離れた生活で大変だったと思うけど、「忍を信ずるによりて褒美にあへる」って書いてある通り、陸奥での生活を忍耐強くがんばったんだ。だから、蔵人頭という褒美を天皇からもらったんだね。

⑤ 生徒C――そうかなぁ。「実方、蔵人頭にならでやみにけるを恨みて」と書いてあるよ。実方は天皇の命令で陸奥に行き、蔵人頭になれなかったことを恨んでいるんだよ。だから、「歌枕見て参れ」っていうのは、実方に対する罰として考えるべきじゃないかな。

④ 生徒D――私もそう思うな。しかも、そのあとに「雀になりて」って書いてあるよ。実方は、その恨みが強くて、生きているうちに雀に変身して陸奥から都に飛んできたんだよ。「歌枕見て参れ」という罰は、実方にとってそれだけの重みがあったんだね。でも、雀ってちょっとかわいいよね。

問六 ――線7および8の「一人」はそれぞれ誰のことか。それぞれ本ので、二年生は一人も行くことができない。

④ 圭祐は、自身の全国大会への参加ができなくなりそうなことに対して、母親が言うほど気にしてはいない。

三 次の文章を読んで、後の問いに答えなさい。設問の都合上、一部原文と変えてあります。

※大納言行成卿《だいなごんゆきなりきゃう》、いまだ※殿上人《てんじゃうびと》にておはしける時、※実方《さねかた》中将、いかなる1いきどほり2かありけん、殿上に参り会ひて、いふこともなく、行成の冠を打ち落して、小庭に投げ捨ててけり。

行成、少しも騒がずして、※主殿司《とのもづかさ》を召して、「冠取りて参れ」とて、冠して、※守刀《まもりがたな》より、笄《かうがい》抜き出だして、※鬢《びん》かいつくろひて、居直りて、「※いかなることにて候ふやらん。※たちまちに、3かうほどの乱罰にあづかるべきことこそ思え侍らね。4そのゆゑを承はりて、※のちのことにや侍るべからん」と、こと5うるはしく言はれけり。実方はしらけて逃げにけり。

※折りしも、※小蔀《こじとみ》より、※主上《しゅしゃう》御覧じて、「行成はいみじき者なり。かく※おとなしき心あらんとこそ、思はざりしか」とて、そのたび※蔵《くらう》人頭《どのとう》あきけるに、多くの人を越えて、なされにけり。

実方をば、中将を召して「6歌枕見て参れ」とて、陸奥《むつの》※守《かみ》になして流しつかはされける。やがて、かしこにて失せにけり。

実方、蔵人頭にならでやみにけるを恨みて、※執《しふ》とまりて、雀《すずめ》になりて、殿上の小《こ》※台盤《だいばん》に居て、台盤を食ひけるよし、人いひけり。

7一人は、忍に耐へざるにより前途を失ひ、8一人は、忍を信ずるによりて褒美にあへると、たとひなり。

（『十訓抄』による）

（注）※大納言行成卿……藤原行成。平安時代中期の貴族。
※殿上人……天皇の日常生活の場である殿上の間に昇ること（昇殿）を許された者。
※実方中将……藤原実方。平安時代中期の貴族・歌人。
※主殿司……宮中の役人で、庭の掃除などを取り仕切った。
※守刀……身を守るために携える短刀。
※笄……男女ともに髪をかきあげるのに用いる道具。
※鬢……耳ぎわの髪の毛。また、頭髪の左右側面の部分。
※いかなることにて候ふやらん……どのようなことでございましょうか。
※たちまち……突然。
※のちのことにや侍るべからん……（どうするかは、その）後のことであるべきではないでしょうか。
※折りしも……ちょうどその時。
※小蔀……小さな窓。
※主上……天皇の敬称。
※おとなしき……落ち着いた。
※蔵人頭……蔵人所（宮中の大小の雑事をつかさどる役所）の長官。
※守……長官。
※執……執着。
※台盤……食物を盛った器をのせる台。

問一 ——線1「いきどほり」、4「そのゆゑ」を現代仮名遣いに直し、それぞれひらがなで書きなさい。

問二 ——線2「かありけん」に使われている表現技法は何か。最も適

問一 ＝＝線a～eの漢字はひらがなで、カタカナは漢字で書きなさい。

問二 ──線1「戦った相手に敬意を表しているのだと思う」とあるが、この文を単語で区切った時、正しく分けてあるものを次の中から一つ選び、マークしなさい。

① 戦った／相手／に／敬意／を／表して／いる／の／だ／と／思う
② 戦った／相手／に／敬意／を／表し／て／いる／の／だ／と／思う
③ 戦っ／た／相手／に／敬意／を／表し／て／いる／の／だ／と／思う
④ 戦っ／た／相手／に／敬意／を／表し／て／いる／のだ／と／思う

問三 X に入ることばとして、最も適当なものを次の中から一つ選び、マークしなさい。

① 顔　② 首　③ 腕　④ 足

問四 ──線2「僕は何だかモヤモヤしている」とあるが、その理由として最も適当なものを次の中から一つ選び、マークしなさい。

① 顧問の秋山先生の挨拶が、全国大会出場を決めた部員を褒めるようなものではなく、本選の詳細や講評に関する連絡しかないそっけないものだったから。
② 三年生から一、二年生に対してカフェに行こうという誘いがあった時、僕はその誘いを受けたかったが、久米さんや正也は行きたくないように見えたから。
③ 正也からアナウンス部門を目指すには新聞を読んだほうが良いと勧められたが、そのアドバイスが僕にとって受け入れ難いように思えたから。
④ 遠征費の関係によって全国大会へは五人しか行けないため、三年生五人が行くことになると、貢献度の高い正也が全国大会へ行けないから。

問五 Y ・ Z に入ることばとして最も適当なものを次の中からそれぞれ一つずつ選び、マークしなさい。

① なぜなら　② むしろ　③ もし　④ だから
⑤ ところで

問六 ──線3「全国大会に行けるような…おかげではない」とあるが、圭祐が考える全国大会に行けるような高い評価を得られた要因は何か。要因にあたる部分を五字で抜き出して書きなさい。

問七 次の一文を入れるのに、最も適当な箇所は本文中の【A】～【D】のうちのどれか。次の中から一つ選び、マークしなさい。

[才能や努力がなくても、ほどほどにがんばれば届く世界なのだな、と。]

① 【A】　② 【B】　③ 【C】　④ 【D】

問八 本文の内容に合うものとして、最も適当なものを次の中から一つ選び、マークしなさい。

① 正也は、自身が応募した「ケンガイ」が推薦され喜んだが、圭祐は同時に二位であることの悔しさを感じている。
② 圭祐は、ミドリ先輩が推薦されなかった悔しさよりも、自身の陸上部時代に味わった悔しさの方が強いと思っている。
③ 秋山先生は、三年生五人を全国大会へ連れて行くことを決定した

あることを、簡単に説明した。

「そうなの……。残念ね」

母さんは自分が留守番役にまわされたようにガッカリ顔になったけど、僕は自分自身については、それほど残念に思っていない。ラジオドラマ制作に一番貢献したのは、正也なのだから。

食事を終えて自室に戻っても、気分はモヤモヤしたままだ。

——じゃあ、正也くんともう一人の女の子と一緒に、記念に遊園地にでも行ってきたら？

母さんはケロッとした顔でそう言ったけど、代わりのもので納得できることではない。そもそも母さんは、Jコン本選出場がd狭き門であることをわかってなさそうだ。【　A　】

まあ、汗も涙も流していない息子を見れば、そんなふうにも思うだろう。【　B　】

ラジオドラマ「ケンガイ」は放送部全員が参加した作品だ。もちろん、皆ががんばった。役者、制作、どの役割においても、出来うる限りの努力をした。だけど、3全国大会に行けるような高い評価を得られたのは、皆の努力の結晶であったり、化学反応であったりのおかげではないと、僕は思う。【　C　】

※良太を欠いた※三崎中陸上部の駅伝地区大会のときとは違い、決して、凡人のeキセキではないはずだ。

正也の脚本ありき、一人のエースありきの結果だ。【　D　】

つまり、良太に足の故障がなく、県大会に出場していたとして、良太のぶっちぎりの快走で優勝し、全国大会への出場権を得るのと同じ状況と言えるはずだ。その全国大会に良太を出さない、連れて行かない選択など、起きるはずがない。

たとえ、正也が行こうと行くまいと、結果は変わらないにしてもだ。

［Z］、顧問が毎日活動に参加して、それぞれが何をやっているのか見ていたら、作品への貢献度順に五人を選んでくれていたかもしれない。だけど、秋山先生にはまったくそれは期待できない。

久米さんがスマホを持っていたらな……。きっと、同じようなことを考えているような気がする。愚痴《ぐち》を言い合うだけでも気が晴れるのではないか。だけど、この気持ちを正也に伝えることはできない。

俺も※JBKホールに行きたい。そう言われたら、どう返せばいい？

（湊かなえ『ブロードキャスト』による）

（注）※ラジオドラマ……音声のみのメディア上で制作および発表されるドラマ。

※月村部長……圭祐が所属する放送部の部長。

※ミドリ先輩……放送部の先輩。アナウンス部門に応募していた。

※カラヴァッジオ……ミケランジェロ・メリージ・ダ・ガラヴァッジオ。バロック期のイタリア人画家。

※久米さん……放送部員。同学年。

※秋山先生……放送部の顧問。

※Jコン本選……放送部の全国大会。

※アツコ先輩……放送部の先輩。

※良太……圭祐が中学時代に所属していた陸上部の部員。

※三崎中……圭祐が中学時代通っていた学校。

※JBKホール……全国大会が開催される会場。

会出場が決まったというのに、※Jコン本選の詳細は後日郵送で届くとか、講評は来週中には大会ホームページにアップされるといった、業務連絡のようなそっけないものだったからだろうか。

　せっかく遠出しているのだし、お祝いを兼ねてパンケーキのおいしいカフェに行こう、という三年生の提案を、二年生が無言ではねのけたからだろうか。

　一年生はどうする？　と訊《き》かれたのが、僕には、三年生と二年生のどっちを選ぶかという意味に思えて、一日中座りっぱなしだったため、足が少し痛み始めたのを理由に断ったことが、後ろめたいからだろうか。

　久米さんや正也さえも、僕と一緒に帰ると言って辞退したことに、気を遣わせて申し訳ないという思いが生じたからか。いや、これは違う。Y、二人は僕に便乗したような気がする。

　帰りの電車の中で、正也に「おめでとう」とは言ったものの、すぐに話を逸《そ》らすようなかたちで、久米さんと一緒に、アナウンス部門の課題原稿が意地の悪いものだったと、正也に報告をしてしまったのは何故《なぜ》だろう。

　正也も「俺はそんな画家がいることすら、知らなかった。圭祐、おまえ、来年アナウンス部門を狙ってるなら、今から新聞とか読んでおいた方がいいんじゃないの」などと言いながら、スマホでカラヴァッジョの検索をし始めた。興味がないはずなのに。

　全国大会の話をしたくなかったからだ。

　――みんなで東京に行けるね！

　モヤモヤの原因はこれだ。最初に口にしたのは※アツコ先輩だったと思うけど、三年生の先輩は皆、口ぐちにそう言い合っていた。

　行ける、よかった、夢みたい。

　この三つのフレーズを、泣きながら繰り返していた。月村部長でさえも。

　初めは、よかったですね、なんて思いながら先輩たちを眺めていたけれど、ふと、全国大会は、一部門につき五人分しか学校からの遠征費が出ない、と先輩たちが言っていたことを思い出した。

「ところで、圭祐。全国大会と手術の日は重なっていないの？　今ならまだ、日程の調整をしてもらえるはずよ」

　母さんが大きなから揚げを飲み込んでから言った。咀嚼《そしゃく》しているあいだ、僕だけでなく母さんもいろいろ考えていたようだ。

　事故から半年となる今年の八月、僕はもう一度、手術を受けることになっている。今まで体育の授業を見学していたのも、この手術に備えるためで、手術が無事成功すると、リハビリをc兼ねて少しずつ運動する量を増やしていくことになる。

　将来的には走れるようになる、とも医者から説明を受けたけれど、これについては手術が成功するまで、深く考えないことにしている。手術のための入院は八月の第一週、Jコン本選は七月の最終週だ。

「大丈夫、重なってないし、そもそも僕は連れて行ってもらえないから」

「でも、圭祐は主役なんでしょう？」

　母さんは目を丸くして驚いている。

「演劇コンテストなら、主役は絶対だけど、放送コンテストは、すでに作っているものをオンエアするだけだからね。それに……」

　僕は母さんに、学校から遠征費が出る人数と三年生の部員数が同じで予選時と同様、各部門につき一枚、Ａ４のコピー用紙が横並びに六枚、貼り出されている。結果が横書きで印字されているけれど、予選時と違うのは、通過した作品だけでなく、決勝に残った全作品の得点と順位が、表形式でaキサイされているという点だ。

※ラジオドラマ部門を探す。得点順ではなく発表順なので、表の一番下の欄を目で追う。

⑩青海学院高等学校、ケンガイ、４４７、２、赤字で「推薦」——。

五〇〇点満点中の四四七点で、一〇校中、二位。そして……、全国大会へ二校推薦されるうちの、一校に選ばれたということだ。

「正也！」

大声で叫んでバシッと背中を叩き、隣に立った。背中に当てたままの手から、正也の震えが伝わってくる。横顔を見ると、目に溜《た》まった涙が膨れ上がり、今にもこぼれ落ちそうになっていた。僕の鼻もムズムズしてくる。

その横から、鼻を何度もすする音が聞こえてきた。※月村部長がボロボロと涙をこぼしながら泣いている。

普段はもっと感情表現が大袈裟《おおげさ》な、三年生の他の四人の先輩たちの方が、涙ぐむ程度にこらえ、「よかったね、よかったね」と交代で部長の肩をやさしくなでていた。

その向こうに、※ミドリ先輩が見えた。両手で顔をbオオって泣いている。

僕はアナウンス部門の結果を確認した。トップバッターのミドリ先輩の順位は七位。全国大会に推薦されるのは六人、あと一人というところで、届かなかったことになる。

※カラヴァッジオをカラヴァッジョと読んでしまったからか、他のところに原因があったのか……。僕が中学の駅伝県大会で、あと三秒と悔やんだときと同様の後悔が、先輩の頭の中だけでなく、全身を駆け回っているかもしれない。いや、もっと悔しいか。六位の人との点差は、わずか二点なのだから。

（中略）

扉の前に集合した、ほとんどの生徒たちが泣いている。一部が嬉《うれ》しい涙、大半が悔し涙のはずだ。喜びのあまり「ヤッター」と声を上げる人はいても、その場で大はしゃぎすることはない。1戦った相手に敬意を表しているのだと思う。

正也や三年生の先輩たち、そして※久米さんも、二年生の結果を確認して、人ごみから離れ、エントランスから外に出た。と同時に、三年生の先輩たちが肩を組み合って、喜びの声を上げ始めた。

「みんなで東京に行けるね！」

ラジオドラマ部門で全国大会出場が決まったと、帰宅前に、母さんにメールしたため、テーブルの中央には、から揚げをドーンと山盛りにした皿が置かれていた。いったい何人家族なんだと、余所《よそ》の人が見たら X をひねるような量だけど、我が家ではこれが、一晩、遅くても翌日の昼にはなくなってしまう。それくらい、母さんも僕もから揚げが大好きだ。そんなお祝いの席を前にして、2僕は何だかモヤモヤしている。

どうしてだろう……。

県民文化ホールのエントランス前での、※秋山先生の挨拶が、全国大ずに買うことができる。

② コンビニエンスストアができたので、閉店時間を気にしないでいつでも買い物ができる。

③ インターネットを利用すれば、遠く離れている複数の人と同時に会話ができる。

④ AI（人工知能）の指示に従って働くことによって、仕事のミスをなくすことができる。

問四 ――線4「このこと」の指示する内容の説明として最も適当なものを次の中から一つ選び、マークしなさい。

① 時代の流れの中で忘れ去られてしまった迷信や宗教などが、全く違う形で持ち直しているような気がすること。

② 各土地で受け継がれている伝統や習慣などが、様々な考え方の中で最優先されているような気がすること。

③ 「背面的世界」の一部となって残っている迷信や宗教などが、科学によって証明されているような気がすること。

④ 自然の摂理と一体となってささやかに根付いている宗教の伝統や習慣などが見直されているような気がすること。

問五 [X]・[Y] に入ることばとして最も適当なものを次の中からそれぞれ一つずつ選び、マークしなさい。

① なぜなら　② もし　③ たとえば　④ むしろ

⑤ しかし

問六 ――線5「そういうあり方」とあるが、筆者はどのようなあり方があってもよいと述べているか。本文中の語句を用いて、解答欄に合うように、三十五字以上四十字以内でまとめて書きなさい。

問七 本文の内容として最も適当なものを次の中から一つ選び、マークしなさい。

① カントは、人間らしい価値観や道徳観念を「非科学的」なものと見なし、科学によって世界をまとめていくのがよいと考えた。

② フッサールは、ニューサイエンスの実験を盛んに行い、今後も科学によって人間の知性が排除されていくだろうと考えた。

③ ウェーバーは、科学の進歩の中で人々が特定の立場に捉われず主観的な価値を考えることが難しくなり、様々な価値が対立すると考えた。

④ ストロースは、「ブリコラージュ」というあり合わせのもので目的を達成しようとする合理的な手法が現代には必要であると考えた。

二 町田圭祐は中学時代陸上部に所属しており、優秀な選手であった。しかし事故による怪我《けが》をきっかけに、陸上から遠のいていた。圭祐は入学先の青海学院高校で、同じ中学の出身である宮本正也と出会い、放送部に入部することになる。ある時放送部は、毎年出場している大会へ作品を応募することとなった。その応募作品の一つは、「ケンガイ」というもので正也が手掛けた作品である。「ケンガイ」は予選を通過し、全国大会出場を決める決勝大会に出場した。以下は、部員全員で決勝大会の結果を見に行く場面である。これを読んで後の問いに答えなさい。設問の都合上、一部原文と変えてあります。

決勝の結果は、県民文化ホール、大ホールの前方入り口の扉に掲示された。駆け寄る生徒数は予選のときより少ないため、ダッシュする正也の背中を追いながら、僕もゆるゆると扉の方に向かった。

のは際限がなく、放置しておくと限りなく広がって、得手勝手に※ボーダーレスな世界を作り出していきます。

[Y]、現実の肉体や感覚には限界があります。だから、反対に、自分の世界を広げるのではなく、適度な形で限定していく。その場合でも、世界を閉じるのではなく、開きつつ、自分の身の丈に合わせてサイズを限定していく。そして、その世界にあるものについては、ほぼ※知悉《ちしつ》できているというような「知」のあり方――。

それは「反科学」ではありませんが、ある意味では「非科学」でもあります。が、5そういうあり方があってもよいのではないでしょうか。

人は何を知るべきなのか、という問題は、どんな社会が望ましいかということともつながっています。いずれにしても、われわれの知性は何のためにあって、われわれはどんな社会を目指しているのかということを、考え直す必要があるのではないでしょうか。

（姜尚中『悩む力』による）

（注）※因果律……原因と結果の間には一定の関係が存在するという原理。
※形而上学……現象的世界を超越した本体的なものや絶対的な存在者を知的直観などで研究する学問。主要な対象は魂・神など。
※道徳律……道徳的行為の基準となる法則。
※放縦……何の規律もなく勝手にしたいことをすること。
※恣意的……論理的な必然性がなく、思うままにふるまうさま。
※『夢十夜』……夏目漱石が書いた小説。
※クラフト……手芸品や工芸品のこと。
※厖大……非常に多量なようす。
※ボーダーレス……境界がないこと。国境がないこと。ジャンルに分けられないこと。
※知悉……細かい点まで知っていること。

問一　――線1「科学や合理化の進展とともに分裂を始めていくのです」とあるが、その理由として最も適当なものを次の中から一つ選び、マークしなさい。

①　人々は科学の中にある客観性に価値を見出し、科学の因果律で世界をまとめたが、客観性をもたないかつての価値観は無用とされたから。

②　人々は自然の法則の中にある客観性に価値を見出し、天空の法則で世界をまとめたが、因果律をもたないかつての価値観は無用とされたから。

③　人々は全人格的な知性に価値を見出し、科学の因果律をあてはめて世界をまとめたが、いわゆる「三批判」の思想をもたない世界は無用とされたから。

④　人々は人間らしい価値観や道徳観念に価値を見出し、人間の道徳律をあてはめて世界をまとめたが、科学の中にある客観性は無用とされたから。

問二　――線2「頭上」と同じ構成になっている熟語を次の中から一つ選び、マークしなさい。

①　無理　②　激動　③　誕生　④　閉口

問三　――線3「唯脳論的世界」とあるが、その内容を示す例として**誤っているもの**を次の中から一つ選び、マークしなさい。

①　オンラインショッピングによって、海外の店の商品を現地に行か

時間いつでもお金が下ろせて買い物ができるなら、朝昼晩の区別も無用になりかねません。また生命維持装置によっていつまでも人間を生かせるのであれば、死の意味もなくなってくるかもしれません。唯脳論的世界が現実になっているのです。

このような中で、私たちはどのような知性のあり方を信じ、あるいは選びとっていったらいいのでしょうか。

私は、考え方としては二つの方向性があると思います。

一つは、※『夢十夜』の船で運ばれていく男の話のように、われわれはもう後には戻れない、「何を知るべきなのか」「何をなすべきなのか」「何を好ましいと思うのか」といった事柄がハーモニーを奏でることなどありえないと受け入れたうえで、貪欲《どんよく》に知の最先端を走ってみることです。これは相当の「力業」ですし、「知ってるつもり」だけではすまない、決然とした覚悟が必要でしょう。

ちなみに、ウェーバーは、「知」というものが価値から切り離されて専門分化し、そのことで逆に個人の主観的な価値が客観的に根拠づけられなくなり、その結果、諸々の対立する価値が永遠にせめぎあうことを「神々の闘争」と呼びました。

彼は、そうなっていく時代の運命に耐えられない者は古い教会の温かい懐にでも戻ればいい、しかしそうすることで「知性」を生《い》け贄《にえ》にする犠牲は避けられないと言いました。ウェーバーは、そうした運命をぎりぎりのところで受け入れ、とことん悩みぬくことで、「知」の臨界点に到達しようとしました。

これに対して、私はもう一つの方向性を探ってみたいと思います。人類学者のレヴィ＝ストロースが言う「ブリコラージュ」的な知の可能性を探ってみることです。ブリコラージュとは「器用仕事」とも訳されますが、目前にあるありあわせのもので、必要な何かを生み出す作業のことです。私はそれを拡大解釈して、中世で言う※クラフト的な熟練、あるいは身体感覚を通した知のあり方にまで押し広げてはどうかと考えています。

科学万能の流れの中で、迷信や宗教などは駆逐されていきましたが、それらは完全に消えたわけではなく、ニーチェ的に言うと「背面世界」となってこの世の片隅にちりばめられて残りました。その中に「土発的」な知（自然の移ろいの中に生きて、そこから発するような知）の伝統がささやかに息づいていました。

それらは一時絶滅寸前までいったのですが、いままた少しずつ見直されているような気がしています。

じつは、4このことを考えるたびに、私は自分の母のことを思い出すのです。母は、言わば前近代的な宗教の伝統や習慣を守って生きていた人でした。四季の行事、歳時記的なこと、人の生き死に、成長、衰退への考え方など、そのありようはまるで旧暦の世界のようでしたが、驚くべきことに、それは循環を繰り返している自然の摂理とぴったり一致していました。ですから、人間が本当に知るべきことは何なのかを考えるとき、そこにもヒントがあるような気がしています。

X、この時期の海に入ってアサリを獲ると、砂が少なくて身が肥えたものが多いとか、この時期に薬草を食べると身体にいいといった知恵です。こうした土発的な知も見直されていいのではないでしょうか。

私たちの社会は、いますべての境界が抜け落ちたような状態になっていて、そこに※厖大《ぼうだい》な情報が漂っています。たしかに、人間の脳という

【国　語】（四五分）〈満点：一〇〇点〉

一　次の文章を読んで、後の問いに答えなさい。設問の都合上、一部原文と変えてあります。

ここで、近代的な「知」というものについて、少し遡《さかのぼ》って見てみましょう。

第一章の「私」の発見と同じような説明になるのですが、それは、世界をとらえる主体が「考える我」に置かれてしまったあたりで発生してきます。

広義の人間の知性は、「真」「善」「美」の三つとかかわっているはずです。十八世紀のイマヌエル・カントのころまでは、この三つとかかわる理想的な「全人格的な知性」のイメージがまだ生きていました。

カントは『純粋理性批判』『実践理性批判』『判断力批判』という、いわゆる「三批判」の著作を世に出しますが、そこでは「何を知ることができるのか」「何をなすべきなのか」「何を好ましいと思うのか」が、ともかくも円環《ハーモニー》を描いていました。ところが、それらは[1]科学や合理化の進展とともに分裂を始めていくのです。

人びとは科学の中に至高の客観性を見出し、その※因果律によって世界をまとめていきました。それによって、かつて世界に意味を与えていた伝統や俗信、宗教や※形而上《けいじじょう》学は、「非科学的」としてどんどん科学の世界から駆逐されていきました。

科学の因果律だけで自立した世界は、カントが考えたものとは明らかに違う世界です。カントは、人間の[2]頭上に天空の法則があり、もう一つ、それに匹敵するすばらしく尊い世界が人間の内側にもあると言いました。前者は自然の法則であり、後者は人間の※道徳律のようなものです。

しかし、時代はそれらの連関を壊して進みました。先ほどの医学や水車の例のように、科学が教えてくれることは、人間らしい価値観や道徳観念といったものとは無縁のところにあるのです。

このような流れの中で、十九世紀から二十世紀にかけて、多くの学者や思想家が人間の知性と人間社会の行方を必死に探りはじめました。当時のヨーロッパではニューサイエンスの実験のようなものが盛んに行われたのですが、たとえば、エドムント・フッサールの現象学などもそうです。『ヨーロッパ諸科学の危機と超越論的現象学』は、現象学こそ、科学をもう一度、人が何を信じたらいいのかという世界に引き戻すものだという、彼なりのたいへんな決意があらわれた試みでした。

しかし、ウェーバーはフッサールとは違って悲観的で、果てしない科学の進歩の中で、知性の専門分化、断片化が進み、人間がどう生きたらいいのか、どう行動したらいいのか、何を信じたらいいのか、といった切実な「意味問題」が、ますます非合理な決断の領域に押しこめられていくと予想しました。

ウェーバーが予想したのは、言ってみれば[3]「唯脳論的世界」です。※放縦で、人間中心で、脈絡のない情報が洪水のように満ちた世界。それは、自然の営みとは無関係に、自分勝手な人間の脳が※恣意《しい》的に作り出す世界です。

まさにいまわれわれのまわりにある世界ではないでしょうか。たとえば、自分の部屋のパソコンで、遠い外国でいま起こっている事件の現場を見られるなら、物理的な距離や国境は意味がなくなりますし、二十四

MEMO

大切なことはメモしておこうネ！

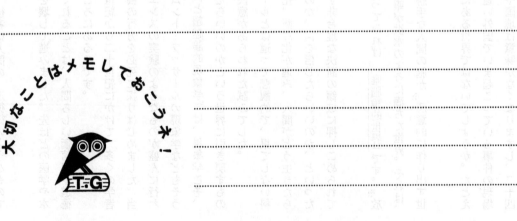

2021年度

解 答 と 解 説

《2021年度の配点は解答欄に掲載してあります。》

＜数学解答＞

1 (1) ア － イ 5 ウ 5 エ 8 (2) オ 1 カ 2 キ 7 ク 2
(3) ケ 5 コ 9 サ 6 (4) シ － ス 1 セ 7 ソ 3
(5) タ 1 チ 1 (6) ツ 6 (7) テ 1 ト 2 (8) ナ 2 ニ 5
(9) ヌ 1

2 (1) $\frac{x}{36}$個 (2) $x=180$ $y=160$

3 (1) 36π (2) 42π (3) $\frac{25}{2}$

4 (1) $\frac{1}{3}$ (2) $\frac{5}{9}$ (3) $\frac{7}{18}$

5 (1) $a=\frac{1}{4}$ (2) (3, 10) (3) $\left(\frac{40}{3},\ \frac{400}{9}\right)$

○配点○

各5点×20 計100点

＜数学解説＞

基本 1 (数・式の計算，平方根の計算，2次方程式，因数分解，比例関数，確率，角度，数の大小)

(1) $\left(-\frac{3}{2}\right)^3-3\left(2-\frac{5}{6}\right)=-\frac{27}{8}-6+\frac{5}{2}=-\frac{27}{8}-\frac{48}{8}+\frac{20}{8}=\frac{-27-48+20}{8}=\frac{-55}{8}$

(2) $(2+\sqrt{2})^2-\frac{1}{\sqrt{2}}=4+4\sqrt{2}+2-\frac{\sqrt{2}}{2}=6+\frac{8\sqrt{2}-\sqrt{2}}{2}=\frac{12+7\sqrt{2}}{2}$

(3) $\frac{4x+3}{3}-\frac{x-1}{2}=\frac{2(4x+3)-3(x-1)}{6}=\frac{8x+6-3x+3}{6}=\frac{5x+9}{6}$

(4) $3(x+1)(x+2)=7x+8$ $3(x^2+3x+2)-7x-8=0$ $3x^2+9x+6-7x-8=0$ $3x^2+2x-2=0$ 二次方程式の解の公式から，$x=\frac{-2\pm\sqrt{2^2-4\times3\times(-2)}}{2\times3}=\frac{-2\pm\sqrt{28}}{6}=\frac{-2\pm2\sqrt{7}}{6}=\frac{-1\pm\sqrt{7}}{3}$

(5) $2(x+1)(x-2)-(x-3)(x+1)=2(x^2-x-2)-(x^2-2x-3)=2x^2-2x-4-x^2+2x+3=x^2-1=(x+1)(x-1)$

(6) $y=2x$，$z=3y$から，$z=3\times2x=6x$ よって，比例定数は，6

(7) 硬貨の出方は，(表，表)，(表，裏)，(裏，表)，(裏，裏)の4通り。そのうち，1回だけ表が出る場合は2通り。よって，求める確率は，$\frac{2}{4}=\frac{1}{2}$

(8) $\angle x=60°-35°=25°$

(9) $\pi=3.14\cdots$より，$\frac{\pi}{3}>1$ $\frac{8}{9}=\sqrt{\frac{64}{81}}$，$\frac{\sqrt{3}}{2}=\sqrt{\frac{3}{4}}$，$\frac{1}{\sqrt{2}}=\sqrt{\frac{1}{2}}$ $\frac{64}{81}=0.79\cdots$，$\frac{3}{4}=0.75$，$\frac{1}{2}=0.5$ よって，$\frac{1}{\sqrt{2}}<\frac{\sqrt{3}}{2}<\frac{8}{9}<\frac{\pi}{3}$ したがって，2番目に大きい数は，①の$\frac{8}{9}$

2 (連立方程式の応用問題)

基本 (1) 機械A1台を1時間使ってつくることができる製品Pの個数は，$\frac{x}{12}$ 機械CはAの3倍の時間

がかかるから，$\frac{x}{12}\times3=\frac{x}{36}$(個)

重要　(2)　機械B1台を1時間使ってつくることができる製品Pの個数は，$\frac{y}{8}$　$\left(\frac{x}{12}\times3+\frac{y}{8}\times2\right)\times2=$ 170から，$\frac{x}{4}+\frac{y}{4}=85$　$x+y=340$…①　$\left(\frac{x}{12}+\frac{y}{8}\times3+\frac{x}{36}\times5\right)\times3=300$から，$\frac{8}{36}x+\frac{3}{8}y$ $=100$　$\frac{2}{9}x+\frac{3}{8}y=100$　$16x+27y=7200$…②　①×27−②から，$11x=1980$　$x=180$　これを①に代入して，$180+y=340$　$y=160$

3　(空間図形の計量問題－体積，表面積)

基本　(1)　$\pi\times3^2\times4=36\pi$

(2)　$\pi\times3^2\times2+4\times2\pi\times3=18\pi+24\pi=42\pi$

(3)　円柱Qの高さをhとすると，$\pi\times\left(\frac{3}{2}\right)^2\times2+h\times2\pi\times\frac{3}{2}=42\pi$　$\frac{9}{2}\pi+3\pi h=42\pi$　$\frac{9}{2}+3h=42$　$3h=42-\frac{9}{2}=\frac{84}{2}-\frac{9}{2}=\frac{75}{2}$　$h=\frac{75}{2}\times\frac{1}{3}=\frac{25}{2}$

4　(確率)

(1)　カードの取り出し方は全部で，6×6＝36(通り)　そのうち，$a+b$が12の約数になる場合は，$(a,\ b)=(1,\ 1)$，$(1,\ 2)$，$(1,\ 3)$，$(1,\ 5)$，$(2,\ 1)$，$(2,\ 2)$，$(2,\ 4)$，$(3,\ 1)$，$(3,\ 3)$，$(4,\ 2)$，$(5,\ 1)$，$(6,\ 6)$の12通り　よって，求める確率は，$\frac{12}{36}=\frac{1}{3}$

(2)　$a\times b$が3の倍数になる場合は，$(a,\ b)=(1,\ 3)$，$(1,\ 6)$，$(2,\ 3)$，$(2,\ 6)$，$(3,\ 1)$，$(3,\ 2)$，$(3,\ 3)$，$(3,\ 4)$，$(3,\ 5)$，$(3,\ 6)$，$(4,\ 3)$，$(4,\ 6)$，$(5,\ 3)$，$(5,\ 6)$，$(6,\ 1)$，$(6,\ 2)$，$(6,\ 3)$，$(6,\ 4)$，$(6,\ 5)$，$(6,\ 6)$の20通り　よって，求める確率は，$\frac{20}{36}=\frac{5}{9}$

(3)　$a\div b$が整数となる場合は，$(a,\ b)=(1,\ 1)$，$(2,\ 1)$，$(2,\ 2)$，$(3,\ 1)$，$(3,\ 3)$，$(4,\ 1)$，$(4,\ 2)$，$(4,\ 4)$，$(5,\ 1)$，$(5,\ 5)$，$(6,\ 1)$，$(6,\ 2)$，$(6,\ 3)$，$(6,\ 6)$の14通り　よって，求める確率は，$\frac{14}{36}=\frac{7}{18}$

5　(図形と関数・グラフの融合問題)

基本　(1)　$y=x^2$…①　①に$y=16$を代入して，$16=x^2$　$x^2=16$　$x>0$から，$x=4$　よって，A(4, 16)　①に$x=-2$を代入して，$y=(-2)^2=4$　よって，C(−2, 4)　点Dはy軸に関して，点Cと対称な点だから，D(2, 4)　CD＝2−(−2)＝4　AB＝CD＝4から，点Bのx座標は，4＋4＝8　よって，B(8, 16)　$y=ax^2$に点Bの座標を代入して，$16=a\times8^2$　$64a=16$　$a=\frac{16}{64}=\frac{1}{4}$

(2)　平行四辺形ACDBの対角線の交点は，線分ADの中点だから，$\frac{4+2}{2}=3$，$\frac{16+4}{2}=10$から，(3, 10)

重要　(3)　$y=\frac{1}{4}x^2$…②　点Eの座標を$\left(e,\ \frac{1}{4}e^2\right)$とする。直線OEの式は，$\frac{1}{4}e^2\div e=\frac{1}{4}e$から，$y=\frac{1}{4}ex$…③　③が(3, 10)を通るとき，③は平行四辺形ACDBの面積を二等分するから，$10=\frac{1}{4}e\times3$　$\frac{3}{4}e=10$　$e=10\times\frac{4}{3}=\frac{40}{3}$　$\frac{1}{4}\times\left(\frac{40}{3}\right)^2=\frac{1}{4}\times\frac{1600}{9}=\frac{400}{9}$　よって，$\mathrm{E}\left(\frac{40}{3},\ \frac{400}{9}\right)$

★ワンポイントアドバイス★

2は，(1時間使ってつくることができる個数)×(時間)＝(できる個数)で方程式を立てる。(1)の問いがヒントになっていることに気づこう。

＜英語解答＞

1 Part 1 No. 1 ② No. 2 ① No. 3 ① No. 4 ② Part 2 No. 1 ②
No. 2 ③ No. 3 ③ Part 3 No. 1 ② No. 2 ③ No. 5 ④

2 (1) ア ② イ ④ ウ ③ (2) ア ④ イ ① (3) ア ① イ ③
ウ ④ エ ③ オ ②

3 (1) ① (2) ① (3) ③ (4) ②

4 (1) ③ (2) ④ (3) ① (4) ③

5 (1) how to (2) No he doesn't (3) longer (4) 解決するために[解くために] (5) blind (6) north wind (7) 1 bad[difficult / hard]
2 good 3 successful 4 against

6 (1) so, that (2) is, brushing[combing] (3) Millions, of
(4) decided, to (5) stayed, up

7 (1) (3番目，6番目) ④，① (2) (3番目，6番目) ②，⑥
(3) (3番目，6番目) ①，② (4) (3番目，6番目) ⑧，④
(5) (3番目，6番目) ⑤，③

○配点○
1または2 各2点×10 5 (7) 各2点×4 他 各3点×24 計100点

＜英語解説＞

基本 1 リスニング問題解説省略。

基本 2 **(発音，アクセント，会話文)**

(1) (ア) ②は発音しない。それ以外は[h]と発音する。 (イ) ④ [e]と発音する。それ以外は[iː]と発音する。 (ウ) ③ [əu]と発音する。それ以外は[ɑ]と発音する。

(2) (ア) ④は第2音節に，それ以外は第1音節にアクセントがある。 (イ) ①は第2音節に，それ以外は第1音節にアクセントがある。

(3) (大意) アレックス：日本の戦争の歴史について学んだよ。

まさと　　：日本の戦争の歴史？何の戦争を勉強したの？

アレックス：日清戦争。1894年に日本は，中国と戦争をしたんだ。1年続き，多くの人が亡くなったんだ。

まさと　　：それ知っているよ。戦争をすることは，人々にとって良くないと思う。戦争は僕たちを不幸にするよ。

アレックス：(a)僕もそう思うよ。先生は君と同じことを言っていたよ。僕はこの戦争について興味深いことを教わったよ。日清戦争は1894年です。日露戦争は1904年です。そして，第1次世界大戦は1914年です。だから，日本は(b)10年おきに戦争をしたんだ。

まさと　　：でも，なぜ10年おきに日本は戦争したんだろう。

アレックス：わからないな。 先生は言っていなかったよ。

まさと　　：ぼくはそれについて知りたい(c)から，次の日曜日に図書館に行くよ。

アレックス：それはいいね。僕も行っていい？

まさと　　：もちろん！歴史を勉強しよう。

アレックス：次の日曜日を待てないよ！

（ア） I think so, too. 「僕もそう思うよ」

重要 （イ） every ~ 「~おきに」

（ウ） 前の部分が理由なので，so を用いる。

（エ） 「1894年から1914年までの20年の間，日本はいくつの戦争をしたか」 日清戦争，日露戦争，第1次世界大戦の3回行っている。

（オ） 本文の最後で，「次の日曜日にまさとに会うのを待てない」と言っていることから，アレックスは楽しみにしていることが分かる。

3 **（資料問題：要旨把握，内容吟味）**

（大意）

Marco's great kitchen

私たちは皆新しいです！

新規オープン

2021年5月21日（金） 3:00 p.m. — 11:00 p.m.

おいしい食べ物は好きですか？それが好きなら，喜んで歓迎いたします！

ここはカナダで最も新しく，最もすばらしいレストランです！

私たちは特別なサービスと素晴らしい食べ物—特にステーキ—を低価格で提供します！

ウェブサイトをご覧ください！ www.Marcos'sgreatkitchen.com.あなたを待っています!

特別ディナーメニュー

・サラダ	・オニオンスープ
・ステーキ（300g）	・ジャガイモ
・コーヒー	

誰もがオープン日にこの特別な20％割引を受けることができます！

このチャンスをお見逃しなく！

午後11:00の30分前に食べ物の調理をストップします。

遅れないでください！

ビクトリア駅東300
トロント，ブラッドフォード
(506)×××－××××

申し訳ありませんが，「禁煙をお願いします」
子どもたちが食事を楽しむためです。

(1) 「このポスターについて何が正しいか」 新規オープンのため，みんなが知っているとは限らないと判断できる。

(2) 「5月21日にレストランが人々に提供しないものは何か」 サラダ，ステーキ，スープ，ジャガイモ，コーヒーを提供するので，スイーツが提供しないものとなる。

(3) 「20％の割引を受けたければ，何をすべきか」 オープンの日にレストランに行くと割引を受けることができる。

(4) 「このレストランで何ができるか」 11時の30分前に調理をやめるので10：30まで注文できると判断できる。

4 (長文読解問題・説明文：語句補充，要旨把握，内容吟味)

(大意) あなたはいつ携帯電話を使うか。私は電車に乗ったり，どこかへ行ったりするときに，多くの人が携帯電話を使うのをよく見る。歩きながら使う人さえいる。とても危険だ。だから，私は何人かの高校生に「どのくらいよく携帯電話を使うか」と尋ねた。グラフを見てほしい。学生の(A)80%はいつも携帯電話を使っている！これは，食事中や入浴中でさえ利用しているかもしれないことを意味している。また，表を見てほしい。質問に対する答えは驚くべきものだ。携帯電話は素早く何かを検索するために使われていると思っていた。だが，学生のほとんど全員が，友だちと話したりつながったりするために使われている。携帯電話を使う彼らの方法は，おそらくあまりよくないかもしれないと思う。

(1) 「ベティはなぜ学生に質問をしたかったのですか」 第6文に so があるため，その前に理由が書かれている。

(2) いつも携帯電話を使っているのは80%である。

(3) 「なぜベティは表の質問の答えに対して驚いたのですか」 第13文参照。ベティは携帯電話は検索するために使用されていると思っていたのである。

(4) 「グラフと表について何が本当か」 SNSをチェックすることが，42%で最も割合が高くなっている。

5 (長文読解問題・説明文：語句解釈，指示語，要旨把握)

(大意) あなたは幸せだろうか？あなたの周りに多くの問題があると感じているか？どのようにしてひどく感じることをやめ，自分自身のことを良く感じることができるか。ここでそれを行う1つの方法がある：レモンがあるとき，レモネードを作るのだ！Aさんがレモンを与えられると「この悪運から何を学べるか？どうすれば自分の状況をより良くできるか？どうしたらこのレモンをレモネードに変えることができるのか？」と言った。

しかし，B氏は別のことをする。もし人生が彼にレモンを与えたとわかったら，彼はもう挑戦せず，「私はチャンスがない。目標を見失った」と言う。その後，彼は世の中を憎み始め，ひどく感じる。

人間の最も素晴らしい点の一つは，悪いことを良いものにする力だ。偉大な人々の人生の業績は，私たちに重要な物語を教えてくれる。彼らは問題を(1)解決するために懸命に働いたので，成功した。生活の中で多くの困難なことが起こるが，彼らは驚くべき方法で私たちを助ける。

多分ベートーヴェンは，聞くことができなかったので，より良い音楽を書いた。ヘレン・ケラーの偉大な仕事は，見たり聞いたりすることができなかったので行われた。チャールズ・ダーウィンは，若い頃とても病気で強くなかったので，多くの素晴らしい仕事をした。

成功したい場合は，困難な状況に立ち向かえるようにしてほしい。北風との戦いはあなたにとって困難かもしれないが，覚えておいてほしい，それは過ぎ去り，あなたは(2)それのために強くなるだろう。

(1) Aさんは発言の最後で「どうしたらレモネードに変えることができるか」と言っているので，how to ~「~する方法」が適切。

(2) 第2段落第1文参照。BさんはAさんと異なることをする点から判断できる。

や難 (3) no longer 「もはや~ない」

重要 (4) solve 「解決する，解く」

(5) ヘレン・ケラーは盲目(blind)で，聞くことができなかったからである。

(6) 通り過ぎ，あなたを強くするものは，前に書かれている「北風」である。

(7) 1 「レモン」は文章中では，悪い(困難な)ことをあらわしている。 2 「レモネード」は「レモン」の反対で良いことをあらわしている。 3 偉大な人は，人生で「レモン」のように困難な状況になっても，一生懸命に仕事をしたことで成功したのである。 4 against ~「~に反して，逆らって」

6 (語句補充問題：接続詞，進行形，単語，不定詞，熟語)

(1) so ~ that … 「とても~ので…」
(2) <be動詞 + ~ ing> 「~している」という進行形を用いる。
(3) millions of ~ 「何百万もの~」
(4) decide to ~ 「~することに決める」
やや難 (5) stay up 「(夜遅くまで)起きている」

7 (語句整序問題：前置詞，比較，助動詞，不定詞，動名詞)

(1) He had a book about Boston with him(.) about ~ 「~について」
重要 (2) Write to her parents as soon as possible(.) as soon as possible 「できるだけ早く」
(3) You must not go through a red light(.) You must not ~ 「~してはいけない」
重要 (4) I want them to pass on my memories(.) <want + 人 + to ~>「人に~してほしい」
(5) Her dream of meeting Mike is becoming reality(.) Her dream of meeting Mike で主語となっている。

★ワンポイントアドバイス★

読解問題の割合が高いが，文章は比較的平易なものである。教科書に出てくる単語や熟語はきちんと身につけるようにしたい。

<理科解答>

1 問1 [1] CuO [2] 3.5 [3] $2Mg+O_2 \rightarrow 2MgO$ [4] ⑧ [5] ③ 問2 [6] ③
問3 [7] ② [8] ②
[9] 最初に出てくる気体を集めない。

2 問1 [1] 図1 [2] ②
問2 (1) [3] ① [4] ⑧
(2) [5] ① [6] ⑤
問3 [7] 図2

3 問1 (1) [1] ②，③
(2) [2] ①，④ (3) [3] ②，③，④
問2 (1) [4] ③ (2) [5] A 卵[卵子]
B 精子 (3) [6] 卵巣 (4) [7] ①
(5) [8] 核[核内，染色体]
問3 (1) [9] 純系[ホモ接合体]
(2) [10] 優性[顕性] (3) [11] ④

図1

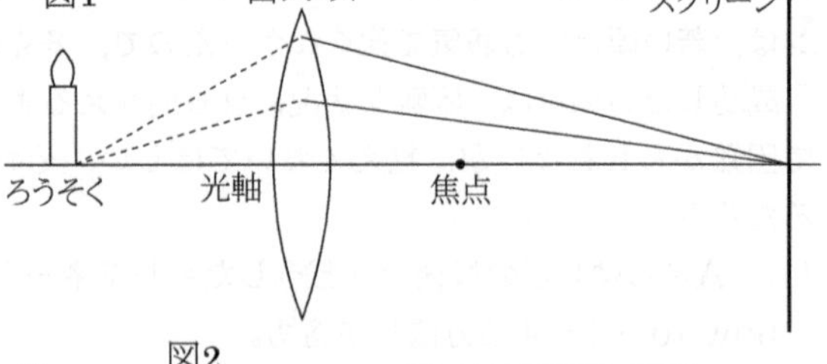

図2

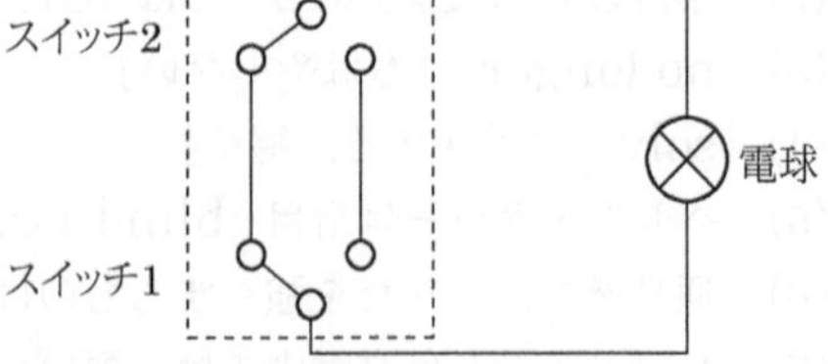

(4) [12] ⑦
[4] 問1 (ア) [1] ② [2] ② [3] ④ [4] ⓪ [5] ① [6] ⓪
(イ) [7] ② [8] ⑦ [9] ③ (ウ) [10] ② [11] ② [12] ④ [13] ⓪
[14] ⑤ [15] ⑥ 問2 [16] ① 問3 (1) [17] ② (2) [18] ④

○配点○
[1] [1], [7], [8] 各1点×3 [2]～[5] 各2点×3([4]・[5]完答) [6], [9] 各3点×2
[2] [1]～[7] 各3点×5([3]・[4], [5]・[6]各完答)
[3] [1]～[3] 各2点×3 [4]～[12] 各1点×9([5]完答)
[4] 問1(ア)～(ウ) 各3点×3 [16]～[18] 各2点×3 計60点

＜理科解説＞

[1] (原子と分子―原子・周期表・電離)

重要 問1 (1) 銅を空気中で燃焼すると銅が酸化され，黒色の酸化銅が生じる。 (2) グラフより，0.8gの銅から1.0gの酸化銅ができるので，2.8gからは0.8：1.0＝2.8：x x＝3.5gの酸化銅ができる。 重要 (3) マグネシウムが酸素と反応して酸化マグネシウムが生じる。化学反応式は$2Mg+O_2 \rightarrow 2MgO$である。 (4) 0.8gの銅と結びついた酸素は1.0－0.8＝0.2(g)である。0.6gのマグネシウムと結びついた酸素は0.4gである。同じ重さの酸素と結びつく銅およびマグネシウムの重さは，0.8×2：0.6＝8：3になる。

基本 問2 水の電気分解で生じる気体は水素と酸素であり，その体積比は2：1である。気体Aは水素であり，確認方法はマッチの火を近づけると音を出して燃えることである。水素の発生方法は，亜鉛や鉄などの金属にうすい塩酸を加える。

基本 問3 (1) 貝殻は炭酸カルシウムという物質が主な物質であり，これに酸を加えると溶けて二酸化炭素が発生する。 (2) 二酸化炭素は空気より重い気体である。密度が小さいものは同じ体積で軽いので，二酸化炭素は空気より密度が大きい。 重要 (3) 試験管Aには初め空気が入っているので，二酸化炭素が発生すると初めに出てくる気体は押し出される空気である。これを捕集しないで，しばらくしてから気体を集めるとより純粋な二酸化炭素は捕集できる。

[2] (物理総合問題―レンズ・ばね・回路)

基本 問1 (1) ろうそくの同じ点から出る光は，実像の同じ部分に集まる。 (2) 凸レンズの一部を黒い紙で覆うと，レンズを通過する光の量は少なくなるので像の明るさが減少するが，覆っていないレンズの部分を通って光がやってくるので，できる像の形や大きさは変化しない。

基本 問2 (1) 20gで3cm伸びるので，120gでは18cm伸びる。 (2) ばねの長さを半分にすると同じ重さのおもりをつるしても伸びは半分になるので，20gのおもりでばねは1.5cm伸びる。また，月面上では重力が地球の6分の1なので，ばねにかかる重さは120÷6＝20(g)になる。それでばねの伸びは1.5cmである。

問3 解答の図のように配線すると，スイッチ1，2のいずれかを反対側にすると回路が切れて電気がつかない。

[3] (生物総合問題―植物の分類・生殖・遺伝)

基本 問1 (1) イヌワラビはシダ類に属する。シダ類は胞子でふえ，コケ類と異なり維管束をもつ。
基本 (2) ワニはハ虫類であり，肺呼吸を行う。卵は陸上に産み，変温動物なので体温は気温で変化する。 (3) ザリガニは節足動物の中の甲殻類に属する。無セキツイ動物であり，体がかたい殻に覆われている。えら呼吸を行う。

基本　問2　(1)　カエルは水の中で卵を産む。体外受精であり，卵生である。　(2)　Aは卵(卵子)であり，Bは精子である。　(3)　卵は卵巣で作られる。　(4)　卵は通常1個の精子と受精する。
(5)　遺伝情報は細胞の核の中にある遺伝子に存在する。

問3　(1)　代を重ねてもその形質がすべて親と同じなのは，その形質の遺伝子の型が同じ組み合わせだからである。このような固体を純系もしくはホモ接合体という。　(2)　純系の親どうしを掛け合わせて子供にあらわれる形質を優性形質という。　(3)　純系の赤色の親の遺伝の型はAAであり，白色はaaである。これらからAとaの遺伝子を含む配偶子が結合し，子供の遺伝子の型はAaになる。このときAがaに対して優性なので，Aの形質である赤色の花になる。　(4)　観
重要　察1で生まれた子供の遺伝子の型はAaである。これらを自家受粉すると，親の遺伝子の形はいずれもAaなので，配偶子の遺伝子の組み合わせでできる子供の遺伝子型は右図のようになる。AAとAaは赤色の花になり，aaは白色の花になる。そのため，赤い花：白い花＝3：1になる。

	A	a
A	AA	Aa
a	Aa	aa

4　**(地学総合問題―地震波・気象)**

重要　問1　ア　地震の発生時刻が22時39分56秒であり，観測地Cにはゆれaの波(P波という)が22時40分26秒に到達している。Cの震源からの距離は210kmで30秒かかって到達するので，P波の速度は210÷30＝7(km/秒)である。よってAにP波が到達するのにかかる時間は98÷7＝14(秒)であり，22時40分10秒にゆれaが到達した。　イ　B地点にP波が到達するまでに39秒かかるので，B点の震源からの距離は7×39＝273(km)である。　ウ　ゆれbの波(S波という)の速度は，A地点にS波が到達するのに28秒かかるので，98÷28＝3.5(km/秒)である。C点にS波が到達するのにかかる時間は210÷3.5＝60(秒)なので，22時40分56秒になる。

問2　砂利の方が水より温度が上がりやすい。そのため上昇気流が乗じて線香の煙は砂利側の上空にまい上がる。

基本　問3　(1)　西高東低の気圧配置なので，冬型の気圧配置である。このとき北西の季節風が吹く。
基本　(2)　冬の時期の太平洋側は乾燥した晴天の日が続く。

★ワンポイントアドバイス★

全分野において，総合問題の形で出題されている。理科全般の幅広い知識が求められる問題である。マークシート方式の解答に慣れることも大切である。

＜社会解答＞

1　問1　④　問2　①　問3　管領　問4　②　問5　③
2　問1　Ⅰ　6　Ⅱ　2　Ⅲ　2　Ⅳ　3　問2　③　問3　太閤検地　問4　①
問5　①　問6　④
3　問1　①　問2　③　問3　②　問4　(1)　地球温暖化　(2)　③　問5　②
4　問1　A　日本海流[黒潮]　B　季節風[モンスーン]　問2　③
問3　(1)　A　近郊農業　B　促成栽培[施設園芸農業]　(2)　①　問4　③　問5　①
5　問1　②　問2　①　問3　②，④　問4　情報公開制度
6　問1　納税　問2　②　問3　④　問4　③

○配点○

1・2　各2点×14　　3　問4　各2点×2　　他　各1点×4　　4　問1・問3(1)　各2点×4
他　各1点×4　　5　問4　2点　　他　各1点×3　　6　問2　1点　　他　各2点×3
計60点

＜社会解説＞

1　(日本の歴史―各時代の特色，政治・外交史，社会・経済史，文化史，日本史と世界史の関連)

問1　資料Aは平安時代の平氏政権のことで，エ(厳島神社)が当てはまる。資料Bは室町時代の勘合貿易のことで，ウ(金閣)が当てはまる。資料Cは戦国時代後期から安土桃山時代にかけての南蛮貿易のことで，イ(唐獅子図屛風：狩野永徳の代表作)が当てはまる。資料Dは江戸時代の朱印船貿易のことで，ア(朱印船の図)が当てはまる。

問2　奴国王が後漢に使いを送り金印を授かる(57年)→卑弥呼が「親魏倭王」の称号を授かる(239年)以上弥生時代→倭の五王，宋に使いを送る(古墳時代)→小野妹子をはじめ遣隋使派遣(飛鳥時代)。

基本　問3　室町幕府では，将軍の補佐役として管領が置かれ，京都を支配し，御家人を統率する侍所の長官とともに，有力な守護が任命された。

問4　資料Cの貿易は南蛮貿易といい，平戸や長崎などで始まった。輸入品は，生糸や絹織物など中国産の品物が中心だったが，毛織物，時計，ガラス製品など，ヨーロッパの品物もあった。日本は，主に銀を輸出した。

問5　鎖国下の日本は，オランダと清のみと国交があった。①はフランス，②はアメリカ，③はオランダ，④はイギリスの説明である。

2　(日本の歴史―日本の社会・経済史，日本史と世界史の関連)

重要　問1　当時の班田収受法によると，6歳以上の男女に口分田を割り当て，死ぬと国家に返させていた。割り当ては，良民男子に2段，女子にはその3分の2，奴婢には良民男女それぞれの3分の1であった。

問2　当時，土倉や酒屋，商人や手工業者などは，同業者ごとに座と呼ばれる団体をつくり，武士や貴族，寺社にお金などをおさめてその保護を受け，営業を独占する権利を認められていた。

問3　秀吉の太閤検地によって，全国の土地が石高という統一的な基準であらわされるようになった。

問4　この人物は田沼意次で，商工業者の力を利用して幕府の財政を立て直そうとした。②，③，④はいずれも彼の政策である。①は天保の改革を行った水野忠邦の政策であるため，誤りとなる。

問5　地租改正では，税率は地価の3%とし，土地所有者が現金で納めることとした。この土地に対する税(地租)が全国統一の近代的な税となり，政府の歳入の大半をしめ，財政を安定させた。

問6　サンフランシスコ平和条約は吉田茂内閣の時，日ソ共同宣言は鳩山一郎内閣の時，日中共同声明は田中角栄内閣の時，それぞれ成立している。したがって，①，②，③は誤りとなる。

3　(地理―世界の諸地域の特色，地形・気候，産業，環境問題)

基本　問1　Aはノルウェーである。スカンジナビア半島の沿岸は，氷河にけずられてできたフィヨルドという湾や湖が多くみられる。①は「リアス海岸」の箇所が誤りとなる。

問2　ベンガロールには，ICT関連企業や研究施設が集中しており，インドのシリコンバレーと呼ばれている。

問3　ヒンズー教では牛は神の使いとされ，神聖なるものとして尊重されている。①は，三大宗教は，キリスト教，イスラム教，仏教なので，誤り。③は，イスラム教の説明なので，誤り。④はヒンズー教の信仰は，ヨーロッパには広まっていないので，誤りとなる。

問4　地球温暖化による海面の上昇で，ツバルなどの太平洋の小島国の中には，水没の危機に面している国がある。ツバルは，かつてイギリスの植民地であったので，ツバルの国旗の中には，イギリスの国旗が含まれている。

やや難　問5　D国のブラジルでは，大企業による大規模な農業を行う中で，都市から農村への人口が移動した事実はないので，②が誤りとなる。

4　(日本の地理―日本の気候，諸地域の特色，産業，交通・貿易)

問1　高知県などの南四国の太平洋岸を，暖流の日本海流(黒潮)が流れていて，その影響で1年中温暖である。また，初夏から秋にかけては季節風(モンスーン)の影響で降水量が多くなる。

問2　千代田区などの東京23区の昼間人口は，夜間人口よりも300万人以上も多くなっているので，③は誤りとなる。

重要　問3　食糧の大消費地である東京大都市圏をかかえる関東地方では，新鮮な農産物を都市に住む人々に供給する近郊農業が盛んである。1年中温暖な高知県などの南四国では園芸農業が盛んで，ビニールハウスを使った促成栽培でピーマン，なす，トマトなどがつくられている。促成栽培は，価格が高い冬の時期に出荷するために農作物の生長を早まるのであるから，グラフの冬に出荷量が多いが高知県産となる。

問4　東京大都市圏の内陸部周辺では石炭や鉄鉱石は採掘されていないので，③は誤りである。

問5　成田国際空港の貿易額は，港・空港の中で日本最大である。②は成田国際空港の所在地は千葉県であるので誤り。③は成田国際空港は国内線もあるので誤り。④は鉄鋼資源や大型機械は海上輸送で運ぶので，誤りとなる。

5　(公民―政治のしくみ，その他)

問1　Ⅱは無記名で行う秘密選挙のことを書いているので誤りである。

問2　政権党は与党で，その他の政党は野党であるので，①は誤りとなる。

問3　弾劾裁判所は，地位にふさわしくない行為をした裁判官を辞めさせるかどうかを判断するために国会内につくられるので，②は誤り。国務大臣の任命権は内閣総理大臣にあるので，④も誤りとなる。

問4　国や地方では情報公開制度が設けられ，人々の請求に応じて行政の保有する情報を開示している。

6　(公民―憲法，政治のしくみ，経済生活，その他)

問1　日本国憲法は，国民の義務として，子どもに「普通教育を受けさせる義務」，「勤労の義務」，「納税の義務」の3つを上げている。

問2　義務教育は無償が原則であるので，②は誤りである。

問3　使用者に対して弱い立場にある労働者のために，労働基本権(労働三権)が保障されている。それは，労働者が団結して行動できるように労働組合をつくる権利(団結権)，労働組合が賃金その他の労働条件の改善を求めて使用者と交渉する権利(団体行動権)，要求を実現するためにストライキなどの団体行動をする権利(団体行動権)の3つである。

やや難　問4　Ⅰは請願権ではなく，請求権の1つである国家賠償請求権のことであるので誤りとなる。

★ワンポイントアドバイス★

1 問3　室町幕府の管領は，鎌倉幕府においては執権にあたる。2 問5　しかし，政府はこれまでの年貢の収入を減らさない方針をとったので，税の負担はほとんど変わらず，各地で地租改正反対一揆が起きた。

＜国語解答＞

一　問一　①　　問二　②　　問三　④　　問四　④　　問五　X　③　　Y　⑤
問六　(例)　自分の世界を適度な形で限定し，その世界にあるものについては，ほぼ知悉できている(という「知」のあり方。)　　問七　③

二　問一　a 記載　　b 覆　　c か　　d せま　　e 奇跡　　問二　③　　問三　②
問四　④　　問五　Y　②　　Z　③　　問六　正也の脚本　　問七　②　　問八　④

三　問一　1　いきどおり　　4　そのゆえ　　問二　④　　問三　(行成の)冠を打ち落して，小庭に投げ捨ててけり。　　問四　③　　問五　③　　問六　7　実方[中将]　　8　行成
問七　②　　問八　①

四　A　鼻　　B　手　　C　口　　D　顔　　E　髪

○配点○

一　問二・問五　各2点×3　　問六　12点　　他　各3点×4
二　問一～問三・問五　各2点×9　　他　各3点×4
三　問一・問二　各2点×3　　問三・問六　各4点×3　　他　各3点×4
四　各2点×5　　計100点

＜国語解説＞

一　(論説文―内容吟味，文脈把握，指示語の問題，接続語の問題，熟語)

問一　――線1について，直後の段落で「人びとは科学の中に至高の客観性を見出し，その因果律によって世界をまとめていきました。それによって，かつて世界に意味を与えていた伝統や俗信，宗教や形而上学は，『非科学的』としてどんどん科学の世界から駆逐されていきました」と説明している。この内容を「科学の中にある客観性に価値を見出し」「客観性をもたないかつての価値観は無用とされた」と言い換えて説明している①が適当。

基本　問二　――線2は上の漢字が下の漢字を修飾する構成で，同じ構成になっている熟語は②。①は上に否定の接頭語がつく，③は似た意味の漢字を重ねる，④は動詞の下に目的語がくる構成。

やや難　問三　――線3「唯脳論的世界」を，直後の文で「放縦で，人間中心で，脈絡のない情報が洪水のように満ちた世界」，一つ後の文で「自分勝手な人間の脳が恣意的に作り出す世界」と言い換えている。④の「AI(人工知能)の指示に従って働く」という例は，「人間中心」「自分勝手な人間」にそぐわないので，誤っている。他の選択肢は全て「人間中心」の世界の例となっている。

問四　筆者が自分の母のことを思い出すきっかけとなっているのは，どのようなことか。一つ前の段落に「迷信や宗教などは駆逐されていきましたが……この世の片隅にちりばめられて残りました」とあり，直前の段落に「それらは……いままた少しずつ見直されているような気がしています」とあり，この部分が――線4「このこと」が指示する内容にあたる。宗教などが見直されて

きている，と述べている④が適切。①の「忘れ去られてしまった」，②の「最優先されている」，③の「科学によって証明されている」は，本文の内容にそぐわない。

問五　X　直前の段落の「前近代的な宗教の伝統や習慣」が「循環を繰り返している自然の摂理とぴったり一致してい」る例を，直後でアサリや薬草の収穫時期や摂取時期と挙げているので，例示の意味を表すことばが入る。　Y　「得手勝手にボーダーレスな世界を作り出していきます」という前に対して，後で「現実の肉体や感覚には限界があります」と相反する内容を述べているので，逆接の意味を表すことばが入る。

やや難　問六　――線5の前後の文脈から，「非科学」ではあるが筆者が支持する「『知』のあり方」をまとめる。直前の段落の「自分の世界を広げるのではなく，適度な形で限定していく」や，「その世界にあるものについては，ほぼ知悉できているような『知』のあり方」という表現を用いて，簡潔にまとめる。

重要　問七　選択肢の冒頭のそれぞれの人名について書かれている部分と照合する。「ちなみに」で始まる段落の内容として適当なのは③。「人びとは」で始まる段落の内容として①は適当ではない。「このような流れの中で」で始まる段落でフッサールについて述べているが，②の「人間の知性が排除されていくだろう」とは述べていない。「これに対して」で始まる段落の「目前にあるありあわせのもので，必要な何かを生み出す」のは，④の「合理的な手法」とは言えない。

二　**(小説―大意・要旨，情景・心情，内容吟味，接続語の問題，脱文・脱語補充，漢字の読み書き，ことわざ・慣用句，品詞・用法)**

問一　a　書いてのせること。「載」の訓読みは「の(る)」。　b　他の訓読みは「くつがえ(る)」。音読みは「フク」で，「覆水」「転覆」などの熟語がある。　c　音読みは「ケン」で，「兼業」「兼務」などの熟語がある。　d　他の訓読みは「せば(める)」。音読みは「キョウ」で，「狭量」などの熟語がある。　e　常識では考えられない不思議な出来事。「跡」の訓読みは「あと」。

問二　「動詞／助動詞／名詞／助詞／名詞／助詞／動詞／助詞／動詞／助詞／助動詞／助詞／動詞」と区切る。

基本　問三　「［X］をひねる」で，理解できずに考え込むという意味になる言葉が入る。

問四　「僕」の「モヤモヤ」について述べている部分を探すと，「全国大会の話」で始まる段落に「――みんなで東京に行けるね！モヤモヤの原因はこれだ……三年生の先輩は皆，口ぐちにそう言い合っていた。行ける，よかった，夢みたい」とあるのに気づく。少し後の「初めは，よかったですね，なんて思いながら先輩たちを眺めていたけれど，ふと，全国大会は，一部門につき五人分しか学校からの遠征費が出ない，と先輩たちが言っていたことを思い出した」や「ラジオドラマ制作に一番貢献したのは，正也なのだから」という「僕」の心情を述べている部分と合わせて，「僕」が「モヤモヤしている」理由を読み解く。三年生五人が全国大会へ行くことによって貢献した正也が全国大会へ行けないからという理由を述べている④が最も適当。他の選択肢は「僕」の「モヤモヤとしている」心情の理由とはならない。

問五　Y　直前に「いや，これは違う」とあるので，二つのうち，あれよりもこれのほうがよいという気持ちを表すことばが入る。　Z　後に「見ていたら」とあるので，仮定の意味を表すことばが入る。

問六　全国大会に行けるような高い評価を得られた要因について，一つ後の文で「正也の脚本ありき，一人のエースありきの結果だ」と圭祐の考えを述べている。ここから適当な五字の部分を抜き出す。

問七　挿入文の内容から，「ほどほどにがんばれば届く世界」と感じられる様子を述べている部分の後に入れる。挿入文は，【　B　】の直前の文「汗も涙も流していない息子」を見た「母さん」

の感想としてふさわしく，「そんなふう」が指し示している内容としても妥当なので【　B　】に入れるのが適当。【　B　】と「そんなふうにも思うだろう」は，倒置の表現になっている。

重要 問八 「将来的には」で始まる段落の「母さんは自分が留守番役にまわされたようにガッカリ顔になったけど，僕は自分自身については，それほど残念に思っていない」に合うものは④。①の「二位であることの悔しさ」や③の「三年生五人を全国大会へ連れて行くことを決定した」という描写はない。②は「カラヴァッジオを」で始まる段落の「僕が中学の駅伝大会で……いや，もっと悔しいか」という「僕」の心情に合わない。

三 （古文―主題・表題，内容吟味，文脈把握，語句の意味，仮名遣い，表現技法，文学史）

〈口語訳〉 大納言行成卿が，まだ殿上人でいらっしゃった時に，実方の中将が，どのような腹立ちがあったのだろうか，殿上に行って(行成に)会うと，何も言わずに，行成の冠を叩き落として，小庭に投げ捨てたのだった。

行成は，少しも騒がず，主殿司を呼び寄せて，「冠を取ってこい」と(言ってあらためて)，冠をかぶり，守刀から，笄を引き出して，耳ぎわの髪の毛を整えて，いずまいを正して，「どのようなことでございましょうか。突然，これほどの仕打ちを受けるようなことは思いませんでした。その理由を伺って，(どうするかは，その)後のことであるべきではないでしょうか」と，特別に礼儀正しくおっしゃった。実方は白けた気持ちになって逃げてしまった。

ちょうどその時，小さな窓から，帝が(この様子を)ご覧になられて，「行成は立派な者だ。このように落ち着いた心があるとは，思わなかった」と，そのとき蔵人頭の地位があいたので，多くの人を越えて，(行成をその地位におつけ)なさったのだった。

実方(の方)は，中将の地位を取り上げ「歌枕を見て来い」と，陸奥守にして流罪にして任命なさった。(実方は)そのまま，その場所で亡くなってしまった。

実方は，蔵人頭にならずに終わってしまったのを恨みに思って，執着が残り，雀になって，殿上の小さな台を(つついて)食べたと，人々は言った。

一人は，我慢ができなかったことで前途を失い，一人は，我慢(の大切さを)信じていたことで褒美にあずかった，例である。

基本 問一 1 語頭以外のハ行は現代仮名遣いではワ行に直す。 4 歴史的仮名遣いの「ゑ」は，現代仮名遣いでは「え」に直す。

問二 「か」という係助詞を受けて「けん」という連体形で結ばれている。

問三 ――線3を含む会話は行成のものなので，行成が受けた「仕打ち」を具体的に述べている部分を探す。冒頭の段落の「実方の中将，いかなるいきどほりかありけん，殿上に参り会ひて，いふこともなく，行成の冠を打ち落して，小庭に投げ捨ててけり」から，「仕打ち」に相当する部分を抜き出す。

問四 「うるはしく」には，整っていて美しく，きちんとした様子で，親しくという意味がある。ここでは，同じ段落の「冠して，守刀より，笄抜き出だして，鬢かひつくろひて，居直りて」という様子や，「いかなることにて候ふやらん……そのゆゑを承はりて，のちのことにや侍るべからん」という会話の調子から，③の「礼儀正しく」を選ぶ。

問五 授業中の会話で，教師が「その後の話の展開を参考にしてみるといい」とあるので，――線6の後の「陸奥守になして流しつかはされける。やがて，かしこにて失せにけり。実方，蔵人頭にならでやみにけるを恨みて」に着目する。実方は，陸奥に流され蔵人頭になれなかったことを恨んでいるので，「歌枕見て参れ」は実方に対する罰であるとする生徒Cの発言が本文をふまえている。

重要 問六 ――線7の直後「忍に耐へざるによりて前途を失ひ」に着目する。――線7は，我慢ができずに前途を失った実方のこと。——線8の直後「忍を信ずるによりて褒美にあへる」に着目する。——線8は我慢の大切さを信じていたことで褒美にあずかった行成のこと。

やや難 問七　最終文「一人は，忍に耐へざるによりて前途を失ひ，一人は，忍を信ずるによりて褒美にあへると，たとひなり」から教訓を読み取る。「忍」を我慢と訳している②が最も適当。

基本 問八　鎌倉時代に成立したものは①の『方丈記』。他はすべて平安時代に成立したもの。

四　（ことわざ・慣用句）

「目から鼻へ抜ける」は非常に賢い，「手塩にかける」は自ら世話をして大切に育てる，「口を切る」は最初に発言する，「顔に泥を塗る」は体面を傷つける，「後ろ髪を引かれる」は心残りがして思い切れない，という意味を表す。

★ワンポイントアドバイス★

読解問題では，同様の表現や言い換えの表現に注目することが，解答の糸口となる。傍線部と，本文中や選択肢中に言い換えとなっている表現はないか探すことから始めよう。

2020年度

★★★★★★★★★★★★★★★★★★★★★★★★★★★★

入　試　問　題

2020年度

愛知啓成高等学校入試問題

【数　学】（45分）　＜満点：100点＞

【注意】（1）机上は受験票・筆記用具のみとし，定規・分度器などの使用は禁止します。

（2）分数形で解答が求められているときは，それ以上，約分ができない分数で答えます。符号は分子につけ，分母につけてはいけません。

例　解答欄$\dfrac{\boxed{\text{ウ}}\boxed{\text{エ}}}{\boxed{\text{オ}}}$に対し$-\dfrac{1}{8}$と答えたいとき，$\dfrac{-1}{8}$と答える。

(2)	ウ	●	±	0	1	2	3	4	5	6	7	8	9
	エ	−	±	0	●	2	3	4	5	6	7	8	9
	オ	−	±	0	1	2	3	4	5	6	7	●	9

（3）根号を含む形で解答する場合は，根号の中に現れる自然数が最小となる形で答えます。

例　$\boxed{\text{カ}}\sqrt{\boxed{\text{キ}}}$，$\dfrac{\sqrt{\boxed{\text{ク}}\boxed{\text{ケ}}}}{\boxed{\text{コ}}}$ に$6\sqrt{2}$，$\dfrac{\sqrt{13}}{3}$ と答えるところを，$3\sqrt{8}$，$\dfrac{\sqrt{52}}{6}$ のように答えてはいけません。

1　次の問いに答え，空欄$\boxed{\text{ア}}$～$\boxed{\text{ム}}$にあてはまる数や符号を解答用紙にマークしなさい。

（1）$\left(-\dfrac{2}{3}\right)^2\times 6-2\div\left(-\dfrac{4}{3}\right)$ を計算すると，$\dfrac{\boxed{\text{ア}}\boxed{\text{イ}}}{\boxed{\text{ウ}}}$となる。

（2）$\dfrac{6}{\sqrt{2}}-(2-\sqrt{2})^2$ を計算すると，$\boxed{\text{エ}}\boxed{\text{オ}}+\boxed{\text{カ}}\sqrt{\boxed{\text{キ}}}$となる。

（3）$\dfrac{x-3}{3}-\dfrac{3(x-1)}{2}$ を整理すると，$\dfrac{\boxed{\text{ク}}\boxed{\text{ケ}}}{\boxed{\text{コ}}}x+\dfrac{\boxed{\text{サ}}}{\boxed{\text{シ}}}$ となる。

（4）方程式 $0.25x+0.75=1.5(x-0.5)$ を解くと，$x=\dfrac{\boxed{\text{ス}}}{\boxed{\text{セ}}}$ となる。

（5）連立方程式 $\begin{cases}x-3y=-6\\ 3x+\dfrac{1}{2}y=20\end{cases}$ を解くと，$x=\boxed{\text{ソ}}$，$y=\boxed{\text{タ}}$ となる。

（6）方程式 $\dfrac{1}{3}x^2-\dfrac{1}{2}x-1=0$ を解くと，$x=\dfrac{\boxed{\text{チ}}\pm\sqrt{\boxed{\text{ツ}}\boxed{\text{テ}}}}{\boxed{\text{ト}}}$ となる。

（7）2次方程式 $x^2+ax-6=0$ が-2 を解にもつとき，残りの解は$x=\boxed{\text{ナ}}$ となる。

（8）$2(2x-1)(x+3)-(x+1)(x-2)$ を整理すると，
$\boxed{\text{ニ}}x^2+\boxed{\text{ヌ}}\boxed{\text{ネ}}x-\boxed{\text{ノ}}$ となる。

（9）$16x^2-64$ を因数分解すると，$\boxed{\text{ハ}}\boxed{\text{ヒ}}(x+\boxed{\text{フ}})(x-\boxed{\text{ヘ}})$ となる。

（10）1次関数 $y=ax+b$ について，xの変域が $-1\leqq x<3$ のとき，yの変域は $2<y\leqq 10$ である。この1次関数の傾きを次の中から選ぶと$\boxed{\text{ホ}}$となる。

①　-2　　②　$-\dfrac{1}{2}$　　③　$\dfrac{1}{2}$　　④　2　　⑤　4　　⑥　8

⑾　2個のさいころを投げる。2つのさいころの目について，和も積も偶数になる確率は$\dfrac{\boxed{\text{マ}}}{\boxed{\text{ミ}}}$となる。

⑿　10点満点のテストを9人が受けた。その点数はそれぞれ

9，5，6，7，6，8，8，9，a

であった。中央値が8点のとき，aのとりうる値は$\boxed{\text{ム}}$通りある。ただし，点数は整数とする。

2　ある会社で，4種類の製品A，B，C，Dを合計220個製作した。この4種類の製品の数は，多い方からA，B，C，Dの順である。

製品Bの数は製品Dの3倍，製品Cの数は全体の数の$\dfrac{1}{4}$であった。

また，製品Aと製品Dの数の差は製品Bと製品Cの数の差の5倍であった。

製品Aの数をx，製品Bの数をyとして，次の問いに答えなさい。

⑴　x，yの連立方程式をたてなさい。

⑵　製品A，製品Bの数を求めなさい。

3　右図のようなマス目で，A，Bの2人が次のルールでコマを進めるゲームを行う。

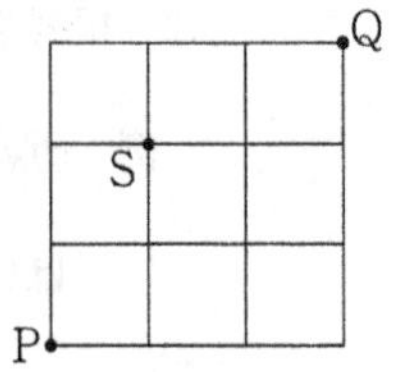

ルール①　AはPを，BはQを出発し，2人は交互に1枚の硬貨を3回ずつ投げる。

ルール②　Aは表が出たら右へ，裏が出たら上へ1目盛進む。
Bは表が出たら左へ，裏が出たら下へ1目盛進む。

⑴　2人のコマが図の点Sで出会うとき，コマの進め方は何通りあるか。

⑵　2人のコマがマス目のどこかで出会うとき，コマの進め方は何通りあるか。

4　次の図において，線分の長さxを求めなさい。

⑴

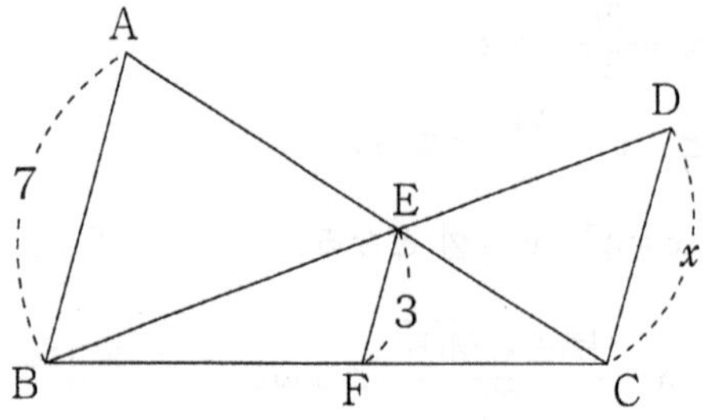

ただし，AB // EF // CD

⑵

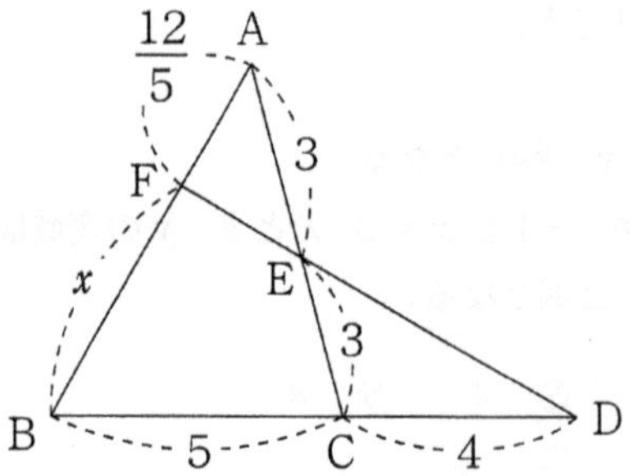

5 関数 $y=x^2$ と $y=\frac{1}{3}x^2$ のグラフがあり，直線 $y=x+6$ との交点を左から順にA，B，C，Dとする。このとき，次の問いに答えなさい。

⑴ AB：BC を求めなさい。

⑵ 直線 $y=x+6$ と x 軸，y 軸との交点をそれぞれE，Fとするとき，△OEFと面積が等しいものを次の中からすべて選び番号で答えなさい。

① △OAC　② △OAD　③ △OBC　④ △OBD　⑤ △OFD

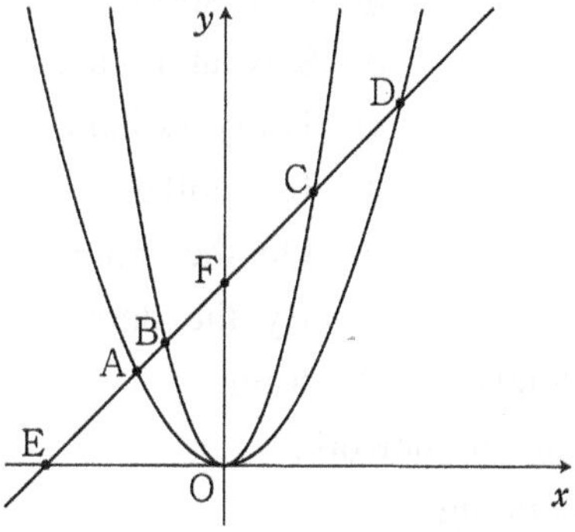

【英　語】（45分）＜満点：サミッティアコース・アカデミアコース100点　グローバルコース180点＞

【注意】 1と2は選択問題です。1のリスニング問題はサミッティアコースとグローバルコース受験者が解答すること。アカデミアコース受験者は2を解答すること。

1 Part1 対話と質問を聞き，その答えとして最も適切なものを①～④の中から１つずつ選び，マークしなさい。対話と質問は１度だけ流れます。

No.1 ① Go to the beach. ② Play soccer.
③ Go fishing. ④ Stay at home.

No.2 ① Fifty dollars. ② Thirty dollars.
③ Twenty dollars. ④ Ten dollars.

No.3 ① In the box. ② On the table.
③ Under the chair. ④ By the door.

No.4 ① Warm. ② Cloudy. ③ Rainy. ④ Sunny.

No.5 ① She has to do some homework.
② She has to go shopping.
③ She is talking to her parents.
④ She is making dinner.

Part2 対話と質問を聞き，その答えとして最も適切なものを①～④の中から１つずつ選び，マークしなさい。質問はNo.1～No.3の３つです。対話と質問は２度流れます。

No.1 ① One. ② Two. ③ Three. ④ Four.

No.2 ① He doesn't feel well. ② He can't get any rest.
③ He has a headache. ④ He doesn't have any friends.

No.3 ① Some flowers. ② Presents.
③ His friends. ④ Some drinks.

Part3 英文と質問を聞き，その答えとして最も適切なものを①～④の中から１つずつ選び，マークしなさい。質問はNo.1～No.2の２つです。英文と質問は２度流れます。

No.1 ① 13 minutes. ② 15 minutes. ③ 30 minutes. ④ 45 minutes.

No.2 ① She rides her bike all the way.
② She walks to school.
③ She rides a bike to the bus stop and then takes a bus.
④ She takes a bus and then walks to school.

※リスニングテストの放送台本は非公表です。

2 (1) 次の①～④の語のうち，他の３つと下線部の発音が異なるものを１つずつ選び，マークしなさい。

(ア) ① useful ② understand ③ umbrella ④ up
(イ) ① fall ② glad ③ always ④ bought
(ウ) ① created ② finished ③ missed ④ walked

⑵　次の①～④の語のうち，他の3つとアクセントの位置が異なるものを1つずつ選び，マークしなさい。

(ア)　①　kitch - en　　②　li - on　　③　pic - nic　　④　per - cent

(イ)　①　ko - a - la　　②　per - for - mance

③　hos - pi - tal　　④　com - put - er

⑶　次の英文を読んで，あとの問いに答えなさい。

Kenta : Hi, Jim.　What are you doing?

Jim　: I’m writing a letter to my brother, John.　I got a letter from him yesterday.

Kenta : What did he write about?

Jim　: He’ll *enter college next month.　And he’s going to study Japanese there.

Kenta : Japanese?　Does he want to come to Japan?

Jim　: (a)(　　　) I’ve been in Japan for three years, but John has never been to Japan.　And in his letter he said, “I am very interested in Japan because you really enjoy your life there!” So I think he’ll come to Japan when he is in college.

Kenta : That’s nice.　I’m looking forward to meeting him.　Well, will John’s school start in September?　Our school usually starts in April and ends in March.

Jim　: In my country, America, (b)it starts in September and ends in June.　So our *customs are different from Japanese customs.　For example, we have (c)(　　　) months for summer vacation.

Kenta : That’s great!　I want more holidays.

（注） enter　入学する　　custom　慣習

(ア)　下線部(a)に入るものとして適当なものを，次の①～④の中から1つ選び，マークしなさい。

①　I don’t know.　　②　Yes, he does.

③　He likes Japan.　　④　No, he doesn’t.

(イ)　下線部(b)の指しているものを，次の①～④の中から1つ選び，マークしなさい。

①　school in America　　②　Kenta’s school

③　summer vacation　　④　Jim’s life in Japan

(ウ)　下線部(c)に当てはまる適切な語を，次の①～④の中から1つ選び，マークしなさい。

①　one　　②　two　　③　six　　④　nine

(エ)　この対話が行われたのは何月か，次の①～④の中から1つ選び，マークしなさい。

①　June　　②　July　　③　August　　④　September

(オ)　本文の内容に合うものを，次の①～④の中から1つ選び，マークしなさい。

①　John is going to study Japanese because he wants to talk with Kenta.

②　Kenta thinks John will live in Japan in the future.

③　Jim will come to Japan when he is in college.

④　Kenta wants to meet Jim’s brother.

3 次のメッセージを読んで，あとの問いに答えなさい。

< Messages　　Saki

Sat, Feb 1

Hi Saki. How are you? I'm in Nagoya with my family. Let's meet and have lunch if you are free this week.

read
5 : 26 p.m.

Hi Tim! I'm great! It's wonderful to hear you are visiting Nagoya again. I'm sorry. I'm in Tokyo all this week to take care of my grandmother. She fell and broke her leg.

read
5 : 40 p.m.

Oh! I'm so sorry to hear that. I hope she gets well soon. Well, may I ask you a question? I need a present for my teacher. She leaves our school next month. She loves Japan. What should I get her?

read
5 : 42 p.m.

*Shrimp crackers are a popular gift in Aichi. Seto and Tokoname *pottery is also nice. There are small items such as coffee cups, small dishes, and *accessory cases. I think these are good as a present. Your teacher will like it.

read
6 : 01 p.m.

Thank you so much for your advice! I'll check it! Please take care.

read
6 : 02 p.m.

（注） shrimp cracker　えびせんべい　pottery　陶器　accessory　アクセサリー

(1) At 5:26 p.m., who sent the message?

① Tim.
② Saki.
③ Tim's teacher.
④ Saki's grandmother.

(2) Which is true about Saki?
① She works as a teacher.
② She is traveling with her family.
③ She is looking after her parent's mother.
④ She broke her leg and she can't walk now.

(3) Why does Tim ask Saki to help him?
① Because he is going to send a present to Saki.
② Because he wants to buy a present for his teacher.
③ Because he needs to find a nice restaurant.
④ Because he has to make time to meet Saki.

(4) What will Tim do next?
① Go to Tokyo.
② Go back to his country.
③ See his new teacher.
④ Go to a gift shop.

4 次の掲示を読んで，あとの問いに答えなさい。

Schedule for Music Concerts

February 21st – February 29th

5 : 00 p.m. – 7 : 30 p.m.

Date	Performance	Performer	Place
Feb. 21st Fri.	Piano	Yoshiko Sato	Theater C
Feb. 22nd Sat.	Violin	Billy Rogers	Theater D
Feb. 26th Wed.	Chorus	City Chorus Club	Theater C
Feb. 27th Thu.	Violin	Liz Potter	Theater B
Feb. 28th Fri.	Piano	Tim Baker	Theater A
Feb. 29th Sat.	Hawaiian Music	Emma. P & Friends	Theater D

Seats	Price	
	over 19 years old	12 to 18 years old
S	5,000 yen	4,000 yen
A	4,000 yen	3,000 yen
B	3,000 yen	2,000 yen
C	2,000 yen	1,000 yen

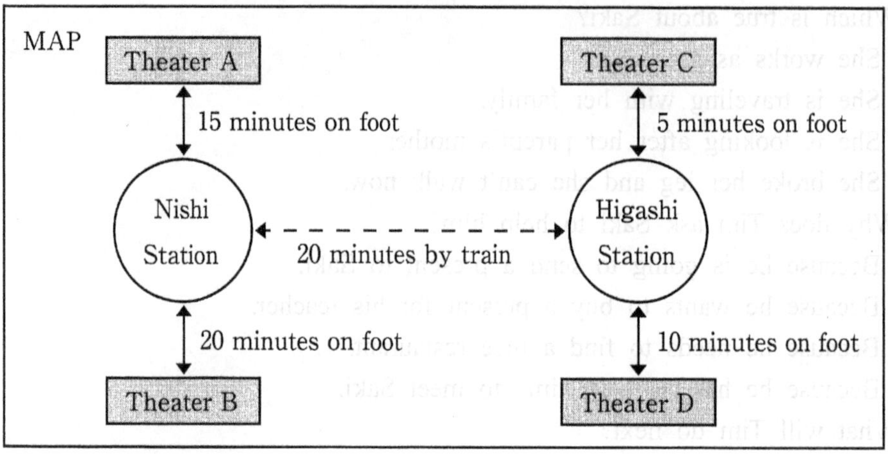

(1) Momoko practices soccer on Wednesday and Saturday from 4:00 p.m. to 6:00 p.m. Her friend Sarah has a Japanese class in the evening every Friday, but she doesn't have a class on February 21st. Which performance can they watch if they go to a concert together?

① They can watch a Chorus concert at Theater C or a Piano concert at Theater A.

② They can go to a Piano concert at Theater C or a Violin concert at Theater B.

③ They can go to only a Violin concert at Theater B.

④ They can't watch any performance during those six days.

(2) Ryota is in the third year of junior high school. Tony is Ryota's classmate, and is staying in Ryota's house. Ryota plans to go to a concert with his parents and Tony. If they buy the most expensive seats for the concert, how much will they in total need?

① 6,000 yen.　　② 14,000 yen.

③ 18,000 yen.　　④ 20,000 yen.

(3) Daniel bought a ticket for a concert which is held on 29th in February. He wants to arrive at the theater at 4:50 p.m. on the day. What time should he leave Nishi Station?

① Twenty before five.　　② Twenty after four.

③ Four o'clock.　　④ Four thirty.

5　次の英文を読んで，あとの問いに答えなさい。

My name is Mark Smith. I have traveled to many interesting places in the world, but this was the most exciting *experience for me — I stayed in a hotel which was built of salt!

The unique hotel stands in a huge salt *desert in *Bolivia. It is about 3,700 meters above the sea and is maybe the largest *salt bed in the world with an area of about 12,000 square kilometers. A long time ago, there was no salt desert, but later the *ocean floor rose up and mountains were made. So, a lot of sea water was left in the mountains. It made a lake. Then the lake became *dry. A salt desert was left.

The salt hotel is very strange. Beds, tables, chairs, everything is made from salt blocks. There is no electricity — the hotel uses the natural heat of the sun. During the day, the sun makes the blocks of salt warm, and it still keeps the rooms warm, then people don't feel cold at night. And there is one more thing that we have to remember — there is no bath or shower in the hotel because it is in the *center of the huge desert of salt!

（注） experience 経験　desert 砂漠　Bolivia ボリビア（国名）　salt bed 塩岩床
ocean floor 海底　dry 乾いている　center 真ん中

(1) Choose from ① to ④ to show how A salt desert was made.

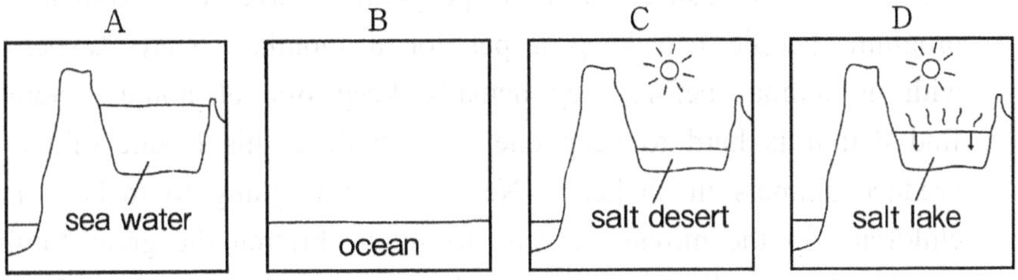

① D→B→C→A
② B→A→D→C
③ B→C→A→D
④ D→A→B→C

(2) Which is true of the hotel in this passage?
① The hotel stands on the top of the highest mountain in Bolivia.
② The hotel is different from other hotels because it has a unique appearance and food.
③ The hotel uses the energy of the sun instead of electricity.
④ The hotel decided to solve the problems of water and electricity.

(3) What is the best title for this passage?
① Interesting Places in the World
② A Hotel Made of Salt
③ The Largest Salt Desert in the World
④ There is No Electricity

(4) Answer the following questions in English.
1 Has the writer had many exciting experiences around the world?
(　　　), (　　　) (　　　).
2 How large is the salt desert?
It is about (　　　) (　　　) (　　　).

6 ある会場での催し物の一幕です。次の英文を読んで，（　）内に与えられた語で始まる語を１語ずつ入れなさい。

Staff　　: Ladies and gentlemen, welcome to the Animal *Forum. Today we want to start with a speech by Ms. Jane Wood. As you know, Ms. Wood has helped thousands of cats and dogs left in animal *shelters. Everyone, please welcome Ms. Wood.

Ms. Wood : Thank you very much. I'm Jane, Jane Wood. I'm very happy to be here today. I love animals. I had a horse and a dog when I was a child. When I was thirty years old, my friend and I visited an animal shelter in my hometown. The animals there looked very sad, so I was sad, too. Since then, for over ten years, I have taken care of animals and looked for people who want to keep them. Last year, with my friends, I also started a new program, "Save the Animals." In this program, people can keep a pet for a month. They *experience life with an animal before they actually keep one at home. Some people find that it is hard to keep one. We believe this is one of the ways to *reduce animals in shelters. Next year, I'm going to make a movie for children. In the movie, I want to show children the great *abilities that animals have. I want to work harder to help animals. Do you like animals and want to help them? If you are interested in our program, can you please join us? We are waiting for your kind support. Thank you for your attention.

Staff　　: Thank you very much, Ms. Jane Wood.

（注） forum　フォーラム・公開討論会　　shelter　シェルター・避難所　　experience　経験する
reduce　減らす　　ability　能力

(1) What is Ms. Wood doing in the Animal forum?
She is making a (s　　).

(2) What has Ms. Wood done for dogs and cats left in animal shelters?
She has (r　　) them.

(3) Where did Ms. Wood and her friend go about ten years ago?
They went to a special (f　　) for animals.

(4) What has Ms. Wood done to help animals for over ten years?
She has (s　　) for people who want to keep them.

(5) Who is the new program for?
People who are (t　　) about keeping a pet.

(6) What people can do in the program?
They can (l　　) with a pet for a month.

(7) Through the program, how do some people feel about having a pet?
They think that it's (d　　) to have a pet.

(8) What is Ms. Wood going to do next year?
She is going to (m　　　) a movie.

7 次の日本文に合うように，( ) 内に適切な語を1語ずつ入れなさい。

(1) 私たちはその時ヤスとケンを間違えました。
We (　　　) Yasu (　　　) Ken then.

(2) 人々は手をたたきました。
People (　　　) their (　　　).

(3) 3分の1の生徒が今勉強しています。
(　　　) (　　　) of the students are studying now.

(4) あなたはクラスメイトと仲良くする必要がある。
You need to get (　　　) (　　　) your classmates.

(5) 私たちの町は名古屋城で有名です。
Our city is (　　　) (　　　) Nagoya Castle.

8 次の日本文に合うように，( ) 内の語を並べかえて英文を完成させるとき，( ) 内の3番目と6番目にくる語をそれぞれ選び，マークしなさい。ただし，文頭の語も小文字で示されています。

(1) トムは初めて味噌汁を食べた。
(① for / ② miso / ③ first / ④ the / ⑤ soup / ⑥ time / ⑦ had / ⑧ Tom).

(2) 私が望む世界は簡単に来ないかもしれない。
(① may / ② world / ③ I / ④ easily / ⑤ the / ⑥ come / ⑦ not / ⑧ want).

(3) ロボットは製品を組み立てることができるでしょう。
(① together / ② products / ③ be / ④ will / ⑤ to / ⑥ able / ⑦ put / ⑧ robots).

(4) 私の母は家全体を掃除しようとした。
(① the / ② whole / ③ house / ④ my / ⑤ clean / ⑥ tried / ⑦ mother / ⑧ to).

(5) ジョンはいつもクラブ活動に参加する。
(① part / ② in / ③ takes / ④ club / ⑤ activity / ⑥ usually / ⑦ John / ⑧ the).

【理　科】（30分）　＜満点：60点＞

【注意】 定規・分度器などの使用は禁止します。

[1] 問1～問3に答えなさい。

問1．次の文章を読み，下の各問いに答えなさい。

19世紀初めごろ，イギリスの（　ア　）は，物質はそれ以上分けられない小さな粒子からできていると考えた。このような粒子を原子という。原子は（　イ　）種類以上発見されており，その種類ごとに名前と番号が付けられている。原子を番号の順に並べて整理した表を（　ウ　）という。（　ウ　）では（　エ　）の列に性質のよく似た原子が並ぶようになっている。

⑴ （ア），（イ），（エ）に適する語句の組合せとして，最も適当なものを下の①～⑧のうちから1つ選び，マークしなさい。[1]

	（　ア　）	（　イ　）	（　エ　）
①	アボガドロ	110	縦
②	アボガドロ	110	横
③	アボガドロ	1100	縦
④	アボガドロ	1100	横
⑤	ドルトン	110	縦
⑥	ドルトン	110	横
⑦	ドルトン	1100	縦
⑧	ドルトン	1100	横

⑵ （ウ）に適する語句を答えなさい。[2]

⑶ 原子について述べた次の文章①～④のうちから，**誤っているものを2つ選び**，マークしなさい。[3]

① 原子には，種類ごとに決まった質量，大きさがある。

② 化学変化において，原子はなくなることがある。

③ いくつかの種類の原子が結びついてできた粒子をイオンという。

④ 物質を構成する原子の種類や結びつき方が変わることを化学変化という。

⑷ 1種類の原子のみからなる物質はどれか。次の物質①～⑦のうちから，**すべて選び**マークしなさい。[4]

① 水　　② 銀

③ 酸素　　④ 二酸化炭素

⑤ 鉄　　⑥ アンモニア

⑦ 塩化ナトリウム

問2．生物にとって重要な物質としてリン酸がある。次のページの硫酸と硝酸の電離するときの模式図と電離式を参考に，リン酸が電離するときの電離式を書きなさい。ただし，リン酸も硫酸と硝酸と同じように電離するものとする。[5]

硫酸

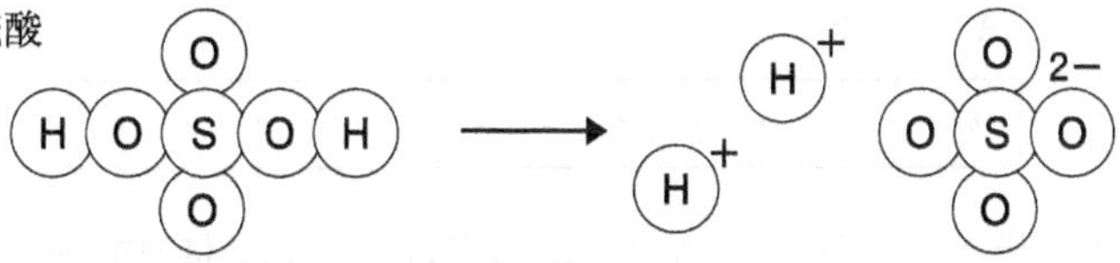

電離式　$H_2SO_4 \longrightarrow 2H^+ + SO_4^{2-}$

硝酸

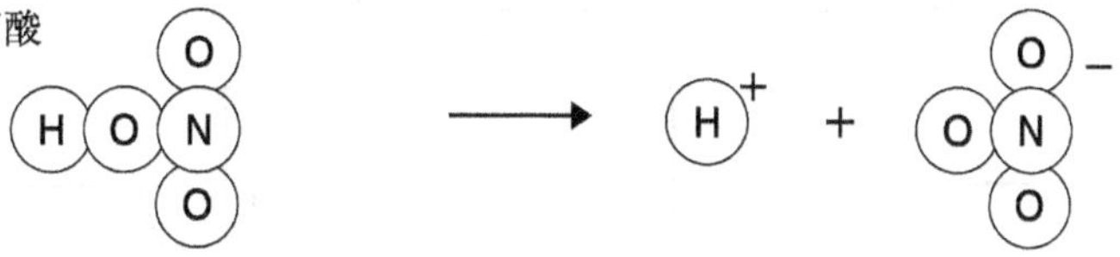

電離式　$HNO_3 \longrightarrow H^+ + NO_3^-$

リン酸

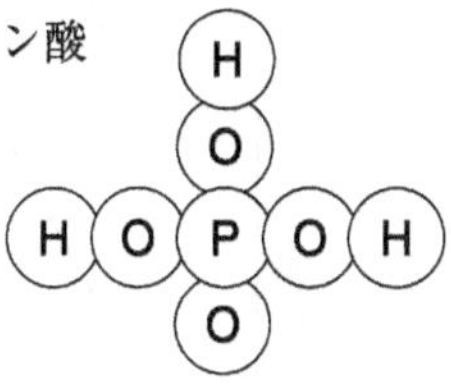

問3．塩化ナトリウムの結晶に水を加えて10％の塩化ナトリウム水溶液を200cm^{3}つくりたい。塩化ナトリウムの結晶と水を何gずつ混合すればよいか，それぞれ整数値で答えなさい。この水溶液をつくるときの条件では，10％の塩化ナトリウム水溶液の密度は1.05g/cm^{3}とする。

塩化ナトリウムの結晶　[6][7]〔g〕

水　[8][9][10]〔g〕

注意：答えが311なら，[8]は③，[9]，[10]には①にマークしなさい。

[2]　問1，問2に答えなさい。

注意：解答欄[1][2].[3]の答えが50.0なら，[1]は⑤，[2]，[3]にはそれぞれ⓪にマークしなさい。

問1．次の各問いに答えなさい。

図のように，なめらかな水平面上に台車をおき，記録タイマーでその速さを測定する。台車をポンと押してまっすぐ進めたときのテープの記録は，次のページ図のように，Aから始まり，Bを過ぎ，点Cまでの一部分を読み取ることができた。AB間では，打点の間隔はしだいに広がっていて，BC間では，それは一定の間隔であった。実験をした西日本では，交流の周波数によって，点は1秒間に60打点が打たれるものとする。以下の問いに答えなさい。

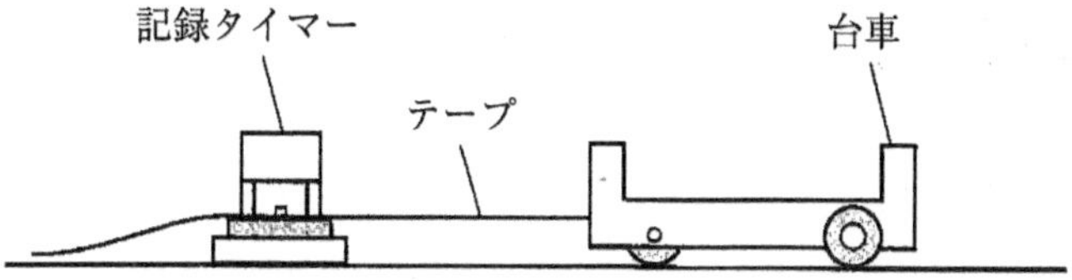

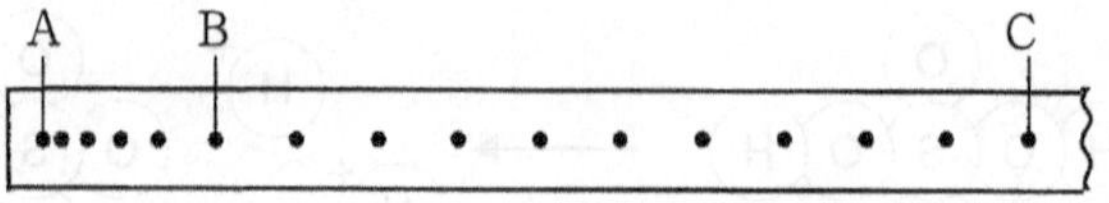

⑴　BC間の長さを測ると，25㎝であった。この間の台車の速さは何m/sか。

[1].[2]〔m/s〕

⑵　AB間とBC間の台車の速さと時間の関係は，どのようなグラフになるか。最も適当なものを下の①～⑥のうちから1つ選び，マークしなさい。[3]

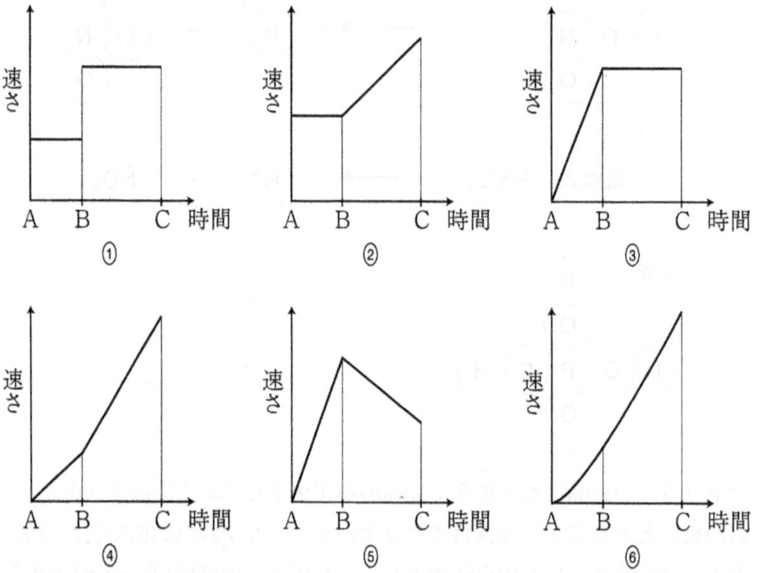

問2．電力の大きさと発熱量の関係を調べるために，次の実験を行った。1gの水を1℃上昇させるのに必要な熱量を4.2Jとして下の各問いに答えなさい。

<実験>　水100gを入れたコップの中に電熱線を入れて4.2Vの電圧をかけたところ，1.00Aの電流が流れた。この状態で加熱を続けたところ，5分後には水の温度が2.8℃上昇していた。

⑴　この電熱線の抵抗の大きさは何Ωか。

[4].[5]〔Ω〕

⑵　1分間にこの電熱線から発せられる熱量は何Jか。

[6][7][8]〔J〕

⑶　5分間に水の温度上昇に使用された熱量は何Jか。

[9][10][11][12]〔J〕

⑷　この実験では，電熱線から発せられた熱量の一部が水の温度上昇に使用されず，一定の割合で逃げてしまっている。熱が全く逃げず，すべて温度上昇に使われた場合，5分間でコップの中の水は何度上昇するか。

[13].[14]〔℃〕

3 問1，問2に答えなさい。

問1．以下の各問いに答えなさい。

(1) 図に示した顕微鏡のア～オの名称として，正しい組み合わせを下の①～⑨より1つ選び，マークしなさい。 1

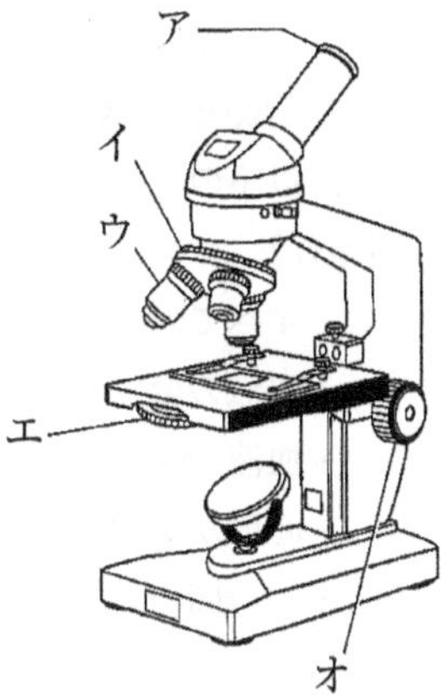

	ア	イ	ウ	エ	オ
①	接眼レンズ	しぼり	対物レンズ	調節ねじ	レボルバー
②	対物レンズ	調節ねじ	接眼レンズ	レボルバー	しぼり
③	接眼レンズ	レボルバー	対物レンズ	しぼり	調節ねじ
④	対物レンズ	しぼり	接眼レンズ	調節ねじ	レボルバー
⑤	接眼レンズ	調節ねじ	対物レンズ	レボルバー	しぼり
⑥	対物レンズ	レボルバー	接眼レンズ	しぼり	調節ねじ
⑦	接眼レンズ	しぼり	対物レンズ	レボルバー	調節ねじ
⑧	対物レンズ	調節ねじ	接眼レンズ	しぼり	レボルバー
⑨	接眼レンズ	レボルバー	対物レンズ	調節ねじ	しぼり

(2) 接眼レンズ10倍，対物レンズ40倍の組み合わせで観察した。このときの顕微鏡の倍率は何倍か。 2

(3) 次に記した顕微鏡の使い方について述べた文章を順に並べた場合，2番目と4番目にくる操作をそれぞれ1つ選びマークしなさい。

2番目…… 3　　4番目…… 4

① 真横から見ながら，調節ねじを回し，プレパラートと対物レンズをできるだけ近づける。

② 見たいものがレンズの真下にくるようにプレパラートをステージにのせて，クリップでとめる。

③ 接眼レンズをのぞきながら，反射鏡を調節して全体が均一に明るく見えるようにする。

④ しぼりを回して，観察したいものがはっきり見えるように調節し，視野の中心にくるようにする。

⑤ 接眼レンズをのぞいて，調節ねじを回し，プレパラートと対物レンズを遠ざけながらピントを合わせる。

(4) 顕微鏡に関する以下の文章のうち<u>誤っているもの</u>を次の①～⑤のうちから1つ選び，マークしなさい。 5

① 顕微鏡を運ぶときは，利き手でアームをもち，もう一方の手を鏡台にそえる。

② 見たいものが視野の右すみにあり，左に動かしたいときは，プレパラートを右に動かす。

③ 顕微鏡で観察する場合には，まず低倍率で観察してから高倍率で観察する。

④ 顕微鏡を用いて観察をする場合，水平で直射日光の当たる明るいところで行う。

⑤ 双眼実体顕微鏡は，ものを立体的に観察するのに適している。

問２．以下の〔条件〕を参考に，〔問〕に答えなさい。

〔条件〕

・すべての血液が同じ時間で体内をめぐる。

・血液の量は体重の12分の１である。

・血液1000cm^3の質量は1.05kgである。

・心臓が１回の収縮で全身（肺以外）に送り出す血液の量は75cm^3である。

・１分間の脈拍数（脈を打つ数）は80回である。

〔問〕 ヒトの血液が心臓から出てからだをめぐり，心臓に戻ってくるまで（体循環）の時間は，ヒトの全血液が心臓から送り出される時間に等しいと考えられる。体重63kgのヒトなら，その時間は何秒になるか。答えは小数第１位を四捨五入し，整数値で答えなさい。答えだけでなく，計算式や説明も述べなさい。[6]

[4] 問１，問２に答えなさい。

問１．日本付近の冬の季節風はどこにある高気圧によって生じるか。次の図の①～④のうちから１つ選び，マークしなさい。また，その高気圧の名称を答えなさい。

番号 [1]　　名称 [2]

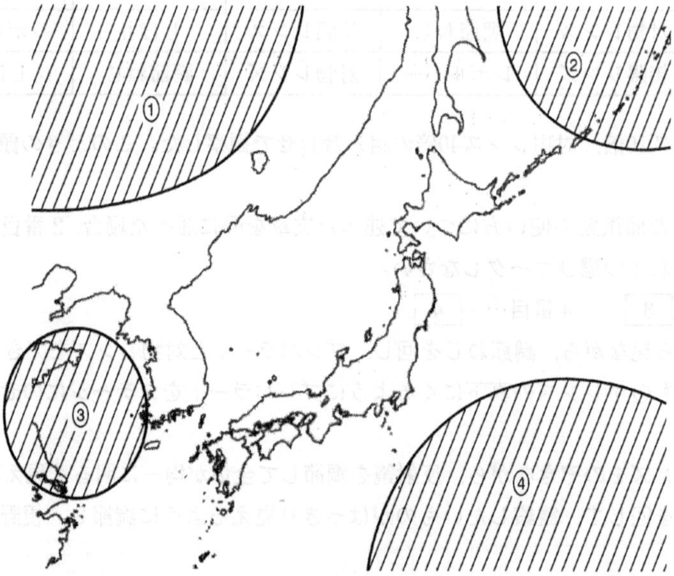

問２．震度，マグニチュードについて述べた文章として正しいものを次の①～④のうちからそれぞれ選び，マークしなさい。

震度 [3]　　マグニチュード [4]

① 震源における揺れの大きさを表したものである。

② 地表面上のゆれの大きさを表したものである。

③　震源の深さを示したものである。

④　地震の規模の大小を表したものである。

問３．下の図はある地震について各地の揺れはじめの時刻を示したものである。

⑴　下の図において，揺れはじめの時刻が３時５分40秒であったと考えられる地点を結ぶ曲線を解答用紙の図に記入しなさい。ただし，図中の時刻の《　’　”》はすべて分，秒を示しており５’52”は３時５分52秒を示している。 5

⑵　下の図において，震央と考えられるのはどこか。解答用紙の図に×印で記入しなさい。 6

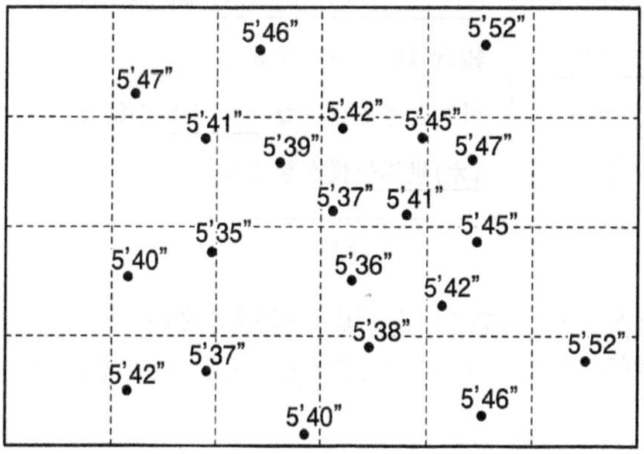

【社　会】（30分）　＜満点：60点＞

1　次の略年表を見て，あとの問１～問６までの問いに答えなさい。

世　紀	できごと
３世紀	（　１　）の女王卑弥呼が小さな国々を従える
８世紀	(ア)大宝律令が作られる
９世紀	(イ)藤原氏の摂関政治が始まる
(ウ)１２世紀	鎌倉幕府が成立する
１９世紀	外国とさまざまな (エ)条約が結ばれる
２０世紀	(オ)世界恐慌が起こる

略年表

問１　略年表中の空らん（１）にあてはまる国名を答えなさい。

問２　略年表中の下線部(ア)について述べた文として正しいものを，次の①～④の中から１つ選び，マークしなさい。

①　大宝律令によって，太政官・神祇官・五衛府などが置かれることが決まった。

②　大宝律令は，中国の宋の法律にならって作られた。

③　大宝律令は，近畿地方だけを支配する仕組みが細かく定められている。

④　律は政治を行ううえでのさまざまな決まりで，令は刑罰の決まりである。

問３　略年表中の下線部(イ)について，下の資料は藤原氏の栄華について語られたものである。下の資料の「**太閤**」とは誰のことか，人物名を答えなさい。

> 寛仁２年10月16日
> 今日は威子を皇后に立てる日である。…**太閤**が私を呼んでこう言った。
> 「和歌をよもうと思う。ほこらしげな歌ではあるが，あらかじめ準備していたものではない。」
> 　　この世をば　わが世とぞ思う
> 　　　　望月の欠けたることも　無しと思えば
> （小右記）

問４　略年表中の下線部（ウ）について，12世紀頃から広まった鎌倉仏教について述べた文Ａ・Ｂの正誤の組み合わせとして正しいものを，次の①～④の中から１つ選び，マークしなさい。

Ａ－栄西は，建仁寺を建てて臨済宗を伝え，踊念仏や念仏の札によって布教を行い，民衆に広く受け入れられた。

Ｂ－日蓮は，久遠寺を建てて日蓮宗を伝え，「南無妙法蓮華経」と題目を唱えれば人も国も救われると説いた。

①　Ａ－正　　Ｂ－正

②　Ａ－正　　Ｂ－誤

③　Ａ－誤　　Ｂ－正

④　Ａ－誤　　Ｂ－誤

問５　略年表中の下線部（エ）について，19世紀に日本と諸外国が結んだ条約として**誤っているもの**を，次の①～④の中から１つ選び，マークしなさい。

①　函館・神奈川・長崎・新潟・兵庫を開港し，開港地に設けた居留地で自由な貿易を行うことを決めた日米修好通商条約を結んだ。

②　下田と函館を開港し，アメリカ船に食料や水，石炭などを供給することを認めた日米和親条約を結んだ。

③　ロシアに樺太の領有を認め，日本に千島列島すべての領有を認めた樺太・千島交換条約を結んだ。

④　朝鮮と互いに領事裁判権を認めることなどを定めた，対等な条約である日朝修好条規を結んだ。

問６　略年表中の下線部（オ）に関連して述べた文として正しいものを，次の①～④の中から１つ選び，マークしなさい。

①　1929年10月に，イギリスのロンドンの株式市場で株価が大暴落して恐慌になった。

②　アメリカは自国の産業を優先して保護貿易の姿勢を強めたため，輸出入は大幅に減った。

③　イギリスは植民地を囲いこんで経済を成り立たせる，ニューディールという政策を行った。

④　アメリカは五か年計画という政策を始め，公共事業をおこして失業者を助けた。

2　次のＡ～Ｅの資料を見て，あとの問１～問５までの問いに答えなさい。

A

B

C

D

E

問１　資料Aは，高度経済成長期に東京で行われたオリンピックの開会式の様子である。このころに開催されたオリンピック・パラリンピックの年号として正しいものを，次の①～④の中から１つ選び，マークしなさい。

①　1948年　②　1952年　③　1964年　④　1976年

問２　資料Bは，1914年に起こった第一次世界大戦前のバルカン半島の情勢を表したものである。このときヨーロッパ各国は三国同盟・三国協商を結び，互いに対立していた。この三国同盟を結んだ国の組み合わせとして正しいものを，次の①～⑤の中から１つ選び，マークしなさい。

	三国同盟
①	ロシア・フランス・アメリカ
②	ロシア・イギリス・オーストリア
③	ドイツ・イタリア・フランス
④	ドイツ・イタリア・オーストリア
⑤	イギリス・アメリカ・フランス

問３　資料Cは，列強による中国分割の状況をあらわしたものである。これに反発して，清国内では外国の勢力を排除しようとする運動が盛んになった。この運動の１つで，1900年に「扶清滅洋」を唱え，北京の外国公使館を包囲した事件を答えなさい。

問４　資料Dは，1840年に起こったアヘン戦争の様子である。この戦争の背景となったイギリスの三角貿易を表した図の空らん［ア］～［ウ］にあてはまる語句の組み合わせとして正しいものを，次のページの①～⑥の中から１つ選び，マークしなさい。

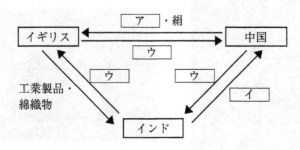

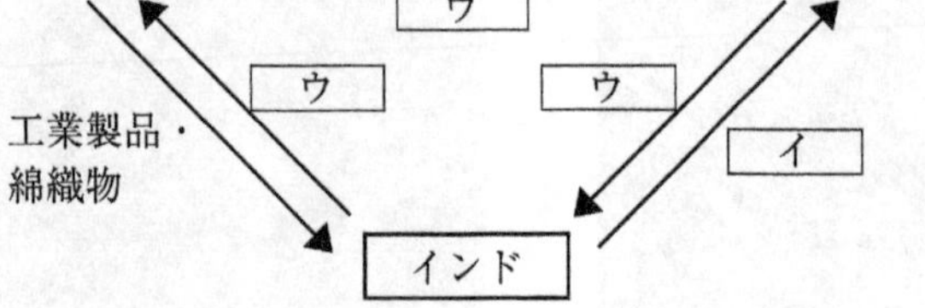

	ア	イ	ウ
①	茶	銀	アヘン
②	茶	アヘン	銀
③	銀	アヘン	茶
④	銀	茶	アヘン
⑤	アヘン	茶	銀
⑥	アヘン	銀	茶

問5　資料Eは，足利尊氏の像である。この足利尊氏が開いた室町幕府について述べた文として正しいものを，次の①～④の中から1つ選び，マークしなさい。

①　室町幕府は承久の乱をきっかけに，京都に六波羅探題を置いて朝廷を監視した。

②　室町幕府は倭寇を禁じる一方，正式な貿易船であることを示す勘合を持たせる日明貿易を開始した。

③　室町幕府は武家諸法度という法律を定め，参勤交代を制度として定めた。

④　室町幕府は太閤検地をおこない，予想される収穫量を，すべて米の体積である石高で表した。

3　次の略地図中の　　　で示した地域について，あとの問1～問5までの問いに答えなさい。

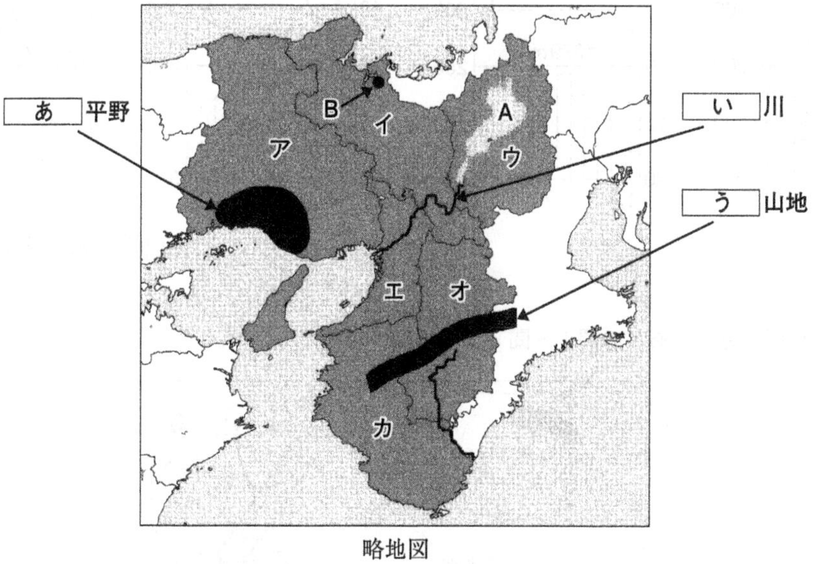

略地図

問1　略地図中の あ ～ う にあてはまる語句の組み合わせとして正しいものを，次の①～⑥の中から1つ選び，マークしなさい。

	あ	い	う
①	播磨	宮	紀伊
②	大阪	淀	紀伊
③	播磨	宮	鈴鹿
④	大阪	淀	鈴鹿
⑤	播磨	淀	紀伊
⑥	大阪	宮	鈴鹿

問2　略地図中の**A**の湖の名称を答えなさい。

問3　この地域の中で人口と年間商品販売額がもっとも多い都道府県として正しいものを，略地図中の**ア**～**カ**の中から1つ選び，マークしなさい。

①　**ア**　②　**イ**　③　**ウ**　④　**エ**　⑤　**オ**　⑥　**カ**

問4　略地図中の**ウ**の県について述べた文として正しいものを，次の①～④の中から1つ選び，マークしなさい。

①　近畿地方で人口の増加率（1980～2010年）がもっとも多い。

②　近畿地方で人口密度がもっとも高い。

③　近畿地方で梅の生産高がもっとも多い。

④　近畿地方で国宝・重要文化財に指定されている建造物がもっとも多い。

問5　略地図中の**B**の都市の年間の気温と降水量を示したグラフとして正しいものを，次の①～④の中から1つ選び，マークしなさい。

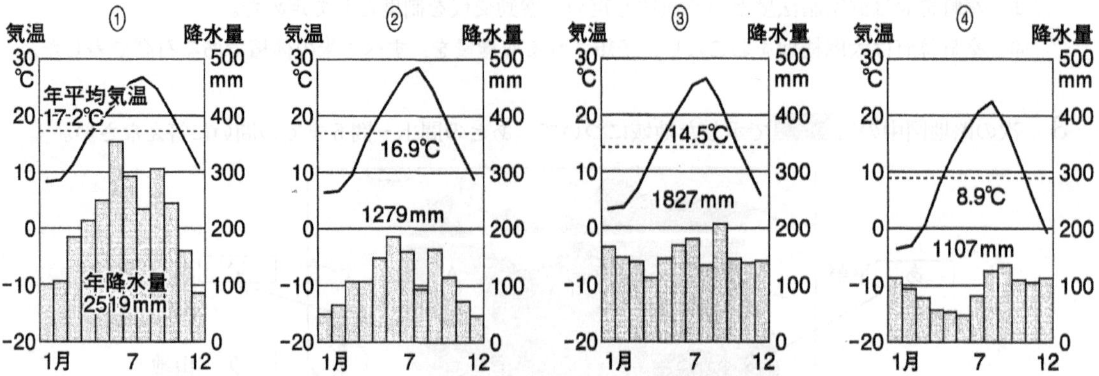

（「理科年表」平成26年ほか）

4　次の略地図を見て，あとの問1～問5までの問いに答えなさい。

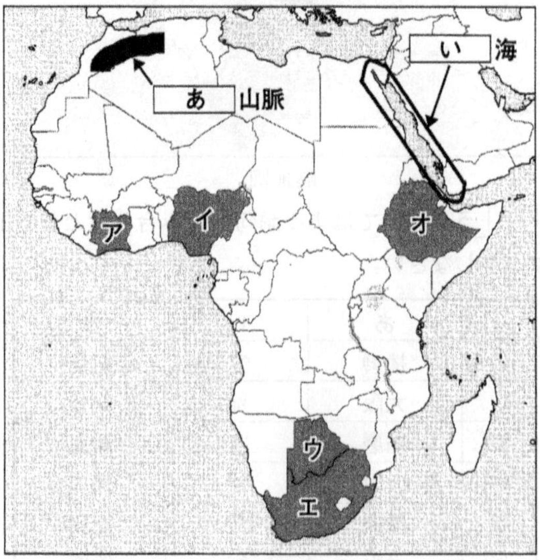

略地図

問1　略地図中の あ ・ い にあてはまる語句の組み合わせとして正しいものを，次の①～⑥の中から1つ選び，マークしなさい。

	あ	い
①	アトラス	紅
②	アトラス	黒
③	アンデス	地中
④	アンデス	紅
⑤	アルプス	黒
⑥	アルプス	地中

問2　次の各グラフは略地図中の**ア**～**エ**の国のおもな輸出品を示したものである。略地図中の**イ**の国のグラフとして正しいものを，次の①～④の中から1つ選び，マークしなさい。

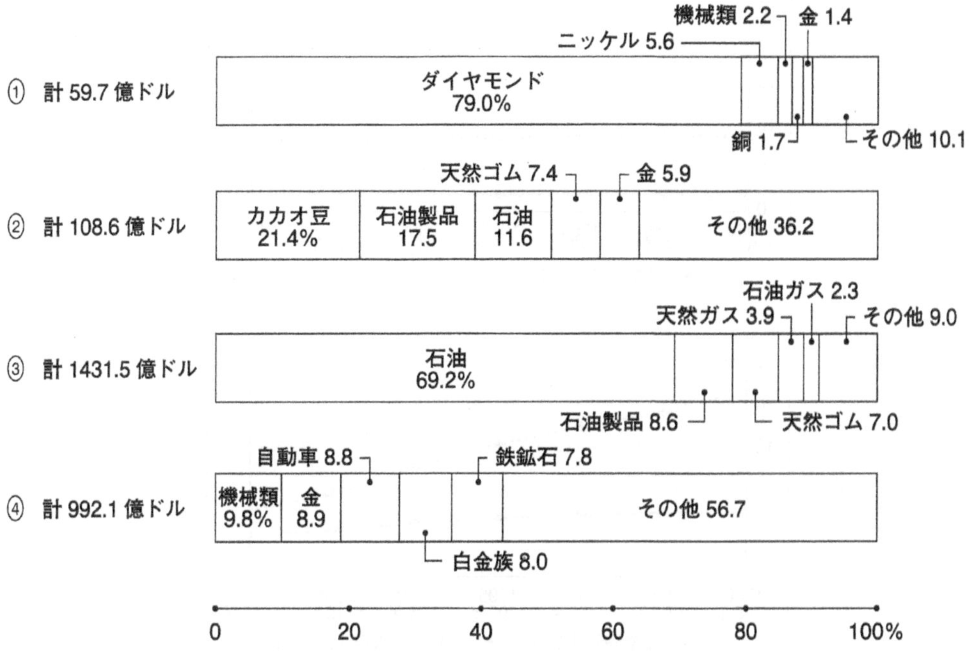

（2012年　国連資料）

問3　アフリカの多くの国では，農業や鉱業の生産品や輸出品が特定の産物にかたよっている。このような限られた作物や資源の生産と輸出によって成り立つ経済のことを何というか，答えなさい。

問4　略地図中の**エ**の国について述べた文Ⅰ・Ⅱの正誤の組み合わせとして正しいものを，次の①～④の中から1つ選び，マークしなさい。

Ⅰ－アパルトヘイトがとられていたが，現在は撤廃されている。

Ⅱ－ナイル川が流れており，高温多湿な気候である。

①　Ⅰ－正　Ⅱ－正　　②　Ⅰ－正　Ⅱ－誤

③　Ⅰ－誤　Ⅱ－正　　④　Ⅰ－誤　Ⅱ－誤

問5　次のページのグラフは，略地図中の**オ**の国と日本，そしてアメリカにおける合計特殊出生率と死亡率の移り変わりを示したものである。略地図中のオの国のグラフとして正しいものを，次の①～③の中から１つ選び，マークしなさい。

①

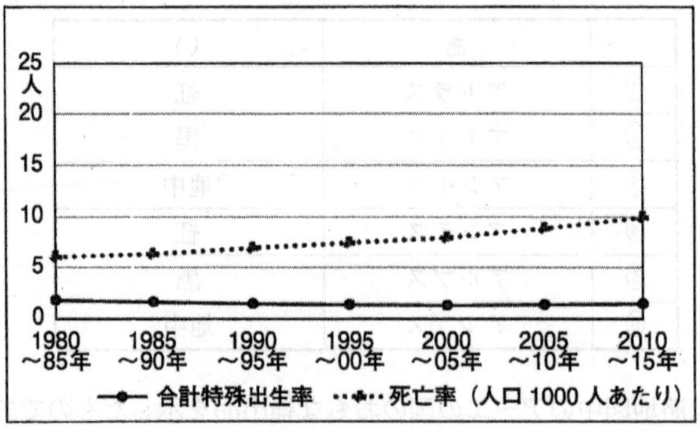

②

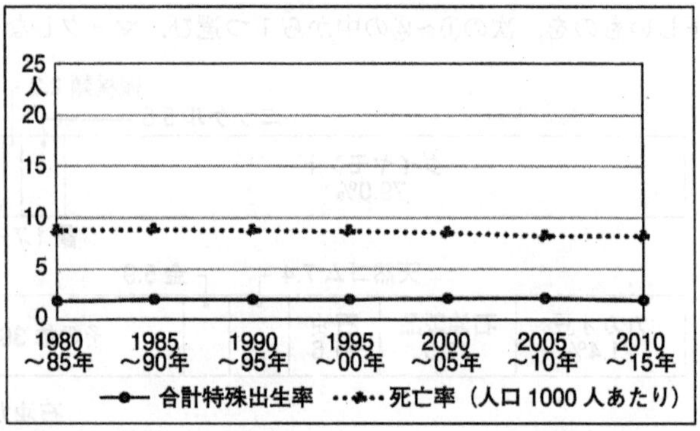

③

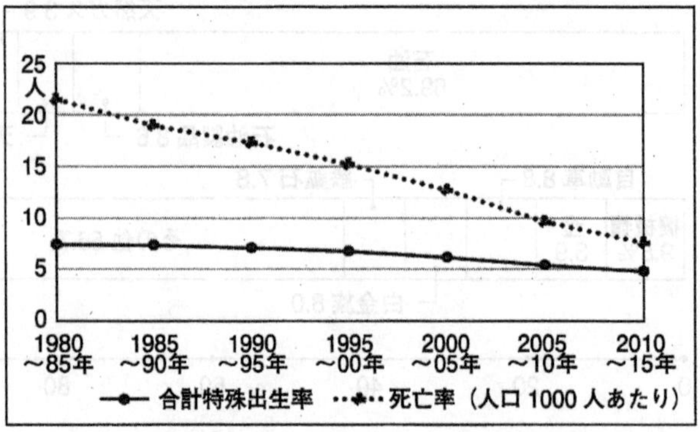

（総務省「世界の統計 2018」，World Bank-Data Indicators から作成）

5　次のＡくんとＢさんの会話を読んで，あとの問１～問５までの問いに答えなさい。

Ａくん　今度の社会の授業で政治・経済や世界規模の問題について発表するから，調べておくようにって先生が言っていたよね。

Ｂさん　あぁ，そうだったわね…Ａくんは何について発表するのかをもう決めたの？

Ａくん　2019年のことであれば，夏にあった(ア)参議院議員選挙について印象に残っているんだけど…。

Ｂさん　確かにそうよね。ある政党では，その時の参議院議員選挙から導入された(イ)比例代表制の特定枠を活用し，重度の(ウ)障がいをもっている候補者が参議院議員に当選して，国会が一部バリアフリー化されたらしいよね。

Aくん　そういうBさんは発表する内容をもう決めたのかい？

Bさん　私は，世界規模の問題として発展途上国の問題や内紛・戦争に関連することについて発表したいと思っているんだけれども，まだしぼり切れてないのよね…。

Aくん　途上国では貧困などが問題となっているから，社会の授業で習ったように自分たちができることを考えてみるのもいいんじゃないかな？

Bさん　援助するだけでなく，途上国の人々が生産した農産品や製品を，その労働に見合う公正な価格で取引して，先進国の人々がそれを購入することで生産者の生活を支えることも注目されているよね。

Aくん　他にも，貧しい人々に新しい事業を始めるために少額のお金を貸し出す少額融資とも呼ばれる（　1　）の取り組みは，特に女性に現金収入を得る機会をあたえるなど，大きな成果を上げているらしいよ。

Bさん　紛争や戦争に関わることとして難民問題も興味があるんだけれども…。

Aくん　難民問題といえば，難民の受け入れを各国に求めることや，難民の生活を改善すること，紛争後の生活を支援する国際機関として国連難民高等弁務官事務所（　2　）が有名だね。

Bさん　国連難民高等弁務官事務所で有名な日本人は緒方貞子さんよね！
私も世界で活躍できる女性になれるように勉強をもっと頑張らなくちゃ！！

問１　文章中の下線部㋐に関連して，表１は衆議院と参議院についてまとめたものである。表１中の空らん（A）～（C）にあてはまる数字の組み合わせとして正しいものを，次の①～⑥の中から１つ選び，マークしなさい。

表１

	衆　議　院	参　議　院
議員定数	（　A　）人	２４５人
	※参議院議員選挙（2019年７月執行）後における定数を基準とする。	
任期	４年	（　B　）年
選挙権	１８歳以上	１８歳以上
被選挙権	２５歳以上	（　C　）歳以上

	（　A　）	（　B　）	（　C　）
①	４６５	３	３０
②	４６５	４	２０
③	４６５	６	３０
④	４７５	３	２０
⑤	４７５	４	３０
⑥	４７５	６	２０

問２　文章中の下線部㋑について，下の比例代表の選挙区（定数３）を想定してドント方式を用いた選挙が実施された場合，もっとも低い順位で当選する人物を次のページの①～⑥の中から１つ選び，マークしなさい。

政党名	名簿登載順位		得票数
	1位	2位	
オレンジ党	① Aさん	⑤ Eさん	200
デコポン党	② Bさん	⑥ Fさん	130
マンダリン党	③ Cさん		70
ポンカン党	④ Dさん		50

問3　文章中の下線部(ウ)に関連して，バリアフリーやユニバーサルデザインの考えを含め，障がいの有無に関わらずすべての人が区別されることなく，社会の中で普通の生活を送るという考えを何というか，答えなさい。

問4　文章中の空らん（1）にあてはまる語句を何というか，次の①～④の中から1つ選び，マークしなさい。

①　リコール　　②　フェアトレード　　③　マイクロクレジット　　④　サミット

問5　文章中の空らん（2）にあてはまる略称として正しいものを，次の①～④の中から1つ選び，マークしなさい。

①　UNHCR　　②　UNICEF　　③　WTO　　④　WHO

6　次の文章を読んで，あとの問1～問4までの問いに答えなさい。

日本は第二次世界大戦の後，高度経済成長をとげるにつれて各地で多くの被害者を生む公害が相次いで発生しました。その中でも深刻な公害の被害として(ア)四大公害病を挙げることができます。

公害の被害拡大とともに公害に対する批判的な世論が高まったことから，公害追放を訴える住民運動が各地で展開されるようになっていきました。公害被害者らも裁判を起こして，司法の場において企業の責任を追及しました。また，国や地方公共団体も1967年に公害対策基本法を制定したことから，様々な法整備を行い，公害対策を強化させることになりました。

公害と関連して社会問題となったのが環境問題でした。(イ)地球温暖化や砂漠化など今日の社会においてもなお問題となっています。国はこうした環境問題に対処するため，1993年に公害対策基本法を発展させた（　1　）を制定しました。

民間レベルにおいても，ごみ増加を抑制するために循環型社会形成推進基本法のもとで，(ウ)3Rが推進されています。

問1　文章中の空らん（1）にあてはまる法律の名称を答えなさい。

問2　文章中の下線部(ア)について，公害の発生原因が水質汚濁であるものを，次の①～④からすべて選び，マークしなさい。

①　新潟水俣病　　②　四日市ぜんそく　　③　イタイイタイ病　　④　水俣病

問3　文章中の下線部(イ)に関連して，地球環境問題の解決のために1992年にブラジルのリオデジャネイロで開催された会議を答えなさい。

問4　文章中の下線部(ウ)について，下の文は，3Rのうちのどれにあたるか，次の①～⑤の中から1つ選び，マークしなさい。

牛乳パックを回収してトイレットペーパーに変えて使用する。

①　リデュース　　②　リユース　　③　リサイクル　　④　リペアー　　⑤　リフューズ

問六　――線6「この仏の御しわざ」とあるが、その内容にあたる語句を本文中から十五字で探し、初めの三字を抜き出して書きなさい。
（ただし、句読点・記号は含まない。）

問七　本文の内容に合致するものを次の中から一つ選び、マークしなさい。

①　男は、女従者に命じて食べ物を持って来させた。

②　女は、食べ物がなくて困ったので、信仰する観音に祈った。

③　男は、小袴を持仏堂に置いたまま帰った。

④　女は、親が善行を積んだおかげで観音に助けられた。

問八　本文は『古本説話集』という説話であるが、同じジャンル（文学上の分類）の作品を次の中から一つ選び、マークしなさい。

①　今昔物語集　②　平家物語　③　竹取物語　④　方丈記

四

次の語句の対義語をそれぞれ漢字で書きなさい。

1　主観　2　肯定　3　消費

4　絶対　5　義務

るに、雨に降りこめられてaゐたるに、「1いかにして物を食はせん。」と思ひ嘆けど、すべき※方もなし。日も暮れ方になりぬ。※いとほしくいみじくて、「わが※頼み奉《たてまつ》りたる観音、助けたまへ。」と思ふほどに、わが※親のありし世に使はれし女従者《ずさ》、いと※きよげなる食物を2持て来たり。うれしくて、よろこびに※取らすべき物のなかりければ、小さやかなる紅《あか》き小袴《こばかま》を持ちたりけるを、3取らせてけり。われも食ひ、人にもよくよく食はせて、寝にけり。暁《あかつき》に男は出でて往《い》ぬ。4つとめて、※持仏堂にて、観音持ち奉りたりけるを、見奉らんとて、※丁立て、※据《す》ゑ参らせたりけるを、※帷子《かたびら》引きあけて見参らす。この女に取らせし小袴、仏の御肩にうち掛けておはしますに、いとあさまし。昨日取らせし袴なり。bあはれに5あさましく、おぼえなくて持て来たりし物は、6この仏の御しわざなりけり。

（『古本説話集』による）

（注）※わろくて過ごす女……貧しくて年月を過ごす女。
※時々来る男……時々、女のもとに通ってくる恋人。
※方もなし……方法もない。
※いとほしくいみじくて……思うようにならないわが身のことがみじめでつらくて。
※頼み奉りたる観音……信仰し申し上げている観音様。
※親のありし世に使はれし女従者……親が生きていた時に使われていた女性の使用人。
※きよげなる……見事な。
※取らすべき物……与えるのに適当な物。
※持仏堂……常にそばに置き信仰し礼拝する仏像を安置する堂。
※丁……室内の仕切りのために立てた、移動式の布製のついたて。
※据ゑ参らせたりけるを……据え置き申し上げていたその観音像を。
※帷子引きあけて見参らす……「丁」に垂れ下げた布を引き開けて見申し上げる。

問一　══線a「ゐたる」、b「あはれに」を現代仮名遣いに直し、それぞれひらがなで書きなさい。

問二　――線1「いかにして物を食はせん」は「女」の言葉だが、現代語訳として最も適当なものを次の中から一つ選び、マークしなさい。
① どうして物を食べないのか。
② どうしても物を食べたくない。
③ どのような物を食べたのか。
④ どうやって物を食べさせようか。

問三　――線2「持て来たり」、3「取らせてけり」の主語として最も適当なものを次の中からそれぞれ一つずつ選び、マークしなさい。
① 女　② 男　③ 親　④ 女従者

問四　――線4「つとめて」とはいつ頃のことか。最も適当なものを次の中から一つ選び、マークしなさい。
① 夕方　② 夜中　③ 早朝　④ 昼間

問五　――線5「あさましく」とあるが、「あさまし」とは「驚きあきれる」という意味である。そのように感じた理由として最も適当なものを次の中から一つ選び、マークしなさい。
① 女従者に与えたはずの小袴が観音像の肩に掛けてあったから。
② 観音像に掛けてあった小袴が女の親のものと同じであったから。
③ 女が観音像の肩に掛けておいた小袴がなくなっていたから。
④ 男が小袴を肩に掛けた観音像を持ってきたから。

④ 「私」は息子のためによかれと思って発言しているだけだが、「温子」は自分が侮辱《ぶじょく》されたように感じて腹を立てている。

問五 ――線2「黙ったままタオルで一度髪の毛をぐしゃっと拭い、そのまま私に近づくと、願い事が書かれた短冊をひったくるように摑んだ」とあるが、この時の「幸臣」の気持ちの説明として最も適当なものを次の中から一つ選び、マークしなさい。

① 秘密にしていた小学校の教師になる夢を父に知られ、恥ずかしくていたたまれなくなっている。

③ 大学の教員である父に、将来父のように立派にはなれないことを指摘されて、悔しく思っている。

③ 小学校の教師になるという自分の夢をばかにされたように感じ、父への反発心を抱いている。

④ 小学校の教師になるという自分の夢に父が反対していると知り、自分の将来に絶望している。

問六 ――線3「幸臣は素直な子供だ」とあるが、主人公の「私」は息子の「幸臣」に対してどのような思いを抱いているか。最も適当なものを次の中から一つ選び、マークしなさい。

① 無邪気でおとなしく、しっかりとした将来の夢も持っているが、今ある素直さも成長するにつれて失われるのではないかと心配している。

② 単純な性格であるため、将来はせいぜい自分の食い扶持を稼ぐのがやっとで、とても大物になることはできないと悲観的になっている。

③ 今は素直でおとなしいが、小学校の教師になることに反対をしてしまったために、親に反抗するようになるのではないかとあやぶんでいる。

④ 無邪気でおとなしいが、将来の目標もその時々でころころと変わるような頼りない性格の子供であるため、将来を不安に思っている。

問七 本文中に次の一文を入れるのに、最も適当な箇所はどこか。補う箇所の直前の五字を抜き出して書きなさい。(ただし、句読点・記号も一字とする。)

〔意固地になったからではなくて、どう反応すればよいかわからなかった。〕

問八 本文の表現に関する説明として最も適当なものを次の中から一つ選び、マークしなさい。

① はじめは父親である「私」の視点で語られるが、その後、妻や息子の視点に変わり、最後にまた「私」の視点に戻っている。

② 改行してある「 」は実際の会話を、改行せずに地の文の間にはさまれた「 」は心中語を表し、区別している。

③ 「私」と妻とのやりとりに会話文を多用することによって臨場感が出て、読者が感情移入しやすくなっている。

④ 「幸臣」の発言が極端に少ないことは、「私」が息子を何を考えているかわからない子だと感じて遠ざけていることを示している。

三

次の文章を読んで、後の問いに答えなさい。設問の都合上、一部原文と変えてあります。

今は昔、身いと※わろくて過ごす女ありけり。※時々来る男来たりけ

「幸臣！」と温子が呼んだが、黙ったまま、二階の自分の部屋に上がっていってしまう。「幸臣」ともう一度呼んで廊下に出ていった温子が、戻ってきて次に「お父さん」と私に呼びかけた声が、冷ややかだった。

「謝りなさいよ。水を差すようなことばっかり言って」

私もまた、温子に答えなかった。

3幸臣は素直な子供だ。

小学生らしく無邪気で、親戚の子供や商店街の旅行で会う他の子供たちに比べてもどちらかといえばおとなしい。中学校に上がれば、この素直さが失われ、年相応な生意気な口を利くようになるのだろうと、中学生のまま大人になったような自分のところの学生たちを見ていて思うことがある。将来の夢などなく、それどころか就職できるかどうかもわからないのに、さりとてそれを困ったと思う様子もなくヘラヘラ笑う学生たち。指導しながら、彼らはいつまで親の［A］をかじり続けるつもりなのかと他人事ながら心配になることもある。

それに比べたら、小学校の教師など本当にまともな夢だ。今の発言で幸臣が夢を諦めなければよいが。ぐれて、親に面倒かけるような子供にならなければよいが。この家のローンだってまだ残っているし、それを払い終えたら手元に残る老後の蓄えなんてうちは知れたものだ。

大物にならなくともいいから、どうか自分の※食い扶持《ぶち》くらい自分で稼げる大人になってくれ、と祈る。

（辻村深月『家族シアター』所収「タイムカプセルの八年」による）

（注）※初任給……初めて職についたときに支給される給料。
※比留間先生……「幸臣」のクラス担任の教師。
※親父会……「幸臣」のクラスの父親たちで作る会。
※ジブリ……アニメ制作会社「スタジオジブリ」の略。
※食い扶持……食べ物を買う費用。

問一　══線a～eの漢字は読みをひらがなで、カタカナは漢字で書きなさい。

問二　［A］に入ることばをひらがな二字で書きなさい。

問三　――線1「おい、幸臣は教師になりたいのか？」とあるが、この時の「私」の気持ちの説明として最も適当なものを次の中から一つ選び、マークしなさい。

① 今まで子供だと思っていた息子がいつのまにか大人になっていくことに、さびしさを感じている。
② 今まで夢を語ることなどなかった息子に将来の夢ができたことを知り、頼もしく思っている。
③ 去年まではプロ野球選手になると言っていた息子が夢をあきらめたと知り、怒りを感じている。
④ 去年までは子供らしい夢を持っていた息子に現実的な目標ができたことを知り、意外に思っている。

問四　本文中の「私」と妻の「温子」とのやりとりについて説明したものとして最も適当なものを次の中から一つ選び、マークしなさい。

① 「私」と「温子」は一見、厳しい言葉を交わし合うが、その言葉の端々にお互いのことを尊重している様子がうかがえる。
② 「私」は何気なく疑問を口にするが、「温子」はそれが話題に水を差す発言ばかりであることにいらだちを隠せないでいる。
③ 「温子」が好青年である比留間先生のことをたびたび話題にするので、「私」は嫉妬《しっと》心にかられて反論してばかりいる。

言われて、※親父会の時に一度見たきりの好青年の顔を思い浮かべる。「評判いいのよ」と温子が続けた。

「五月の修学旅行も、四月に入ってすぐから何度も何度も学級会や取り組みの時間を設けて準備してくれて、そのおかげで今までの六年生より自由時間を多く取れたんですって。他にも、先生が自分の好きな本を紹介してみんなで読む時間があったり、ニュースや社会情勢について話し合ったりなんて授業もあるみたい。自分たちで考える力がついてるせいか、今年の六年生はしっかりしてるって他の先生たちも言ってるし、幸臣も学校がすごく楽しいみたい」

「へえ。でもそれは、他の授業がおろそかになってるってことじゃないのか」

「なんでそんなことにしか目が向かないの！　授業をやったその上でってことでしょう」

温子が目をつり上げる。

「やり方が変わってるとこがいいのよ。この間なんて環境問題を考えるのに※ジブリのアニメをみんなで観て、それを題材に授業したんですって」

「アニメ？　学校は勉強するところなのにいいのか」

「だから、普段遊び感覚で観てるアニメを通じて子供にわからせたところがすごいって話をしてるんでしょう！　なんでそんなに頭が硬いのよ」

修学旅行の結団式から出発式、間の移動や終了式までの流れをbテイネイに予行演習し、実際の旅行では、比留間は帰りのバスの中で「みんなと出会えて本当によかった。このクラスを卒業させられることが嬉《うれ》しい」と涙ぐんでいたそうだ。もらい泣きする女子もたくさんいた、と聞いては、もう「へえ」と相づちを打つより他なかった。ここで「修学旅行があったのはまだ五月なのに？　四月から一ヵ月ちょっと受け持っただけじゃないか」などと口にしてはいけないことは、さすがにもうわかる。

「おかげで今年の六年生、団結力も強いのよ。みんな仲がいいし、いい子たちだし」

「幸臣はそれで小学校の教師にc憧れてるのか。単純だな。これから中学や高校だってあるのに、小学校がいいなんて」

「大学の先生になる道だってあるって言いたいの？」

「まさか。大学は勝手が違う」

息子にも自分と同じ道を進んで欲しいという気持ちなど、私にはない。

「ともあれ、教師じゃ、老後は楽をさせてもらえそうもないな」

何気なくそう言った時、廊下からふっとd気配を感じて顔を上げると、風呂から上がったばかりの幸臣がバスタオルを頭からかけ、身体から湯気を立てた状態で、裸のまま立っていた。目が、私が手に持った自分の短冊を見ている。

その目がeショウゲキに打たれたように大きく見開かれ、口元を真一文字に結んでいるのを見て、はっとなった。横にいた温子が話題を逸《そ》らすように「こら、早く服を着なさい」とあわてて立ち上がる。

幸臣は答えなかった。

2黙ったままタオルで一度髪の毛をぐしゃっと拭《ぬぐ》い、そのまま私に近づくと、願い事が書かれた短冊をひったくるように摑《つか》んだ。

わらず、そのどれもがうわべだけのものだったから。

問三 X には「人間関係が穏やかでなくなる」という意味のことばが入るが、そのことばとして最も適当なものを次の中から一つ選び、マークしなさい。

① 気が立つ　② 角が立つ　③ 顔が立つ　④ 腹が立つ

問四 ――線3「蛸壺化」とあるが、それはどのようなものか。その説明として最も適当なものを次の中から一つ選び、マークしなさい。

① 自分一人の好きな世界に閉じこもり、他者と一切関わりを持たなくなること。

② 外の状況から隔離され、周囲の変化に対応できなくなること。

③ 同じような考え方の人間関係にとどまり、自分の意見に疑いを持たなくなること。

④ 一つの物事にこだわり、他の行動をとれなくなること。

問五 A ・ B に入ることばとして最も適当なものを次の中からそれぞれ一つずつ選び、マークしなさい。

① つまり　② むしろ　③ もし　④ しかし

⑤ あるいは　⑥ ところで

問六 次の二文を入れるのに最も適当な箇所は本文中の【Ⅰ】～【Ⅳ】のうちのどれか。次の中から一つ選び、マークしなさい。

［かくして、人々は再び自分の心地よい情報、人間関係を再確認する情報環境に回帰しつつある。自分の読みたい新聞を読み、聞きたい人の意見を聞き、見たいテレビを見る。］

① 【Ⅰ】　② 【Ⅱ】　③ 【Ⅲ】　④ 【Ⅳ】

問七 ――線4「『教養』を得る」とあるが、それはどういうことか。本文中の語句を用いて、二十字以上三十字以内でわかりやすく説明しなさい。（ただし、「教養」、「リベラルアーツ」という言葉を用いてはならない。また、句読点・記号も一字とする。）

《下書き用》

二 大学教員の「私」は、妻の「温子《あつこ》」と小学校六年生の息子の「幸《ゆき》臣《おみ》」と共に暮らしている。ある日「私」は居間の机の上に「しょう来、小学校の先生になれますように。」と書いた短冊を見つける。それは小学校の行事である「七夕会」で飾るために、「幸臣」が書いたものだった。以下は、それに続く場面である。これを読んで、後の問いに答えなさい。設問の都合上、一部原文と変えてあります。

「[1]おい、幸臣は教師になりたいのか？」

幸臣は風呂に入っていた。

書かれた願い事を見て問いかけると、温子があっさり「そうよ」と頷《うなず》いた。少年野球に入ってるせいか、去年までは確か、プロ野球選手になりたいとか、それこそ夢みたいなことを言っていたはずだったのに、いつの間に変わったのだろうか。

「ずいぶんとまあ、現実的なことを言うようになったな。公務員だったら収入も安定してるし、※初任給もいいから[a]ケッコウな話だけど」

「幸臣、※比留間《ひるま》先生みたいになりたいんですって」

※アプリ……スマートフォン、タブレットコンピュータ、その他携帯端末で動作するように設計されたコンピュータプログラム。
※アルゴリズム……問題を解決する手順や計算方法のこと。
※フェイスブック……アメリカのフェイスブック社の提供するソーシャル・ネットワーキング・サービス（ＳＮＳ）。
※ＬＩＮＥ……無料でメッセージ交換や音声通話ができるアプリ。
※Ｔｗｉｔｔｅｒ……数行の短い文章を書き込む雑記帳スタイルのコミュニティサイト。
※「ミュート」機能……Ｔｗｉｔｔｅｒにおいて、特定ユーザーのツイートを非表示にする機能。
※フォロー……ＳＮＳで、他人の投稿を自分のページで見られるよう登録すること。
※ツイート……Ｔｗｉｔｔｅｒにおいて、ごく短い文を投稿すること。または文そのものを指す。
※蛸壺……海底に沈め、蛸が入るのを待って引き上げる素焼きの壺。
※アラン・ブルーム……アメリカの哲学者。
※コモディティ化……画一化。
※イノベーション……技術革新。
※レクラム文庫……正称は世界文庫といい、ドイツをはじめ世界各国のあらゆる分野のすぐれた著作を収める。
※岩波文庫……株式会社岩波書店が発行する文庫本。国内外の古典的価値を持つ文学作品や学術書などを幅広く収めている。
※文化人類学……人類学のうち、多様な文化・社会の側面を重視して研究・調査を総合的に行う部門。
※処方箋……医師が患者に与えるべき薬物の種類・量・服用法などを記した書類。

問一　――線１「今、流行しているサービスは情報をたくさん集めるサービスではなく、情報をせき止めるサービスである」とあるが、なぜ流行していると筆者は考えているか。その説明として最も適当なものを次の中から一つ選び、マークしなさい。

①　人の情報処理能力は変わらないのに、情報過多の社会に変化したため、人々は情報に惑わされてしまっているから。
②　情報があふれる社会を現代人が生きるためには、情報と向き合い、自らの判断で決断することが求められるから。
③　情報があふれる現代社会を生き抜くために最も必要な能力は、主体的な決断力と情報処理能力であるから。
④　あふれる情報の中で人々は悩んでしまうが、その問題を解消するためには情報を選別することが必要だから。

問二　――線２「なんとも皮肉である」とあるが、そのように言えるのはなぜか。その理由として最も適当なものを次の中から一つ選び、マークしなさい。

①　多くの情報が発信されている世の中にもかかわらず、情報を絞り込むサービスがユーザーを増やしているから。
②　人々は、情報が多く入手できる世の中を求めていたにもかかわらず、結果としてその情報に振り回されてしまっているから。
③　多くの情報を手に入れる機会があるにもかかわらず、人々は、自分が興味のある情報だけを削除しているから。
④　人々は、多くの情報と人間関係を獲得することができたにもかか

に、自分の狭い認識をお互いに再確認しあうという真逆の社会を生むことにもなっている。

　この文脈までくると、なぜ今、教養が問題になるかが分かるだろう。教養の一つの機能は、※アラン・ブルームの言葉を借りれば「他の考え方が成り立ちうることを知ること」にある。つまり、情報の爆発とその防衛による3蛸壺化を経て、失われた普遍性を取り戻そうとする動き、これがすなわち「教養」ブームなのだと私は考えている。

（中略）

　現代の資本主義社会では、全てがシステム化され、分業により効率化が極限まで進み、個人が※コモディティ化する。この中で、社会のつながりというものを再構築するのに必要になってくるのは、普遍性を持つ様々な考え方について思索をめぐらすことだ。この社会が共有している知識や思想、文化を持つことで、社会のつながりを再構築するのだ。

　また、先述のとおり、常に※イノベーションを作り出すことが資本主義の宿命だとして、その源泉はどこにあるのかと言えば、それも教養にある。多くのイノベーションは、他の異なる考え方を組み合わせることによって生まれる。そうなるとイノベーションを起こすための隠れた武器庫は、自分の知らない思考様式、学問体系、先端的な知識にならざるを得ないのだ。

　こういう話をするとすぐに「教養」を身につけるためにはどのような本を読んだら良いか、書物のリストが欲しいといった注文が出てくる。実際、そうしたほうが「秋の読書週間のための教養」としては話が早いと思う。たしかに以前はドイツの※レクラム文庫を範《はん》にした※岩波文庫を読破すれば良かったのかも知れない。

かつての日本においては、発展途上国の日本に進んだ他国の考え方を取り入れることが教養だった。明治以降の近代化においてそれは西洋の文化であったが、大昔は中国大陸での文化であり、漢文に通じることがすなわち教養だった時代もあったのである。

　［B］　教養を、蛸壺を越境するための「パスポート」たり得る普遍的な思考様式として、言い換えれば様々な言葉遣いを身につけるための手段として考えるのであれば、岩波文庫では狭すぎる。

　それでは何が「教養」か。極端に言えば、それは「自分と異なる思想」全てを指す。

　自分が普段手にとらないような分野の書籍、雑誌を読むこと、普段自分がであわないような人がいる場所に行くこと（これは簡単に言えば外国だが、物理的に日本の外である必要もない。蛸壺化した社会においては、隣の家ですら「外国」であろう）。そういったことが、すなわち、4「教養」を得るということになるだろう。

　異なる「種族」の文化を理解するという意味では、「教養」は「※文化人類学」のアプローチに近いかもしれない。実際、マーケティングの最先端の世界では文化人類学のアプローチが消費者理解に活用されている。

　ブームが終われば、みんな「教養」なり「リベラルアーツ」のことなど忘れてしまうかも知れないが、これは情報の爆発と資本主義の高度化に対する※処方箋《せん》として、繰り返し繰り返しキーワードになっていくであろうと、私は予想している。

（瀧本哲史『戦略がすべて』による）

（注）　※コンテンツ……放送やインターネットで提供されるテキスト・音声・動画などの情報の内容。

【国語】（四五分）〈満点：一〇〇点〉

一　次の文章を読んで、後の問いに答えなさい。設問の都合上、一部原文と変えてあります。

現在、情報消費に関する一つの流れと言えば、圧倒的な情報量の爆発である。インターネットが世の中にばらまかれたことによって、情報を発信するコストが大幅に低下し、誰でも簡単に情報を発信することができるようになった。

個人の情報発信が爆発しただけではなく、旧来のメディアもスペースの制限がなくなったため、以前は編集段階でカットしていたような情報もネットで配信するようになった。その結果、テキスト情報も、音楽配信も、動画配信も爆発的に量が増えていった。

そして消費者は常にスマートフォンという情報の入り口に接続され、絶え間なく情報がプッシュされるようになったのだ。

常にネットワークと接続していることは、単に※コンテンツとつながっているだけではなく、仕事やプライベートでの人間関係とも絶えずつながっている状態になる。

即ち、現代人は過剰な情報と人間関係にさらされ、たとえ人間自身の情報処理能力が上がっているとしても（実際、歴史的に見れば、人間の話す速度、聞いて理解できる速度、読書速度は上がっている）、それを上回るスピードで刺激が増えているのだ。

つまり、あらゆる人が情報処理速度を上回る刺激に悩まされる、そういう状況なのである。

その結果、1今、流行しているサービスは情報をたくさん集めるサービスではなく、情報をせき止めるサービスである。

たとえば、現在多くの資金を集め爆発的にユーザーを増やしているネットサービスのカテゴリーは、「ニュース※アプリ」と呼ばれるものだ。様々なニュースサイトから、その人が読みたいであろうニュースを選別し、それだけを読めるようにしたサービスなので、個々のニュースサイトに行って所狭しと並べられた膨大なニュースをいちいちチェックする必要がない。【　Ⅰ　】

コンピューターやインターネットが膨大な情報を生み出している一方で、コンピューター※アルゴリズムとネットワーク解析によって情報を制限させ、そのサービスが結果的に短期間で数百万人の利用者を集めるのに成功しているのは2なんとも皮肉である。【　Ⅱ　】

人間関係も同様だ。交友関係を広げることを提供価値としていた※フェイスブックに代表されるＳＮＳは、日常的なコミュニケーションツールとしての地位を失いつつある。【　Ⅲ　】 A 、若者達が普段使うサービスは、少数の親しい友人達とのクローズなやりとりを楽しむ※ＬＩＮＥに移った。また、※Ｔｗｉｔｔｅｒの隠れた人気機能は「※ミュート」機能である。※フォローを外すのは X が※ツイートは表示させたくない、つまり「視界から消して、黙らせる機能」、それがミュート機能である。【　Ⅳ　】

その結果起きたことが「※蛸壺《たこつぼ》型」の社会認識の広がりである。心地いい情報、意見の合う人間としか付き合わないために、「私の周りはみんな私と同じ意見だ」「私の意見は間違っていない」と思ってしまうのだ。

（中略）

インターネットによる情報爆発は、世界をつなげるという理想と裏腹

MEMO

大切なことはメモしておこうネ！

2020年度

解　答　と　解　説

《2020年度の配点は解答欄に掲載してあります。》

＜数学解答＞

[1]　(1)　ア　2　イ　5　ウ　6　(2)　エ　－　オ　6　カ　7　キ　2
(3)　ク　－　ケ　7　コ　6　サ　1　シ　2　(4)　ス　6　セ　5
(5)　ソ　6　タ　4　(6)　チ　3　ツ　5　テ　7　ト　4　(7)　ナ　3
(8)　ニ　3　ヌ　1　ネ　1　ノ　4　(9)　ハ　1　ヒ　6　フ　2　ヘ　2
(10)　ホ　1　(11)　マ　1　ミ　4　(12)　ム　3

[2]　(1)　$\begin{cases} x+y+55+\frac{1}{3}y=220 \\ x-\frac{1}{3}y=5(y-55) \end{cases}$　(2)　A　77個　B　66個

[3]　(1)　9通り　(2)　20通り　[4]　(1)　$\frac{21}{4}$　(2)　$\frac{27}{5}$

[5]　(1)　1：5　(2)　①，⑤

○配点○

各5点×20([5](2)完答)　計100点

＜数学解説＞

[1]　(数・式の計算，平方根，一次方程式，連立方程式，二次方程式，式の展開，因数分解，一次関数，確率，統計・標本調査)

(1)　$\left(-\frac{2}{3}\right)^2\times6-2\div\left(-\frac{4}{3}\right)=\frac{4}{9}\times6-2\times\left(-\frac{3}{4}\right)=\frac{8}{3}+\frac{3}{2}=\frac{16}{6}+\frac{9}{6}=\frac{25}{6}$

(2)　$\frac{6}{\sqrt{2}}-(2-\sqrt{2})^2=3\sqrt{2}-(6-4\sqrt{2})=3\sqrt{2}-6+4\sqrt{2}=-6+7\sqrt{2}$

(3)　$\frac{x-3}{3}-\frac{3(x-1)}{2}=\frac{2(x-3)-9(x-1)}{6}=\frac{2x-6-9x+9}{6}=\frac{-7x+3}{6}=\frac{-7}{6}x+\frac{1}{2}$

(4)　$0.25x+0.75=1.5(x-0.5)$の両辺を4倍して，$x+3=6(x-0.5)$　$x+3=6x-3$　$-5x=-6$　$x=\frac{6}{5}$

(5)　$x-3y=-6$より，$x=3y-6$…①　$3x+\frac{1}{2}y=20$より，$6x+y=40$…②　①を②に代入して，$6(3y-6)+y=40$　$y=4$　これを①に代入して，$x=3\times4-6=6$　$x=6$

(6)　$\frac{1}{3}x^2-\frac{1}{2}x-1=0$　両辺を6倍して，$2x^2-3x-6=0$　2次方程式の解の公式を用いて，$x=\frac{-(-3)\pm\sqrt{(-3)^2-4\times2\times(-6)}}{2\times2}=\frac{3\pm\sqrt{9+48}}{4}=\frac{3\pm\sqrt{57}}{4}$

(7)　$x^2+ax-6=0$…①　の解の1つが-2だから，①に$x=-2$を代入して，$(-2)^2+a\times(-2)-6=0$　$a=-1$　これを①に代入して　$x^2-x-6=0$　$x^2-x-6=(x+2)(x-3)=0$
$x=-2$，$x=3$　よって，①の残りの解は$x=3$

(8)　$2(2x-1)(x+3)-(x+1)(x-2)=2(2x^2+5x-3)-(x^2-x-2)=4x^2+10x-6-x^2+x+2=3x^2+11x-4$

(9)　$16x^2-64=16(x^2-4)=16(x^2-2^2)=16(x+2)(x-2)$

基本　(10)　xとyのそれぞれの変域における不等号の種類に着目すると，1次関数$y=ax+b$は，2点$(-1,$

10)，(3，2)を通る直線だから，この1次関数の傾きは，$\frac{2-10}{3-(-1)}=\frac{-8}{4}=-2$

(11) 2個のさいころを投げるとき，全ての目の出方は$6\times6=36$(通り) このうち，2つのさいころについて，和も積も偶数になるのは，2つのさいころのどちらの目も偶数の場合で，(1個目，2個目)＝(2，2)，(2，4)，(2，6)，(4，2)，(4，4)，(4，6)，(6，2)，(6，4)，(6，6)の9通り。よって，求める確率は $\frac{9}{36}=\frac{1}{4}$

(12) 9人の生徒の点数を低い順に並べたときの5番目の生徒の点数が中央値。点数がわかっている8人の点数を低い順に並べると 5，6，6，7，8，8，9，9 $a\leqq7$のとき中央値7点となり，問題の条件に合わない。$8\leqq a\leqq10$のとき中央値8点となり，問題の条件に合うから，aのとりうる値は，8，9，10の3通り。

重要 ② (連立方程式の応用)

(1) 製品Aの数をx個，製品Bの数をy個とする。製品Bの数は製品Dの3倍だから，製品Dの数は製品Bの$\frac{1}{3}$倍で$\frac{1}{3}y$個 製品Cの数は全体の数の$\frac{1}{4}$であったから，220個$\times\frac{1}{4}=55$個 4種類の製品A，B，C，Dの個数の合計の関係から，$x+y+55+\frac{1}{3}y=220$…① また，製品Aと製品Dの数の差は製品Bと製品Cの数の差の5倍であったことから，$x-\frac{1}{3}y=5(y-55)$…②

(2) (1)より，①の両辺を3倍して整理すると，$3x+4y=495$…③ ②の両辺を3倍して整理すると，$3x-16y=-825$…④ ③×4＋④より，$15x=1155$ $x=77$ これを③に代入して，$3\times77+4y=495$ $y=66$ よって，製品Aは77個，製品Bは66個である。

③ (場合の数)

基本 (1) Aが右へ1目盛進むことを→，上へ1目盛進むことを↑で表す。また，Bが左へ1目盛進むことを←，下へ1目盛進むことを↓で表す。Aが1枚の硬貨を3回投げて，コマを点Sに進める進め方は，「→↑↑」，「↑→↑」，「↑↑→」の3通り。そのそれぞれに対して，Bが1枚の硬貨を3回投げて，コマを点Sに進める進め方は，「↓←←」，「←↓←」，「←←↓」の3通りあるから，2人のコマが点Sで出会うようなコマの進め方は全部で$3\times3=9$(通り)

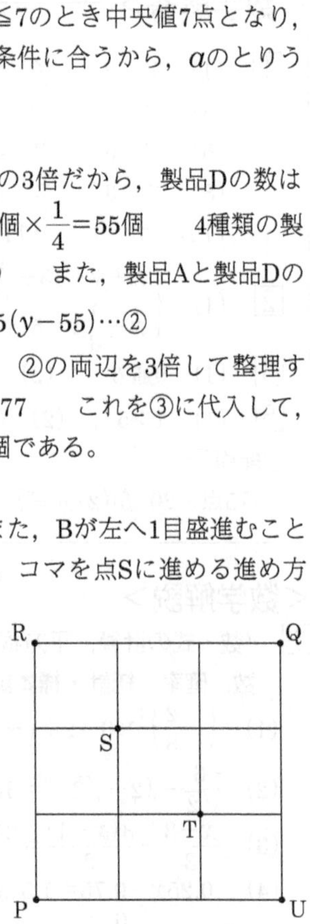

やや難 (2) 2人のコマがマス目の点S以外で出会う可能性のある点は，右図の点R，T，U。(1)と同様に考えると，Aがコマを点Rに進める進め方は，「↑↑↑」の1通り。それに対して，Bがコマを点Rに進める進め方も，「←←←」の1通りだから，2人のコマが点Rで出会うようなコマの進め方は全部で$1\times1=1$(通り) また，Aがコマを点Tに進める進め方は，「↑→→」，「→↑→」，「→→↑」の3通り。そのそれぞれに対して，Bがコマを点Tに進める進め方は，「←↓↓」，「↓←↓」，「↓↓←」の3通りあるから，2人のコマが点Tで出会うようなコマの進め方は全部で$3\times3=9$(通り) また，Aがコマを点Uに進める進め方は，「→→→」の1通り。それに対して，Bがコマを点Uに進める進め方も，「↓↓↓」の1通りだから，2人のコマが点Uで出会うようなコマの進め方は全部で$1\times1=1$(通り) 以上より，2人のコマがマス目のどこか(点R，S，T，U)で出会うようなコマの進め方は全部で$1+9+9+1=20$(通り)

④ (相似の利用，線分の長さ)

(1) AB//EF//CDで，平行線と線分の比についての定理より，CF：CB＝EF：AB＝3：7 EF//CD EF：CD＝BF：BC＝(CB－CF)：BC＝(7－3)：7＝4：7 BF：BC＝EF：DCより，4：7＝3：x $x=\frac{21}{4}$

やや難 (2) 線分BC上にEG//ABとなる点Gをとる。EG//ABで，平行線と線分の比についての定理より，CG：CB＝EG：AB＝CE：CA＝3：6＝1：2　$CG=\frac{1}{2}CB=\frac{5}{2}$　$EG=\frac{1}{2}AB=\frac{1}{2}\left(\frac{12}{5}+x\right)=\frac{6}{5}+\frac{1}{2}x$　EG//FBより，EG：FB＝DG：DB＝(DC＋CG)：(DC＋CB)＝$\left(4+\frac{5}{2}\right)$：(4＋5)＝13：18　13FB＝18EGより，$13x=18\left(\frac{6}{5}+\frac{1}{2}x\right)$　$x=\frac{27}{5}$

5 (図形と関数・グラフ)

重要 (1) 点A，B，C，Dからx軸へそれぞれ垂線AG，BH，CI，DJを引く。$y=x+6$…①と，$y=\frac{1}{3}x^2$…②の交点A, Dの座標は，②を①に代入して，$\frac{1}{3}x^2=x+6$　$x^2-3x-18=0$　$(x+3)(x-6)=0$　$x=-3,\ 6$　よって，G(−3，0)，J(6，0)　同様にして，①と，$y=x^2$…③の交点B, Cの座標は，③を①に代入して，$x^2=x+6$　$x^2-x-6=0$　$(x+2)(x-3)=0$　$x=-2,\ 3$　よって，H(−2，0)，I(3，0)　AG//BH//CIで，平行線と線分の比についての定理より，AB：BC＝GH：HI＝{−2−(−3)}：{3−(−2)}＝1：5

(2) 点Eのx座標は，直線$y=x+6$に$y=0$を代入して，$0=x+6$　$x=-6$　よって，E(−6, 0)　△OAC，△OAD，△OBC，△OBD，△OFDは△OEFと頂点Oを共有するから，それぞれ高さが等しい。高さが等しい三角形の面積比は，底辺の長さの比に等しい。また，平行線と線分の比についての定理より，△OEF：△OAC＝EF：AC＝EO：GI＝{0−(−6)}：{3−(−3)}＝6：6＝1：1　△OEF：△OAD＝EF：AD＝EO：GJ＝{0−(−6)}：{6−(−3)}＝6：9＝2：3　△OEF：△OBC＝EF：BC＝EO：HI＝{0−(−6)}：{3−(−2)}＝6：5　△OEF：△OBD＝EF：BD＝EO：HJ＝{0−(−6)}：{6−(−2)}＝6：8＝3：4　△OEF：△OFD＝EF：FD＝EO：OJ＝{0−(−6)}：(6−0)＝6：6＝1：1　よって，△OEFと面積が等しいものは，△OACと△OFDである。

★ワンポイントアドバイス★

4(2)は線分BC上にEG//ABとなる点Gをとって考えてみよう。5(2)は直線DE上にある辺を底辺と考えたとき，6つの三角形の高さがすべて等しいことに気付くことがポイントである。

<英語解答>

1 Part 1　No.1　3　No.2　3　No.3　4　No.4　3　No.5　4
Part 2　No.1　3　No.2　1　No.3　2　Part 3　No.1　3　No.2　1

2 (1)　(ア)　1　(イ)　2　(ウ)　1　(2)　(ア)　4　(イ)　3　(3)　(ア)　2　(イ)　1　(ウ)　2　(エ)　3　(オ)　4

3 (1)　1　(2)　3　(3)　2　(4)　4

4 (1)　2　(2)　3　(3)　2

5 (1)　2　(2)　3　(3)　2　(4)　1　Yes he has　2　(It is about) 12,000 square kilometers

6 (1)　speech　(2)　rescued　(3)　facility　(4)　searched　(5)　thinking　(6)　live　(7)　difficult　(8)　make

7 (1) mistook for (2) clapped hands (3) A[One] third
(4) along with (5) famous for

8 (1) (3番目，6番目) 2，4 (2) (3番目，6番目) 3，7 (3) (3番目，6番目) 3，7
(4) (3番目，6番目) 6，1 (5) (3番目，6番目) 3，8

○推定配点○

〈サミッティアコース・アカデミアコース〉

1 各2点×10(サミッティアコース) 2 各2点×10(アカデミアコース)

3～6 各3点×20 7・8 各2点×10 計100点

〈グローバルコース〉

1 各2点×10 3～6 各6点×20 7・8 各4点×10 計180点

＜英語解説＞

1 リスニング問題解説省略。

2 (発音・アクセント・会話文問題：語句補充，指示語，内容吟味)

(1) (ア) ①は[ju]，②③④は[ʌ]と発音する。 (イ) ①③④は[ɔː]，②は[æ]と発音する。
(ウ) ①は[d]，②③④は[t]と発音する。

(2) (ア) ①②③は第1音節にアクセント，④は第2音節にアクセントがある。 (イ) ①②④は第2音節にアクセント，③は第1音節にアクセントがある。

(3) (大意) ケンタ：ジム，何をしているの？

ジム ：兄のジョンに手紙を書いているよ。昨日手紙が来たんだ。

ケンタ：何について書いてあった？

ジム ：来月大学に入学して日本語を勉強するんだって。

ケンタ：日本語？ 日本に来たいの？

ジム ：(a)うん，そうだよ。僕は3年間日本にいるけどジョンは日本に来たことがない。手紙には「きみが日本の生活を楽しんでいるから日本に興味を持った」と書いてあった。だから大学にいるときに日本に来ると思う。

ケンタ：いいね。会うのを楽しみにしている。ジョンの学校は9月に始まるの？ この学校は4月に始まって3月に終わるよ。

ジム ：アメリカでは(b)それは9月に始まって6月に終わる。だから僕たちの習慣は日本の習慣とは違う。例えば夏休みが(c)2か月ある。

ケンタ：すばらしいね！ もっと休みが欲しい。

(ア) 直前のケンタの質問への返答。続く文には，兄が日本に来ると思うという表現もあるのでYesで答える②が正解。

基本 (イ) it は前述の単数の名詞を指す。直前のケンタの発話にアメリカの学校についての質問がある。

(ウ) 最後のジムの発話第1文から夏休みは2か月だとわかる。

(エ) 2つ目のジムの発話に来月兄が入学すること，最後の発話には9月から学校が始まることが述べられてるので今は8月とわかる。

重要 (オ) ① 「ジョンはケンタと話したいので日本語を勉強するつもりだ」(×) 2，3つ目のジムの発話参照。ケンタと話したいとは書いていない。 ② 「ケンタは将来ジョンが日本に住むだろうと思っている」(×) ケンタの発話にはそのような内容はない。 ③ 「ジムは大学にいる間に日本に来るだろう」(×)　ジムではなくてジョン。ジムの3つ目の発話最終文参照。　④「ケンタはジムの兄に会うのを楽しみにしている」(○)　4つ目のケンタの発話参照。

基本 3 (メール文読解問題：英問英答)

（大意）　2月1日土曜日

サキ。元気？　今家族と名古屋にいるんだ。今週時間があったら会ってランチをしようよ。

ティム！　私は元気よ。また名古屋にいるなんて嬉しいわ。ごめんなさい。私は今週ずっと祖母の世話をするために東京にいるの。彼女は転んで足を骨折したの。

それはお気の毒に。回復を願っているよ。質問をしてもいいかな？　僕の先生へのプレゼントが必要なんだ。先生は来月学校を辞める。日本が大好きなんだよ。何を買ったらいいかな？

愛知ではエビせんべいが人気。瀬戸と常滑の陶器もいいわよ。コーヒーカップなどの小さなものがあるわ。こういうのがプレゼントにいいと思う。先生はきっと気に入るわ。

アドバイスをありがとう！　見てみるよ！　気をつけてね。

(1)　「5時26分にメッセージを送ったのは誰ですか」　①「ティム」最初のメッセージが5時26分に送られ，次のサキのメッセージでティムと呼び掛けているので，最初のメッセージがティムからであるとわかる。

(2)　「サキについて正しいのはどれか」　③「彼女は親の母親の世話をしている」親の母親とはつまり祖母のこと。2つ目のメッセージに祖母の世話をしていることが書かれている。look after「～の世話をする」

(3)　「なぜティムはサキに助けを求めているのですか」　②「彼の先生にプレゼントを買いたいから」　3つ目のメッセージで日本好きの先生に何をあげるべきか聞いている。

(4)　「ティムが次にすることは何ですか」　④「おみやげ屋に行く」4つ目のメッセージにはサキからのアドバイスがあり，それに対して5つ目のメッセージでティムが「見てみる」と言っている。

4 (資料読解問題：英問英答)

(1)　「モモコは水曜日と土曜日の午後4時から6時までサッカーを練習しています。友達のサラは毎週金曜日の夜に日本語の授業がありますが，2月21日の金曜日は授業がありません。もし一緒にコンサートに行くとしたらどのパフォーマンスを見ることができますか」　①「シアターCでコーラスコンサート，またはシアターAでピアノコンサートを見れる」(×)　1つ目の掲示を見るとピアノは28日金曜日でサラの日本語の授業と重なる。　②「シアターCでピアノコンサート，またはシアターBでバイオリンコンサートを見れる」(○)　2人の予定の合う日は21と27日。　③「シアターBでのバイオリンコンサートだけ行ける」(×)　④「この6日の間のどのパフォーマンスも見られない」(×)

(2)　「リョウタは中学3年生です。トニーはリョウタのクラスメイトでリョウタの家に滞在しています。リョウタは両親とトニーとコンサートに行く計画をしています。もし彼らがコンサートで一番高い席を買ったら合計でいくら必要になりますか」　2つ目の掲示を見ると，一番高い席はS席で，リョウタとトニーは4000円，両親は5000円なので合計18000円となる。

(3)　「ダニエルは2月29日に行われるコンサートのチケットを買いました。彼はその日4時50分にシアターに到着したいと思っています。彼は何時にニシ駅を出発するべきですか」29日はシアターDで行われるので，3つ目の掲示を見るとヒガシ駅から歩いて10分かかる。4時50分までに着くには東駅を4時40分には出発する。西駅から東駅は20分なので，4時20分に西駅を出ていなくてはならない。　②「4時20分(過ぎ)」分を表す数字の後に after，その後に時を表す数字を使って「…時～分(過ぎ)」，before ならば「…時～分前」という表現になる。

5 (長文読解問題・紹介文:英問英答,要旨把握,内容吟味)

(大意) マーク・スミスです。私は世界の多くの面白い場所を旅していますが,最も興奮する経験,それは塩で建てられたホテルに泊まったことです。

その独特なホテルはボリビアの巨大な塩の砂漠に建っていました。海抜3700メートル,約12000平方キロメートルのおそらく世界で一番大きな塩岩床です。昔は塩の砂漠はありませんでしたが,後に海底が高くなり山地ができあがり,多くの海水がこの山地に残され,湖となりました。そしてその湖が乾き,塩の砂漠が残されました。

この塩のホテルはとても変わっています。ベッド,テーブル,イス,全てが塩のブロックでできています。電気はなくホテルは太陽の自然の熱を利用しています。日中,太陽が塩のブロックを暖め部屋を暖かく保つので夜に寒く感じません。もう1つ覚えておかないといけないことは,巨大な塩の砂漠の真ん中にあるので,ホテルにはお風呂もシャワーもありません!

(1) 「塩の砂漠がどのようにできたかを表すものを①から④の中から選びなさい」 第2段落第3文以降を参照。

(2) 「この文章のホテルについて正しいものはどれか」 ①「ホテルはボリビアで一番高い山の頂上に建っている」(×) 第2段落第1文参照。 ②「独特な外観と食事のためこのホテルは他のホテルと違いがある」(×) 第3段落参照。 ③「このホテルは電気の代わりに太陽のエネルギーを使用している」(○) 第3段落第3,4文参照。 ④「このホテルは水と電気の問題を解決することに決めた」(×) 第3段落参照。

重要 (3) 「この文章に一番合うタイトルは何か」全段落を通じて塩のホテルについて述べられているので,②「塩で作られたホテル」がふさわしい。①「世界の面白い場所」は places「場所」が複数形になっており,本文では面白い場所のうちの1つであるホテルについて述べられているので合わない。③「世界で一番大きな塩の砂漠」は第2段落で成り立ちについて述べられているが,全体の内容ではない。④「電気がない」はホテルの特徴の1つ。

(4) 「次の質問に英語で答えなさい」 1 「筆者はこれまでに世界中で多くの興奮する経験をしてきましたか」 第1段落第2文参照。現在完了形<主語+ have +動詞の過去分詞形>の疑問文なので現在完了形で答える。主語が単数の the writer なので have は has になっている。筆者は男性なので答えるときは代名詞の he にする。 2 「この塩の砂漠はどれくらいの大きさですか」 第2段落第2文参照。square kilometer「平方キロメートル」

やや難 6 (会話文読解問題:英問英答,語句補充)

(大意) スタッフ:ようこそアニマルフォーラムへ。ジェーン・ウッドさんのスピーチから始まります。ウッドさんはアニマルシェルターに残された何千匹もの犬や猫を保護してきています。どうぞ,ウッドさんです。

ウッドさん:ジェーン・ウッドです。私は動物が大好きで,子どもの頃に馬と犬を飼っていました。30歳のとき友達と故郷のアニマルシェルターを訪れました。そこの動物は悲しそうに見えて私も悲しくなり,それ以来10年以上動物の世話をして,その動物を飼いたいという人たちを探しています。昨年友達と新しいプログラム「動物を救う」も立ち上げました。このプログラムで1か月間ペットを1匹飼うことができ,実際に家で飼う前に動物との暮らしを経験します。動物を飼うことは難しいと思う人もいます。これがシェルターの動物を減らすための1つの方法であると信じています。来年,子供向けの映画を作成する予定です。動物が持っている素晴らしい能力を子どもたちに見せたいと思っています。動物を助けるためにもっと働きたいと思います。動物が好きで,助けたいと思いますか? 私たちのプログラムに興味がおありなら,参加していただけますか? 優しいサポートをお待ちしています。ありがとうございました。

(1) 「ウッドさんがアニマルフォーラムでしていることは何か」「彼女はスピーチをしている」 スタッフの1つ目の発話第2文参照。make a speech「スピーチをする」

(2) 「アニマルシェルターに残された犬や猫に対してウッドさんは何をしてきたか」「彼女は彼らを救ってきた」 スタッフの1つ目の発話第3文に help「助ける」という表現があるのをヒントにする。rescue「救う，救助する」

(3) 「約10年前にウッドさんと友達が行ったところはどこか」「彼らは動物のための特別な建物に行った」 ウッドさんの発話第6文参照。facility「建物，施設」

(4) 「ウッドさんが動物を助けるために10年以上してきていることは何か」「動物を飼いたいという人を探している」 ウッドさんの発話第8文参照。現在完了形の文なので動詞を過去分詞形にする。search for「～をさがす」

(5) 「新しいプログラムは誰のためか」「ペットを飼おうと考えている人たち」 ウッドさんの発話第9～11文参照。<be +動詞の ing 形>で「～している」という進行形の意味。think about「～について考える」

(6) 「このプログラムでできることは何か」「1か月ペットと暮らせる」 ウッドさんの発話第10, 11文参照。live「生きる，住む，暮らす」

(7) 「このプログラムを通してペットを飼うことについてどう思う人たちがいるか」「ペットを飼うのは難しいと思う」 ウッドさんの発話第12文参照。difficult「難しい」

(8) 「来年ウッドさんは何をするつもりか」「映画を作るつもりです」 ウッドさんの発話第14文参照。

7 (語彙問題：語句補充)

(1) mistake A for B「A を B と間違える」過去形は mistook。

(2) clap one's hands「手をたたく」過去形は clapped。

(3) 分数を表すときは分子には数字を，分母には序数詞を使う。3分の1の場合は分子の1を one または a で表し，分母には「3番目」を表す third を使う。

(4) get along with ～「～と仲良くする」

(5) be famous for ～「～で有名だ」

8 (語句整序問題：関係代名詞，助動詞，不定詞)

(1) Tom had miso soup for the first time. 「味噌汁」は miso soup,「初めて」は for the first time。

(2) The world I want may not come easily. 主語になる「私が望む世界」は the world I want で I の前に関係代名詞が省略されている。助動詞 may は「～かもしれない」の意味で，後ろに続く動詞は原形。easily「簡単に」は come の前に置いてもよい。

(3) Robots will be able to put products together. 助動詞 will「～でしょう」に続く動詞は原形。<be able to +動詞の原形>は「～することができる」の意味。put together は「～を組み立てる」の意味。

(4) My mother tried to clean the whole house. <try to +動詞の原形>は「～しようと試みる，努力する」の意味。

(5) John usually takes part in the club activity. 副詞 usually「普通は，いつもは」は一般動詞の前に置かれる。 take part in ～で「～に参加する」の意味。

★ワンポイントアドバイス★

[6]の会話文問題は本文内容の理解が必要なだけではなく，語彙の知識が求められている。同じ日本語の意味に対していくつかの表現ができるように単語を練習しておくとよい。

<理科解答>

[1] 問1 [1] ⑤ [2] 周期表 [3] ②，③ [4] ②，③，⑤
問2 [5] $H_3PO_4 \rightarrow 3H^+ + PO_4^{3-}$ 問3 [6] ② [7] ① [8] ① [9] ⑧
[10] ⑨

[2] 問1 [1] ① [2] ⑤ [3] ③ 問2 [4] ④ [5] ② [6] ② [7] ⑤
[8] ② [9] ① [10] ① [11] ⑦ [12] ⑥ [13] ③ [14] [0]

[3] 問1 [1] ③ [2] 400倍 [3] ② [4] ⑤ [5] ④
問2 [6] 50秒 （考え方） 解説参照

[4] 問1 [1] ① [2] シベリア高気圧 [3] ② [4] ④
問2 [5] 下左図 [6] 下右図

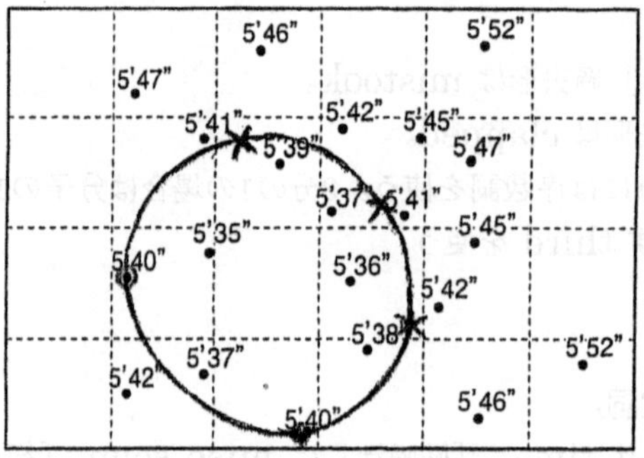

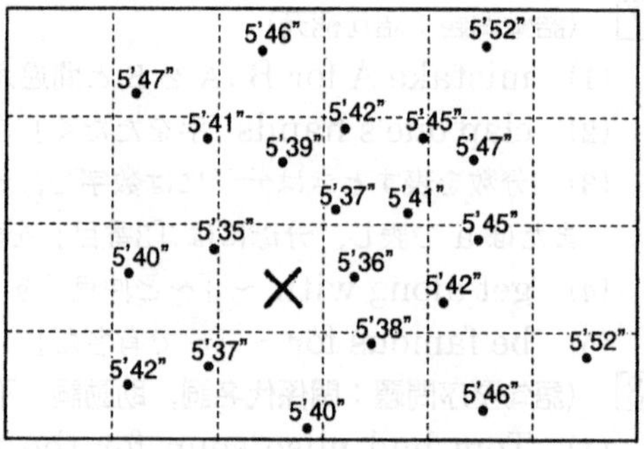

○配点○

[1] [1]・[2]・[5] 各2点×3 [3]・[4] 各3点×2([4]完答) [6]・[7] 3点 [8]～[10] 1点
[2] [1]・[2] 3点 [3] 3点 [4]・[5] 2点 [6]～[8] 3点 [9]～[12] 3点
[13]・[14] 2点 [3] [1]，[2] 各2点×2 [3]・[4] 3点 [5] 3点 [6] 4点
[4] [1]，[2] 各2点×2 [3]，[4] 各2点×2 [5]，[6] 各3点×2 計60点

<理科解説>

[1] **（原子と分子－原子・周期表・電離）**

問1 (1) ドルトンは，物質はそれ以上分割できない原子という小さな粒からできているとする原子説を唱えた。現在，原子の種類は110を超えている。原子を原子番号の順に並べたものを周期表という。周期表では縦に並ぶ原子によく似た性質が見られる。

(2) 原子を原子番号の順に並べたものを周期表という。

(3) 原子は種類ごとに異なる質量，大きさをもつ。化学変化は原子の組み合わせが変わる変化であり，原子の総数が変わることはない。原子が電子を失ったり，受け取ったりしてできる粒子がイオンである。

(4)　1種類の原子だけでできる物質を単体という。銀，酸素，鉄が単体である。

問2　(5)　リン酸は，1分子中に電離できる3個の水素イオンをもつ。これがすべて電離したとすると，$3H^+$とPO_4^{3-}のイオンに電離する。

問3　(6)　$200cm^3$の塩化ナトリウム水溶液の質量は，$200\times1.05=210$(g)である。そのうち10%が溶けている塩化ナトリウムの質量なので，$210\times0.10=21$(g)の塩化ナトリウムが必要である。水の質量は$210-21=189$(g)になる。

2　(運動・電力と熱－台車の運動・熱量)

重要　問1　(1)　1秒間に60打点されるので，2点間の時間は$\frac{1}{60}$秒になる。BC間には10個の間隔があるのでこの間の時間は$\frac{1}{6}$秒であり，台車の速さは$0.25\div\frac{1}{6}=1.5$(m/秒)である。

(2)　AB間では点の間隔が増加しているので，速度が増加している。BC間は等速なのでグラフは③になる。

重要　問2　(1)　オームの法則より，抵抗＝電圧÷電流なので，$4.2\div1.00=4.2$(Ω)である。

(2)　熱量＝電力×時間(秒)より，$4.2\times1.00\times60=252$(J)である。

(3)　熱量＝質量×比熱×温度差である。比熱とは1gの物体の温度を1℃上げるのに必要な熱量であり，問題文では4.2Jである。5分間に水の温度上昇に使用された熱量は，$100\times4.2\times2.8=1176$(J)である。

(4)　電熱線からの熱量は5分間で$252\times5=1260$(J)になる。これがすべて温度上昇に使われるなら，$1260\div(100\times4.2)=3.0$(℃)の温度上昇になる。

3　(実験・観察・ヒトの体のしくみ－顕微鏡の使い方・血液の循環)

基本　問1　(1)　各部の名称は，ア：接眼レンズ，イ：レボルバー，ウ：対物レンズ，エ：しぼり，オ：調節ねじである。

(2)　顕微鏡の倍率は，接眼レンズと対物レンズの倍率の積に相当し，$10\times40=400$(倍)である。

(3)　顕微鏡の使い方は，③→②→①→⑤→④の順である。

(4)　顕微鏡での観察を行うときには，直射日光が当たる場所で観察をしてはならない。

問2　このヒトの血液は，$\frac{63}{12}$(kg)で，その体積は$\frac{\frac{63}{12}\times1000}{1.05}=5000$($cm^3$)　この血液は，$\frac{5000}{75}$(回)の収縮で送りだされる。1分(＝60秒)で80回の脈を打つので，1回あたり$\frac{60}{80}$秒を要する。

よって，$\frac{60}{80}\times\frac{5000}{75}=50$(秒)

4　(天気の変化・地震－冬の季節風・地震)

基本　問1　日本列島では，冬はシベリア上空に中心をもつシベリア高気圧による冷たい北西の季節風がふく。

問2　震度は地震の揺れの大きさを示し，マグニチュードは地震の規模の大きさを示す。

問3　(1)　震央を中心に揺れが到達する場所は，円形に近い曲線を描く。5′40″の表示のない場所は，その前後の時間から，場所を推定する。

(2)　同時刻に地震波が到達した地点から，ほぼ等しい距離の位置が震央と推定できる。

★ワンポイントアドバイス★

全分野において，総合問題の形で出題されている。理科全般の幅広い知識が求められる問題である。マークシート方式の解答に慣れることも大切である。

＜社会解答＞

1　問1　邪馬台国　問2　①　問3　藤原道長　問4　③　問5　④　問6　②
2　問1　③　問2　④　問3　義和団事件　問4　②　問5　②
3　問1　⑤　問2　琵琶湖　問3　④　問4　①　問5　③
4　問1　①　問2　③　問3　モノカルチャー　問4　②　問5　③
5　問1　③　問2　⑤　問3　ノーマライゼーション　問4　③　問5　①
6　問1　環境基本法　問2　①，③，④　問3　国連環境開発会議[地球サミット]
　問4　③

○配点○
各2点×30(6問2完答)　計60点

＜社会解説＞

1　(歴史－日本史の各時代の特色，政治・外交史，世界史の政治・社会史，日本史と世界史の関連)

問1　魏の歴史を記した『三国志』魏書の倭人伝(魏志倭人伝)には，3世紀ごろ邪馬台国の女王卑弥呼が，倭の30あまりの小国を従えていたことが記されている。

問2　701年，唐の法律にならった大宝律令がつくられ，全国を支配するしくみが細かく定められた。この時，太政官・神祇官・五衛府などの役所のしくみも決められた。

問3　太閤とは藤原道長のことであり，彼は，4人の娘を天皇のきさきにすることで権力をにぎった。文章中の歌は，こうした道長の権力の強さを物語っている。

問4　Aは時宗のことを述べているので，誤りとなる。

問5　日朝修好条規は日本にとって有利，朝鮮にとっては不利である，不平等条約であった。したがって，④は誤りとなる。

問6　②はアメリカのニューデール政策を示しているので，正しい。①は，世界恐慌はニューヨークで起こったので誤り。③は，イギリスの政策はブロック経済なので誤り。④は，5か年計画を実施したのはソ連なので，誤り。

2　(歴史－日本の世界の社会経済史，日本史と世界史の関連)

問1　一度目の東京オリンピックは1964年に開催された。同年に，東海道新幹線が開通していることも覚えておこう。

基本　問2　当時の三国同盟は，ドイツ，イタリア，オーストリアである。イタリアは，第一次世界大戦開戦時には，オーストリアとの領土問題が解決せず，連合軍に加わっていることも覚えておこう。

問3　1899年に「扶清滅洋(清を助けて西洋の勢力を滅する)」を唱えた義和団の蜂起は，清がひそかに助けたこともあって，瞬く間に中国北部一帯に広がり，翌年北京にある各国大使館を包囲したが，日本を主力とする連合軍はこれを鎮圧した。

問4　イギリスは工業製品をインドに輸出し，インドで栽培した麻薬であるアヘンを清に持ち込んで売り，茶などを買うようにする三角貿易をしていた。

問5　明が倭寇の取り締まりを求めたため，3代将軍足利義満は，倭寇を禁じるとともに。正式な貿易船に，明から与えられた勘合という証明書を持たせ，朝貢の形式の日明貿易(勘合貿易)を始めた。①は鎌倉時代，③は江戸時代，④は安土桃山時代，それぞれのことを表した内容なので誤りとなる。

3　(地理－日本の諸地域の特色：近畿地方，地形・気候)

問1　あは兵庫県南部に位置する播磨平野，いは琵琶湖から大阪湾に流れ出ていてこの地方の暮らしを支える水の供給源である淀川，うは紀伊半島の大部分を占める紀伊山地，いずれも，近畿地方の代表的なものである。

問2　琵琶湖は日本最大の湖であるが，水質が低下するといった環境問題も抱えていることを覚えておこう。

問3　近畿地方で，人口と年間商品販売額の最も多い都道府県は，大阪府である。

問4　琵琶湖のあるウは滋賀県である。滋賀県は，統計によると，近畿地方の都道府県の中で1980年～2010年の人口増加率が最も多い県である。

問5　Bは京都府に属する舞鶴である。舞鶴は，冬に降水量の多い日本海側の気候であり，③か④ということになるが，④ほどは，平均気温が低くないので，正解は③となる。

4　(地理－世界の地形，産業，諸地域の特色：アフリカ)

問1　あはモロッコからアルジェリアにまたがる地中海に面したアトラス山脈である。いはアラビア半島とアフリカ大陸の間に位置する細長い海である紅海である。

問2　イはナイジェリアであり，主に石油の産出と輸出で成り立っている。

問3　アフリカには，ごくわずかな種類の農産物や鉱産資源の輸出に頼っている国が多くある。このような限られた農産物や鉱産資源の生産や輸出にかたよった経済をモノカルチャー経済という。

基本　問4　エは南アフリカ共和国である。かつてアパルトヘイトという人種隔離政策を行っていた国であるが，現在は廃止されている。この国にはナイル川は流れていない。

やや難　問5　エチオピアなどの途上国では，合計特殊出生率，死亡率ともに低下している状況である。特に，死亡率では，その低下の速度が速くなっている。

5　(公民－政治のしくみ，国際政治，その他)

問1　衆議員の議員定数は465人，参議院の任期は6年である。ただし，参議院の任期に関しては，3年ごとに半数を改選していることも覚えておこう。

やや難　問2　比例代表制の議席の計算方法(ドント式)は，まず各政党の得票数を各政党の候補者数まで1，2，の整数で割り(200÷1，130÷1，70÷1，50÷1，200÷2，130÷2)，そこで得られた商を大きな順に，定数(ここでは3人)を各政党に配分する。したがって，当選するのは①，②，⑤の順になる。

問3　現代社会では，障がいのあるなしにかかわらず，すべての人が区別されることなくふつうの生活を送るノーマライゼーションの実現が求められている。

問4　マイクロクレジットとは，絶対的貧困層や女性など，通常の金融機関からは融資を受けにくい人々を対象とした小口融資制度で，貧者の銀行ともいう。

問5　国連難民高等弁務官事務所の略称は，「UNHCR」である。1990年～2000年の間，日本人の緒方貞子が高等弁務官を務めていたことは有名である。

6　(公民－政治のしくみ，経済生活)

重要　問1　環境基本法は，日本の環境政策の基盤となる法律である。地球規模の環境問題の広がりなどにより，これまでの法律では不十分になったため制定された。

問2　四大公害病の中では，四日市ぜんそく以外はすべて，発生原因に関しては水質汚濁である。

問3　1992年には国連環境開発会議(地球サミット)が開かれ，気候変動枠組み条約などが採択されるなど，地球環境の保全と持続可能な開発の実現のための具体的な取り組みについて話し合われている。

問4　3R は Reduce(リデュース)，Reuse(リユース)，Recycle(リサイクル)の3つのRの総称である。リデュースは，製品をつくる時に使う資源の量を少なくすることや廃棄物の発生を少なくすること。リユースは，使用済製品やその部品等を繰り返し使用すること。リサイクルは，廃棄物等を原材料やエネルギー源として有効利用すること。したがって，設問分の内容はリユースにあたる。

★ワンポイントアドバイス★

3 問3　大阪府の中心である大阪市は，江戸時代に「天下の台所」と呼ばれていた。
4 問3　「モノ」は「一つ」，「カルチャー」は「耕作」という意味で，一種類の作物だけを栽培する「単一耕作(モノカルチャー)」という言葉からつくられた。

＜国語解答＞

一　問一　④　問二　①　問三　②　問四　③　問五　A　②　B　④　問六　④
　　問七　(例)　自分と異なる思想に触れ，普遍的な思考形式を身につけること。
二　問一　a　結構　b　丁寧　c　あこが(れ)　d　けはい　e　衝撃　問二　すね
　　問三　④　問四　②　問五　③　問六　①　問七　なかった。　問八　③
三　問一　a　いたる　b　あわれに　問二　④　問三　2　④　3　①　問四　③
　　問五　①　問六　いとき　問七　②　問八　①
四　1　客観　2　否定　3　生産　4　相対　5　権利

○配点○
　一　問五　各2点×2　問六　4点　問七　各10点　他　各3点×4
　二　問一・問二　各2点×6　他　各3点×6
　三　各3点×10　四　各2点×5　計100点

＜国語解説＞

一　(論説文－大意・要旨，内容吟味，接続語の問題，脱文・脱語補充，ことわざ・慣用句)

問一　直前の文の「あらゆる人が情報処理速度を上回る刺激に悩まされる，そういう状況」の中で，直後の段落の「様々なニュースサイトから，その人が読みたいであろうニュースを選別し，それだけを読めるようにしたサービス」が流行している理由を考える。①は，「即ち」で始まる段落の内容に適当でない。

問二　ここでの「皮肉」は，期待していたのとは違った結果になるという意味で用いられている。直前の「膨大な情報を生み出している一方で……情報を制限させ，そのサービスが結果的に短期間で数百万人の利用者を集めるのに成功している」ことに対して言っている。

基本　問三　②の「角(かど)が立つ」が適当。①はいらだつ，③は対面が保たれる，④は怒るの意味。

問四　「蛸壺」という語に着目すると，「その結果起きた」で始まる段落に「『蛸壺型』の社会認識」を「心地いい情報，意見の合う人間としか付き合わないために，『私の周りはみんな私と同じ意見だ』『私の意見は間違っていない』と思ってしまう」とあるのに気づく。この内容を述べている説明を選ぶ。

問五　A　前の「交友関係を広げることを提供価値としていた……SNSは，日常的なコミュニケーションツールとしての地位を失いつつある」より，後の「少数の親しい友人達とのクローズなやりとりを楽しむLINEに移った」と言った方がいい，という文脈なので，これのほうがよりよい，という意味を表すことばが入る。　B　二つ前の段落の「『教養』を身につけるためには……岩波文庫を読破すれば良かったのかも知れない」に対して，後で「岩波文庫では狭すぎる」と相反する内容を述べているので，逆接の意味を表すことばが入る。

問六　脱落文の冒頭に「かくして」とあるので，人々が「自分の心地よい情報，人間関係を再確認する情報環境に回帰」するようになった前提を述べている部分の後に入る。【Ⅳ】の直前の「視界から消して，黙らせる機能」である「ミュート機能」は，気に入らない相手のツイートは表示させないというもので，この「ミュート機能」によって人々は「自分の心地よい情報，人間関係」を得ることができる。脱落文の「自分の心地よい情報，人間関係」につながる機能なので，脱落文を入れるのに最も適当な箇所は【Ⅳ】と判断できる。

や難　問七　同じ文の「そういったこと」が指し示す内容を読み取る。同じ段落の「自分が普段手にとらないような分野の書籍，雑誌を読むこと，普段自分がであわないような人がいる場所に行くこと」を指し示しており，直前の段落の「自分と異なる思想」に触れるための行動である。さらに，「 B 」で始まる段落で，「教養」を「普遍的な思考様式」と述べているので，「教養」という言葉を「普遍的な思考様式」に置き換える。「自分と異なる思想」に触れ，「普遍的な思考様式」を身につけること，などの形でまとめる。

二　(小説－情景・心情，内容吟味，脱文・脱語補充，漢字の読み書き，ことわざ・慣用句)

問一　a　それでよいとする満足な様子。「構」の訓読みは「かま(える)」。　b　細かいところまで気を配ること。「寧」を使った熟語は，他に「安寧」などがある。　c　音読みは「ショウ」で「憧憬」などの熟語がある。「憧憬」は「ドウケイ」と読む場合もある。　d　そうらしいと感じられる様子。「気」を「ケ」と読む熟語は，他に「塩気」などがある。　e　物体に急に大きな力が加わること。「衝」を使った熟語は，他に「衝突」「折衝」などがある。

基本　問二　「親の A をかじる」で，経済的な負担を親に強いるという意味になる。

問三　直後の段落で「去年までは確か，プロ野球選手になりたいとか，それこそ夢みたいなことを言っていたはずだったのに，いつの間に変わったのだろうか」と「私」の気持ちを述べている。後の「ずいぶんとまあ，現実的なことを言うようになったな」という会話と合わせて考える。

問四　「へえ。でもそれは，他の授業がおろそかになってるってことじゃないのか」と「私」が言い，「『なんでそんなことにしか目が向かないの！授業をやったその上でってことでしょう』温子が目をつり上げる」という二人のやりとりにふさわしいものを選ぶ。後半の「謝りなさいよ。水を差すようなことばっかり言って」という「温子」の言葉もヒントになる。

問五　短冊に書かれていた「幸臣」の願い事とは「小学校の先生になれますように」というものである。それを見た「私」の「幸臣はそれで小学校の教師に憧れてるのか。単純だな」「まさか。大学は勝手が違う」「ともあれ，教師じゃ，老後は楽をさせてもらえそうもないな」という言葉を聞いた時の「幸臣」の気持ちを想像する。「その目がショウゲキに打たれたように大きく見開かれ，口元を真一文字に結んでいる」という様子から，「幸臣」が「私」の言葉に大きなショックを受け傷ついていることが読み取れる。

問六　直後に「小学生らしく無邪気で……他の子供たちに比べてもどちらかといえばおとなしい。中学校に上がれば，この素直さが失われ，年相応な生意気な口を利くようになるのだろう」と「私」の「幸臣」に対する思いが書かれている。

や難　問七　本文は，「幸臣」の父親である「私」の視点で描かれている。したがって，脱落文の内容から，「私」が反応できずにぼうぜんとしている場面に入ると推測できる。「幸臣」が「私」の言葉に傷つき自分の部屋に上がっていってしまった場面で，「温子」が「私」に「謝りなさいよ。水を差すようなことばっかり言って。」と言っているが，「私」は「幸臣」のところに謝りに行かず「温子に答えなかった」とある。脱落文は，その理由にあたる「私」の心情を述べるものなので，この後に補う。

重要 問八 本文は「私」と妻である「温子」の会話と，「私」の心情を中心に描写されている。「私」の心情を知ることで，読者も同じような心情を味わう効果が与えられている。

三 **(古文－大意・要旨，文脈把握，内容吟味，語句の意味，文と文節，仮名遣い，古文の口語訳，文学史)**

〈口語訳〉 今は昔，身がたいそう貧しくて(年月を)過ごす女がいた。時々(女のもとに)通ってくる恋人が来たのだが，(女は)雨に降られて(家の中に)ずっといたので，「どうやって物を食べさせようか。」と思って嘆くが，どうしようもない。日も暮れてきた。思うようにならないわが身のことがみじめでつらくて，「私が信仰し申し上げている観音様，助けてください。」と思ううちに，女の親が生きていた時に使われていた女従者が，たいそう見事な食物を持って来た。(女は)うれしくて，喜んで(お礼に)与えるものがなかったので，小さな紅い小袴を持っていたのを，与えたのだった。(女は)自分も食べ，恋人にもよく食べさせて，寝た。明け方に男は出て行った。早朝，持仏堂で，観音像をお持ち申し上げているのを，拝見しようと，ついたてを据え置き申し上げていた(その観音像を)，布を引き上げて見申し上げる。(すると)この女従者に与えた小袴が，仏像の肩にうち掛けていらっしゃるのは，たいそう驚くべきことだ。昨日(女従者に)与えた袴だった。(女は)しみじみと驚き，思いがけなく持って来た物は，この仏の仕業だったのだ。

問一 a 歴史的仮名遣いの「ゐ」は，現代仮名遣いでは「い」に直す。 b 語頭以外のハ行は現代仮名遣いではワ行に直す。

問二 「いかにして」は，どのようにして，という疑問の意味を表す。雨が降っていたので外に出られなかった女が，通ってきた男に食べ物を用意できずに困っている場面である。

問三 2 「いときよげなる食物を持て来た」のは，「わが親のありし世に使はれし女従者」。
3 「きよげなる食物」のお礼に女従者に「小さやかなる紅き小袴」を「取らせ」たのは，「女」。

基本 問四 「つとめて」には，早朝，翌朝という意味がある。

問五 直前の「この女に取らせし小袴，仏の御肩にうち掛けておはしますに，いとあさまし。昨日取らせし袴なり。」に着目する。女従者に与えたはずの小袴が，女の持仏堂の観音様の肩に掛かっていたからである。

やや難 問六 「この仏」が女従者の姿になってしたことを探す。「女従者，いときよげなる食物を持て来たり。」とある。

重要 問七 「『いかにして物を食はせん。』と思ひ嘆けど，すべき方もなし……いとほしくいみじくて，『わが頼み奉りたる観音，助けたまへ。』と思ふほどに」に，②が合致する。

基本 問八 「説話」は，庶民の間で信じられ伝えられてきた話。②は軍記物語，③は物語，④は随筆。

四 **(同義語・対義語)**

1 「しゅかん」はその人だけの見方という意味なので，第三者の見方を意味する「きゃっかん」が対義語となる。

2 「こうてい」はその通りと認める意味なので，そうではないと打ち消す意味を表す「ひてい」が対義語となる。

3「しょうひ」は使ってなくすという意味なので，対義語は必要な物資をつくりだすという意味の「せいさん」。

4 「ぜったい」は他に比較するものがないという意味なので，対義語は他と比較して存在するという意味の「そうたい」。

5 「ぎむ」はしなければならない務めという意味なので，対義語は自由に行うことができる資格という意味の「けんり」。

★ワンポイントアドバイス★

国語の基本的な知識が毎年問われている。対義語や敬語，文法や文学史，四字熟語，ことわざ・慣用句といった基本的な知識を確実なものにしておこう。

MEMO

大切なことはメモしておこうネ！

解答用紙集

○月×日 △曜日　天気（合格日和）

◆ご利用のみなさまへ

＊解答用紙の公表を行っていない学校につきましては、弊社の責任において、解答用紙を制作いたしました。

＊編集上の理由により一部縮小掲載した解答用紙がございます。

＊編集上の理由により一部実物と異なる形式の解答用紙がございます。

人間の最も偉大な力とは、その一番の弱点を克服したところから生まれてくるものである。 ――カール・ヒルティ――

東京学参株式会社

愛知啓成高等学校　2024年度

◇数学◇

※ 127%に拡大していただくと，解答欄は実物大になります。

1

(1)	ア	⊖ ± ⓪ ① ② ③ ④ ⑤ ⑥ ⑦ ⑧ ⑨
	イ	⊖ ± ⓪ ① ② ③ ④ ⑤ ⑥ ⑦ ⑧ ⑨
(2)	ウ	⊖ ± ⓪ ① ② ③ ④ ⑤ ⑥ ⑦ ⑧ ⑨
	エ	⊖ ± ⓪ ① ② ③ ④ ⑤ ⑥ ⑦ ⑧ ⑨
	オ	⊖ ± ⓪ ① ② ③ ④ ⑤ ⑥ ⑦ ⑧ ⑨
	カ	⊖ ± ⓪ ① ② ③ ④ ⑤ ⑥ ⑦ ⑧ ⑨
	キ	⊖ ± ⓪ ① ② ③ ④ ⑤ ⑥ ⑦ ⑧ ⑨
(3)	ク	⊖ ± ⓪ ① ② ③ ④ ⑤ ⑥ ⑦ ⑧ ⑨
	ケ	⊖ ± ⓪ ① ② ③ ④ ⑤ ⑥ ⑦ ⑧ ⑨
	コ	⊖ ± ⓪ ① ② ③ ④ ⑤ ⑥ ⑦ ⑧ ⑨
(4)	サ	⊖ ± ⓪ ① ② ③ ④ ⑤ ⑥ ⑦ ⑧ ⑨
	シ	⊖ ± ⓪ ① ② ③ ④ ⑤ ⑥ ⑦ ⑧ ⑨
	ス	⊖ ± ⓪ ① ② ③ ④ ⑤ ⑥ ⑦ ⑧ ⑨
	セ	⊖ ± ⓪ ① ② ③ ④ ⑤ ⑥ ⑦ ⑧ ⑨
(5)	ソ	⊖ ± ⓪ ① ② ③ ④ ⑤ ⑥ ⑦ ⑧ ⑨
	タ	⊖ ± ⓪ ① ② ③ ④ ⑤ ⑥ ⑦ ⑧ ⑨
	チ	⊖ ± ⓪ ① ② ③ ④ ⑤ ⑥ ⑦ ⑧ ⑨
(6)	ツ	⊖ ± ⓪ ① ② ③ ④ ⑤ ⑥ ⑦ ⑧ ⑨
	テ	⊖ ± ⓪ ① ② ③ ④ ⑤ ⑥ ⑦ ⑧ ⑨
	ト	⊖ ± ⓪ ① ② ③ ④ ⑤ ⑥ ⑦ ⑧ ⑨
(7)	ナ	⊖ ± ⓪ ① ② ③ ④ ⑤ ⑥ ⑦ ⑧ ⑨
	ニ	⊖ ± ⓪ ① ② ③ ④ ⑤ ⑥ ⑦ ⑧ ⑨
	ヌ	⊖ ± ⓪ ① ② ③ ④ ⑤ ⑥ ⑦ ⑧ ⑨
(8)	ネ	⊖ ± ⓪ ① ② ③ ④ ⑤ ⑥ ⑦ ⑧ ⑨
	ノ	⊖ ± ⓪ ① ② ③ ④ ⑤ ⑥ ⑦ ⑧ ⑨
	ハ	⊖ ± ⓪ ① ② ③ ④ ⑤ ⑥ ⑦ ⑧ ⑨

2

(1)	ア	⊖ ± ⓪ ① ② ③ ④ ⑤ ⑥ ⑦ ⑧ ⑨
	イ	⊖ ± ⓪ ① ② ③ ④ ⑤ ⑥ ⑦ ⑧ ⑨
	ウ	⊖ ± ⓪ ① ② ③ ④ ⑤ ⑥ ⑦ ⑧ ⑨
(2)	エ	⊖ ± ⓪ ① ② ③ ④ ⑤ ⑥ ⑦ ⑧ ⑨
	オ	⊖ ± ⓪ ① ② ③ ④ ⑤ ⑥ ⑦ ⑧ ⑨
	カ	⊖ ± ⓪ ① ② ③ ④ ⑤ ⑥ ⑦ ⑧ ⑨
(3)	キ	⊖ ± ⓪ ① ② ③ ④ ⑤ ⑥ ⑦ ⑧ ⑨

3

(1)	ア	⊖ ± ⓪ ① ② ③ ④ ⑤ ⑥ ⑦ ⑧ ⑨
	イ	⊖ ± ⓪ ① ② ③ ④ ⑤ ⑥ ⑦ ⑧ ⑨
(2)	ウ	⊖ ± ⓪ ① ② ③ ④ ⑤ ⑥ ⑦ ⑧ ⑨
	エ	⊖ ± ⓪ ① ② ③ ④ ⑤ ⑥ ⑦ ⑧ ⑨
	オ	⊖ ± ⓪ ① ② ③ ④ ⑤ ⑥ ⑦ ⑧ ⑨
	カ	⊖ ± ⓪ ① ② ③ ④ ⑤ ⑥ ⑦ ⑧ ⑨
(3)	キ	⊖ ± ⓪ ① ② ③ ④ ⑤ ⑥ ⑦ ⑧ ⑨
	ク	⊖ ± ⓪ ① ② ③ ④ ⑤ ⑥ ⑦ ⑧ ⑨
	ケ	⊖ ± ⓪ ① ② ③ ④ ⑤ ⑥ ⑦ ⑧ ⑨
	コ	⊖ ± ⓪ ① ② ③ ④ ⑤ ⑥ ⑦ ⑧ ⑨

4

(1)	ア	⊖ ± ⓪ ① ② ③ ④ ⑤ ⑥ ⑦ ⑧ ⑨
	イ	⊖ ± ⓪ ① ② ③ ④ ⑤ ⑥ ⑦ ⑧ ⑨
	ウ	⊖ ± ⓪ ① ② ③ ④ ⑤ ⑥ ⑦ ⑧ ⑨
(2)	エ	⊖ ± ⓪ ① ② ③ ④ ⑤ ⑥ ⑦ ⑧ ⑨
	オ	⊖ ± ⓪ ① ② ③ ④ ⑤ ⑥ ⑦ ⑧ ⑨
	カ	⊖ ± ⓪ ① ② ③ ④ ⑤ ⑥ ⑦ ⑧ ⑨
(3)	キ	⊖ ± ⓪ ① ② ③ ④ ⑤ ⑥ ⑦ ⑧ ⑨
	ク	⊖ ± ⓪ ① ② ③ ④ ⑤ ⑥ ⑦ ⑧ ⑨
	ケ	⊖ ± ⓪ ① ② ③ ④ ⑤ ⑥ ⑦ ⑧ ⑨

5

(1)	ア	⊖ ± ⓪ ① ② ③ ④ ⑤ ⑥ ⑦ ⑧ ⑨
	イ	⊖ ± ⓪ ① ② ③ ④ ⑤ ⑥ ⑦ ⑧ ⑨
	ウ	⊖ ± ⓪ ① ② ③ ④ ⑤ ⑥ ⑦ ⑧ ⑨
(2)	エ	⊖ ± ⓪ ① ② ③ ④ ⑤ ⑥ ⑦ ⑧ ⑨
	オ	⊖ ± ⓪ ① ② ③ ④ ⑤ ⑥ ⑦ ⑧ ⑨
	カ	⊖ ± ⓪ ① ② ③ ④ ⑤ ⑥ ⑦ ⑧ ⑨
(3)	キ	⊖ ± ⓪ ① ② ③ ④ ⑤ ⑥ ⑦ ⑧ ⑨
	ク	⊖ ± ⓪ ① ② ③ ④ ⑤ ⑥ ⑦ ⑧ ⑨
	ケ	⊖ ± ⓪ ① ② ③ ④ ⑤ ⑥ ⑦ ⑧ ⑨
	コ	⊖ ± ⓪ ① ② ③ ④ ⑤ ⑥ ⑦ ⑧ ⑨
	サ	⊖ ± ⓪ ① ② ③ ④ ⑤ ⑥ ⑦ ⑧ ⑨
	シ	⊖ ± ⓪ ① ② ③ ④ ⑤ ⑥ ⑦ ⑧ ⑨

愛知啓成高等学校　2024年度

◇英語◇

※ 154%に拡大していただくと，解答欄は実物大になります。

［ 選択問題　リスニング ］
サミッティアコース・グローバルコース

1

Part1	No.1	①②③
	No.2	①②③
	No.3	①②③
Part2	No.1	①②③④
	No.2	①②③④
	No.3	①②③④
Part3	(1)	①②③④
	(2)	①②③④
	(3)	①②③④
	(4)	①②③④

［ 選択問題　会話文 ］
アカデミアコース

2

(1)	(ア)		①②③④
	(イ)		①②③④
	(ウ)		①②③④
	(エ)		①②③④
	(オ)		①②③④
(2)	(ア)		①②③④
	(イ)		①②③④
	(ウ)	(c)	①②③④⑤
		(d)	①②③④⑤
	(エ)		①②③④

これより全コース　必答問題

3

(1)	①②③④
(2)	①②③④
(3)	①②③④
(4)	①②③④

4

(1)	①②③④
(2)	①②③④
(3)	①②③④

5

(ア)	3番目	①②③④⑤⑥
	5番目	①②③④⑤⑥
(イ)	(b)	①②③④
	(c)	①②③④
(ウ)		①②③④
(エ)		①②③④
(オ)		①②③④⑤⑥

6

(1)	(a)	①②③④⑤⑥⑦
	(b)	①②③④⑤⑥⑦
	(c)	①②③④⑤⑥⑦
	(d)	①②③④⑤⑥⑦
(2)		①②③④

7

(1)	①②③④
(2)	①②③④
(3)	①②③④
(4)	①②③④

8

(1)	3番目	①②③④⑤⑥⑦⑧
	6番目	①②③④⑤⑥⑦⑧
(2)	3番目	①②③④⑤⑥⑦⑧
	6番目	①②③④⑤⑥⑦⑧
(3)	3番目	①②③④⑤⑥⑦⑧
	6番目	①②③④⑤⑥⑦⑧
(4)	3番目	①②③④⑤⑥⑦⑧
	6番目	①②③④⑤⑥⑦⑧
(5)	3番目	①②③④⑤⑥⑦⑧
	6番目	①②③④⑤⑥⑦⑧

愛知啓成高等学校　2024年度

◇理科◇

※ 154%に拡大していただくと，解答欄は実物大になります。

1

問1	(1)	1	①②③④
	(2)	2	①②③④⑤⑥
	(3)	3	①②③④
	(4)	4	①②③
問2	(1)	5	①②③④⑤⑥
	(2)	6	①②③
		7	①②③
	(3)	8	①②③④

2

問1	(1)	1	①②③④⑤
	(2)	2	①②③④
	(3)	3	①②③④⑤⑥
	(4)	4	①②③④⑤
	(5)	5	①②③④⑤
問2	(1)	6	①②③④
	(2)	7	①②③④⑤⑥

3

問1	(1)	1	①②③④
	(2)	2	①②③④⑤⑥
		3	①②③④⑤⑥
	(3)	4	①②③④⑤⑥
	(4)	5	①②③④⑤
問2	(1)	6	①②③④⑤⑥⑦
	(2)	7	①②③④⑤⑥
		8	①②③④⑤⑥
	(3)	9	①②③④⑤⑥⑦
	(4)	10	①②③④
	(5)	11	①②③④⑤⑥

4

問1	(1)	1	①②③④
	(2)	2	①②③④⑤
	(3)	3	①②③④⑤⑥
	(4)	4	①②③④⑤
	(5)	5	①②③④⑤
問2	(1)	6	①②③④
	(2)	7	①②③④⑤⑥⑦⑧
	(3)	8	①②③④⑤⑥⑦⑧

愛知啓成高等学校　2024年度

◇社会◇

※ 154％に拡大していただくと，解答欄は実物大になります。

1

問1		1	①②③④
問2		2	①②③④
問3		3	①②③④
問4		4	①②③④⑤
問5		5	①②③④

2

問1	(1)	6	①②③④⑤
	(2)	7	①②③④
問2		8	①②③④
問3		9	①②③④
問4		10	①②③④

3

問1		11	①②③④
問2		12	①②③④
問3		13	①②③④
問4		14	①②③④
問5	(1)	15	①②③④⑤⑥
	(2)	16	①②③④⑤⑥
問6		17	①②③④
問7	(1)	18	①②③④
	(2)	19	①②③④
問8		20	①②③④

4

問1		21	①②③④⑤⑥
問2		22	①②③④⑤
問3		23	①②③④
問4		24	①②③④
問5		25	①②③④

愛知啓成高等学校　2024年度

◇国語◇

※ 154%に拡大していただくと，解答欄は実物大になります。

一

問一		①②③④
問二	A	①②③④⑤
	B	①②③④⑤
問三		①②③④
問四		①②③④
問五		①②③④
問六		①②③④
問七		①②③④

二

問一	a	①②③④
	b	①②③④
	c	①②③④
	d	①②③④
	e	①②③④
問二	A	①②③④
	B	①②③④
問三		①②③④
問四		①②③④
問五		①②③④
問六		①②③④
問七		①②③④

三

問一	1	①②③④
	2	①②③④
	3	①②③④
問二		①②③④
問三		①②③④
問四		①②③④
問五		①②③④
問六		①②③④
問七		①②③④
問八		①②③④

四

(1)	①②③④⑤⑥⑦⑧⑨
(2)	①②③④⑤⑥⑦⑧⑨
(3)	①②③④⑤⑥⑦⑧⑨
(4)	①②③④⑤⑥⑦⑧⑨
(5)	①②③④⑤⑥⑦⑧⑨

五

(1)	①②③④⑤⑥⑦⑧⑨
(2)	①②③④⑤⑥⑦⑧⑨
(3)	①②③④⑤⑥⑦⑧⑨
(4)	①②③④⑤⑥⑦⑧⑨
(5)	①②③④⑤⑥⑦⑧⑨

愛知啓成高等学校　2023年度

◇数学◇

※ 122％に拡大していただくと，解答欄は実物大になります。

1

(1)	ア	⊖ ± 0 1 2 3 4 5 6 7 8 9
	イ	⊖ ± 0 1 2 3 4 5 6 7 8 9
	ウ	⊖ ± 0 1 2 3 4 5 6 7 8 9
(2)	エ	⊖ ± 0 1 2 3 4 5 6 7 8 9
	オ	⊖ ± 0 1 2 3 4 5 6 7 8 9
	カ	⊖ ± 0 1 2 3 4 5 6 7 8 9
(3)	キ	⊖ ± 0 1 2 3 4 5 6 7 8 9
	ク	⊖ ± 0 1 2 3 4 5 6 7 8 9
	ケ	⊖ ± 0 1 2 3 4 5 6 7 8 9
	コ	⊖ ± 0 1 2 3 4 5 6 7 8 9
	サ	⊖ ± 0 1 2 3 4 5 6 7 8 9
(4)	シ	⊖ ± 0 1 2 3 4 5 6 7 8 9
	ス	⊖ ± 0 1 2 3 4 5 6 7 8 9

(5)	セ	⊖ ± 0 1 2 3 4 5 6 7 8 9
	ソ	⊖ ± 0 1 2 3 4 5 6 7 8 9
	タ	⊖ ± 0 1 2 3 4 5 6 7 8 9
	チ	⊖ ± 0 1 2 3 4 5 6 7 8 9
(6)	ツ	⊖ ± 0 1 2 3 4 5 6 7 8 9
	テ	⊖ ± 0 1 2 3 4 5 6 7 8 9
	ト	⊖ ± 0 1 2 3 4 5 6 7 8 9
(7)	ナ	⊖ ± 0 1 2 3 4 5 6 7 8 9
	ニ	⊖ ± 0 1 2 3 4 5 6 7 8 9
	ヌ	⊖ ± 0 1 2 3 4 5 6 7 8 9
	ネ	⊖ ± 0 1 2 3 4 5 6 7 8 9
	ノ	⊖ ± 0 1 2 3 4 5 6 7 8 9
(8)	ハ	⊖ ± 0 1 2 3 4 5 6 7 8 9
	ヒ	⊖ ± 0 1 2 3 4 5 6 7 8 9

2

(1)		(2)	
(3)	円		

3

(1)	個	(2)	個
(3)	個		

4

(1)	cm^3	(2)	cm
(3)	cm		

5

(1)	$a=$	(2)	(,)
(3)	倍		

愛知啓成高等学校　　2023年度　　◇英語◇

※ 123％に拡大していただくと，解答欄は実物大になります。

［選択問題］ サミッティアコースとグローバルコース

1

Part1	No.1 ①②③④	No.2 ①②③④	No.3 ①②③④	No.4 ①②③④	No.5 ①②③④
Part2	No.1 ①②③④	No.2 ①②③④	No.3 ①②③④	No.4 ①②③④	No.5 ①②③④

［選択問題］ アカデミアコース

2

(1)	(ア) ①②③④	(イ) ①②③④	(ウ) ①②③④	(2)	(ア) ①②③④	(イ) ①②③④
(3)	(ア) 1 ①②③④	2 ①②③④	3 ①②③④	4 ①②③④	(イ) ①②③④⑤⑥	

［必答問題］ 全コース

3

(1)	①②③④	(2)	①②③④	(3)	①②③④	(4)	①②③④

4

(1)	①②③④	(2)	①②③④	(3)	①②③④	(4)	①②③④

5

(1)	①②③④	(2)							
(3)	f		(4)	①②③④	(5)	①②③④			
(6)									
(7)									
(8)	1		2		3				
(9)	①②③④⑤	(10)	(ア)	(イ)	(ウ)	(エ)	(オ)		

6

(1)		(2)		(3)	

7

(1)			(2)		
(3)			(4)		

8

(1)	.
(2)	the trouble.
(3)	.
(4)	.

愛知啓成高等学校　2023年度

◇理科◇

※ 123％に拡大していただくと，解答欄は実物大になります。

1

問1	(1) 1 ①②③④	(2) 2	
問2	3 ①②③		
問3	4 ⓪①②③④⑤⑥⑦⑧⑨ 5 ⓪①②③④⑤⑥⑦⑧⑨		
問4	(1) 6 ①②③④⑤⑥	(2) 7 ⓪①②③④⑤⑥⑦⑧⑨ 8 ⓪①②③④⑤⑥⑦⑧⑨ 9 ⓪①②③④⑤⑥⑦⑧⑨	

2

問1	(1) 1 (　　)	(2) 2 ①②③④	(3) 3 ①②③④
問2	(1) 4 ①②③④⑤⑥⑦⑧	(2) 5 ①②③④	(3) 6 ①②③④

3

問1	(1) 1 ①②③④⑤	2 ①②③④⑤	
	3 ①②③④⑤	4 ①②③④⑤	
	(2) 5 ①②③④⑤⑥	(3) 6 ①②③④⑤⑥	
問2	(1) 7 ①②③④	(2) 8 ①②③④	(3) 9 ①②③④
	(4) 10 個		

4

問1	(1) 1 ①②③④⑤⑥	(2) 2 ①②③④	(3) 3 ①②③④
問2	(1) 4	(2) 5	
	(3) 6 ①②③④	(4) 7 ①②③④	

愛知啓成高等学校　2023年度

◇社会◇

※ 115%に拡大していただくと，解答欄は実物大になります。

1

問1	ア	イ
問2	①②③④	
問3	A	B
問4	①②③④	
問5	①②③④	
問6	①②③④⑤⑥	
問7		
問8	①②③④⑤	
問9	①②③④	

2

問1	①②③④
問2	①②③④
問3	①②③④⑤⑥
問4	①②③④
問5	①②③④

3

問1	
問2	①②③④
問3	
問4	①②③④
問5	①②③④

4

問1	①②③④
問2	①②③④⑤⑥
問3	①②③④
問4	①②③④⑤⑥
問5	①②③④

5

問1	①②③④	
問2	①②③④	
問3	(1) ①②③④	(2)
問4	①②③④	

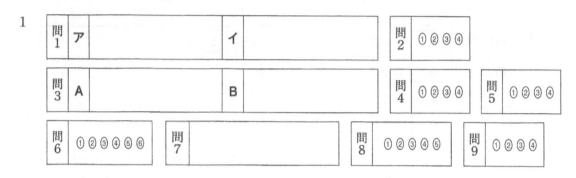

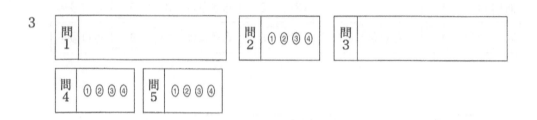

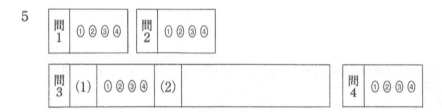

◇国語◇

愛知啓成高等学校　2023年度

※145%に拡大していただくと、解答欄は実物大になります。

一

問一	a ①②③④⑤⑥　b ①②③④⑤⑥
問二	①②③④
問三	①②③④
問四	①②③④
問五	①②③④
問六	20　30　40
問七	①②③④
問八	①②③④

二

問一	a　b　c　d　e
問二	①②③④
問三	①②③④
問四	①②③④
問五	①②③④
問六	①②③④
問七	①②③④
問八	①②③④

三

問一	1　6
問二	2 ①②③④　7 ①②③④
問三	
問四	①②③④
問五	①②③④
問六	
問七	①②③④
問八	①②③④

四

1	①②③④
2	①②③④
3	①②③④
4	①②③④
5	①②③④

愛知啓成高等学校　　2022年度　　　　　　　　　　　　◇数学◇

※ 122％に拡大していただくと，解答欄は実物大になります。

1

(1)	ア	⊖ ± ⓪ ① ② ③ ④ ⑤ ⑥ ⑦ ⑧ ⑨
	イ	⊖ ± ⓪ ① ② ③ ④ ⑤ ⑥ ⑦ ⑧ ⑨
	ウ	⊖ ± ⓪ ① ② ③ ④ ⑤ ⑥ ⑦ ⑧ ⑨
	エ	⊖ ± ⓪ ① ② ③ ④ ⑤ ⑥ ⑦ ⑧ ⑨
	オ	⊖ ± ⓪ ① ② ③ ④ ⑤ ⑥ ⑦ ⑧ ⑨
(2)	カ	⊖ ± ⓪ ① ② ③ ④ ⑤ ⑥ ⑦ ⑧ ⑨
	キ	⊖ ± ⓪ ① ② ③ ④ ⑤ ⑥ ⑦ ⑧ ⑨
	ク	⊖ ± ⓪ ① ② ③ ④ ⑤ ⑥ ⑦ ⑧ ⑨
	ケ	⊖ ± ⓪ ① ② ③ ④ ⑤ ⑥ ⑦ ⑧ ⑨
	コ	⊖ ± ⓪ ① ② ③ ④ ⑤ ⑥ ⑦ ⑧ ⑨
(3)	サ	⊖ ± ⓪ ① ② ③ ④ ⑤ ⑥ ⑦ ⑧ ⑨
	シ	⊖ ± ⓪ ① ② ③ ④ ⑤ ⑥ ⑦ ⑧ ⑨
	ス	⊖ ± ⓪ ① ② ③ ④ ⑤ ⑥ ⑦ ⑧ ⑨
	セ	⊖ ± ⓪ ① ② ③ ④ ⑤ ⑥ ⑦ ⑧ ⑨
	ソ	⊖ ± ⓪ ① ② ③ ④ ⑤ ⑥ ⑦ ⑧ ⑨

(4)	タ	⊖ ± ⓪ ① ② ③ ④ ⑤ ⑥ ⑦ ⑧ ⑨
	チ	⊖ ± ⓪ ① ② ③ ④ ⑤ ⑥ ⑦ ⑧ ⑨
(5)	ツ	⊖ ± ⓪ ① ② ③ ④ ⑤ ⑥ ⑦ ⑧ ⑨
	テ	⊖ ± ⓪ ① ② ③ ④ ⑤ ⑥ ⑦ ⑧ ⑨
(6)	ト	⊖ ± ⓪ ① ② ③ ④ ⑤ ⑥ ⑦ ⑧ ⑨
(7)	ナ	⊖ ± ⓪ ① ② ③ ④ ⑤ ⑥ ⑦ ⑧ ⑨
	ニ	⊖ ± ⓪ ① ② ③ ④ ⑤ ⑥ ⑦ ⑧ ⑨
	ヌ	⊖ ± ⓪ ① ② ③ ④ ⑤ ⑥ ⑦ ⑧ ⑨
(8)	ネ	⊖ ± ⓪ ① ② ③ ④ ⑤ ⑥ ⑦ ⑧ ⑨
	ノ	⊖ ± ⓪ ① ② ③ ④ ⑤ ⑥ ⑦ ⑧ ⑨
	ハ	⊖ ± ⓪ ① ② ③ ④ ⑤ ⑥ ⑦ ⑧ ⑨
	ヒ	⊖ ± ⓪ ① ② ③ ④ ⑤ ⑥ ⑦ ⑧ ⑨
(9)	フ	⊖ ± ⓪ ① ② ③ ④ ⑤ ⑥ ⑦ ⑧ ⑨
	ヘ	⊖ ± ⓪ ① ② ③ ④ ⑤ ⑥ ⑦ ⑧ ⑨

2

(1)		(2)	

3

(1)		(2)	
(3)			

4

(1)	△ＡＦＧ：△ＡＧＣ=　　　：	(2)	△ＧＡＣ：△ＧＥＦ=　　　：
(3)	△ＡＢＦ：△ＧＥＦ=　　　：		

5

(1)	Ａ(　　，　　)，Ｂ(　　，　　)	(2)	
(3)	Ｃ(　　，　　)		

愛知啓成高等学校　　2022年度

◇英語◇

※ 123％に拡大していただくと，解答欄は実物大になります。

［選択問題］ サミッティアコースとグローバルコース

1

Part1	No.1 ①②③④	No.2 ①②③④	No.3 ①②③④	No.4 ①②③④	No.5 ①②③④
Part2	No.1 ①②③④	No.2 ①②③④	No.3 ①②③④	No.4 ①②③④	No.5 ①②③④

［選択問題］ アカデミアコース

2

(1)	(ア) ①②③④	(イ) ①②③④	(ウ) ①②③④	(2)	(ア) ①②③④	(イ) ①②③④
(3)	(ア) ①②③④	(イ) ①②③④	(ウ) ①②③④	(エ) ①②③④	(オ) ①②③④	

［必答問題］ 全コース

3

(1)	①②③④	(2)		(3)	①②③④

4

(1)	①②③④	(2)	①②③④	(3)	①②③④

5

(1)	①②③④	(2)	①②③④	(3)	①②③④	(4)	①②③④	(5)	①②③④

6

(1)	A	B	(2)		(3)	①②③④	(4)	

7

(1)			(2)		
(3)			(4)		
(5)					

8

(1)	.
(2)	.
(3)	.
(4)	.
(5)	.

愛知啓成高等学校　2022年度　◇理科◇

※ 123％に拡大していただくと，解答欄は実物大になります。

1

問1	(1)	1　W₁(　　　　)W₂	(2)	2　①②③④⑤
	(3)	3　⓪①②③④⑤⑥⑦⑧⑨	(4)	6　⓪①②③④⑤⑥⑦⑧⑨
		4　⓪①②③④⑤⑥⑦⑧⑨		7　⓪①②③④⑤⑥⑦⑧⑨
		5　⓪①②③④⑤⑥⑦⑧⑨		8　⓪①②③④⑤⑥⑦⑧⑨
問2	(1) (あ)	9	(い)	10
	(2)	11　①②③	(3) 12　①②③④	(4) 13　①②③④
問3	14　①②③④⑤			

2

問1	(1)	1　①②③④⑤	(2)	2　①②③④⑤		
	(3)	3　①②③④⑤	(4)	4　①②③④		
問2	(1)	5　①②③④	(2)	6　①②③④⑤⑥	(3)	7　①②③④

3

問1	(1)	1　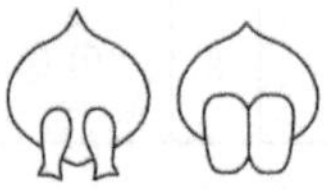	(2)	2　①②③④⑤		
			(3)	3　①②③④		
問2	(1)	4	(2)	5　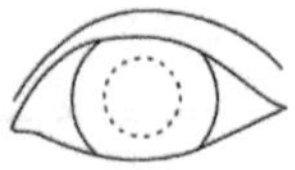		
	(3)	6　①②③④				
問3	(1)	7	(2)	8　①②③④⑤	(3)	9　①②③④⑤⑥⑦

4

問1	(1)	1　①②③④				
	(2)	2				
	(3)	3　①②③④				
問2	(1)	4　①②③④	(2)	5　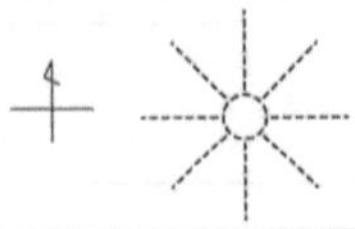		
	(3)	6				
問3	(1)	7　①②③④⑤	(2)	8　　　km	(3)	9　①②③④

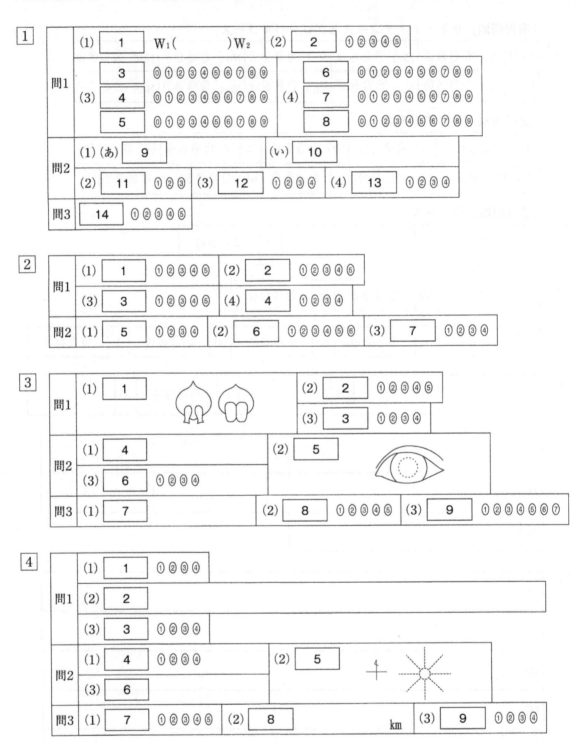

愛知啓成高等学校　2022年度　　◇社会◇

※ 115%に拡大していただくと，解答欄は実物大になります。

1

問1	①②③④	問2	①②③④⑤	問3	①②③④	問4	①②③④
問5	①②③④	問6	①②③④				

2

問1		問2	①②③④	問3	①②③④	問4	①②③④

3

問1	①②③④	問2	①②③④	問3	(1)	①②③④⑤	(2)	①②③④
問4	(1)	①②③④	(2)					

4

問1	①②③④	問2	①②③④	問3	(1)		(2)	①②③④⑤⑥

5

問1	(1)	A	①②③④⑤⑥⑦⑧	B	①②③④⑤⑥⑦⑧	C	①②③④⑤⑥⑦⑧
	(2)						

問2	①②③④

問3	A		B		C	

問4	①②③④⑤⑥	問5	①②③④

愛知啓成高等学校　２０２２年度

※１４５％に拡大していただくと、解答欄は実物大になります。

◇国語◇

一

問一　A ① ② ③ ④　B ① ② ③ ④

問二　① ② ③ ④

問三　（50字）

問四　① ② ③ ④

問五　① ② ③ ④

問六　① ② ③ ④

問七　① ② ③ ④

問八　① ② ③ ④

二

問一　a　んで　b　c　d　って　e

問二　① ② ③ ④

問三

問四　① ② ③ ④

問五　① ② ③ ④

問六　① ② ③ ④

問七　① ② ③ ④

問八　① ② ③ ④

三

問一　a　b

問二

問三　① ② ③ ④

問四　① ② ③ ④

問五　4 ① ② ③ ④　8 ① ② ③ ④

問六　① ② ③ ④

問七　① ② ③ ④

問八　① ② ③ ④

四

1　2　3　4　5

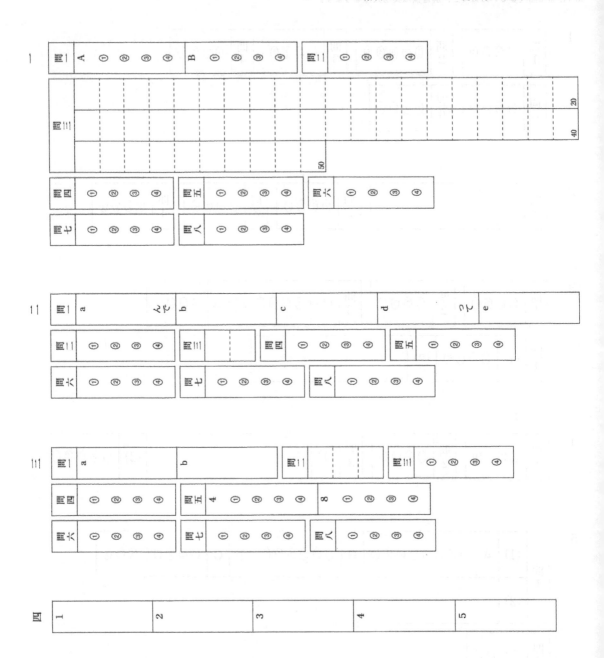

愛知啓成高等学校　　2021年度　　　　　　◇数学◇

※ 120％に拡大していただくと，解答欄は実物大になります。

1

(1)	ア	⊖ ⊕ ⓪ ① ② ③ ④ ⑤ ⑥ ⑦ ⑧ ⑨
	イ	⊖ ⊕ ⓪ ① ② ③ ④ ⑤ ⑥ ⑦ ⑧ ⑨
	ウ	⊖ ⊕ ⓪ ① ② ③ ④ ⑤ ⑥ ⑦ ⑧ ⑨
	エ	⊖ ⊕ ⓪ ① ② ③ ④ ⑤ ⑥ ⑦ ⑧ ⑨
(2)	オ	⊖ ⊕ ⓪ ① ② ③ ④ ⑤ ⑥ ⑦ ⑧ ⑨
	カ	⊖ ⊕ ⓪ ① ② ③ ④ ⑤ ⑥ ⑦ ⑧ ⑨
	キ	⊖ ⊕ ⓪ ① ② ③ ④ ⑤ ⑥ ⑦ ⑧ ⑨
	ク	⊖ ⊕ ⓪ ① ② ③ ④ ⑤ ⑥ ⑦ ⑧ ⑨
(3)	ケ	⊖ ⊕ ⓪ ① ② ③ ④ ⑤ ⑥ ⑦ ⑧ ⑨
	コ	⊖ ⊕ ⓪ ① ② ③ ④ ⑤ ⑥ ⑦ ⑧ ⑨
	サ	⊖ ⊕ ⓪ ① ② ③ ④ ⑤ ⑥ ⑦ ⑧ ⑨

(4)	シ	⊖ ⊕ ⓪ ① ② ③ ④ ⑤ ⑥ ⑦ ⑧ ⑨
	ス	⊖ ⊕ ⓪ ① ② ③ ④ ⑤ ⑥ ⑦ ⑧ ⑨
	セ	⊖ ⊕ ⓪ ① ② ③ ④ ⑤ ⑥ ⑦ ⑧ ⑨
	ソ	⊖ ⊕ ⓪ ① ② ③ ④ ⑤ ⑥ ⑦ ⑧ ⑨
(5)	タ	⊖ ⊕ ⓪ ① ② ③ ④ ⑤ ⑥ ⑦ ⑧ ⑨
	チ	⊖ ⊕ ⓪ ① ② ③ ④ ⑤ ⑥ ⑦ ⑧ ⑨
(6)	ツ	⊖ ⊕ ⓪ ① ② ③ ④ ⑤ ⑥ ⑦ ⑧ ⑨
(7)	テ	⊖ ⊕ ⓪ ① ② ③ ④ ⑤ ⑥ ⑦ ⑧ ⑨
	ト	⊖ ⊕ ⓪ ① ② ③ ④ ⑤ ⑥ ⑦ ⑧ ⑨
(8)	ナ	⊖ ⊕ ⓪ ① ② ③ ④ ⑤ ⑥ ⑦ ⑧ ⑨
	ニ	⊖ ⊕ ⓪ ① ② ③ ④ ⑤ ⑥ ⑦ ⑧ ⑨
(9)	ヌ	① ② ③ ④

2

(1)	個	(2)	$x =$　　　　，$y =$

3

(1)		(2)	
(3)			

4

(1)		(2)	
(3)			

5

(1)		(2)	(　　　　，　　　　)
(3)	(　　　　，　　　　)		

愛知啓成高等学校　2021年度

◇英語◇

※ 137%に拡大していただくと，解答欄は実物大になります。

［選択問題］ サミッティアコースとグローバルコースの受験者

1

Part1	No. 1 ①②③	No. 2 ①②③	No. 3 ①②③	No. 4 ①②③
Part2	No. 1 ①②③④	No. 2 ①②③④	No. 3 ①②③④	
Part3	No. 1 ①②③④	No. 2 ①②③④	No. 3 ①②③④	

［選択問題］ アカデミアコースの受験者

2

(1)	(ア) ①②③④	(イ) ①②③④	(ウ) ①②③④	(2) (ア) ①②③④	(イ) ①②③④
(3)	(ア) ①②③④	(イ) ①②③④	(ウ) ①②③④	(エ) ①②③④	(オ) ①②③④

［必答問題］

3

(1) ①②③④	(2) ①②③④	(3) ①②③④	(4) ①②③④

4

(1) ①②③④	(2) ①②③④	(3) ①②③④	(4) ①②③④

5

(1)		(2)	
(3) 1	(4)		(5) b
(6)			
(7) 1	2	3	4

6

(1)		(2)	
(3)		(4)	
(5)			

7

(1) 3番目 ①②③④⑤⑥⑦⑧ 6番目 ①②③④⑤⑥⑦⑧	(2) 3番目 ①②③④⑤⑥⑦⑧ 6番目 ①②③④⑤⑥⑦⑧	(3) 3番目 ①②③④⑤⑥⑦⑧ 6番目 ①②③④⑤⑥⑦⑧
(4) 3番目 ①②③④⑤⑥⑦⑧ 6番目 ①②③④⑤⑥⑦⑧	(5) 3番目 ①②③④⑤⑥⑦⑧ 6番目 ①②③④⑤⑥⑦⑧	

愛知啓成高等学校　2021年度

◇理科◇

※ 149％に拡大していただくと，解答欄は実物大になります。

1

問1	(1) 1		(2) 2 g
	(3) 3		
	(4) 4	①②③④⑤⑥⑦⑧⑨	
	5	①②③④⑤⑥⑦⑧⑨	
問2	6	①②③④	
問3	(1) 7	①②③④	(2) 8 ①②③④
	(3) 9		

2

問1	(1) 1	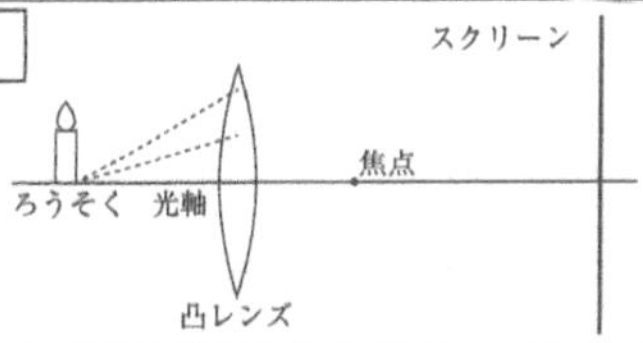	(2) 2 ①②③④
問2	(1) 3	⓪①②③④⑤⑥⑦⑧⑨	(2) 5 ⓪①②③④⑤⑥⑦⑧⑨
	4	⓪①②③④⑤⑥⑦⑧⑨	6 ⓪①②③④⑤⑥⑦⑧⑨
問3	7	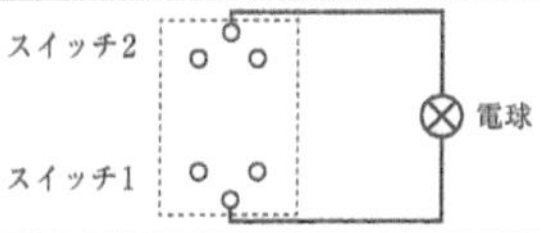	

3

問1	(1) 1 ①②③④	(2) 2 ①②③④	(3) 3 ①②③④
問2	(1) 4 ①②③④	(2) 5 A	B
	(3) 6	(4) 7 ①②③④	(5) 8
問3	(1) 9	(2) 10	
	(3) 11 ①②③④⑤	(4) 12 ①②③④⑤⑥⑦	

4

問1	(ア) 1 ⓪①②③④⑤⑥⑦⑧⑨	(イ) 7 ⓪①②③④⑤⑥⑦⑧⑨	(ウ) 10 ⓪①②③④⑤⑥⑦⑧⑨
	2 ⓪①②③④⑤⑥⑦⑧⑨	8 ⓪①②③④⑤⑥⑦⑧⑨	11 ⓪①②③④⑤⑥⑦⑧⑨
	3 ⓪①②③④⑤⑥⑦⑧⑨	9 ⓪①②③④⑤⑥⑦⑧⑨	12 ⓪①②③④⑤⑥⑦⑧⑨
	4 ⓪①②③④⑤⑥⑦⑧⑨		13 ⓪①②③④⑤⑥⑦⑧⑨
	5 ⓪①②③④⑤⑥⑦⑧⑨		14 ⓪①②③④⑤⑥⑦⑧⑨
	6 ⓪①②③④⑤⑥⑦⑧⑨		15 ⓪①②③④⑤⑥⑦⑧⑨
問2 16 ①②③④	問3 (1) 17 ①②③④	(2) 18 ①②③④	

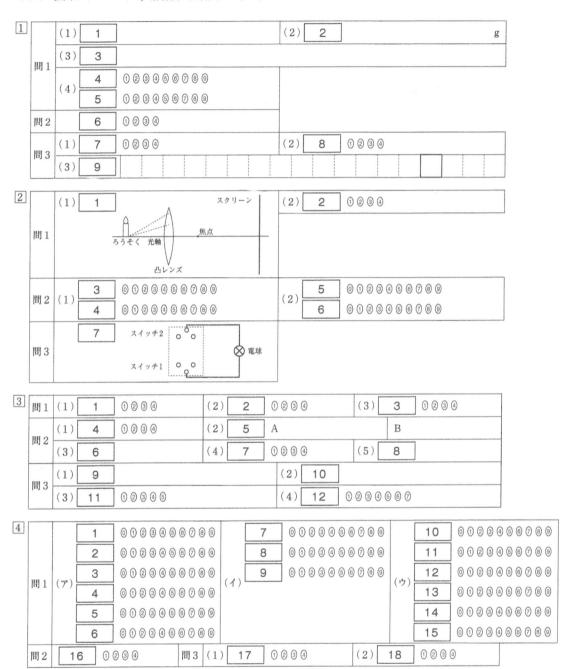

愛知啓成高等学校　2021年度

◇社会◇

※ 114%に拡大していただくと，解答欄は実物大になります。

1

問1	①②③④	問2	①②③④	問3	
問4	①②③④	問5	①②③④		

2

問1	Ⅰ	Ⅱ	Ⅲ	Ⅳ

問2	①②③④	問3		問4	①②③④
問5	①②③④	問6	①②③④		

3

問1	①②③④	問2	①②③④	問3	①②③④

問4	(1)		(2)	①②③④	問5	①②③④

4

問1	A	B	問2	①②③④

問3	(1)	A	B	(2)	①②

問4	①②③④	問5	①②③④

5

問1	①②③④	問2	①②③④	問3	①②③④	問4	

6

問1		問2	①②③④	問3	①②③④	問4	①②③④

◇国語◇

愛知啓成高等学校　２０２１年度

※１３０％に拡大していただくと、解答欄は実物大になります。

一

問一　① ② ③ ④

問二　① ② ③ ④

問三　① ② ③ ④

問四　① ② ③ ④

問五　X ① ② ③ ④ ⑤　Y ① ② ③ ④ ⑤

問六　という「知」のあり方。

問七　① ② ③ ④

二

問一　a　b　c　d　e

問二　① ② ③ ④

問三　① ② ③ ④

問四　① ② ③ ④

問五　Y ① ② ③ ④ ⑤　Z ① ② ③ ④ ⑤

問六

問七　① ② ③ ④

問八　① ② ③ ④

三

問一　1　4

問二　① ② ③ ④

問三

問四　① ② ③ ④

問五　① ② ③ ④

問六　7　8

問七　① ② ③ ④

問八　① ② ③ ④

四

A　B　C　D　E

愛知啓成高等学校　2020年度

◇数学◇

※120％に拡大していただくと，解答欄は実物大になります。

1

(1)	ア	⊖ ± ⓪ ① ② ③ ④ ⑤ ⑥ ⑦ ⑧ ⑨
	イ	⊖ ± ⓪ ① ② ③ ④ ⑤ ⑥ ⑦ ⑧ ⑨
	ウ	⊖ ± ⓪ ① ② ③ ④ ⑤ ⑥ ⑦ ⑧ ⑨
(2)	エ	⊖ ± ⓪ ① ② ③ ④ ⑤ ⑥ ⑦ ⑧ ⑨
	オ	⊖ ± ⓪ ① ② ③ ④ ⑤ ⑥ ⑦ ⑧ ⑨
	カ	⊖ ± ⓪ ① ② ③ ④ ⑤ ⑥ ⑦ ⑧ ⑨
	キ	⊖ ± ⓪ ① ② ③ ④ ⑤ ⑥ ⑦ ⑧ ⑨
(3)	ク	⊖ ± ⓪ ① ② ③ ④ ⑤ ⑥ ⑦ ⑧ ⑨
	ケ	⊖ ± ⓪ ① ② ③ ④ ⑤ ⑥ ⑦ ⑧ ⑨
	コ	⊖ ± ⓪ ① ② ③ ④ ⑤ ⑥ ⑦ ⑧ ⑨
	サ	⊖ ± ⓪ ① ② ③ ④ ⑤ ⑥ ⑦ ⑧ ⑨
	シ	⊖ ± ⓪ ① ② ③ ④ ⑤ ⑥ ⑦ ⑧ ⑨
(4)	ス	⊖ ± ⓪ ① ② ③ ④ ⑤ ⑥ ⑦ ⑧ ⑨
	セ	⊖ ± ⓪ ① ② ③ ④ ⑤ ⑥ ⑦ ⑧ ⑨
(5)	ソ	⊖ ± ⓪ ① ② ③ ④ ⑤ ⑥ ⑦ ⑧ ⑨
	タ	⊖ ± ⓪ ① ② ③ ④ ⑤ ⑥ ⑦ ⑧ ⑨

(6)	チ	⊖ ± ⓪ ① ② ③ ④ ⑤ ⑥ ⑦ ⑧ ⑨
	ツ	⊖ ± ⓪ ① ② ③ ④ ⑤ ⑥ ⑦ ⑧ ⑨
	テ	⊖ ± ⓪ ① ② ③ ④ ⑤ ⑥ ⑦ ⑧ ⑨
	ト	⊖ ± ⓪ ① ② ③ ④ ⑤ ⑥ ⑦ ⑧ ⑨
(7)	ナ	⊖ ± ⓪ ① ② ③ ④ ⑤ ⑥ ⑦ ⑧ ⑨
(8)	ニ	⊖ ± ⓪ ① ② ③ ④ ⑤ ⑥ ⑦ ⑧ ⑨
	ヌ	⊖ ± ⓪ ① ② ③ ④ ⑤ ⑥ ⑦ ⑧ ⑨
	ネ	⊖ ± ⓪ ① ② ③ ④ ⑤ ⑥ ⑦ ⑧ ⑨
	ノ	⊖ ± ⓪ ① ② ③ ④ ⑤ ⑥ ⑦ ⑧ ⑨
(9)	ハ	⊖ ± ⓪ ① ② ③ ④ ⑤ ⑥ ⑦ ⑧ ⑨
	ヒ	⊖ ± ⓪ ① ② ③ ④ ⑤ ⑥ ⑦ ⑧ ⑨
	フ	⊖ ± ⓪ ① ② ③ ④ ⑤ ⑥ ⑦ ⑧ ⑨
	ヘ	⊖ ± ⓪ ① ② ③ ④ ⑤ ⑥ ⑦ ⑧ ⑨
(10)	ホ	① ② ③ ④ ⑤ ⑥
(11)	マ	⊖ ± ⓪ ① ② ③ ④ ⑤ ⑥ ⑦ ⑧ ⑨
	ミ	⊖ ± ⓪ ① ② ③ ④ ⑤ ⑥ ⑦ ⑧ ⑨
(12)	ム	⊖ ± ⓪ ① ② ③ ④ ⑤ ⑥ ⑦ ⑧ ⑨

2

(1)	{	(2)	A　　　個，B　　　個

3

(1)	通り	(2)	通り

4

(1)		(2)	

5

(1)		(2)	

愛知啓成高等学校　2020年度

◇英語◇

※135％に拡大していただくと，解答欄は実物大になります。

［選択問題］ サミッティアコースとグローバルコースの受験者

1

Part1	No. 1 ①②③④	No. 2 ①②③④	No. 3 ①②③④	No. 4 ①②③④	No. 5 ①②③④
Part2	No. 1 ①②③④	No. 2 ①②③④	No. 3 ①②③④	Part 3 No. 1 ①②③④	No. 2 ①②③④

［選択問題］ アカデミアコースの受験者

2

(1)	（ア） ①②③④	（イ） ①②③④	（ウ） ①②③④	(2) （ア） ①②③④	（イ） ①②③④
(3)	（ア） ①②③④	（イ） ①②③④	（ウ） ①②③④	（エ） ①②③④	（オ） ①②③④

［必答問題］

3

(1) ①②③④	(2) ①②③④	(3) ①②③④	(4) ①②③④

4

(1) ①②③④	(2) ①②③④	(3) ①②③④

5

(1) ①②③④	(2) ①②③④	(3) ①②③④

(4)	1 (　　　　), (　　　　) (　　　　).
	2 It is about (　　　　) (　　　　) (　　　　).

6

(1) s	(2) r	(3) f	(4) s
(5) t	(6) l	(7) d	(8) m

7

(1)		(2)	
(3)		(4)	
(5)			

8

(1)	3番目 ①②③④⑤⑥⑦⑧ 6番目 ①②③④⑤⑥⑦⑧	(2)	3番目 ①②③④⑤⑥⑦⑧ 6番目 ①②③④⑤⑥⑦⑧	(3)	3番目 ①②③④⑤⑥⑦⑧ 6番目 ①②③④⑤⑥⑦⑧
(4)	3番目 ①②③④⑤⑥⑦⑧ 6番目 ①②③④⑤⑥⑦⑧	(5)	3番目 ①②③④⑤⑥⑦⑧ 6番目 ①②③④⑤⑥⑦⑧		

愛知啓成高等学校　2020年度　◇理科◇

※133％に拡大していただくと，解答欄は実物大になります。

1

問1	1　①②③④⑤⑥⑦⑧	2
	3　①②③④	
	4　①②③④⑤⑥⑦	
問2	5	→
問3	6　⓪①②③④⑤⑥⑦⑧⑨	8　⓪①②③④⑤⑥⑦⑧⑨
	7　⓪①②③④⑤⑥⑦⑧⑨	9　⓪①②③④⑤⑥⑦⑧⑨
		10　⓪①②③④⑤⑥⑦⑧⑨

2

問1	1　⓪①②③④⑤⑥⑦⑧⑨	3　①②③④⑤⑥	
	2　⓪①②③④⑤⑥⑦⑧⑨		
問2	4　⓪①②③④⑤⑥⑦⑧⑨	9　⓪①②③④⑤⑥⑦⑧⑨	13　⓪①②③④⑤⑥⑦⑧⑨
	5　⓪①②③④⑤⑥⑦⑧⑨	10　⓪①②③④⑤⑥⑦⑧⑨	14　⓪①②③④⑤⑥⑦⑧⑨
	6　⓪①②③④⑤⑥⑦⑧⑨	11　⓪①②③④⑤⑥⑦⑧⑨	
	7　⓪①②③④⑤⑥⑦⑧⑨	12　⓪①②③④⑤⑥⑦⑧⑨	
	8　⓪①②③④⑤⑥⑦⑧⑨		

3

問1	1　①②③④⑤⑥⑦⑧⑨	3　①②③④⑤	5　①②③④⑤
	2　　倍	4　①②③④⑤	
問2	6　考え方（計算式，説明など） 　　秒		

4

問1	1　①②③④	2
問2	3　①②③④	4　①②③④

問3

5

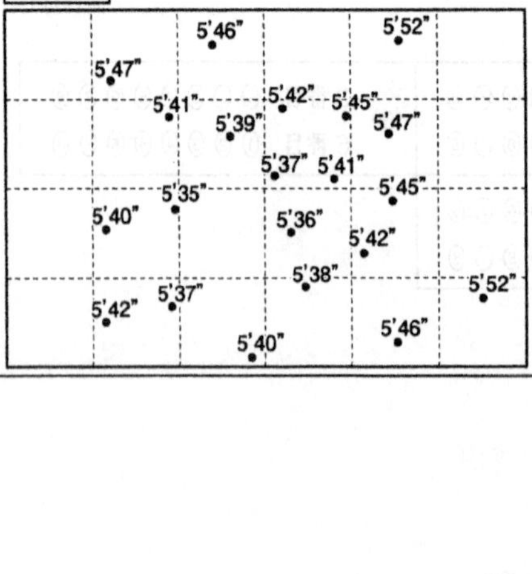

6

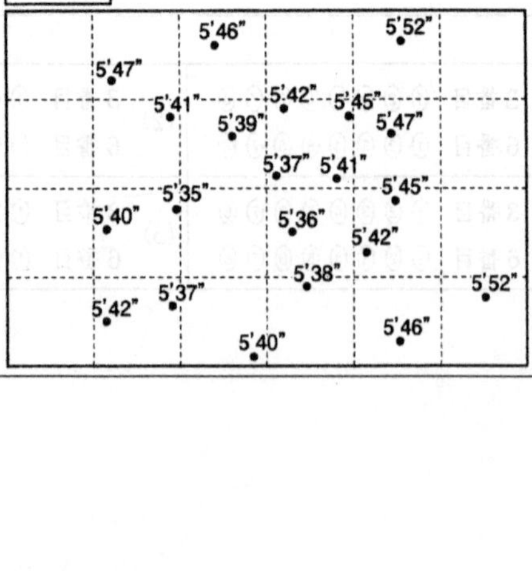

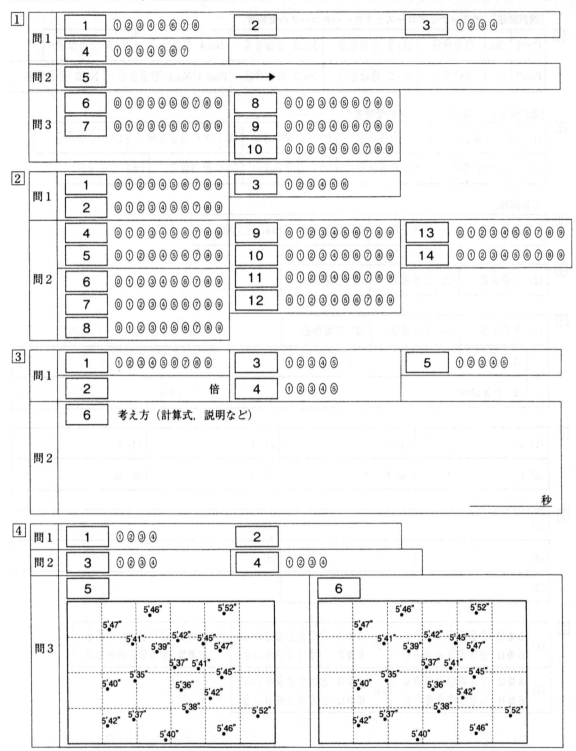

愛知啓成高等学校　　2020年度

◇社会◇

※115％に拡大していただくと，解答欄は実物大になります。

1

- 問1
- 問2 ①②③④
- 問3
- 問4 ①②③④
- 問5 ①②③④
- 問6 ①②③④

2

- 問1 ①②③④
- 問2 ①②③④⑤
- 問3
- 問4 ①②③④⑤⑥
- 問5 ①②③④

3

- 問1 ①②③④⑤⑥
- 問2
- 問3 ①②③④⑤⑥
- 問4 ①②③④
- 問5 ①②③④

4

- 問1 ①②③④⑤⑥
- 問2 ①②③④
- 問3 経済
- 問4 ①②③④
- 問5 ①②③

5

- 問1 ①②③④⑤⑥
- 問2 ①②③④⑤⑥
- 問3
- 問4 ①②③④
- 問5 ①②③④

6

- 問1
- 問2 ①②③④
- 問3
- 問4 ①②③④⑤

◇国語◇

愛知啓成高等学校　２０２０年度

※１２８％に拡大していただくと，解答欄は実物大になります。

一

問一　①　②　③　④

問二　①　②　③　④

問三　①　②　③　④

問四　①　②　③　④

問五　A　①　②　③　④　⑤　⑥　B　①　②　③　④　⑤　⑥

問六　①　②　③　④

問七　（20）（30）

二

問一　a　b　c　（れ）　d　e

問二

問三　①　②　③　④

問四　①　②　③　④

問五　①　②　③　④

問六　①　②　③　④

問七

問八　①　②　③　④

三

問一　a　b

問二　①　②　③　④

問三　2　①　②　③　④　3　①　②　③　④

問四　①　②　③　④

問五　①　②　③　④

問六

問七　①　②　③　④

問八　①　②　③　④

四

1　2　3　4　5

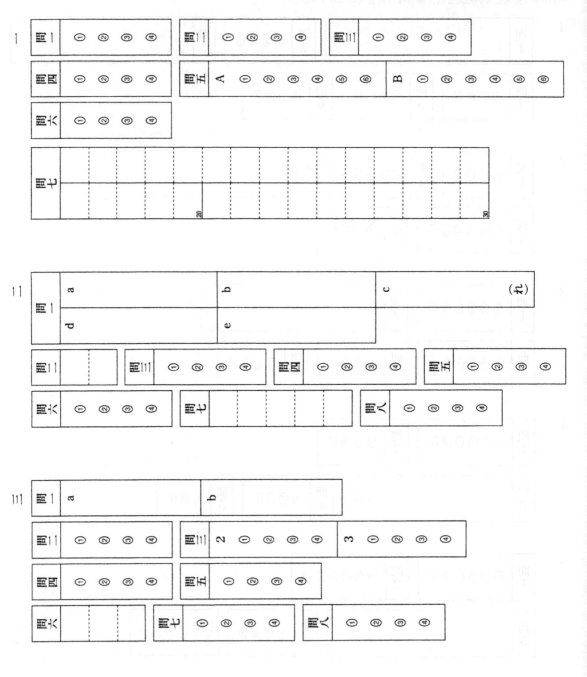

~公立高校志望の皆様に愛されるロングセラーシリーズ~

公立高校入試シリーズ

・全国の都道府県公立高校入試問題から良問を厳選
※実力錬成編には独自問題も!
・見やすい紙面、わかりやすい解説

数学

合格のために必要な点数をゲット

目標得点別・公立入試の数学 基礎編

- 効率的に対策できる! 30・50・70点の目標得点別の章立て
- web解説には豊富な例題167問!
- 実力確認用の総まとめテストつき

定価:1,210円(本体1,100円+税10%)/ISBN:978-4-8141-2558-6

応用問題の頻出パターンをつかんで80点の壁を破る!

実戦問題演習・公立入試の数学 実力錬成編

- 応用問題の頻出パターンを網羅
- 難問にはweb解説で追加解説を掲載
- 実力確認用の総まとめテストつき

定価:1,540円(本体1,400円+税10%)/ISBN:978-4-8141-2560-9

英語

「なんとなく」ではなく確実に長文読解・英作文が解ける

実戦問題演習・公立入試の英語 基礎編

- 解き方がわかる! 問題内にヒント入り
- ステップアップ式で確かな実力がつく

定価:1,100円(本体1,000円+税10%)/ISBN:978-4-8141-2123-6

公立難関・上位校合格のためのゆるがぬ実戦力を身につける

実戦問題演習・公立入試の英語 実力錬成編

- 総合読解・英作文問題へのアプローチ手法がつかめる
- 文法、構文、表現を一つひとつ詳しく解説

定価:1,320円(本体1,200円+税10%)/ISBN:978-4-8141-2169-4

理科

短期間で弱点補強・総仕上げ

実戦問題演習・公立入試の理科

- 解き方のコツがつかめる! 豊富なヒント入り
- 基礎~思考・表現を問う問題まで重要項目を網羅

定価:1,045円(本体950円+税10%)
ISBN:978-4-8141-0454-3

社会

弱点補強・総合力で社会が武器になる

実戦問題演習・公立入試の社会

- 基礎から学び弱点を克服! 豊富なヒント入り
- 分野別総合・分野複合の融合など
  あらゆる問題形式を網羅
  ※時事用語集を弊社HPで無料配信

定価:1,045円(本体950円+税10%)
ISBN:978-4-8141-0455-0

国語

最後まで解ききれる力をつける

形式別演習・公立入試の国語

- 解き方がわかる! 問題内にヒント入り
- 基礎~標準レベルの問題で
  確かな基礎力を築く
- 実力確認用の総合テストつき

定価:1,045円(本体950円+税10%)
ISBN:978-4-8141-0453-6

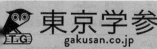

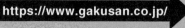

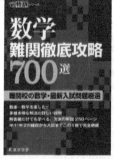

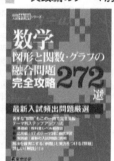

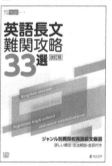

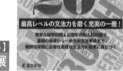

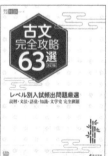

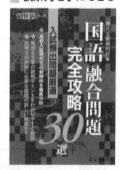

東京学参の
中学校別入試過去問題シリーズ

＊出版校は一部変更することがあります。一覧にない学校はお問い合わせください。

東京ラインナップ

あ　青山学院中等部(L04)
麻布中学(K01)
桜蔭中学(K02)
お茶の水女子大附属中学(K07)
か　海城中学(K09)
開成中学(M01)
学習院中等科(M03)
慶應義塾中等部(K04)
啓明学園中学(N29)
晃華学園中学(N13)
攻玉社中学(L11)
国学院大久我山中学
（一般・CC）（N22)
（ＳＴ）（N23)
駒場東邦中学(L01)
さ　芝中学(K16)
芝浦工業大附属中学(M06)
城北中学(M05)
女子学院中学(K03)
巣鴨中学(M02)
成蹊中学(N06)
成城中学(K28)
成城学園中学(L05)
青稜中学(K23)
創価中学(N14)★
た　玉川学園中学部(N17)
中央大附属中学(N08)
筑波大附属中学(K06)
筑波大附属駒場中学(L02)
帝京大中学(N16)
東海大菅生高中等部(N27)
東京学芸大附属竹早中学(K08)
東京都市大付属中学(L13)
桐朋中学(N03)
東洋英和女学院中学部(K15)
豊島岡女子学園中学(M12)
な　日本大第一中学(M14)
日本大第三中学(N19)
日本大第二中学(N10)
は　雙葉中学(K05)
法政大学中学(N11)
本郷中学(M08)
ま　武蔵中学(N01)
明治大付属中野中学(N05)
明治大付属八王子中学(N07)
明治大付属明治中学(K13)
ら　立教池袋中学(M04)
わ　和光中学(N21)
早稲田中学(K10)
早稲田実業学校中等部(K11)
早稲田大高等学院中学部(N12)

神奈川ラインナップ

あ　浅野中学(O04)
栄光学園中学(O06)
か　神奈川大附属中学(O08)
鎌倉女学院中学(O27)
関東学院六浦中学(O31)
慶應義塾湘南藤沢中等部(O07)
慶應義塾普通部(O01)
さ　相模女子大中学部(O32)
サレジオ学院中学(O17)
逗子開成中学(O22)
聖光学院中学(O11)
清泉女学院中学(O20)
洗足学園中学(O18)
捜真女学校中学部(O29)
た　桐蔭学園中等教育学校(O02)
東海大付属相模高中等部(O24)
桐光学園中学(O16)
な　日本大中学(O09)
は　フェリス女学院中学(O03)
法政大第二中学(O19)
や　山手学院中学(O15)
横浜隼人中学(O26)

千・埼・茨・他ラインナップ

あ　市川中学(P01)
浦和明の星女子中学(Q06)
か　海陽中等教育学校
（入試Ⅰ・Ⅱ）（T01)
（特別給費生選抜）（T02)
久留米大附設中学(Y04)
さ　栄東中学（東大・難関大）（Q09)
栄東中学（東大特待）（Q10)
狭山ヶ丘高校付属中学(Q01)
芝浦工業大柏中学(P14)
渋谷教育学園幕張中学(P09)
城北埼玉中学(Q07)
昭和学院秀英中学(P05)
清真学園中学(S01)
西南学院中学(Y02)
西武学園文理中学(Q03)
西武台新座中学(Q02)
専修大松戸中学(P13)
た　筑紫女学園中学(Y03)
千葉日本大第一中学(P07)
千葉明徳中学(P12)
東海大付属浦安高中等部(P06)
東邦大付属東邦中学(P08)
東洋大附属牛久中学(S02)
獨協埼玉中学(Q08)
な　長崎日本大中学(Y01)
成田高校付属中学(P15)
は　函館ラ・サール中学(X01)
日出学園中学(P03)
福岡大附属大濠中学(Y05)
北嶺中学(X03)
細田学園中学(Q04)
や　八千代松陰中学(P10)
ら　ラ・サール中学(Y07)
立命館慶祥中学(X02)
立教新座中学(Q05)
わ　早稲田佐賀中学(Y06)

公立中高一貫校ラインナップ

北海道　市立札幌開成中等教育学校(J22)
宮　城　宮城県仙台二華・古川黎明中学校(J17)
市立仙台青陵中等教育学校(J33)
山　形　県立東桜学館・致道館中学校(J27)
茨　城　茨城県立中学・中等教育学校(J09)
栃　木　県立宇都宮東・佐野・矢板東高校附属中学校(J11)
群　馬　県立中央・市立四ツ葉学園中等教育学校・
市立太田中学校(J10)
埼　玉　市立浦和中学校(J06)
県立伊奈学園中学校(J31)
さいたま市立大宮国際中等教育学校(J32)
川口市立高等学校附属中学校(J35)
千　葉　県立千葉・東葛飾中学校(J07)
市立稲毛国際中等教育学校(J25)
東　京　区立九段中等教育学校(J21)
都立大泉高等学校附属中学校(J28)
都立両国高等学校附属中学校(J01)
都立白鷗高等学校附属中学校(J02)
都立富士高等学校附属中学校(J03)
都立三鷹中等教育学校(J29)
都立南多摩中等教育学校(J30)
都立武蔵高等学校附属中学校(J04)
都立立川国際中等教育学校(J05)
都立小石川中等教育学校(J23)
都立桜修館中等教育学校(J24)
神奈川　川崎市立川崎高等学校附属中学校(J26)
県立平塚・相模原中等教育学校(J08)
横浜市立南高等学校附属中学校(J20)
横浜サイエンスフロンティア高校附属中学校(J34)
広　島　県立広島中学校(J16)
県立三次中学校(J37)
徳　島　県立城ノ内中等教育学校・富岡東・川島中学校(J18)
愛　媛　県立今治東・松山西中等教育学校(J19)
福　岡　福岡県立中学校・中等教育学校(J12)
佐　賀　県立香楠・致遠館・唐津東・武雄青陵中学校(J13)
宮　崎　県立五ヶ瀬中等教育学校・宮崎西・都城泉ヶ丘高校附属中学校(J15)
長　崎　県立長崎東・佐世保北・諫早高校附属中学校(J14)

公立中高一貫校「適性検査対策」問題集シリーズ

総合編　作文問題編　資料問題編　数と図形編　生活と科学編　実力確認テスト編

私立中・高スクールガイド
THE《ザ》 私立
私立中学＆高校の学校生活がわかる！

〈ダウンロードコンテンツについて〉

本問題集のダウンロードコンテンツ、弊社ホームページで配信しております。現在ご利用いただけるのは「2025年度受験用」に対応したもので、**2025年3月末日**までダウンロード可能です。弊社ホームページにアクセスの上、ご利用ください。

※配信期間が終了いたしますと、ご利用いただけませんのでご了承ください。

高校別入試過去問題シリーズ

愛知啓成高等学校　2025年度

ISBN978-4-8141-3042-9

[発行所] 東京学参株式会社

〒153-0043　東京都目黒区東山2-6-4

書籍の内容についてのお問い合わせは右のQRコードから ⇒

※書籍の内容についてのお電話でのお問い合わせ、本書の内容を超えたご質問には対応できませんのでご了承ください。

2024年7月26日　初版